Margot Anand

EKSTASE FÜR JEDEN TAG

Der Weg zum
tantrischen Lebensgefühl

Aus dem Amerikanischen
von Mascha Rabben

WILHELM HEYNE VERLAG
MÜNCHEN

HEYNE MILLENNIUM
Herausgegeben von Michael Görden

Titel der Originalausgabe:
THE ART OF EVERYDAY ECSTASY
erschienen bei Broadway Books,
a division of Bantam Doubleday Dell, New York

Umwelthinweis:
Dieses Buch wurde auf
chlor- und säurefreiem Papier gedruckt.

Copyright © 1998 by Margot Anand (aka M. E. Naslednikov)
Translation rights arranged by Sandra Dijkstra, Literary Agency
Copyright © 1999 der deutschsprachigen Ausgabe
by Wilhelm Heyne Verlag GmbH & Co. KG, München
http://www.heyne.de
Lektorat: Renate Schilling
Umschlaggestaltung: Atelier Ingrid Schütz, München
Umschlagillustration: Fotex Medien Agentur, Hamburg
Satz: Leingärtner, Nabburg
Druck und Bindung: Wiener Verlag, Himberg
Printed in Austria 1999

ISBN 3-453-15576-9

In Dankbarkeit für Osho,
der in aller Tiefe demonstriert hat:

Das Leben ist wild
die Liebe ist wild
Gott ist absolut wild

Für Vinit, meinen geliebten wilden Mann

Für alle, die es wagen,
den Weg der Ekstase zu gehen

Inhalt

Was ist Ekstase? Eine Einladung
11

TEIL I
Die Entdeckung der Ekstase:
Wieder aus dem vollen schöpfen
27

Kapitel 1
Die Ekstase wiederbeleben:
Ein Abenteuer
29

Kapitel 2
Leben heute:
Die anti-ekstatische Verschwörung
53

Kapitel 3
Die ekstatische Partnerschaft:
Ekstase willkommen heißen
70

Kapitel 4
Energie und Ekstase:
Körper, Herz, Verstand und Geist integrieren
94

TEIL II
Ekstase für jeden Tag
117

Kapitel 5
Heimkehr:
Heiligen Raum schaffen
119

Kapitel 6
Ekstase rufen:
Rituale für den Alltag
140

TEIL III
Die Anatomie der Ekstase
165

Kapitel 7
Die sieben tantrischen Schlüssel zur Ekstase:
Die Energiezentren öffnen
167

Kapitel 8
Das erste Chakra: Die Wurzel der Schöpfung
Der erste tantrische Schlüssel: Du bist ein orgasmisches Wesen
192

Kapitel 9
Das zweite Chakra: Der strömende Fluß
Der zweite tantrische Schlüssel: Du bist der Fluß des Lebens
215

Kapitel 10
Das dritte Chakra: Die leuchtende Sonne
Der dritte tantrische Schlüssel: Du bist die Quelle der Kraft
238

Kapitel 11
Das vierte Chakra: Der Pulsschlag des Lebens
Der vierte tantrische Schlüssel: Wir sind eins
264

Kapitel 12
Das fünfte Chakra: Das Lied der Seele
Der fünfte tantrische Schlüssel: Du bist der Schöpfer und die Schöpfung
287

Kapitel 13
Das sechste Chakra: Der volle Mond
Der sechste tantrische Schlüssel: Du bist das Licht
308

Kapitel 14
Das siebte Chakra: Der offene Himmel
Der siebte tantrische Schlüssel: Du bist frei!
333

Nachwort
Sich der Ekstase verpflichten
350

Dank
366

SkyDancing-Quellen
368

Literaturverzeichnis
372

Register
377

Was ist Ekstase? Eine Einladung

Dieses Buch handelt von dem ekstatischen Moment, in dem du wach wirst und erkennst, daß du ins pure Lebendigsein verliebt bist. Heute, an der Schwelle zu einem neuen Jahrtausend, sehnen sich immer breitere Bevölkerungsschichten nach Heilung und einer bewußten Lebensweise, die tiefere Erfüllung verspricht, weil sie vom Geist durchdrungen ist. Wir verlangen nach einer Arbeit, die uns nicht nur materiell, sondern auch spirituell befriedigt, nach inspirierenden Wohn- und Lebensräumen, nach bedingungsloser Liebe, die alle Bereiche unseres Daseins umfaßt. Wir streben nach einer Ausdrucksform unseres Seins, die authentisch, lustvoll und wachstumsfördernd ist.

Die Frage ist, wie man innere und äußere Erfüllung in einer Welt findet, die sich in dem weltweiten Netzwerk einer antiekstatischen Ideologie verfangen hat. Zunächst einmal müssen wir die unheilige, jahrhundertelange Verschwörung erkennen, der wir zum Opfer gefallen sind – eine Verschwörung gegen alles Sinnliche, Ekstatische und letztlich auch Spirituelle. Wir müssen unsere Gefangenschaft zur Kenntnis nehmen, bevor wir uns mit den Auswirkungen auf unser Leben befassen. In diesem Buch durchleuchten wir das anti-ekstatische Verhaltensmodell, damit wir es gemeinsam in gesündere, partnerschaftliche Modelle verwandeln können. Und darüber hinaus bietet dieses Buch eine Vision an – eine ganzheitliche, magische, mystische und zugleich praktikable Vision des Lebens, das möglich wird, wenn wir uns vom Feuer und Geist ekstatischer Lebenslust ergreifen lassen.

Die sieben tantrischen Schlüssel der inneren Erweckung

Die Übungen und Rituale in diesem Buch sind Tore, die uns zur inneren Schönheit und Bedeutung des alltäglichen Lebens führen.

- Sage ja zum Leben in all seiner Erotik und Leidenschaft.
- Laß dich vom Strom des Lebens in dir und um dich herum tragen.
- Vertraue dir und manifestiere deine persönliche Kraft.
- Öffne dein Herz in liebevoller Anteilnahme für dich selbst und andere.
- Bringe deine Kreativität und deine Wahrheit authentisch zum Ausdruck.
- Schau in dich selbst hinein, um Klarheit und Einsicht zu gewinnen.
- Gib dich der Quelle hin, der alles Leben entspringt, und laß dich von ihr in Dankbarkeit und innerem Frieden zur Erfüllung deines höchsten Potentials tragen.

Diese sieben Schlüssel verschaffen uns Zugang zur inneren Essenz, dem Selbst, das unsere wahre Wesensnatur ist. Sie erwecken in uns die überfließende, ekstatische Energie, die unser schlummerndes Potential entfaltet und unseren Umgang mit Partnern, Kindern, Mitarbeitern und allen anderen Lebewesen zu einer mühelosen Freude macht – zur Ekstase für jeden Tag. Das ist die tiefere Bedeutung von *Eleganz:* das Erzielen maximaler Resultate mit minimalem Aufwand. Elegante Menschen sind Liebhaber – verliebt in das Leben mit all seiner Fülle. Und diese

Liebe läßt sie Beiträge leisten, die weit über bloße Pflichterfüllung hinausgehen; diese Liebe äußert sich in aufrichtiger Kommunikation und der Bereitschaft, sämtliche Freuden, Schmerzen, Talente und Erkenntnisse mit anderen zu teilen. Menschen, die uns diese Möglichkeit vorleben, erinnern uns an unsere Einheit mit allem, daran, daß wir trotz aller oberflächlichen Unterschiede stets mit jedem anderen Lebewesen verbunden sind.

Meine eigene spirituelle Reise begann in Paris, als ich achtzehn Jahre alt war. Ich war frisch verliebt, und als mein Freund und ich zum ersten Mal miteinander schliefen, erweiterte sich mein Bewußtsein im Moment des Orgasmus, bis – plötzlich und völlig unerwartet – nichts mehr vorhanden war außer der absoluten Gewißheit, daß ich vollkommen frei bin, schon immer frei war, und daß diese grenzenlose Freiheit das Geheimnis des Lebens ist. Dieses Erlebnis bestimmte alles weitere und führte mich schließlich zum Tantra und dem spirituellen Weg der Ekstase für jeden Tag.

Ein solcher Ausgangspunkt mag außergewöhnlich klingen. Doch die meisten von uns erleben irgendwann einen vergleichbaren Moment, der die Sehnsucht nach Ekstase, Ganzheit und dem Zustand vollkommenen Friedens in uns weckt. Aber der Wert solcher Erfahrungen wird uns von unserer Gesellschaft nicht erklärt, sie werden nicht geschätzt und kultiviert. Nach meiner ersten Kostprobe wußte ich jedoch, daß ich um jeden Preis herausfinden wollte, wie sich Spiritualität und Sexualität verbinden und ins tägliche Leben integrieren lassen.

Mein Psychologie- und Philosophiestudium an der Sorbonne in Paris brachte mir zwar erfolgreiche Abschlüsse, lieferte jedoch keine Antworten auf meine drängenden Fragen. Die anschließende Arbeit als Psychotherapeutin konnte meinen Hunger nach direkt erfahrener Weisheit ebenfalls nicht stillen. Ich suchte im Bereich der Körperarbeit und der Selbsterfahrungstechniken, wie Bioenergetik, Encounter, Rolfing, Gestalttherapie, Arica, integrales Yoga, fand jedoch immer noch keine direkten Einsichten in den Zusammenhang zwischen Sexualität und Spiritualität. Ich reiste um die Welt und erforschte die traditionellen

Sexuallehren verschiedener Völker. Dabei stieß ich auf die altindischen Tantralehren. Tantra ist ein Weg zur Erleuchtung, ähnlich wie Yoga, Zen und Sufismus. Aber Tantra unterscheidet sich insofern von anderen Weisheitsschulen, als die sexuellen Triebkräfte nicht ausgeklammert, sondern als Tor zur Erleuchtung betrachtet werden. Die Essenz der tantrischen Lehren kann folgendermaßen zusammenfaßt werden: Mache mit Bewußtheit das, was dir Freude schenkt, denn das führt dich zum Ursprung. Diese Auffassung schien mir besonders attraktiv für uns westliche Menschen, die wir allesamt zutiefst vom puritanischen, jüdisch-christlichen Glauben geprägt sind, der sexuelle Freuden nicht als Tor zum Himmelreich begreift, sondern eher als Sprungbrett in den Höllenschlund.

Auch wenn sich dieses Buch nicht in erster Linie mit Sexualpraktiken beschäftigt, wie meine früheren Veröffentlichungen, so hat die tantrische Sichtweise meine Weltanschauung doch mehr als alles andere beeinflußt.

Was ist Tantra?

Noch immer glauben viele, daß es sich bei Tantra um eine exotische Form der Sexualtherapie mit spirituellen Anklängen handelt, um einen Vorwand, mit dem sinnliche Ausschweifungen und rohe Triebhaftigkeit legitimiert werden. Nichts könnte weiter von der Wahrheit entfernt sein. Der tantrische Weg lehrt die Verbindung der alltäglichen, der erotischen und der heiligen Dimensionen des Seins, die alle der einen geistigen Quelle entspringen.

Die Weisheit und Schönheit der Tantra-Lehren besteht darin, daß Sexualität bedingungslos angenommen und als eine Pforte (unter vielen) zu einem »ekstatischen Bewußtsein großer Seligkeit« anerkannt wird. Und so ist es: Auf dem Höhepunkt des Orgasmus überwinden wir die Illusion des Getrennt- und Zersplittertseins und gewinnen einen Einblick in die Einheit, die nahtlose Verwobenheit aller Wesen. Und durch den Geliebten – unseren Partner – lernen wir, das Leben selbst zu lieben.

Tantra hat zur Kenntnis genommen, daß der Mensch beim Geschlechtsakt die Möglichkeit hat, in Zustände der Ekstase zu geraten, und deshalb die sexuelle Vereinigung im Lauf der Jahrtausende zu einer Liebeskunst entwickelt, die der spirituellen Entfaltung des Menschen dient. Damals wie heute stellt Tantra die religiösen Ansichten in Frage, die davon ausgehen, daß man seine Sexualität transzendieren muß, um wirklich meditieren zu können oder zur Selbsterkenntnis zu gelangen. Tantra begann als eine Rebellion gegen die lebensverneinenden Vorstellungen von weltabgewandten Asketen. Tantriker verstehen die Sexualität als Wurzel des Lebens und die bewußte sexuelle Vereinigung als eine Form des Gottesdienstes und der Meditation, bei der wir dem Leben selbst huldigen. So können wir durch sinnliche Freuden zur höchsten Erkenntnis und spirituellen Befreiung gelangen.

Tantra lehrt, daß Triebkräfte und Begierden nicht gemeistert werden können, indem man sie ablehnt oder vermeidet. Nur wenn die Triebe in all ihrer Tiefe und mit vollem Bewußtsein erlebt worden sind, können sie transzendiert werden. Tantra lehrt, daß der Mensch *nichts,* absolut nichts von seinem Bild der Realität ausschließen darf. Unsere Triebe und Sinnenfreuden müssen nicht auf dem Altar einer rachsüchtigen Gottheit geopfert werden, wir brauchen nicht im Namen des Herrn unter ihrer Unterdrückung zu leiden. Im Gegenteil, wir können sie kultivieren und als Werkzeug zur Erleuchtung benutzen. Tantra lehrt, daß es darum geht, jeden Augenblick ganz zu genießen, ihn mit allen Sinnen auszukosten, ihn von ganzem Herzen zu fühlen, ihm mit wachem Geist zu begegnen und jeden Moment im Leben ganz präsent zu sein. In diesem Buch möchte ich zeigen, wie auch die scheinbar gewöhnlichen Ereignisse des täglichen Lebens mit so viel Energie, Leidenschaft und Bewußtheit erfüllt werden können, daß der Alltag zu einer lustvollen Entdeckungs- und Erweckungsreise wird.

Die Wurzel des Sanskritwortes *Tantra* ist die Ursilbe *tan,* was »sich ausdehnen« bedeutet. Im Lauf meiner Studien und Praktiken habe ich folgende Definition entwickelt: Tantra ist die

Kunst, die oft widersprüchlichen Aspekte unseres Seins oder unserer Persönlichkeit in ein geschlossenes Ganzes zu verweben, um so eine Erweiterung unseres Bewußtseins zu erzielen. Der Gelehrte Ajit Mookerjee definiert Tantra als »systematische, wissenschaftlich fundierte und experimentelle Methode, die die Erweiterung des menschlichen Bewußtseins und seiner Fähigkeiten ermöglicht; ein Prozeß, durch den die innewohnenden spirituellen Kräfte des Individuums realisiert werden können«.

Tantra entwickelte sich vor mehr als dreitausend Jahren in Indien aus mehreren Quellen. Eine davon war der jahrtausendealte Shakta-Kult, bei dem das göttliche Prinzip als »die Große Urmutter« verehrt wird. Diese Variante des Tantra wird noch heute in Indien praktiziert, und die Geschichte von Shiva und Shakti, aus deren ekstatischer Vereinigung das Universum jeden Moment neu hervorgeht, ist weiterhin lebendig.

DIE GESCHICHTE VON SHIVA UND SHAKTI

Vor vielen tausend Jahren inkarnierte sich eine mächtige Gottheit in den Urwäldern Indiens. Er lebte als Asket in entlegenen Einsiedeleien und verharrte stundenlang in Yoga-Positionen, vollkommen regungslos, in einem weit von der irdischen Welt zurückgezogenen Bewußtseinszustand und ohne das geringste Interesse an menschlichen Belangen. So überwand er sämtliche Gelüste und Triebkräfte seines Menschenkörpers und ruhte in der göttlichen Leere seiner wahren Natur – in der Realität, die nie geboren wird und niemals stirbt.

Wie die wilden Heiligen und Asketen Indiens kümmerte er sich weder um sein Aussehen noch um sonstige Konventionen. Sein Haar war lang und völlig verfilzt, sein Körper nackt bis auf einen Fetzen Tierfell um seine Lenden. Seine Haut hatte einen bläulich-grauen Schimmer, denn sie war von Schmutz bedeckt und von der Asche, die er bei seinen heiligen Ritualen verwendete. Schweigend verweilte er in einem Zustand der Selbstversenkung, jenseits der Zeit, jenseits des Todes, im ewigen Jetzt.

Dennoch bekam er hin und wieder eine Erektion und fühlte das drängende Pulsieren seines *Vajra*; aber es kümmerte ihn nicht, er blieb ungerührt unter seinem Lieblingsbaum sitzen. Sein Bewußtsein nahm die Funktionsweisen seiner menschlichen Existenz zur Kenntnis und stellte fest, daß sein *Vajra* sich soeben erhoben hatte, aber das war lediglich eine Manifestation der Virilität, der Zeugungsmacht des universellen Bewußtseins. Eine Erektion war nicht mehr und nicht weniger als die schrankenlose Manneskraft, die gelassen in ihrer eigenen Potenz ruhen und mit ihm meditieren konnte.

Seine unübertroffene Yogapraxis machte den Asketen mit der Zeit zum mächtigsten unter den Göttern und schließlich zum Herrscher über alle Welten. Bald war seine formlose Präsenz in sämtlichen Dimensionen zu spüren, und die Wesen aller Seinsbereiche erklärten ihn zum heiligen Symbol der Selbstbeherrschung und Abkehr vom Niederen. Sein Name wurde zum heiligen Wort, das wie ein Mantra erschallte: Shiva, Herr der Transzendenz.

Unterdessen beschloß Devi, die Urmutter der Schöpfung, daß es allmählich Zeit wurde, diesen großen Gottmenschen von den universellen Höhen auf die Erde zurückzuholen, um seine Meisterschaft auf die Probe zu stellen und ihm die fortgeschrittenen Lehren zu offenbaren, von denen er noch keine Ahnung hatte. Es war Zeit für Shiva, die eigene Loslösung zu transzendieren, seinen Geist wieder in den Körper zu bringen, durch den Körper und seine Sinne mit der Formenwelt zu verschmelzen und das Diesseits mit jeder Faser seines Seins zu erfassen.

Zu diesem Zweck nahm die Mutter der Schöpfung die Form einer exquisiten Schönheit mit dem Namen Sati an. Sati glühte vor Lebenslust, ihr Körper war bezaubernd geformt, ihr langes Haar glänzte seidig, und ihre Augen waren groß und sanft wie die eines Rehs.

Als Shiva eines Tages durch ein Dorf wanderte, erblickte er die liebreizende Sati und konnte nicht verhindern, daß sein Herz mit aller Macht zu ihr hingezogen wurde. All seine mühevoll erworbenen yogischen Kräfte versagten ihm den Dienst, und in diesem Augenblick übernahm sein Herz die Herrschaft über seinen Geist – einmal ganz abgesehen von seinem *Vajra*! Shivas Geist vereinte sich mit seinem Herzen, und plötzlich sehnte sein Körper sich nach menschlichem Kontakt – genau wie die Urgöttin Devi es beabsichtigt hatte.

So kam es, daß Shiva und Sati von einer übermächtigen Liebe füreinander ergriffen wurden und bald darauf heirateten. Jahrelang lebten die beiden in seliger Eintracht in einer abgelegenen Berghütte. Zahllose Abenteuer folgten, und am Ende starb Sati in Shivas Armen. Er war untröstlich. Wie von Sinnen vor Trauer wanderte Shiva durch die Lande und fand nirgendwo Frieden, denn diese Frau liebte er wie sich selbst: Sie war ein untrennbarer Aspekt seiner eigenen Wesensnatur. Doch diesen grausamen, nur allzu menschlichen Schmerz mußte er erfahren, um Verständnis für den demütigen Abstieg des Liebenden in die dunkle Nacht der Seele zu gewinnen. Und so wurde ihm bewußt, daß Liebe und erotische Vereinigung nicht getrennt von Andacht und meditativer Selbstversenkung existieren können.

Shivas Kummer war so groß, daß die anderen Götter irgendwann beschlossen, seinem Leid ein Ende zu bereiten. Sati inkarnierte sich erneut, um Shiva zu helfen, und wuchs zu einer noch schöneren jungen Frau mit Namen Parvati heran. Parvati war eine legendäre Yogini, die später in ganz Indien unter dem Namen Shakti bekannt wurde. Sobald sie sich begegneten, vereinten Shiva und Shakti sich erneut und lebten zusammen als Mann und Frau.

Shakti liebte Shiva mit größter Hingabe, war ihm aber vollkommen ebenbürtig in ihrer eigenen weiblichen Kraft. Sie war eine Verkörperung von Devi, der Mutter und Matrix sämtlicher Erscheinungsformen. Die Quelle ihrer Kraft lag in ihrer *Yoni* (Vagina), dem heiligen Lustgarten, in dem die Wurzel der Schöpfung verborgen ist. Shaktis Name wurzelt in der Hindu-Silbe *shak*, was »Fähigkeit« oder »Macht« bedeutet. Und so repräsentiert Shakti die Macht, die das Universum hervorbringt und sich in allen Lebensformen manifestiert; sie ist die *Prima mater*, die erste Mutter. Solange Shiva und Shakti sich nicht miteinander vereinigen, bleiben ihre Kräfte und Fähigkeiten isoliert, fruchtlos, ohne dynamische Zeugungskraft, ungeboren. Die Energie des einen vervollständigt die Erleuchtung des anderen und macht beiden Partnern bewußt, daß ihr Lebenszweck darin besteht, das Universum mit allem, was dazu gehört, ins Leben zu rufen.

Die Geschichte dieses Liebespaars wiederholt sich in einem fort, bis heute und in Ewigkeit: Shakti erkennt Shiva als ihren Lehrer an, worauf er ihr die Geheimnisse der Transzendenz offenbart und sie in die endgültige Freiheit führt. Shiva erkennt Shakti als seine Lehrerin an, worauf sie ihm die Geheimnisse der Verschmelzung des Jenseits mit dem Diesseits offenbart, die Verbindung des Geistes mit der Materie durch den Körper und seine Sinne. So beteiligen sich beide als spirituelle Partner im gleichen Maße an der Erschaffung von Ekstase. Shakti führt Shiva über seine asketische Weltabgewandtheit hinaus, damit die Liebeskunst und sexuelle Vereinigung durch ihn zur spirituellen Disziplin erhoben werden kann. Auf diese Weise, so heißt es, wurde aus dem Yoga der tantrische Erkenntnisweg geboren: der Yoga der Liebe.

In den alten Texten wird erklärt, wie Shiva und Shakti den orgastischen Energiestrom ihrer Liebe auf immer neue Weise durch ihre Kraftzentren oder *Chakren* fließen ließen, um noch subtilere Zustände des Einsseins zu erleben. Die Anleitungen in diesen Texten bilden den Ursprung der Kunst/Wissenschaft, die unter dem Sammelbegriff »Tantra« bekannt wurde. Das tantrische Wissen umfaßt zahllose Künste wie Musik, Komposition, Astrologie, Massage, Malerei, Tanz, Dichtung, Visualisierung, Ritual und Meditation. Viele dieser Lehren wurden schriftlich niedergelegt und waren unter dem Titel »Tantras« verbreitet. In der ursprünglichen Fassung handelte es sich um einen Dialog zwischen Shiva und Shakti, und die tantrischen Schriften erklären, daß jeder Mann und jede Frau die Kräfte von Shiva und Shakti in sich tragen. Wenn wir wissen, wie man beim Liebesakt energetisch mit dem Partner verschmilzt, vollziehen wir die ursprüngliche Vereinigung des Gottes mit der Göttin nach, und so wird die sexuelle Vereinigung zum heiligen Schöpfungsakt. Und die Frucht dieser Verschmelzung ist Selbsterkenntnis.

Die Fortsetzung meiner Suche

Ich reiste kreuz und quer durch Asien, Indien, Europa und Amerika und studierte die alten Traditionen spiritueller Erotik und Sexualität. Dabei begegnete ich einer Reihe außergewöhnlicher Menschen: Schamanen, Tantriker, spirituelle Lehrer männlichen und weiblichen Geschlechts, die mich zum Teil auch persönlich unterrichteten. Zwischendurch arbeitete ich mit international bekannten Vorreitern im Bereich der transpersonalen und humanistischen Psychologie, der Sexualkunde und verwandter Wissenschaften. Viele Schleier fielen in dieser Zeit von meinen Augen, Schleier aus fixen Ideen, Glaubensvorstellungen, Ängsten und dem Verlangen nach Sicherheit – den zahlreichen Verstrickungen, die einen Suchenden daran hindern, authentisch und frei zu sein.

Viele meiner Lehrer – unter ihnen der moderne Mystiker Osho – gehörten in die Kategorie der »verrückten Weisen«, wie die Lehrer genannt werden, die ihre Schüler traditionsgemäß durch schockierendes, absolut unvorhersehbares Verhalten wachrütteln. In solcher Gesellschaft war jeder Tag ein Abenteuer, eine wilde Berg- und Talfahrt voller Überraschungen, Offenbarungen, Einweihungen und ekstatischer Erlebnisse, aber auch problematischer Konfrontationen, scheinbar unüberwindlicher Hürden, riskanter Kehrtwendungen, schwieriger Aufgaben und zahlreicher Sackgassen. Doch die Botschaft war immer wieder dieselbe: *Geh nach Hause und integriere, was du hier entdeckt hast, in dein tägliches Leben.*

Wie ich das »SkyDancing Tantra« entwickelte

Allmählich verschmolzen all meine Entdeckungen zu einer sinnvollen neuen Form in meinem Inneren. Ich nannte das Wissen und die rituellen Übungen, die ich im Lauf vieler Jahre entwickelt hatte, »SkyDancing Tantra: Der Weg zur Seligkeit«. Dieser Weg eröffnete sich mir in Form einer Offenbarung, obwohl der Pfad der Himmelstänzer (SkyDancer) tatsächlich bis zum achten Jahrhundert in Tibet zurückverfolgt werden kann, wo

Yeshe Tsoguel, die Gefährtin eines Buddhas mit Namen Padmasambhava, als »Himmelstänzerin« bezeichnet wurde. Der tantrische Buddhismus wurde von beiden gemeinsam entwickelt.

Die ursprünglichen Himmelstänzerinnen waren die *Dakinis*, weibliche Buddhas, auch weibliche Erwecker genannt. Das Wort *Dakini* bedeutet »Tänzerin im All« oder »Frau, die die Freiheit der Leere genießt«. Himmelstänzerinnen waren und sind Frauen, die ihr Leben für die spirituelle Erweckung aller Lebewesen einsetzen. Der »Pfad der Himmelstänzer« ist ein Weg der spirituellen Partnerschaft von Mann und Frau, wobei sie sich gegenseitig helfen, ekstatische Zustände in ihr tägliches Leben zu integrieren. Die Praktiken und Lehren beruhen auf einem uralten, lang in Vergessenheit geratenen Verständnis: Um uns und die Welt zu heilen, müssen wir erkennen, daß Frauen erweckende und initiatorische Kräfte besitzen und als erleuchtete Lehrer andere Menschen in die tiefen Geheimnisse der Existenz als Mensch einweihen können.

SkyDancing Tantra ist ein einzigartiger Weg, der auf meinen gesammelten Erfahrungen beruht und meine Studien in humanistischer und transpersonaler Psychologie, Körperarbeit, Sexualkunde, Yoga- und Tantra-Lehren, Musik und Metaphysik mit meiner langjährigen Arbeit mit dem menschlichen Energiesystem und seinen *Chakren* (Energiezentren) verbindet. Das tantrische Chakra-System gibt konkrete, praktische Anleitungen für die Transformation von Energie und Bewußtsein und für die Verwandlung von roher sexueller Begierde in Liebe, visionäre Schöpferkraft und Erleuchtung.

SkyDancing Tantra lehrt eine ganzheitliche Lebensweise und zeigt, wie wir ekstatische Zustände in unser normales Alltagsleben integrieren können, wenn wir dem Leben mit entspanntem Körper, offenem Herz und friedfertigem Geist begegnen.

Sexualität als Metapher für das Leben

Im Rahmen des SkyDancing-Programms habe ich mit Tausenden von Menschen überall auf der Welt gearbeitet, Trainer ausgebildet und Gruppenzentren aufgebaut. Mein jüngster Teilnehmer war zwölf, der älteste vierundsiebzig Jahre alt. Mit den Jahren stellten wir fest, daß alle Menschen – unabhängig von Rasse, Religion, Alter und Geschlecht – eine bemerkenswerte Fähigkeit zur Ekstase mitbringen. Wenn wir Zugang zu ekstatischen Zuständen gewinnen, schaffen wir Raum für Freude und Heilung in unserem Leben.

In diesem Buch werden viele der Methoden, Rituale, Tänze und Meditationen beschrieben, die Menschen jeder Altersgruppe, vom Teenager bis zum Greis, erfolgreich praktiziert haben, um über Schmerz und Zweifel hinauszugehen und ihr höchstes Potential zu entfalten. Aus Erfahrung weiß ich, daß jeder die heilende Kraft der Ekstase kennenlernen kann. Ich habe gesehen, was ekstatische Erfahrungen in Fällen von Minderwertigkeitskomplexen, Zwangsvorstellungen, streßbedingten Krankheiten, Magersucht, Drogenabhängigkeit und Depression bewirken können. Ich habe zahllose Menschen neu erblühen sehen. Vor meinen Augen verwandelten einander entfremdete Ehepaare ihre Beziehung in eine neue Liebesaffäre und kommunizierten zum ersten Mal seit Jahren von Herz zu Herz. Neue Lebenslust und Kreativität entstanden, verlorengegangene sexuelle Intimität wurde wiederbelebt, ein Gefühl spiritueller Verbundenheit erwachte und gab ihrem Leben neue Dimensionen von Freude und Erfüllung. Übungen, wie sie in diesem Buch vorgestellt werden, haben den Arbeitsstreß vieler Menschen merklich reduziert und ihre Schaffenskraft und Erfolgsrate im selben Maße gesteigert. Selbstvertrauen, Durchsetzungsvermögen und Führungsqualitäten von überforderten Unternehmern verbesserten sich.

Im Lauf meiner Arbeit ging mir auf, daß die Art und Weise, wie wir unsere Sexualität leben, ein Gleichnis dafür ist, wie wir unser Leben leben. Bei meinem »Training für Liebe und Ekstase« hatte ich mich ursprünglich auf den Liebesakt und sein ekstatisches Potential konzentriert, bis mir klar wurde, daß es nicht nur möglich, sondern sinnvoll ist, wenn man sich in jedem Lebensbereich wie ein einfühlsamer und bewußter Liebender verhält.

Was mit einem Moment des Erwachens beim Sex begann und

mich rund um die Welt führte, kulminierte in der verblüffend einfachen Erkenntnis, daß tantrische Liebeskunst – das Eintauchen in tiefe Intimität, das Öffnen des Herzens, Visualisierung und Konzentration, das Loslassen des Verstands, das Präsentsein im Augenblick, bedingungslose Liebe für sich selbst und alle anderen, das Überwinden der Angst – im Grunde genommen eine *Lebenskunst* ist. Ich sah, daß es nicht darum geht, den sexuellen Orgasmus häufiger und intensiver zu erleben, sondern *in jedem Moment orgasmisch zu sein*.

Die Auswirkungen des »Trainings für Liebe und Ekstase« wurden an mehreren Universitäten in Europa auf psychiatrischer, psychologischer und medizinischer Ebene untersucht. Die Universität München begleitete eine Gruppe von fünfzig Teilnehmern anderthalb Jahre lang und stellte in ihrer abschließenden Analyse fest, daß die Testpersonen »verbesserte Konzentrationsfähigkeit, direktere und authentischere Kommunikation und mehr Kreativität und Initiative an den Tag legten«. Seitdem wurde ein Ausbildungsprogramm für Ärzte und verwandte Berufssparten geschaffen, das zur Zeit in mehreren europäischen Ländern angeboten wird.

Meine Arbeit als Therapeutin hat mir gezeigt, daß emotionale Wunden durch die Aufarbeitung der persönlichen Vergangenheit nur bis zu einem gewissen Grad geheilt werden können. Obwohl eine Genesung stattfinden kann, wenn die Ursache eines Traumas aufgedeckt wird, fördert dieser Prozeß gleichzeitig eine Fixierung auf das Problematische. Und solange man sich auf Probleme und Schmerzzustände konzentriert, übersieht man das ekstatische Potential, das potentiell in jedem Moment enthalten ist. Die Dimensionen des Heiligen und der Lust am Dasein bleiben außer acht, und wen wundert es, daß das Leben dann sinnentleert erscheint, heillos, nicht wie ein Lustspiel, das genossen werden darf, sondern eher wie ein unlösbares Puzzle, das man nie zu Ende bringt. Mir ging auf, daß existentieller oder psychologischer Schmerz durch die *Abwesenheit von Ekstase* entsteht. Er entsteht, wenn wir uns abschneiden von der Quelle des eigenen Seins, der Quelle aller Lebenskraft. Aber wenn wir Menschen dazu anhalten, ekstatische Bewußtseinszustände zu kultivieren, anstatt Probleme zu sondieren, und ihnen Methoden zeigen, mit deren Hilfe diese ins Alltagsleben integriert werden können, können wir eine nachhaltige Heilwirkung erzielen. Ich bin zu der Überzeugung gelangt, daß viele Krankheiten und Leiden auf den Verlust der Ekstase zurückzuführen sind und daß eine Rückkehr zu unserem natürlichen ekstatischen Potential der Schlüssel zu unserer Heilung und Befreiung ist.

EKSTATISCH DURCH DEN ALLTAG GEHEN

Erotik ist der tiefe Genuß aller unserer Sinne. Mit wachen Sinnen sind auch die alltäglichsten Momente eine Quelle von Freude und Vergnügen. Eine natürliche Ekstase wallt in uns auf, wenn wir den Moment bewußt erleben. Ekstatisch sein kann schlicht und einfach bedeuten, daß du dich mit Dingen umgibst, die du schön und erhebend findest; daß du Kleidung trägst (oder keine), die deine Schönheit hervorhebt; daß du das Essen mit erotischem Feingefühl kochst und langsam und genüßlich ißt; daß du Musik durch deine Ohren strömen und im ganzen Körper vibrieren läßt; daß du Worte sprichst, liest oder schreibst, die poetisch sind, bedeutsam, beflügelnd für deine Seele; daß du deine Daseinsfreude aus vollem Halse in die Welt hinaus singst.

In diesem Buch mache ich einen Unterschied zwischen »ekstatischer Erweckung« und »Ekstase für jeden Tag«. Ekstatische Erweckungen sind transzendentale Erfahrungen, die sich hin und wieder ergeben, aber von Natur aus nicht von Dauer sein können, denn wenn sie anhalten würden, könnten wir in dieser Welt nicht mehr funktionieren. »Ekstatische Erweckungen« sind Momente des Durchbruchs, oft von spirituellem Feuerwerk begleitet, als wäre der Korken aus der Champagnerflasche geflogen. Sie sind dramatische Begegnungen mit dem Göttlichen, die uns daran erinnern – oft in Momenten unerträglicher Hoffnungslosigkeit und Verzweiflung –, daß Ekstase die Essenz unseres Wesens (und der gesamten Existenz) ist. Was ich als »Ekstase für jeden Tag« bezeichne, ist dagegen der stetig fließende Strom freudiger Lebendigkeit, der uns mit unserer Quelle verbindet und zum permanenten Zustand für uns werden kann, wenn wir uns ins Leben verliebt haben und es in uns aufnehmen wie den göttlichen Liebhaber, der es ist.

Ein Buch mit vielen Stimmen

Im Laufe der Arbeit an diesem Buch habe ich Hunderte von Menschen kontaktiert, die es irgendwie fertiggebracht haben, die unterschiedlichen Aspekte ihres Lebens – Beziehung, Familie, Arbeit, Kreativität, Spiritualität und Alltag – auf ekstatische und freudevolle Weise miteinander zu verbinden. Dazu zählten derzeitige Schüler, frühere Absolventen meiner Trainings, Psychologen, Ärzte, interessante Leute, denen ich auf der Straße begegnete, Künstler, Autoren, Philosophen, Lehrer, Berühmtheiten, spirituelle Autoritäten und Therapeuten aller Art. Die Erfahrungen von Teilnehmern an meinen Kursen habe ich zum Teil auf Tonband aufgenommen und in das Buch eingebaut.

Mit zahlreichen herausragenden spirituellen Lehrern konnte ich wichtige Fragen im Zusammenhang mit Ekstase, spirituellen Praktiken, Erleuchtung, Liebe und dem Bewußtseinsstand der Welt diskutieren. Diese Lehrer gehörten verschiedensten spirituellen Traditionen an, sie waren Sufis, Moslems, Christen, Tantriker, Buddhisten oder Juden. Andere beriefen sich auf niemanden, bekannten sich zu keinem Glauben und erklärten, daß Ekstase und Erleuchtung jenseits von sämtlichen Wegen und Methoden zu finden sei. Manche Perlen der Weisheit habe ich so empfangen und in dieses Buch aufgenommen.

Eine Schatztruhe in Buchform

Für den Leser enthält dieses Buch eine Reihe von Schätzen. Die Übungen und praktischen Informationen dienen der Entfaltung des schlummernden Potentials. Sie vermitteln die Kunst des Liebens und ihre Anwendung außerhalb des Schlafzimmers. Sie schaffen Gleichgewicht durch eine harmonische Balance zwischen dem »inneren Mann« (den aktiven, zielgerichteten, männlichen Eigenschaften) und der »inneren Frau« (den empfänglichen, bewahrenden, weiblichen Eigenschaften). Sie beschreiben, wie man seine Umgebung und Wohnung in einen heiligen Raum verwandelt. Dazu gehören Rituale, zum Teil uralte Zeremonien, deren Elemente kreativ abgewandelt werden können, um höhere Kräfte zu mobilisieren und bedeutsame Momente auf würdige Art zu feiern. Die Anatomie der Ekstase wird anhand der sieben *Chakren* aufgeschlüsselt. Es wird erklärt, wie man Blockaden auflöst, um ein höheres Energieniveau zu erreichen und die Grundlagen für ein ekstatisches Lebensgefühl zu schaffen. Letztlich wird der Leser mit einer Weltanschauung vertraut gemacht, die auf tiefem Respekt für die männlich-weibliche Partnerschaft beruht und in der Sinnlichkeit und Sexualität als Pforten zu höheren Bewußtseinsbereichen verstanden werden.

Der im folgenden beschriebene Weg der »Ekstase für jeden Tag« ermöglicht wunderbare Erfahrungen: ein erfolgreicheres, heilsameres, gesünderes Leben; tiefere und bedeutungsvollere Beziehungen; eine intensivere und authentischere Verbindung zur ganzen Menschheit und zu unserem Planeten; eine tiefgreifende Erkenntnis des eigenen essentiellen Wesens. Dieses Buch ist ein Werkzeug zur Umsetzung eines ekstatischen Lebensstils im Alltag.

Anmerkung: In diesem Buch benutze ich den Begriff *Yoni* für die weiblichen Geschlechtsteile und *Vajra* für die männlichen. *Yoni* ist ein Sanskritwort und bedeutet »kosmische Matrix, Gebärmutter der Schöpfung«. *Vajra* ist tibetisch für »Donnerkeil, mächtiges Szepter«. Der *Vajra* ist ein rituelles Objekt, Symbol der reinen Energie und Urkraft, die alles Licht verbreitet. Ich benutze diese respektvollen Begriffe, um uns die typischen Assoziationen zu ersparen, die normalerweise bei der Erwähnung von Geschlechtsteilen ausgelöst werden. Wenn Mann und Frau sich gegenseitig mit dem Verständnis betrachten, das von diesen Worten ausgedrückt wird, entsteht ein Gefühl der Anerkennung und des berechtigten Stolzes in beiden.

TEIL I

Die Entdeckung der Ekstase: Wieder aus dem vollen schöpfen

KAPITEL 1

Die Ekstase wiederbeleben: Ein Abenteuer

Freund, erwarte den Gast,
noch während du am Leben bist.
Spring ins Erleben, solange du lebst!
                                    Rumi

Hast du jemals in Momenten tiefer Stille gespürt, wie deine Seele schweigend singt? Kannst du dich an einen Augenblick erinnern, in dem die Schönheit und Süße des Lebens plötzlich in dir aufwallte? Vielleicht hast du dich Hals über Kopf verliebt, oder ein Orgasmus hat dich für Augenblicke in eine unvergleichlich selige Verschmolzenheit mit allem Leben entrückt. Vielleicht ist es dir bei der Geburt deines Kindes passiert – plötzlich warst du erfüllt von einer überwältigenden, alles umfangenden Liebe, wie du noch keine gekannt hattest. Vielleicht hat eine Meditation dir einen Einblick in ekstatische Räume gewährt, oder es war ein Langstreckenlauf, der Anblick eines sprudelnden Gebirgsbachs, ein Symphoniekonzert, eine Wanderung im Gewitter oder eine lange, durchtanzte Nacht. Vielleicht bist du dabei für Momente über deinen Körper und deinen Verstand hinausgetragen worden – und das Leben, das vorher so gewöhnlich schien, nahm plötzlich geheimnisvolle Züge an, wurde auf eigentümliche Weise bedeutungsvoll, und die Zeit blieb stehen, weil die Ewigkeit dich zu sich geholt hatte.

Solche Erfahrungen sind Vorstöße in die Dimension des Heiligen. Sie machen uns unsere wahre Wesensnatur bewußt, und sei es auch nur für Momente. Sie sind Kostproben der Seligkeit, die unser ganzes Leben erfüllen kann. Sie sind Lichtblicke, Einblicke in die Ekstase. In solchen Momenten wissen wir, daß es möglich ist, das Leben in seiner Fülle zu leben, schöpferisch und in Freiheit.

WAS IST EKSTASE?

In den fünfziger Jahren richtete der Psychologe Abraham Maslow sein Augenmerk auf Zustände, die ich ekstatisch nenne und die er als »Höhepunktserfahrungen« bezeichnet. Seine Forschungsergebnisse lösten Staunen aus: »Nahezu jeder Mensch macht oder kann Höhepunktserfahrungen machen.« Die Psychologin Stella Resnick kommentiert in ihrem Buch *The Pleasure Zone*: »Höhepunktserfahrungen sind Zustände intensiver Freude, die einige Minuten, aber auch einige Tage, Wochen oder länger dauern können. Es sind Perioden vollkommenen Glücks und absoluter Erfüllung...« Maslow stellte fest, daß gewisse Menschen, die er als »selbstverwirklicht« bezeichnete, solche Höhepunktserfahrungen weitaus häufiger erleben als die allgemeine Bevölkerung. »Sie empfinden ihr Leben durchweg als erfüllend und werden nicht von Mangel oder Not motiviert, sondern von dem Drang, sich zu entfalten.«

Von Geburt an streben wir nach Behagen, Lust und Ekstase. Behagen ist das natürliche Wohlbefinden in der Abwesenheit von Schmerzen. Lust entsteht durch die Befriedigung von körperlichen Bedürfnissen und emotionalen Wünschen. Ekstase ist eine Erfahrung intensiver Befriedigung und innerer Freude, die gewöhnlich nicht von Dauer ist. Sie wallt auf, erreicht einen Höhepunkt und verschwindet. Sie läßt uns zurück mit einer intuitiven Einsicht in ein erweitertes Potential. An diesem Punkt ändern viele ihre Lebensweise, denn von nun an fühlt man sich hingezogen zu der inneren Arbeit, die erforderlich ist, um hartnäckige Verhaltensmuster aufzulösen und eine Transformation in Richtung mehr Freude und Zufriedenheit einzuleiten. Sobald man das innere Potential mehr und mehr wahrnimmt, äußert sich Ekstase meist als intensiver Zustand gleichbleibender Zufriedenheit, in dem sich von Moment zu Moment enthüllt, welches Verhalten das beste und angenehmste für alle Beteiligten ist. Die Einzelheiten sind schwer zu definieren, weil jeder von uns diese Zustände auf ganz persönliche Weise erlebt.

Im Lexikon wird *Ekstase* definiert als »Zustand der Verzückung, der das normale Fassungsvermögen übersteigt«. Weiter heißt es: »... extrem intensiver Gefühlszustand, in dem rationales Denken und Selbstkontrolle verlorengehen.« Das Wort *Ekstase* stammt von dem griechischen Begriff *ex stasis* – außerhalb des scheinbar Soliden und Feststehenden, also hinein in das Bewegte oder Lebendige. Ekstase ist die Befreiung vom konzeptuellen Wissen. Der lateinische Wortstamm *ex stare* bedeutet »außer sich stehen«, über sich selbst hinausgehen. Grundsätzlich bedeutet Ekstase Transzendenz, ein »Hinausgehen« oder Aufsteigen über das, was gedacht, gewußt und für möglich gehalten wird. Ein ekstatischer Zustand ist ein Eintauchen ins Grenzenlose.

Durch Musik, Meditation, Liebe, Andacht oder Sex tauchen wir für Augenblicke in Zustände der Ekstase ein. Doch bleibt unser ekstatisches Potential weitgehend unerfüllt. Die wenigsten von uns werden dazu erzogen, die tiefere, heilige Dimension der Existenz wahrzunehmen. Und da wir oft viel zu beschäftigt sind, um die simplen Freuden unseres Alltags zu genießen, wissen wir nichts von der natürlichen Seligkeit, die ich als »Ekstase für jeden Tag« bezeichne. Wir erkennen einfach nicht, daß *jeder Moment ein Potential an Ekstase enthält*. Ekstatische Zustände stehen in keinem Widerspruch zum normalen Leben. Sie stellen sich spontan ein; sie sind so natürlich wie Schlafen oder Atmen. Ekstase wurde uns einprogrammiert, als der Same unseres Vaters die Eizelle unserer Mutter befruchtete. Dieses Potential existiert in uns als schlummernde Möglichkeit. Und es ist möglich, diese innere Freude zu erleben, es steht uns frei, ein Leben zu führen, das reflektiert, wer wir in Wirklichkeit sind, und eine heilsame, beglückende Energie ausstrahlt. Bei jedem Schritt, den wir tun, haben wir die Möglichkeit, zur Ekstase zu erwachen.

UNSERE EKSTATISCHE GRUNDNATUR

Die häufigste Erfahrung von Ekstase besteht wohl in der Gefühlsmischung aus Freude, Dankbarkeit und Erleichterung, wenn man ganz plötzlich und unerwartet von einer bedrückenden Last befreit wird, beispielsweise wenn eine Krise heil überstanden ist oder ein Unglück gerade noch rechtzeitig verhindert werden konnte.

Ein anderer, allgemein zugänglicher Auslöser ist Sex. Die genußvolle Steigerung der Lust und die selige Entladung im Moment des Orgasmus stehen uns selbst in der Hektik des Alltags offen. Aber der Orgasmus gibt uns nur eine kleine Kostprobe der verfügbaren Möglichkeiten, denn *Ekstase transzendiert Sexualität.* Es ist möglich, eine tiefere Erlebnisbereitschaft zu entwickeln und zu einem Lebenskünstler zu werden, der eine Liebesaffäre mit dem Leben genießt.

Die Rhythmen des Lebens sind unsere eigenen: schlagende Herzen, pochende Blutzirkulation, feuernde Gehirnsynapsen, Einatmen – Ausatmen, Ausdehnen – Zusammenziehen. Der menschliche Körper ist ein Rhythmusorchester, eine vibrierende Einheit, die im Takt des Lebens singt und tanzt. In ihrer Essenz ist die gesamte Schöpfung eine einzige ekstatische Schwingung.

Menschen inkarnieren sich, um das Dasein auf Erden zu genießen, ihre innere Schönheit zu entfalten und ihre Liebe zum Ausdruck zu bringen. Diese Schwingung ist Ekstase, und Ekstase ist eine Kunst, die sich erlernen läßt. Auf dem Weg zur Meisterschaft in der Lebenskunst lernen wir mehr und mehr, ekstatische Augenblicke nahtlos mit unserem Alltagsleben zu verbinden.

Ekstase ist unsere ursprüngliche Natur und zugleich ein Zustand, der durch Selbsterkenntnis verwirklicht wird. Die christlichen Mystiker sprechen vom Christusbewußtsein, die Buddhisten von der innewohnenden Buddhanatur, aber beide meinen dieselbe Uressenz unseres Wesens, die stets unberührt von allem Vergänglichen und Wechselhaften bleibt, unangetastet vom Erscheinen und Vergehen der Dinge. Sie schimmert durch alles hindurch, ob wir sie nun wahrnehmen oder nicht.

Dieses Bewußtsein unserer Grundnatur nenne ich den *Sky Mind*, den Himmelsgeist. Er wird nicht erreicht oder entwickelt. Er ist das in uns, was nie geboren wurde und niemals stirbt. Wenn die Schleier unserer Illusionen, Überzeugungen, Zweifel und Schmerzen gelüftet werden, enthüllt sich unser Himmelsgeist wie das Blau des Firmaments, wenn die Wolken vorübergezogen sind.

DAS BESTGEHÜTETE GEHEIMNIS UNSERER ZEIT

Bei meinen Recherchen für dieses Buch bin ich auf eines der bestgehüteten Geheimnisse gestoßen: Viele der erfolgreichsten Männer und Frauen unserer Zeit kultivieren ekstatische Zustände. Sie haben gelernt, das ekstatische Seinsgefühl in ihren normalen Tagesablauf einzufügen. Ich bin der Ansicht, daß die Offenheit dieser Menschen für unkonventionelle Methoden und Erfahrungen in direktem Verhältnis zu ihrer Originalität und kreativen Leistungsfähigkeit steht. Doch obwohl jeder von ihnen seine spezielle Annäherungsweise entwickelt hatte, behandelten sie dies meist als Privatangelegenheit. Und aus gutem Grund, denn wer will sich schon öffentlich als Wirrkopf oder mystischer Schwafler bezeichnen lassen und seine Glaubwürdigkeit als Experte im eigenen Berufsgebiet verlieren?

Selbst anerkannte Denker und spirituelle Autoritäten müssen mit Angriffen rechnen. Jean Houston, die Mitbegründerin der »Foundation for Mind Research«, und Marianne Williamson, eine erfolgreiche Autorin und spirituelle Lehrerin, wurden übel verleumdet, als die Presse in sensationellen Schlagzeilen berichtete, sie hätten »Seancen im Weißen Haus« abgehalten. In Wirklichkeit hatten sie es nur gewagt, den Führern der Nation ihre

Meinung mitzuteilen und politische Themen von einem Standpunkt aus zu beleuchten, der tiefer ging als die konventionell anerkannte Sichtweise.

Trotz aller Rückschläge ist die Suche nach einem tieferen Sinn auf dem Vormarsch und ergreift immer breitere Bevölkerungsschichten. Wie Jean Houston es so treffend formulierte: »Wir sind keine Randfiguren, wir sind die Vorhut!« Aber nicht nur berühmte und erfolgreiche Menschen tummeln sich in den zeitlosen Gefilden des höheren Bewußtseins. Der Sozialforscher Paul Ray hat im Lauf einer Studie mehr als einhunderttausend Amerikaner interviewt und eine neue Subkultur identifiziert, zu der rund *vierundvierzig Millionen Menschen* gehören, die er als die »kulturell Kreativen« bezeichnet und die ich »Ekstatiker« nennen würde. Diese Menschen sind auf der Suche nach tiefgreifenden Erfahrungen und authentischen Beziehungen. Sie lassen sich nicht auf die anti-ekstatischen Denkgleise abschieben. Statt dessen sind sie fleißig dabei, neue Grenzgebiete zu erforschen, auf spirituelle Entdeckungsreisen zu gehen und sich neben- oder sogar hauptberuflich dem Dienst an ihren Mitmenschen zu widmen. Sie praktizieren eine freiwillige Genügsamkeit, anstatt ihre Einkünfte und die unersetzlichen Ressourcen des Planeten für sinnlose Egotrips zu verschleudern. Wie Paul Ray in einem Artikel für den *Utne Reader* schreibt: »Die kulturell Kreativen lassen nicht locker, bis alle Teile ihres Lebens so nahtlos zusammenpassen, daß sie eine authentische Gesamtheit ergeben.« Rays Ansicht nach befinden wir uns heute »an einem Punkt der Entscheidung, an einem historischen Wendepunkt. Wenn es den kulturell Kreativen gelingt, ihre kollektiven Kräfte zu mobilisieren und sie in die Öffentlichkeit zu tragen, kann eine neue ›integrale Kultur‹ geschaffen werden, die das Beste der Moderne mit den traditionellen Errungenschaften verbindet, den Osten mit dem Westen verschmilzt und so den Beginn einer neuen Renaissance einläutet.«

Während bei den östlichen Kulturen ekstatische Praktiken von jeher zum allgemeinen Kulturgut gehören, hält unser Kulturkreis krampfhaft an seinem Argwohn fest. Wenn man laut vor anderen verkündet, daß man persönliche Erfahrungen im Bereich der Ekstase gesammelt hat, kommt das dem Geständnis gleich, daß man die ganze Zeit heimlich schwul gewesen sei. Dabei ist Ekstase ein wichtiger Schlüssel zu Heilung und Erleuchtung.

Ekstase kann unser Leben verwandeln

> *Mit dem Übergang in das neue Jahrtausend geht eine große geistig-seelische Beschleunigung einher. Der letzte Übergang hat uns eine industrielle Revolution beschert. Diesmal haben wir es mit einer Bewußtseinsrevolution zu tun.*
>
> Lynne Franks

Ich habe mit Männern und Frauen jeden Alters und aller Berufssparten gesprochen, mit Managern, Geschäftsleuten und Juristen, mit Künstlern, Schriftstellern und Musikern, mit Bauarbeitern, Verkäufern und Gärtnern, mit Hausfrauen und Müttern, Erziehern und Lehrern. Ich wollte herausfinden, welche Bedeutung sie der Ekstase in ihrem Leben beimessen. Viele sprachen zum ersten Mal mit mir über die Erfahrungen, die sie in dieser Hinsicht gemacht hatten. Ihre Geschichten sind einzigartig im Detail, doch sehr ähnlich in ihrer Grundessenz: Jede/r hatte mindestens eine Erfahrung mit Ekstase gemacht, die eine nachhaltige Transformation in Gang gesetzt hatte.

An dieser Stelle möchte ich eine Erfahrung erzählen, die das Leben meines Freundes Tom, Manager einer Software-Firma, von Grund auf verändert hat.

Vor sieben Jahren haben Sharon und ich uns rasend ineinander verliebt. Wir heirateten, bekamen zwei Kinder, hatten eine erfolgreiche Firma und ein Traumhaus. Aber nach ein paar Jahren kam uns die Liebe irgendwie abhanden. Oft waren wir wütend aufeinander und haben nur noch vor den Kindern miteinander kommuniziert. Als ich irgendwann herausfand, daß Sharon eine Affäre hatte, fiel mein ganzes Leben in Stücke. Eine geraume Weile sagte ich ihr nicht, daß ich Bescheid wußte. Ich war dermaßen geladen, daß ich nicht schlafen konnte. Nächtelang lag ich im Bett und habe mit geballten Fäusten zur Decke gestarrt, um mich halbwegs im Zaum zu halten. Wenn ich es nicht mehr aushalten konnte, bin ich aufgestanden und durch den Wald gerannt. Manchmal habe ich laut geschrien und mit abgebrochenen Ästen auf die Bäume eingedroschen, bis ich weinen mußte.

Eines Morgens lief ich wieder wie ein verwundetes Tier durch den Wald, bis ich stehenblieb, weil mir ein Gedanke kam: »Seit Wochen renne ich hier nun schon herum, ohne jemals zu merken, wie schön es hier ist.« Ich setzte mich unter einen Baum, und ein Gefühl des Friedens senkte sich allmählich in mein Herz. Dann fiel mir ein kleines Farnkraut auf, das vor mir aus dem Boden sproß. Es wurde von einer goldenen Lichtbahn beleuchtet, die durch das Blattwerk drang. Die winzigen Blättchen des Farns waren von einem silbrigen Flaum umgeben und fest zusammengerollt, bereit, sich zu öffnen... Und das war das Schönste, was ich je gesehen hatte. Nur ein winzig kleiner Farn... aber er strotzte vor Lebenskraft und wollte sich öffnen, um groß und stark zu werden.

Ich weiß nicht, wie lange ich die Pflanze angestarrt habe, aber der Friede breitete sich immer weiter in mir aus. Irgendwann schaute ich auf, und dann sah ich den ganzen Wald mit neuen Augen – die Sonnenstrahlen, die durch die Baumkronen brachen und mich in ihr schwankendes Licht- und Schattenmuster hüllten – alles. Eine überwältigende Dankbarkeit für diese Schönheit ergriff mich. Unwillkürlich sog ich die Waldluft tief in mich ein, und dabei fühlte es sich an, als würde mein Kopf am höchsten Punkt geöffnet, und dann wurde ein Strom flüssiger Liebe in mich hineingegossen, bis mein Körper von oben bis unten mit Liebe erfüllt war und überfloß. Ein unfaßbares

Entzücken kam über mich. Ich fing an zu beten: »O Gott, o Gott, ich danke dir!« Mir war sonnenklar, wie sehr ich meine Frau liebte, und daß sie mich ebenfalls liebte. Ich sah, daß die Wände zwischen uns aus Angst bestanden und keine reale Substanz hatten.

Irgendwann stand ich auf und ging nach Hause zurück. Was ich erlebt hatte, strahlte aus jeder Pore meines Körpers... Ich fand Sharon und nahm sie wortlos in die Arme. Gleich darauf strömte ich spürbar in sie hinein, und sie strömte in mich herein. Wir verschmolzen, wurden zu einem Wesen mit einem einzigen großen Herzen. Und ich dachte: »Jetzt haben wir wirklich und wahrhaftig geheiratet.« Sie wußte nicht, was mir passiert war, aber sie spürte die bedingungslose Liebe, die mich erfüllte. Sie begann zu weinen, und wir hielten einander für eine Ewigkeit in den Armen.

Auf der emotionalen Ebene mußten wir noch einiges miteinander klären und aufarbeiten, aber auf einer sehr viel tieferen Ebene haben wir einander in diesem Moment der Umarmung und Verschmelzung vergeben.

Ekstatische Erweckungen sind unvorhersagbare Öffnungen für eine höhere und zugleich tiefere Dimension. Sie überraschen uns, oft in Krisenzeiten oder Momenten der Verzweiflung, und sie sind ganz ähnlich wie die alltägliche Ekstase, die wir als kleine Kinder kannten, als das Leben uns noch vollkommen magisch erschien und jeder Augenblick ein abenteuerlicher Sprung in unbekannte Gefilde voller Wunder und Schrecken war.

Erinnerst du dich noch an die wilde Leidenschaft, mit der du gekreischt und gebrüllt hast, mit der du in die Luft gesprungen bist und im Kreis herumgewirbelt, bis dir so schwindlig war, daß du nicht anders als umfallen konntest? Erinnerst du dich an den betäubenden Duft von frischgemähtem Gras, die Buntheit der Farben in deinem Wachsmalkasten, den Jubel über das gute Ende deines Lieblingsmärchens, die Brillanz eines Regentropfens im Spinnennetz vor deinem Fenster, das Mysterium eines Schattenspiels auf deiner Zimmerwand?

Beim Aufwachsen bauen wir ein Ego auf, das Grenzen zwischen dem inneren Selbst und der äußeren Welt etabliert. Unweigerlich werden wir in die Strukturen, Gesetze und Regeln der kulturellen Umgebung eingeweiht, bis die ekstatische Wahrnehmung des Kindes mehr oder minder vollständig von der konventionellen und sehr viel rigideren Weltanschauung des gesellschaftlich angepaßten Erwachsenen ersetzt worden ist. Mit zunehmendem Alter nimmt dieses Ego eine Art Eigenleben an, es wird zur »Persönlichkeit«, zur dominanten Struktur, die unser Bewußtsein kontrolliert und unsere Aufmerksamkeit zwanghaft auf Belange der Angst, des Überlebens und der Hoffnung auf eine bessere Zukunft fixiert. So schneidet das Ego uns ab von der Freiheit und Freude, die wir als Kinder kannten. Das Ego redet unentwegt dazwischen, es beurteilt, verurteilt und interpretiert alles, was die Sinne dem Geist mitteilen, filtert wichtige Bestandteile unserer Gesamtheit heraus und trennt uns damit sowohl von unserem eigenen, ganzheitlichen Sein wie von der Welt, in der wir leben.

Und irgendwann sind wir so gründlich »erzogen«, daß jeder spontane Impuls, jedes natürliche Gefühl sich durch ein Labyrinth von gesellschaftlichen Prägungen und Umleitungen in unserer Psyche kämpfen muß. An diesem Punkt gelten wir als »gebildet«, aber für dieses Privileg haben wir den unmittelbaren Kontakt zu unserem wahren Selbst eingetauscht und unser ursprüngliches Gesicht für die Persona-Maske. Mittlerweile können wir kaum noch anders, als unsere Aufmerksamkeit unentwegt auf die Welt »da draußen« zu beschränken und uns damit von den Tiefen der inneren Dimensionen abzuschneiden.

Der Autor und Philosoph Aldous Huxley beschreibt dieses selektive Bewußtsein in mehreren brillanten Studien und bezeichnet es als »eliminierend«, denn es ignoriert den größten Teil der Informationen, mit denen wir in jeder Sekunde bombardiert werden, und nimmt nur die winzige Menge der zum Überleben notwendigen Informationen auf. Huxley erklärt: »Was in der religiösen Sprache ›das Diesseits‹ genannt wird, ist die Welt des reduzierten Bewußtseins, das durch Sprache ausgedrückt und gewissermaßen versteinert werden kann. Die vielen ›anderen Welten‹, mit denen der Mensch hin und wieder in Kontakt kommt, sind Elemente der Gesamtheit des Bewußtseins, das man als ›den Geist schlechthin‹ bezeichnen kann.«

Bemerkenswert ist, daß unsere Gesellschaft das reduzierte Bewußtsein als die einzig wahre und allgemeingültige *Realität* definiert. Würden wir in einem permanenten Zustand hochgradiger Ekstase leben, könnten wir möglicherweise an Unterernährung sterben oder vom nächstbesten Auto überfahren werden. Jedoch haben die meisten von uns nur viel zu gut gelernt, ihr Augenmerk auf »das Diesseits« zu beschränken. Der »Geist schlechthin«, der jedem von uns innewohnt, hat die Fähigkeit, Dimensionen und Welten jenseits dieser einen, momentan sichtbaren, wahrzunehmen, ohne deshalb im »Außendienst« zu versagen und unsere physische Existenz aufs Spiel zu setzen. Aber wir lassen ihn nicht zum Ausdruck kommen. Freiwillig wandern wir wie eine Herde Aussätziger durch die Wüste und beklagen uns über die ewigen Durststrecken dieser Realität.

Wir reduzieren einen unermeßlichen, scheinbar chaotischen Ozean auf ein schmales Rinnsal scheinbarer Ordnung. Und wir untermauern unser Schmalspurdenken, indem wir uns in zunehmendem Maße spezialisieren und allesamt zu Experten werden, die jeden Tag mehr über immer weniger wissen. So schneiden wir uns von unserem inneren Potential ab, der Quelle, der wir entspringen, dem Universum der unbegrenzten Mysterien und Möglichkeiten, von der eigenen Ekstase.

Nach einer jahrelangen, gesellschaftlich sanktionierten Indoktrination im Anpassen, Mitmachen und Einstecken wissen wir nicht mehr, wie wir uns dem Wunder des Lebendigseins in all seiner Komplexität öffnen sollen. Die Energie der reinen Liebe ist unser Ausgangspunkt; wir entspringen einer Unschuld, die ein bedingungsloses Ja zum Leben enthält. Aber durch jahre- und jahrzehntelange Unterdrückung wird die Unschuld unter Schichten von Scham und Schuld begraben.

Wir leben in einer ekstasefeindlichen Gesellschaft, deren Grundstruktur auf der vermeintlichen, zutiefst dualistischen Unvereinbarkeit von Geist und Fleisch beruht. Wir werden dazu erzogen, unsere Sexualität zu unterdrücken, die Realität unserer mystischen und spirituellen Natur zu bezweifeln und alles zu fürchten, was nicht ins konventionelle Verhaltensschema paßt. Doch wenn wir die Heiligkeit des Lebens verneinen und die Möglichkeit eines lustvollen und ekstatischen Lebens verleugnen, riskieren wir den Verlust unseres Selbst und unserer seelischen Identität.

Die dunkle Seite der Ekstase

Das Tragische an unserer westlichen Gesellschaft ist, daß wir die Fähigkeit verloren haben, die transformierende Kraft ekstatischer Freude zu erleben. Ekstase wurde einst als Gnade der Götter verstanden, ein Himmelsgeschenk, das uns über unsere gewöhnliche Realität hinaus ins Reich der unsterblichen Seele tragen kann.

Robert Johnson

Ekstase ist die Sprache der Seele – mit anderen Worten, eine Fremdsprache in unserer heutigen Welt. Wir setzen ekstatische Erfahrungen mit Abstechern in den Wahnsinn oder in drogeninduzierte Rauschzustände gleich und winken ab. Wir halten Leute, die in Ekstase geraten, für mystische Schwachköpfe oder hedonistische Lustmolche, die mit allerlei Teufelszeug nachgeholfen haben. Da Alkohol und Drogen Einblicke in ekstatische Zustände schenken können, wurden sie seit Jahrtausenden auch allenthalben zu diesem Zweck benutzt. Aber solche Einblicke in die Möglichkeit eines transformierten Daseins sind nicht imstande, den Menschen tatsächlich zu transformieren. Die durch Drogen hervorgerufenen Zustände sind nur vorübergehend.

Manche Menschen fürchten sich vor ekstatischen Erlebnissen, weil sie meinen, den Verstand dabei unweigerlich und vielleicht für immer zu verlieren. Manche Mediziner halten ekstatische Erfahrungen für einen pathologischen Kurzschluß im Gehirn, obwohl diese Theorie längst wissenschaftlich widerlegt wurde. Der Psychologe Carl Fischer hat die Beziehung zwischen Ekstase und Schizophrenie jahrzehntelang studiert und gelangte zu dem Schluß, daß das Erscheinungsbild psychotischer Episoden einem ekstatischen Zustand in gewisser Hinsicht ähneln kann, beides jedoch nicht dasselbe ist. Geisteskrankheiten haben zerstörerische Auswirkungen. Ekstase mobilisiert heilsame und transformierende Kräfte, die neue Verbindungen zwischen abgespaltenen Komponenten herstellen, brachliegende Teile neu beleben, eine emotionale und geistige Öffnung bewirken und die innere Verbindung zum Ganzen in aller Klarheit spürbar machen.

Die Anforderungen des Lebens in der heutigen Welt haben uns innerlich ausgehöhlt. Immer mehr Menschen sehnen sich nach einer neuen Art der geistigen und emotionalen Erfüllung. Ständig wächst das Interesse an neuen Interpretationen der traditionellen Philosophien und Religionen. Viele wenden sich der Spiritualität zu: den traditionellen Religionen, den Tantra-Lehren, dem Zen-Buddhismus, Schamanismus, Sufismus und den verschiedenen Yoga-Lehren.

Gleichzeitig verbreitet sich eine gesunde Skepsis gegenüber kirchlichen Dogmen. Inzwischen hinterfragen selbst Theologen das Konzept von einem Himmelreich als fernem Ort, wo man auf Wolken steht, Harfe spielt und Hymnen singt, während man darauf wartet, daß Gott seine tägliche Segensrunde dreht.

Jeffrey Burton Russell, ein katholischer Theologe, schreibt in seinem Buch *History of Heaven*: »Der Himmel ist nicht langweilig oder statisch. Der Himmel ist eine endlose Dynamik der Daseinsfreude, in der man immer mehr man selbst ist, so, wie man von Natur aus gemeint war. Er ist die Realität an sich.« Rosemary Altea, eine Autorin und Heilerin, sagt: »Der Himmel ist kein Ort, er ist ein Bewußtseinszustand.« Annemarie Schimmel, eine westliche Islamistik-Expertin, schreibt: »Sobald die Reise zu Gott beendet ist, beginnt die endlose Reise in Gott.«

Der Himmel wird in den verschiedenen heiligen Schriften als Paradiesgarten beschrieben, als glorreiche Stadt, als Königreich, als Tempel, als Mutterschoß, als Geistfeuer, als leuchtende Lichtvision, als das Gelobte Land oder als Heimat der Ekstase. Die Mystiker des Altertums wie auch viele Menschen unserer Zeit benutzten und benutzen dieselben Metaphern oder ähnliche Formulierungen bei der Beschreibung ihrer ekstatischen Erfahrungen.

Für mich ist der Himmel das Ekstatische, das hier und jetzt erlebt werden kann. Wir sind im Himmel, wenn wir wach genug werden, um unsere Verbindung mit dem Urgrund zu spüren. Ob wir diesen Urgrund den himmlischen Vater, die himmlische Mutter, die Quelle, Alles-Was-Ist, Gott oder Göttin nennen, ist unwesentlich. Dieses Wachwerden entsteht durch die innere Vermählung von Energie und Bewußtsein, von Lebenskraft und Geist, von Körper und Seele. Es ist immer in uns präsent, immer möglich, jederzeit zugänglich. Die Theologen von heute bestätigen es: Ekstase ist in uns.

Die Essenz von Ekstase ist eine innere Erfahrung des Lichts, sei es in Form von Lichtvisionen, dem metaphorischen »Licht der Weisheit«, den Erkenntnisblitzen jäher Einsicht und Offenbarung oder der Lichtflut einer göttlichen Liebe, die den Menschen ganz und gar ergreift. Paulus »erblindete in dem Licht«, Buddha wurde »erleuchtet«, Christus wurde vom »Licht des heiligen Geistes getauft, der in Gestalt einer weißen Taube herniederfuhr«. William Blake und der Sufi-Mystiker Rumi verwandelten ihre Visionen in ekstatische Verse. Solche Höhepunktserfahrungen definieren das Leben einzelner Personen, aber auch ganzer Völkerstämme und letztlich die Geschichte der Menschheit von Beginn an. Erfahrungen des Lichts stehen im Mittelpunkt der spirituellen Transformation von Heiligen, Schamanen, Mystikern und Yogis, aber auch von zahllosen Liebenden, Künstlern und sogenannten gewöhnlichen Menschen wie du und ich.

Ekstatische Zustände stehen jedem von uns offen. Man muß nicht jahrelang meditierend auf einer Bergspitze oder in einer dunklen Höhle sitzen. Man muß keine heiligen Schriften studieren, um Ekstase zu erleben und die damit verbundene Energie ins Alltagsleben zu integrieren.

An irgendeinem Punkt unserer spirituellen Reise mit all ihren Kämpfen, Freuden und Enttäuschungen geraten wir in Ekstase, wir fallen sozusagen in sie hinein, wie zur Bestätigung, daß der Urquell uns jetzt mit einem Strom der Gnade entgegenkommt. Von nun an sind wir von Liebe, Freude und Lachen erfüllt.

Im Herzen der Ekstase

> *Ekstase ist das letzte und tiefste Stadium der Intimität mit dir selbst... Es ist eine Verlagerung der Wahrnehmung, bei der ein unmittelbarer Kontakt mit dem Göttlichen entsteht.*
> Deepak Chopra

Ekstase ist eine zugleich universelle und höchst persönliche Erfahrung des Eintauchens in das ureigene Selbst, das die Gesamtheit alles Lebens enthält. Völlig widersprüchliche Begriffe werden zur Beschreibung dieses Zustands herangezogen, Worte wie: flüchtig, zeitlos, unendlich, zutiefst vertraut, friedvoll, bewegend, freudig, vielschichtig, intensiv, still, inspiriert, entrückt, bis zum Irrsinn verzückt, absolut klar...

Hier ist eine kleine Auswahl der Beschreibungen, die ich von verschiedenen Menschen gehört habe:

- *Erfahrungen mit Licht und Farben*: »Alles war in Licht gebadet.« »Ich sah, welche Farben die Dinge in Wirklichkeit haben.«
- *Erfahrungen mit Energie*: »Auf einmal sah ich die Energieschwingungen, die von den Blumen ausgingen.« »Ich spürte die Lebenskraft durch jede Zelle meines Körpers strömen.« »Mir wurde vollkommen klar, daß alle Dinge auf Erden lebendig und von Intelligenz durchdrungen sind.«
- *Ungewöhnliche physische Erfahrungen*: »Es fühlte sich an, als würde ich etwa zwanzig Zentimeter hochgehoben.« »Ich

hatte ein Gefühl des Fliegens, so leicht war ich.« »Eine Hitzewelle stieg an meiner Wirbelsäule hoch und schoß durch meinen Kopf ins Universum hinaus.« »Es war, als würde Licht in mich hineingegossen.« »Jede Faser meines Körpers vibrierte.«

🙵 *Mystische Einsichten*: »Ich verstand, daß ›Einfachheit und Verbundenheit‹ das Geheimnis des Lebens ist.« »Ich sah, daß alles im Universum in einem einfachen und zugleich überaus komplexen Muster miteinander verwoben ist und einen absoluten Sinn ergibt.«

🙵 *Die Zeit verliert an Bedeutung*: »Ich habe keine Ahnung, wie lange ich mich in diesem Zustand befand.« »Die Zeit stand still.« »Mein Erlebnis könnte eine Minute oder eine ganze Stunde gedauert haben.« »Es war die Ewigkeit.«

🙵 *Tiefe Gefühlserlebnisse*: »Eine unbeschreibliche Freude durchflutete mich.« »Alles war überwältigend schön, selbst die Risse auf dem Asphalt.« »Jede Körperzelle wurde von Frieden durchdrungen, als schwebte ich in flüssiger Gelassenheit.«

Nachstehend folgen einige Berichte von Männern und Frauen – alt, jung, verheiratet oder nicht, hetero- oder homosexuell, spirituell oder weltlich orientiert –, die auf unterschiedliche Weise zu der universellen Erfahrung einer neuen Seinsdimension gelangt sind.

ROBERTAS EKSTASE: TANZ

Am Anfang des »Trainings für Liebe und Ekstase« fühlte ich mich verkrampft und sehr unsicher. Margot spielte Musik ein, rief uns zum Tanzen auf und sagte: »Laßt euch von eurem Atem bewegen.« Zwanzig Minuten lang bewegten wir uns zur Musik, bis ich in meinem Tanz aufgegangen war. Plötzlich rief Margot: »Stop! Bleibt vollkommen still stehen und beobachtet, was sich jetzt in eurem Körper abspielt.« Als ich mich in diese Reglosigkeit hinein entspannte, fühlte es sich an, als würde mein Körper im Innern weitertanzen. Ganz von selbst. Es war erstaunlich. Alles floß in mir zusammen – die Hitze, mein Atmen, der Schweiß –, all diese Schwingungen waren wie kleine Elektrizitätsströme, die meinen Körper durchrieselten.

Je mehr ich mich entspannte, um so weiter breitete sich das Strömen aus. Es stieg an meinen Beinen über die Wirbelsäule und durch den Nacken in die Höhe. Dann schoß die Energie durch meinen Kopf und entfaltete sich wie zwei Riesenschwingen zu beiden Seiten. In mir echote ein Ja, ein großes Ja zu mir und meinem Körper. Ich war dankbar für das bloße Lebendigsein. Es war tatsächlich physisch spürbar, dieses tanzende Leben, wie ein Pulsieren in jeder Körperzelle. Es war ein Gnadenstrom, ein Gottesgeschenk. Ich fühlte mich fliegen. Vollkommen bewußt. Jeden Ton ringsumher konnte ich kristallklar hören. Ich war leicht, voller Licht – endlich war ich frei!

KIPS EKSTASE: MIT DELPHINEN SCHWIMMEN

Zum Geburtstag schenkte ich mir eine Küstenrundfahrt auf der Insel Maui, um mit den Delphinen zu schwimmen. Ich bestieg ein Charterboot mit ein paar Freunden, obwohl der Wind an dem Tag ziemlich stark wehte und unser Boot über die Wellen hüpfen ließ. Als wir die Bucht von Lanai umrundeten, sahen wir Hunderte von Delphinen, die alle in dieselbe Richtung schwammen. Langsam reihten wir uns in den Schwarm ein, bis die Delphine neben unserem Bug durch die Wellen sprangen. Wenn man sie anfassen wollte, brauchte man nur die Hand ins Wasser zu halten.

Wir warfen den Anker aus und sprangen ins Wasser, aber die Delphine schwammen fort. Natürlich war ich enttäuscht.

Eine Zeitlang ließ ich mich einfach mit dem Kopf nach unten im Wasser treiben und atmete durch meinen Schnorchel. Etwa fünf Minuten lag ich mit geschlossenen Augen im Meer. Als ich die Augen öffnete, blickten drei Delphine in meine Taucherbrille, mit einem Gesichtsausdruck, als lächelten sie mich an! Sie waren kaum einen Meter weit von mir entfernt. Ich war so glücklich, daß mein ganzer Körper summte, als könnte er ihren Gesang vernehmen und beantworten. Sie waren gekommen, um mich einzuladen: Ich sollte einfach offen sein für das Glück rings um uns her, das sie so deutlich empfanden. Und dann wurde ich von immer mehr Delphinen umringt, überall wimmelte es von ihnen, unter mir, neben mir, und ich tauchte mit ihnen unter. Es war, als wäre ich selbst zum Delphin geworden.

Ungefähr eineinhalb Stunden lang spielte ich mit ihnen, aber für mich verging keine Zeit. Ich fühlte, was Delphine fühlen: eine vollkommene Sicherheit, ohne jede Spur von Angst. Mein Herz klopfte wild vor Freude, aber dabei empfand ich die größte Ruhe und Gelassenheit. Mein Körper war mir mit einer nie gekannten Klarheit und Schärfe bewußt. Meine Stirn vibrierte und pochte. Dabei kam es mir vor, als hätte sich mein Bewußtsein über meinen Körper hinaus erweitert. Die Blockaden, die mich vorher daran gehindert hatten, alles zu fühlen, hatten sich aufgelöst. Ich nahm die Existenz auf einer viel tieferen und wahreren Ebene wahr, und seitdem fühle ich mich entspannter, aber auch verspielter – mehr wie ein Delphin.

LAURAS EKSTASE: GEBURT

Ich ahnte nicht, daß man sogar bei einer Geburt Ekstase erleben kann. Nach mehr als neun Monaten des Hoffens und Wartens fühlte ich mich wie ein gestrandeter Wal und wollte das Baby endlich raushaben. Meine Wehen wurden künstlich eingeleitet. Ich wurde an allerlei Meßgeräte angeschlossen, und dann setzten die Wehen ein, im wahrsten Sinne des Wortes. Das Versprechen, daß diese Schmerzen durch Atemübungen verschwinden, mußte ein Witz gewesen sein! Ich konnte es nicht fassen, daß Frauen derartige

Qualen auf sich nehmen, bloß um die menschliche Rasse am Leben zu erhalten. Außerdem war mir entfallen, warum ich je gemeint hatte, ein Baby haben zu wollen.

Aber dann, ganz plötzlich, kam meine Tochter herausgeflutscht, und als ich sie in die Arme nahm und in ihre Augen schaute, überkam mich eine Euphorie, so tief und überwältigend, daß ich aus dem Raum hinausgetragen wurde, über alle Schmerzen und Maschinen und Ärzte hinweg. Ich fühlte mich mit der Erde verbunden und mit jeder Frau, die je ein Kind geboren hat. Ich *sah* einen Strom der Liebe zwischen mir und meinem Kind fließen, und ich fühlte mich nicht nur mit meiner Tochter verbunden, sondern mit der gesamten menschlichen Rasse über die Äonen hinweg.

MARTINS EKSTASE: DIE STRASSE ENTLANGGEHEN

Es war kurz nach meinem Hochschulabschluß ... Ich hatte meinen ersten Job angenommen und zerbrach mir den Kopf über den Sinn des Lebens. Eines Abends wanderte ich die Straße in einer ruhigen Wohngegend entlang, als es in mir plötzlich *klickte*. Im selben Moment war es, als schwebte mein Bewußtsein etwa zwanzig Zentimeter über meinem Kopf, und dann erweiterte es sich ins Grenzenlose, einfach so.

Plötzlich wußte ich mit absoluter Gewißheit, daß alles – Menschen, Pflanzen, Tiere, Sterne, Luft, Wasser, selbst der Gehsteig, auf dem ich stand – in einem hochkomplizierten und doch bestechend eleganten Muster aus Energie und Bewußtsein verbunden war. Das ganze Universum lächelte und strahlte die Botschaft aus: Alles ist perfekt, genau so, wie es ist! Und im selben Moment wußte ich, daß all meine Sorgen über meinen Lebensweg letztlich nur dazu beitrugen, mich vom rechten Weg *abzubringen*. Nach wenigen Minuten war das Erlebnis vorbei, aber ich war noch stundenlang euphorisch. Seither habe ich alles mit anderen Augen betrachtet. Ich bin heute noch dankbar für dieses geheimnisvolle Geschenk.

NORMAS EKSTASE: SONNENSCHEIN

Unsere Hochzeit haben wir am Strand von San Diego gefeiert, und zwar im Mai, wenn es dort morgens meist dunstig und bewölkt ist. Deshalb haben wir James, einen Freund von uns, gebeten, die Sonne für uns herbeizuzaubern. James hat einen Talisman in den Sand gesetzt, ein Stück Metall mit Löchern drin, um das wir alle herumtanzten. Dazu haben wir das Lied *Sunshine on Your Shoulders* gesungen. Es klingt unglaublich, aber während wir sangen und tanzten, teilten sich die Wolken, und eine Lichtbahn fiel genau auf den Talisman herab. Ich schaute an dem goldenen Sonnenstrahl empor zum Himmel hinauf und fand mich ganz plötzlich in einem Zustand der Seligkeit wieder, jenseits von Zeit und Raum... Es war die schiere Ekstase. Der Strahl tauchte uns zehn Minuten lang in sein funkelnd helles Sonnenlicht. Man weiß nie, wann die Gnade uns trifft.

Ekstase ins Leben bringen

Ich entdeckte Gott in mir selbst, und ich liebte sie.
Leidenschaftlich liebte ich sie.
Ntozake Shange

Nach meiner Schätzung haben etwa achtzig Prozent der Menschen, mit denen ich im Laufe meiner Trainings gearbeitet habe, ihr ekstatisches, ursprüngliches Selbst entdeckt. Natürlich ist es sehr viel leichter, wenn wir uns mit Gleichgesinnten treffen, in einem Umfeld, das vom Streß unseres Alltagslebens entfernt ist. Aber was machen wir in der restlichen Zeit?

Ich sehe es folgendermaßen: Um einen Garten anzulegen, düngt man den Boden und wässert die Setzlinge. Um eine Beziehung zu vertiefen, erzeugt man emotionale Intimität durch Kommunikation und physischen Kontakt. Um Kinder großzuziehen, nährt man sie mit Aufmerksamkeit und Liebe, spielt mit ihnen, lehrt sie alles, was man weiß, und erfüllt ihre Bedürfnisse, so gut man irgend kann. Doch was ist mit unserem Geist? Was läßt den Geist wachsen und gedeihen?

Alle Beziehungen, auch die Beziehung zu unserem eigenen Bewußtsein, erfordern Aufmerksamkeit und Liebesenergie. Körper, Herz und Seele sind zu gleichen Teilen an unserem Wohlbefinden beteiligt, und in gleicher Weise müssen wir für sie sorgen. Und wenn wir uns von unserem Geist führen lassen, unserer unsichtbaren inneren Quelle, schaffen wir Bedingungen, die Ekstase für jeden Tag möglich machen.

Ekstase für jeden Tag

Ziel
- Einen ekstatischen Moment im Körpergedächtnis verankern, um ihn jederzeit wieder abrufen zu können.

Vorbereitung
- Man kann diese Meditation allein, mit einem Partner oder in einer Gruppe machen.
- Nimm dir eine völlig ungestörte halbe Stunde.
- Lose, bequeme Kleidung ist empfehlenswert.
- Erschaffe einen heiligen Raum.

Übung
- Nimm eine bequeme sitzende oder liegende Stellung ein. Laß deinen Atem mühelos ruhig und allmählich immer tiefer werden.
- Nun gehen wir auf eine Reise. Man kann das folgende bildlich, gefühlsmäßig und/oder gedanklich erleben. Was immer in

dir aufsteigt, ist richtig und gut. Sollten anfänglich keine visuellen Vorstellungen aufsteigen, so kommen sie möglicherweise später, wenn du diese Übung ein paarmal wiederholt hast.

◈ Stell dir vor, du sitzt in einem Kino vor einer leeren, dunklen Leinwand. Und nun laß zu, daß Bilder auf diesem Hintergrund auftauchen.

◈ Rufe dir die seligsten, angenehmsten, vielleicht auch ekstatischsten Momente deines Lebens bildhaft und gefühlsmäßig in Erinnerung. Vielleicht fallen dir Bilder aus der Kindheit ein: Du spielst auf einer Wiese, du liegst in den Armen eines geliebten Menschen, du kletterst auf einen Baum. Oder Ereignisse aus deinem späteren Leben tauchen auf: eine inspirierende Unterhaltung, ein Augenblick der Intimität, in dem du dich auf allen Ebenen geschätzt und erkannt gefühlt hast, als Liebender, Poet, Weiser, Gott/Göttin, Magier, Muse, Nährende. Möglicherweise hast du musiziert, gesungen oder getanzt. Laß alle Eindrücke unzensiert auf der Leinwand deines Bewußtseins erscheinen.

◈ Nach einigen Minuten suche dir eine besonders starke Erinnerung aus, die sich möglichst freudig und ekstatisch anfühlt.

◈ Sobald du diese Erinnerung bildlich und gefühlsmäßig wachgerufen hast, sieh dich aus deinem Stuhl im Kino aufstehen, langsam auf die Leinwand zugehen und in den Film hineinwandern.

◈ Jetzt befindest du dich mitten in der Filmszene und lebst diesen Moment noch einmal. Atme ruhig und tief und laß die visuellen Eindrücke möglichst klar und intensiv werden. Sieh alle Farben, die Details der Landschaft rings um dich her, die Umgebung, die Lichtverhältnisse ...

◈ Nun besinne dich auf deine Empfindungen: die Berührung einer Hand auf deiner Haut, die Wärme eines Atemhauchs, das Strömen der Energie durch deine Glieder, das Schlagen deines Herzens, das Rauschen deines Blutkreislaufs, den inneren Frieden, das Gefühl der Freude oder Erleichterung ... was immer es sein mag, empfinde es voll und ganz. Fühle die Resonanz der Schwingungen in deinem Körper und deinem Herzen.

🙞 Atme tief weiter und achte auf die Geräusche: Was hörst du? Den Wind, die Musik der Natur rings um dich her, die Stimme deines Liebsten, deine eigene Stimme? Versinke vollkommen in der Klangwelt, die dich erfüllt.

🙞 Jetzt setze diese Reise in der Geruchswelt fort: Blumenduft, Parfüm, der Körpergeruch deines Liebsten... rieche alles noch einmal. Atme tief ein, atme aus. Nimm die Düfte und Gerüche wahr.

🙞 Nun erinnere dich ganz intensiv an den Geschmack und an die Berührungen und koste diesen ekstatischen Moment noch einmal aus. Hast du etwas gegessen oder getrunken? Geküßt? Geleckt?

🙞 Und nun schöpfe aus dem vollen und lasse sämtliche Sinneseindrücke gleichzeitig in dir auftauchen: Schmecke die Gerüche, sieh die Gefühle, berühre die Farben.

🙞 Atme sanft ein und leg deine Hand auf einen Körperteil – die Wange, einen Arm, deine Brust –, wohin du möchtest. Laß deine Hand dort ruhen, atme tief und gleichmäßig und fühle, daß du dieses wunderbare, ekstatische Erlebnis in deinem neurologischen Gedächtnis verankerst. Du schaffst eine »Abrufstelle«, einen Platz, an dem diese Erfahrung gespeichert wird und jederzeit wieder von dir abgerufen werden kann.

🙞 Atme tief und lasse die Erfahrung durch deine Hand in deinen Körper sinken.

🙞 Nach ein paar Minuten legst du deine Hand wieder an deine Seite. Atme tief durch, strecke deinen Körper wohlig aus, öffne deine Augen und richte dich langsam auf.

🙞 Von nun an gönne dir jeden Tag ein paar Minuten der Entspannung und berühre dabei die »Abrufstelle«, um die ekstatische Erfahrung wachzurufen. Auf diese Weise kultivierst du die natürliche Fähigkeit, jederzeit einen ekstatischen Zustand hervorrufen zu können.

🙞 Erzähle deinem Partner, was sich abgespielt hat, oder schreibe es in ein Tagebuch.

Hinweise

~ Wenn du dich nach der Reise aufrichtest, kannst du dich fragen, was diesen Moment so bemerkenswert gemacht hat. In meinen Seminaren fallen die Antworten der Teilnehmer gewöhnlich in folgende Kategorien: *Präsenz*: »Ich war voll und ganz anwesend, hundertprozentig da.« *Vertrauen*: »Dabei ist mir das Herz total aufgegangen.« *Erregung*: »Ich habe tief geatmet und alles gleichzeitig gefühlt.« *Geborgenheit*: »Ich fühlte mich geliebt und total behütet.« *Gnade*: »Ich wurde von der Schönheit ringsumher überwältigt; ich habe die Gegenwart Gottes gespürt.«

~ Du kannst dich auch fragen, was der Auslöser für diesen ekstatischen Moment gewesen ist. Zum Beispiel die Natur, ein geliebter Mensch, ungewöhnliches Wetter (ein Gewitter oder besonders strahlender Sonnenschein), eine Gedichtzeile, Musik, Meditation, ein bestimmter Geschmack oder Geruch, ein Tanz oder eine Bewegung. Die Möglichkeiten sind nahezu endlos.

~ Gib nicht auf, wenn nicht sofort etwas Bemerkenswertes geschieht oder wenn du einschläfst. Laß dich von einem Freund durch diese Meditation führen, dann wird sie dir bald vertrauter.

Im nächsten Kapitel werde ich mich eingehender mit der lust- und ekstasefeindlichen Gesinnung einer Kultur befassen, die ihre Ehrfurcht vor dem Göttlichen verloren hat, weil sie das Fleischliche zu streng vom Geistigen und Spirituellen getrennt hat.

Die jahrhundertelange Verteufelung der Ekstase hat uns in eine kollektive Nacht der Seele geführt. Um aus diesem kollektiven Alptraum zu erwachen, müssen wir uns den größeren Zusammenhang vor Augen führen, in den wir alle eingebettet sind. Aber zuallererst müssen wir diese Nacht der Seele klar und deutlich wahrnehmen und ihre Ursachen verstehen.

KAPITEL 2

Leben heute:
Die anti-ekstatische Verschwörung

Wenn ich aus dem Flugzeug auf Los Angeles herunterschaue, fällt mir jedesmal auf, wie sehr die Stadt einem Schaltkreis gleicht: all diese gebogenen Zufahrtswege ... Solange die Zeitung abonniert ist und das Fernsehen angeschaltet bleibt, ist jedes Modul eine austauschbare Komponente in einem gigantischen Laufwerk.

Das ist die alptraumhafte Realität: So wird ein Herdenvolk erzeugt. Dieses Volk hat keine Geschichte und keine Zukunft, es lebt in einem goldenen, vom Kreditsystem erzeugten Moment, der das ganze Volk in ein unentrinnbares Illusionsnetz einspinnt, das nie kritisch hinterfragt wird.

Terence McKenna

Gewöhnlich ist unser Lebensstil eine Fassade, hinter der wir unser Leid verbergen: den Schmerz der Entfremdung und Manipulation; die Qualen der Isolation; die Peinlichkeit der Tatsache, daß wir unsere wahre Natur ignorieren; die Trauer über zerbrochene Beziehungen, die unsere unbewältigte Vorgeschichte mit den Eltern reflektieren; all unsere Ängste und Frustrationen im sexuellen Bereich; all unser heimliches Grauen vor einem sinnentleerten, wenn auch gesellschaftlich sanktionierten Dasein. Gold, einst das alchemistische Symbol für die innere Transformation, repräsentiert heute nur noch ein Zahlungsmittel. Und dieses ist selbst nur ein leeres, vom Marktwert abhängiges Symbol für einen Reichtum, für den wir uns ein Leben lang opfern und abrackern müssen, während uns die Kraft mit jedem Tag aus den Knochen gesogen wird.

Der Wunschtraum von einem finanziell abgesicherten Dasein in Wohlstand und Glück entzieht sich dem Zugriff der meisten und wird zur alptraumhaft erniedrigenden Plackerei. Die Nachrichten bombardieren uns mit Sensationsberichten von Skandalen, sexuellen Exzessen, Gewalt und Wahnsinn. Je grausamer und obszöner, desto besser. Ein Mann vergewaltigt seine Frau, sie schneidet ihm den Penis ab, und er wird daraufhin zum Fernsehstar. Priester vergreifen sich an einer Generation von Chorknaben nach der anderen. Zehnjährige werden als Massenmörder vor Gericht gestellt. Lüstern vorgetragene, endlos ausgeschlachtete »Fakten« lenken uns von jeder weiterführenden Einsicht in die Zusammenhänge ab. Menschen stellen ihre intimsten Leiden und heimlichen Schandtaten in Talk-Shows zur Schau. Wer öffentlich leidet, kann seine fünfzehn Minuten Ruhm haben und Stargagen kassieren.

Eine unausgesprochene, aber weltweit praktizierte Verschwörung hält uns in ihrem Bann. *Verschwörung* bedeutet »verschworen sein«, heimlich schwören, die Interessen einer Gruppe Gleichgesinnter zu wahren und rücksichtslos durchzusetzen. Auch wenn wir die anti-ekstatische Verschwörung nicht persönlich eingeleitet haben, wird sie jedem von uns vererbt, und wir erhalten sie aufrecht mit unserer täglichen Teilnahme an ihren Riten und Praktiken. Daß wir die anti-ekstatischen Beschwörungsformeln unbewußt benutzen, schützt uns nicht vor ihren Konsequenzen. Mit unserer Unterwerfung unter ihre Regeln verschwören wir uns gegen unsere eigene geistig-seelische Befreiung, schneiden uns ab von unserer Lust, dem freimütigen Austausch unserer Liebe und damit letztlich auch von uns selbst.

Die anti-ekstatischen Formeln diktieren unser Verhalten im Geschäftsleben und allen anderen Bereichen: »Nur die Größten und Stärksten überleben.« »Den letzten beißen die Hunde.« »Dem Sieger gehört die Welt.« Wir halten es für richtig, die unbekümmerte Ausgelassenheit von Kindern beizeiten zu unterbinden und das Wissen alter Menschen zu belächeln. Wir verbringen den größten Teil unserer Zeit in seelenlosen Betonkästen, zusammengepfercht in winzigen Bürozellen unter Neonlampen, und ziehen uns die Kunstluft von Klimaanlagen in die Nase.

Wie kommt es, daß wir solche Alpträume erzeugen, wenn wir uns eigentlich alle nach Glück, nach Freude, nach Tiefe sehnen? Warum sind wir felsenfest davon überzeugt, daß wir erst nach dem Tod in den Himmel kommen, obwohl Ekstase unsere wahre Natur ist? Warum sind wir noch immer nicht auf der Party, wenn das Leben in Wirklichkeit ein Spiel, ein Freudenfest, ist?

Um zum Licht zu gelangen, muß man sich ins Herz der Finsternis begeben. Jede spirituelle und mystische Tradition spricht von einer »dunklen Nacht der Seele«, in der die inneren Dämonen bewußt konfrontiert und die Wahl zwischen Wahrheit und Illusion getroffen werden muß. Erst nach diesem »Abstieg« kann die geistige Neugeburt stattfinden, in der das individuelle Bewußtsein seine ekstatische Grundnatur erkennt.

Albert Einstein erklärte: »Kein Problem kann von dem Bewußtsein gelöst werden, das das Problem erzeugt hat.« Solange wir apathische Mitverschworene und gehorsame Konformisten bleiben, können wir dem Gefängnis der anti-ekstatischen Vorstellungswelt nicht entrinnen. Aber als freie Geister, im Kontakt mit unserer wahren Natur, können wir Wunder vollbringen. Unser wildes Selbst kennt die Wahrheit, die das Ego in seine Schranken verweist.

Wo stehen wir?

*Der Verstand dreht durch, wenn er nicht vom
Herzen geführt wird.*
Marianne Williamson

Jahrtausendelang haben wir den Fortbestand der Menschheit für selbstverständlich gehalten. Aber nun haben wir eine Münze in die Luft geworfen, die demnächst fallen und die Entscheidung über unser Überleben oder eine globale Apokalypse bringen wird. Die Vernichtung des Planeten durch Atombomben (der denkbar größte vorzeitige Samenerguß aller Zeiten, wenn man mich fragt!) ist nur eine Möglichkeit. Es gibt noch andere: zum Beispiel globale Erwärmung, ökologische Desaster, katastrophale Wetterveränderungen, Verseuchung durch Giftstoffe, Terrorismus, Löcher in der Ozonschicht, aussterbende Pflanzen- und Tierarten, Hungersnöte, Völkermord, politische Korruption, religiöser Fanatismus und neuartige Killerviren.

Am 24. Juni 1997 eröffnete Razali Ismail, der Präsident der U.N.-Vollversammlung, den fünften *Earth Summit* (internationale Gipfelkonferenz) mit folgenden aufrüttelnden Worten: »Wir verbrauchen Ressourcen, verseuchen die Umwelt, verbreiten und verschlimmern Armut, als wären wir die letzte Generation auf Erden. Wir, als Spezies, als Planet, stehen am Rande des Abgrunds, und wenn wir so weitermachen, überschreiten wir demnächst den Punkt, an dem eine Umkehr vielleicht noch möglich ist.«

Die anti-ekstatische Gesinnung hat nicht nur den Planeten verseucht, ihr Gift sickert auch in die Psyche des Menschen ein und macht sich in all seinen Beziehungen bemerkbar. Wir haben ihre Wertvorstellungen internalisiert und dadurch unser Vertrauen, unseren Glauben an einen Lebenssinn und unsere Verbindung zum Göttlichen verloren. Ein trostloser Grauschleier hat sich auf unsere Sicht von der Welt gelegt, der unsere Weltanschauung und Zukunftsvision verzerrt. Ein unterschwelliges, heimlich bohrendes Schuldbewußtsein über unsere Verantwortungslosigkeit macht uns mutlos, unfähig, uns aufzuraffen und Veränderungen in die Wege zu leiten. Wir stecken den Kopf in den Sand, das nagende Bewußtsein unseres Komplizentums wird mit Apathie oder einer zwanghaften Beschäftigungssucht übertüncht. Die Verzweiflung wird abgetötet, und eine schnodderige Gefühlskälte macht sich breit. Vor kurzem sagte ein Teenager achselzuckend zu mir: »Was ist denn so Besonderes an der Menschheit? Sie bringen sich doch sowieso alle nur gegenseitig um!«

Wir legen uns Schutzpanzer zu, um unsere natürliche Empfindsamkeit zu betäuben. Aber wenn wir den Schmerz unterdrücken, betäuben wir auch alle anderen Gefühle, und dann ist die Liebe weniger intensiv, Sex weniger erregend, Lustgefühle verkümmern, man atmet flacher, und die Vitalität des gesamten Körper-Geist-Systems läßt nach. Nachdem uns die Lust am Dasein restlos vergangen ist, stürzen wir uns auf die Karriere, als wären Geldverdienen und berufliche Anerkennung etwas Substantielles, Tragfähiges, auf das wir uns stützen können. In seinem Buch *Tantra, Die höchste Einsicht* sagt der Mystiker Osho: »Betriebsamkeit ist eine Flucht vor dir selbst – es ist eine Droge. Du vergißt dich dabei, und wenn du dich selbst vergißt, hast du keine Sorgen, keine Seelenqualen, keine Furcht. Aus diesem Grund mußt du dich permanent beschäftigt halten und dauernd irgend etwas tun.«

Doch furchtsame Ausweichmanöver können uns nicht vor den psychologischen und emotionalen Konsequenzen der antiekstatischen Verschwörung bewahren. Da all diese Strategien auf der Angst vor der ungeschminkten Wahrheit beruhen, hilft kein Berufswechsel, kein Sex, kein noch so glamouröses Unterhaltungsprogramm, kein Urlaub, kein Einkaufsbummel oder Rauschmittel. Jedenfalls nicht auf längere Sicht. Joanna Macy, die Autorin des Buches *Mut in der Bedrohung*, erklärt diese verzweifelten Fluchtversuche so: »Die unterschwellige Hektik des ganzen Treibens läßt nicht auf eine gesunde Lebenslust schließen... eher auf Angst, die panische Angst vor einem bevorstehenden, traumatischen Verlust.«

In Wahrheit gibt es kein Entrinnen, nur Transzendenz oder fortschreitenden Verfall.

Was will die anti-ekstatische Verschwörung erreichen?

Wir haben ein Interesse daran, das Spiel aufrechtzuerhalten. Das versteht der Militär-und-Industrie-Komplex nur zu gut. Darum wehrt er sich mit aller Macht gegen jeden Versuch, eine konsequent kriegsfeindliche Regierung in irgendeinem Teil der Welt zu installieren.

Die Religionsgemeinschaften sind sich ebenfalls wenigstens in dieser Hinsicht einig. Daher ihre geschlossene Attacke gegen jede Definition von Gott, die keine Angst, Erbsünde und Verdammung beinhaltet, und gegen jede Definition eines Selbst, das ihre eigene Idee von dem »einzigen Weg zu Gott« nicht propagiert.

Neale Donald Walsch

In einer Ära der zynischen Entfremdung von allem Wesentlichen werden chronischer Streß und psychologisches Elend zur Norm. In einer Kultur, in der Glück an Geld und Besitz gemessen wird, ist raffgieriges Konkurrenz- und Konsumverhalten unvermeidlich. Die Ironie ist, daß in weniger geldbesessenen Kulturen wie Indien und Bali weitaus mehr lachende und gelassene Menschen zu sehen sind als bei uns. In »unterentwickelten« Ländern gehören ekstatische Praktiken und Rituale von alters her zur Tagesordnung und werden als Bestandteil eines rundum gesunden Lebenswandels verstanden. Im Westen dagegen wird die Ekstase beim Ansturm auf den allmächtigen Dollar jeden Tag mit Füßen getreten.

Und so hängen die meisten von uns spätestens ab Ende Zwanzig fest am Angelhaken des Systems mit seinen verlockenden

Angeboten: der Kreditkarte, dem Auto, dem eigenen Haus und so weiter. Ein Beruf, an dem wir vielleicht zu Anfang noch aufrichtig interessiert waren, wird zum bloßen Job, an den wir uns klammern, weil wir unsere Kredite abzahlen und unsere Gläubiger fernhalten müssen. Unsere Träume und Visionen bleiben bis auf weiteres zurückgestellt, während die Arbeitsstunden zunehmend länger werden, die Routine immer langweiliger und unsere Beziehungen immer anstrengender, weil wir todmüde sind und uns immer weiter voneinander und von uns selbst entfernt haben.

Warum machen wir dieses Spiel mit? Weil wir anfänglich keine Wahl haben. Wir werden in die Verschwörung hineingeboren, und im Lauf unserer jahrzehntelangen Indoktrination schlafen uns die Seelen ein. Die geschäftlichen, politischen und religiösen Institutionen des anti-ekstatischen Systems haben ein fundamentales Interesse daran, uns am Schlafen zu halten. Das ist der Sinn und Zweck der Verschwörung: Verhindert das Aufwachen der Menschen! Ekstase würde den Status Quo bedrohen. Und die Kontrolleure verstehen es, den Status Quo mit allen Mitteln der Kunst aufrechtzuerhalten. Denn wer aufwacht, funktioniert nicht länger als austauschbares Teilchen in diesem seelenlosen Getriebe. Wenn uns die Augen aufgehen, erkennen wir, daß Freiheit wichtiger ist als Geld, daß Liebe erstrebenswerter ist als Macht und Kontrolle. Dann treibt uns die verzweifelte Suche nach Glück nicht länger durch die Einkaufszentren und Vergnügungsviertel. Dann geben wir unsere Macht nicht länger an Institutionen ab, die sich an unseren Hoffnungen und Träumen bereichern. Ekstase befreit uns, sie macht uns stark, unausbeutbar, unbeeinflußbar. Wir können nicht länger mit Schnapsideen vollgepumpt werden, weil wir trunken sind von der göttlichen Energie.

In seinem Buch *Das Ende des Patriarchats* sagt Claudio Naranjo: »Genausowenig wie Ameisen ihre begrenzte Freiheit wahrnehmen, ist der automatisierten Menschheit bewußt, daß ihre Freiheit beschränkt worden ist; aber ... wenn man fähig wird, die eigenen Erfahrungen im Hier und Jetzt bewußt wahrzunehmen, und seine Verantwortung für das Wahrgenommene erkennt, können tausend neue Dinge geschehen.«

Das Ende der Ekstase

Ohne die Göttin sind wir sowohl von der vollen Wirkungskraft der Mutterschaft abgeschnitten wie auch von der Schöpfungsmacht im weiteren Sinne, denn alle von uns sind fähig, etwas zur Welt zu bringen ... Das Christentum ... ist eine Religion, die in vieler Hinsicht geheilt und erweckt werden muß – vertraut gemacht mit der femininen Seite Gottes, mit ihrer eigenen Furcht vor der Sinnlichkeit, mit ihrem Antisemitismus und ihrer verschütteten mystischen Tradition.

Matthew Fox

Die anti-ekstatische Verschwörung begann mit der Entstehung der jüdisch-christlichen Zivilisation: mit dem Triumph des rachsüchtigen Gottes Jahwe (Jehova) über die Partnerschaft von Gott und Göttin, die überall auf der Welt als spirituelle Wahrheit anerkannt wurde und sich bis mindestens 25000 v. Chr. zurückverfolgen läßt.

Jahrhundertelang hatte das Partnerschaftsmodell, wie Riane Eisler es nennt, die Mehrheit der Kulturen weltweit geprägt, selbst in den heute christlichen und islamischen Ländern, wo der patriarchale Gott des Judentums als alleingültig anerkannt wird. Die alten Kulturen waren sinnesfrohe Stammesgemeinschaften, in denen Männer und Frauen als spirituell gleichwertige Geschöpfe verstanden wurden und alle Aktivitäten – Sorge für die Familie, Kunst, Liebe, Gottesdienst, Handel – dazu dienten, das Leben in seiner Gesamtheit zu feiern.

Frauen hatten Machtpositionen in diesen erdnahen Kulturen. Ihre Lebenszyklen, im Rhythmus mit dem zunehmenden und abnehmenden Mond, waren in Übereinstimmung mit den Daten des Mondkalenders. Die ursprüngliche heilige Dreifaltigkeit von Jungfrau, Mutter und weiser alter Frau entspricht dem Zyklus der Jahreszeiten: Erneuerung im Frühjahr, Fruchtbarkeit im Sommer, Rückzug und Selbstbesinnung im Winter.

Diese Gesellschaftsformen beruhten nicht auf dem Mythos von einem gestrengen oder strafenden Gottvater, sondern einer lustvollen, lebensbejahenden Urmutter. Am Anfang, so hieß es, schenkte die Göttin Gaia dem Menschen einen heiligen Feigenbaum, der Astore oder Astoria genannt wurde. Bei den religiösen Zeremonien in ihrem Tempel wurden Früchte von diesem Baum verspeist. Reife, saftige Feigen mit ihren zahllosen Samenkörnern im feuchten, rosigen Fruchtfleisch symbolisierten das Fleisch und den Nektar der Göttin. Wer ihr Fleisch aß und ihren Nektar trank, vereinigte sich mit der Urgöttin. Das gleiche galt für die Säfte, die beim heiligen Akt der sexuellen Kommunion fließen – sie verbanden Mann und Frau mit der ursprünglichen Quelle des Lebens. Aber von diesen ekstatischen Ritualen ist nur noch ein fernes Echo erhalten geblieben, im Christentum in Form der biblischen Geschichte von Adam und Eva, der Schlange im Paradies und dem verbotenen Apfel.

Wie kam es, daß wir die Liebe zu Gaia und die Ehrerbietung vor dem Wunder ihrer Sinnlichkeit, Schönheit und Fruchtbarkeit verloren haben? Wie ist uns der Stolz auf unsere Sexualität abhanden gekommen, das Wissen um die Heiligkeit des Körpers, die Würdigung der Sexualität als göttlicher Akt, dem alle Lebewesen entspringen? Wie sind wir von der Seligkeit des Eros und dem Mythos des göttlichen Liebespaares, Aphrodite und Adonis, zur Vertreibung aus dem Paradies und zu einem Konzept vom »Sündenfall« gekommen? Wie sind wir zu der unheiligen, ekstasefeindlichen Dreifaltigkeit von Schuld, Scham und ewiger Verdammnis gelangt, die uns seit zwei Jahrtausenden in ihrem Bann hält? Mit anderen Worten, wie und warum haben wir der Ekstase den Todesstoß versetzt?

ALS GOTT ZUM MANN OHNE FRAU WURDE

Zwischen 1000 und 1800 v. Chr. führten die Leviten – die männliche Priesterschaft eines unbedeutenden, kaum bekannten Nomadenvolks mit Namen Hebräer – den Monotheismus im Nahen Osten ein. Ihr Gott hieß Jahwe (Jehova), und er wurde gefürchtet, denn er war gnadenlos, streng, zornig und eifersüchtig.

In Kanaan angekommen, dem »Land, wo Milch und Honig fließt«, stellten die Leviten fest, daß das Volk die Große Göttin verehrte. Nachdem die Leviten die »Götzenanbeter« erfolgreich bekriegt hatten, wurde den unterlegenen Stämmen die neue Religion mit ihrem patriarchalen Sexualkodex aufgezwungen. Der ekstatische Mythos vom Feigenbaum wich dem tragischen Mythos von Adams und Evas Sündenfall.

Von nun an galt die süße Frucht des Feigenbaums nicht länger als heilig und ihr Genuß als ekstatisches Sakrament, sondern wurde zur Sünde: ein schändlicher Verstoß gegen das Gottesgesetz, zu dem die Schlange die erste Menschenfrau verführt hatte. Die Schlange, ursprünglich das Symbol für die ekstatisch züngelnden Kräfte des Eros, wurde nun zum Symbol für das Böse, die Versuchung, den Vorstoß in verbotenes Wissen. Das Wissen selbst – die Erkenntnis der Wahrheit, die uns frei und ekstatisch macht – wurde zum Verstoß gegen den Willen des Allmächtigen, eine Schandtat, die mit der Verbannung aus dem Paradies bestraft wird. Dieser Logik zufolge bleibt uns Menschen nichts anderes übrig, als von Schuld und Scham geplagt über die Erde zu wandern, von Gott und allen guten Geistern verlassen, leidend und voller Sünde.

Sicher war auch das Zeitalter der Urgöttin kein Paradies auf Erden. Doch es läßt sich nicht leugnen, daß die darauffolgende Ära der Unterwerfung und Unterjochung durch eine einzige männliche Autorität mit der Degradierung weiblicher Werte einherging und ein Zeitalter der rücksichtslosen Gewalt einleitete.

Die Folgen der systematischen Bekämpfung des Göttinnenkults – und damit letztlich der Weiblichkeit und der Sinnenlust schlechthin – sind historisch belegt. Die Kreuzritter und Inquisitoren des Mittelalters verbreiteten mit Folter, Tod und Zerstörung das Grauen vor ihrem Gott, dem Herrn, in ganz Europa. Selbst im Lauf der Renaissance wurden Scharen von Frauen, manchmal auch Männern, als Hexen und Ketzer verfolgt und qualvoll um ihr Leben gebracht. Daß die Kirche Sexualität ausnahmslos mit den Machenschaften des Teufels verband und die Folter, Züchtigung und Ermordung von Millionen im Namen der Spiritualität sanktionierte, hatte eine eindeutige Wirkung auf die kollektive Psyche: Dominanz, Gewalt und Unterwerfung wurden erotisiert.

Letzten Endes hat die Unterjochung des femininen Prinzips beiden Geschlechtern großen Schaden zugefügt und Männer wie Frauen von der Kraft abgeschnitten, die durch die Vereinigung des männlichen und weiblichen Prinzips entsteht. Auf dieser inneren Wunde, dieser Spaltung der Psyche, beruht die anti-ekstatische Gesinnung. Wir haben uns weit von der heiligen, naturverbundenen Erotik unserer Vorfahren entfernt.

Unsere Kultur hat vergessen, daß sexuelle Energie der körperliche Ausdruck unserer inneren spirituellen Kraft ist. Wenn wir die sexuelle Vereinigung als heilig empfinden und entsprechend damit umgehen, mobilisieren wir diese Kraft. Wenn wir der Sexualität die spirituelle Dimension nehmen, wird sie eine rein physische, instinktive Triebkraft – geistlos, herzlos und lieblos –, die wir nach eigenem Gutdünken verzerren, unterdrücken und gegen das Leben in uns selbst und anderen richten können.

DIE KOPPELUNG VON SEX UND GEWALT

Wie können wir hoffen, den Planeten zu heilen, die Regenwälder zu retten und Frieden unter den Nationen zu stiften, wenn das universelle Verhalten, das Liebe zwischen den Menschen zum Ausdruck bringt, in unserer individuellen Assoziation als unrein empfunden wird? Wie können wir wahrhaft lieben, solange die Weltreligionen den Liebesakt als sündhaft bezeichnen und die Fleischeslust als unvereinbar mit Spiritualität? Ich stimme Havelock Ellis zu, der sagte: »Sexualität ist der Ausgangspunkt des Lebens, und wir können keine Ehrerbietung für das Leben entwickeln, solange wir die Sexualität nicht heiligsprechen.« Der Schaden, der unserer Zivilisation durch die Verdammung der Sexualität über Jahrhunderte hinweg zugefügt wurde, ist kaum meßbar, doch die Auswirkungen zeigen sich in sexueller Gewalt, psychologischen und emotionalen Störungen aller Art und möglicherweise auch in der Lust am Krieg.

Und zum äußeren Krieg kommt der Krieg hinter geschlossenen Türen in unseren eigenen Häusern mit Vergewaltigung, Mißbrauch, Nötigung, Frauenmord, Inzest – Verbrechen, die zur Tagesordnung gehören. Die Statistiken sprechen Bände:

- In den USA werden 1,3 Frauen pro Minute vergewaltigt.
- Die Statistiken zeigen die höchste Vergewaltigungsrate in den USA – im Vergleich zu allen anderen Ländern, die solche Statistiken führen –, zwanzig Mal höher als in Japan.
- Eine Umfrage ergab, daß 35 Prozent der männlichen College-Studenten die Vergewaltigung einer Frau, die ihre Avancen zurückgewiesen hat, in Betracht ziehen würden, wenn sie garantiert straffrei davonkämen.

Hillary Rodham Clinton adressierte dieses weltweite Problem in ihrer Ansprache bei der vierten Jahreskonferenz der Vereinten Nationen für Frauen in Peking 1995:

> Es ist ein Verstoß gegen die Menschenrechte, wenn Babys ertränkt oder erwürgt werden, wenn ihnen das Rückgrat gebrochen oder die Nahrung verweigert wird, nur weil sie als Mädchen geboren wurden... wenn Frauen und Mädchen in die Prostitution verkauft werden... wenn Frauen mit Benzin übergossen, in Brand gesetzt und lebendig verbrannt werden, weil ihre Mitgift zu klein ist... wenn Frauen in ihren eigenen Lebensgemeinschaften mißhandelt oder zu Tausenden als Kriegstaktik oder als Kriegslohn ver-

gewaltigt werden ... wenn die weltweit führende Todesursache bei Frauen und Mädchen die Gewalt ist, der sie in ihrem eigenen Heim ausgesetzt sind.

Menschenrechte sind Frauenrechte – und die Rechte von Frauen sind Menschenrechte ... Solange Mädchen und Frauen als minderwertig behandelt, unterernährt, zuletzt ernährt, überbelastet, unterbezahlt, schlechter ausgebildet und innerhalb wie außerhalb ihres Familienkreises der Gewalt ausgeliefert werden, kann das Potential der menschlichen Familie nicht realisiert und keine friedliche und gedeihliche Welt geschaffen werden.

Erotisierte Gewalt ist destruktiv für Männer wie für Frauen. Die Mißhandlung der Frauen in aller Welt entspricht einer permanenten Schändung der Göttin, des universellen weiblichen Prinzips, das in jedem von uns existiert, ungeachtet der Geschlechtszugehörigkeit. Wenn wir eine Hälfte von uns unterdrücken, sind wir nicht länger heil und ganz, und darunter leiden alle.

DER GESCHLECHTERKRIEG

Die Entwürdigung des Weiblichen in all seinen Ausdrucksformen erschwert das Leben aller. Frauen entwickeln Minderwertigkeitskomplexe, weil sie ihre weiblichen Eigenschaften nicht respektieren können, aber ohne eine stark entwickelte männliche Komponente auch keinen inneren Halt in der eigenen Psyche finden. Und dann wird gefragt, wie es kommt, daß solche Frauen offensichtlich unfähig sind, ihre gewalttätigen Männer zu verlassen und allein zu leben, oder warum sie sich irgendwann kaum noch allein aus dem Haus trauen.

Der Übergang in die Pubertät wird Mädchen besonders schwergemacht, unter anderem, weil die Menstruation auch heute noch mit Scham und Abscheu zur Kenntnis genommen wird. Und sexuelle Aktivität – verlockend, aber verboten, zum Werbemittel herabgewürdigt, verdammt von den konventionellen Autoritäten – ist immer noch zu kontrovers, um als Lehrfach ins normale Schulprogramm aufgenommen zu werden. Oft wird das Thema noch nicht einmal im eigenen Elternhaus erörtert. Und so werden Mädchen von künstlich gestylten Supermodels und Pin-up-Girls in eine völlig verzerrte Vorstellung vom Ideal der Weiblichkeit eingeweiht, eine psychologische Brutalität, die sich in grassierenden Eßstörungen, neurotischen Zwangsvorstellungen und oft sogar Selbstverstümmelung bei jungen Frauen zwischen dreizehn und dreißig bemerkbar macht.

Leila, die mittlerweile zwanzigjährige Tochter eines Freundes, beschreibt ihre Einsamkeit und Verwirrung während der Pubertät:

> »Ich verstand die körperlichen Veränderungen nicht und fand das alles schrecklich. Mit fünfzehn wog ich 115 Pfund. Als ich ins College kam, hatte ich 30 Pfund zugenommen und war deprimiert und völlig durcheinander. Ich hatte kein Gefühl für meinen Körper. Ich wünschte, ich hätte meinen Körper und meine Nacktheit während der Pubertät besser akzeptieren können.«

Männer leiden ebenfalls unter der Verzerrung ihrer inneren weiblichen Komponente. Als Schulknaben stehen ihnen erfahrungsgemäß nur zwei Alternativen offen: Wenn sie Gefühle zeigen, gelten sie als »Weichlinge« und werden jeden Tag dafür gequält. Wenn sie sich die »männlich harte Schale« zulegen, passen sie sich der Meute an, werden dafür aber von dem Verlust ihrer Gefühle gequält. Steven Sisgold, einer der ersten und führenden Therapeuten der Männerbewegung, erklärte mir den Druck, der auf Jungen und erwachsenen Männern lastet:

> »Du darfst nicht weinen, du darfst keine Gefühle zeigen. Viele von uns haben die Mädchen beneidet, weil sie sich keine Sorgen über den Militärdienst und die Geldscheffelei machen mußten. Sie durften Emotionen haben und zeigen, aber wir standen unter einem permanenten Druck. Wir

mußten das männliche Image aufrechterhalten. Wir mußten stark sein, dauernd diese Schau abziehen, in Kontrolle bleiben. Wir haben alles hinuntergeschluckt und nichts nach außen gelassen. Mit den anderen Jungs konnte man über nichts anderes reden als die Punktsiege beim letzten Boxkampf, die Gewinner im Fußball und wer wen geschlagen hatte.«

Ohne starke innere Leitbilder fällt es beiden Geschlechtern schwer, authentische Charaktereigenschaften zu entwickeln, und so wundert es niemanden, daß Heranwachsende sich an die oft oberflächlichen Leitfiguren aus der Popkultur halten. Früher mußten Frauen sich bei der Identitätssuche zwischen zwei Extremen entscheiden: Madonna oder Hure, braves oder böses Mädchen, Ehefrau und Mutter oder Schlampe. Mehr gab es nicht. Heute ist die Sachlage komplexer. Der Feminismus, die sexuelle Revolution und die zunehmend erfolgreiche Berufstätigkeit der weiblichen Bevölkerung haben Breschen in die Vormachtstellung der Männer geschlagen. Frauen sind zu einer direkteren Konfrontation übergegangen, aber um sich in einer »Männerwelt« erfolgreich durchzusetzen und bis ganz nach oben durchzuboxen, müssen sie ihre Femininität gewöhnlich auch heute noch hintanstellen.

Die einst glasklar definierten Grenzen zwischen den Geschlechtern verschwimmen immer mehr. Wenn Jungs, die ursprünglich zum Hartsein erzogen wurden, plötzlich aufgefordert werden, ihre »feminine Seite« zu zeigen, sehen sie sich vor völlig neue Probleme gestellt. Steven Sisgold erinnert sich: »Ich war total verwirrt. Wenn ich mich stark und männlich gab, sagten meine Freundinnen: ›So nicht! Du bist zu fordernd, zu männlich, du Schwein. Du bist genau wie all die anderen Kerle.‹ Also habe ich versucht, den sensiblen New-Age-Typen herauszukehren. Ich war zurückhaltend, empfindsam, ein guter Zuhörer, und dann hieß es: ›Du törnst mich nicht an. Sexuell genügt mir so ein Waschlappen einfach nicht. Ich hab diese weichen Männer satt. Ich will einen starken Mann!‹ Nichts konnte man ihnen recht machen. Immer war ich entweder zuviel dieses oder nicht genug jenes.«

Diese Rollenverwirrung hat verheerende Folgen für intime Beziehungen.

EIN GLEICHGEWICHT FINDEN

Der Abgrund, der Männer und Frauen voneinander trennt und ihre Kommunikation verzerrt, existiert in jedem einzelnen von uns und läßt sich bis zur Unterjochung der Urgöttin durch den eifersüchtigen Kriegsgott zurückverfolgen. Diese innere Kluft zwischen männlich und weiblich, Sex und Geist, Körper und Seele, Energie und Bewußtsein, trennt uns von den Heilkräften der Ekstase, die wir in uns tragen, individuell wie auch kollektiv.

Es kann nicht darum gehen, den männlichen Gott zu stürzen und eine weibliche Gottheit an seine Stelle zu setzen. Entscheidend ist vielmehr, die Wertschätzung und Anerkennung des Weiblichen als göttliche Kraft in dieser Welt neu zu etablieren. Und am allerwichtigsten ist die Vereinigung beider Prinzipien, denn der Gott in seiner Erscheinungsform als strenger Gebieter leidet ebenso unter der Abwesenheit seiner göttlichen Partnerin wie wir, die Sprößlinge der beiden, unter ihrer jahrhundertelangen Trennung gelitten haben.

Die Therapeutin Greta Bro sagt dazu: »Eine Frau, die mit dem Leitbild von ›Gott, dem Vater‹ aufwächst, findet ihre Identität beim Heranwachsen nicht als göttlich bestätigt... Um sich vollständig, ganz und spirituell gleichberechtigt zu fühlen, müssen Frauen erkennen, daß das Göttliche einen weiblichen Aspekt hat, der von ihnen reflektiert wird.« Ich möchte hinzufügen, daß Männer ebenfalls unter dem Leitbild von »Gott, dem Herrn« leiden, denn die weibliche Erfahrungswelt, ihre Körperlichkeit, Sinnlichkeit, Intuition und Anteilnahme bis hin zur Erfahrung des Gebärens und Nährens ist wertvoll für beide Geschlechter. Die Welt kann nur profitieren, wenn die Initiative, die Leidenschaft, die geistige und emotionale Autorität von Frauen endlich von allen anerkannt und geehrt werden.

Soweit wir wissen, hatte die erste Vorstellung des Menschen von Gott mütterliche Züge. Die altertümliche Erdgöttin Gaia versinnbildlichte die Kräfte der Fruchtbarkeit, Liebe, Fürsorge, Empfänglichkeit, Ekstase. Dann schwang das Pendel in die entgegengesetzte Richtung, und der Mensch betete die männlichen Eigenschaften der Gottesmacht an; er verehrte Jehova, den Donnergott, den Schöpfer, den Herrn und Vater, den mächtigen Krieger. Aber inzwischen sind wir allmählich bereit, diese alten Rollenverteilungen hinter uns zu lassen und die Göttlichkeit der gesamten Schöpfung zu proklamieren. Wir erkennen das Göttliche im Zentrum des Universums, in uns wie außerhalb von uns, und damit finden wir ein Sein, das alle Geschlechtsunterschiede transzendiert.

Die Schriftstellerin Zia Budapest, eine Pionierin im Bereich der weiblichen Spiritualität, sagt: »All dieses Streben nach höheren Dingen ist eine fixe Idee der Männer. Sie brauchen etwas Erstrebenswertes... nur dann sind sie glücklich, denn dann gibt es etwas zu erreichen. Aber als nächstes drehen sie das Konzept auch den Frauen an... Es ist ein linearer Drang, und er erzeugt eine konzeptuelle Dualität, eine Hierarchie von niedrig und hoch, unten und oben. In Wirklichkeit gibt es das alles nicht. Wir sind hier, und damit hat sich's.«

Wir können das Göttliche jenseits aller Geschlechtsunterschiede nicht wahrnehmen und keine Kultur etablieren, in der beide Geschlechter gewürdigt und integriert werden, solange wir die Einheit von Gott und Göttin nicht in unserem Inneren realisiert haben. Shiva und Shakti müssen ihre unterschiedlichen Kräfte in unserem Herzensgrund verschmelzen – das ist die mystische Hochzeit, *hieros gamos*, von der die Alchemisten sprachen. Nur durch diese bewußte Vereinigung werden wir heil und ganz, denn die Gottheit in ihrer Ganzheit können wir nur erkennen, wenn wir selbst ganz sind. Aus dieser Ganzheit werden die neue Frau und der neue Mann des nächsten Jahrtausends hervorgehen, und diese Menschen werden die anti-ekstatische Verschwörung beenden, aber nicht, indem sie den Status Quo bekämpfen oder die Macht an sich reißen, sondern indem sie als gleichberechtigte spirituelle Partner leben.

KAPITEL 3

Die ekstatische Partnerschaft: Ekstase willkommen heißen

*Wenn Gegensätze sich nicht länger bekämpfen,
profitieren beide und gehen im Tao auf...
Der Weise erkennt die Einheit aller Paare
und gibt damit ein Beispiel für die Welt.*

Tao Te Ching

Die moderne Welt ist widersprüchlich; überall wimmelt es von scheinbar unvereinbaren Gegensätzen: männlich und weiblich, empfänglich und aggressiv, Liebe und Haß, Sieger und Verlierer. All diese Polaritäten existieren zugleich auch in unserem eigenen Wesen und erzeugen einen inneren Druck, weil sie in uns um die Vorherrschaft kämpfen. Ekstase und Ganzheit entstehen, wenn die Gegensatzpaare als unzertrennlich erkannt werden und ein Gleichgewicht inmitten der zahllosen Dualitäten und wechselnden Kräfte des Lebens gefunden wird. Dieser Zustand, symbolisiert durch die heilige Hochzeit des kleinen Ichs mit dem hohen Selbst oder des Gottes mit der Göttin in uns, gibt uns die Fähigkeit, ekstatische Partnerschaften zu kreieren.

Es ist nicht leicht, die Koexistenz der Gegensätze zu akzeptieren und in aller Tiefe einzusehen, daß kein Zustand, keine

Handlung, kein Gefühl ohne sein Gegenteil existieren kann, daß Liebe in Haß umschlagen kann, daß Geben zugleich auch Empfangen bedeutet, daß die Schöne und das Biest gemeinsam in uns leben. Wir bemühen uns redlich, das eine abzulehnen und nur das andere zuzulassen, um dem kulturellen Ideal nahezukommen, das uns vorschreibt, wie wir sein *sollten*.

Aber wer sich auf die Suche nach spirituellem Wachstum begibt, versteht früher oder später, daß Einheit potentiell in der Vielfalt und Getrenntheit enthalten ist. Auf dem tantrischen Weg sehen wir das Leben, wie es ist, nicht, wie wir es haben wollen, und dadurch finden wir unser Gleichgewicht. Das gewöhnliche Leben, wie wir es alle kennen, macht uns unsere Reaktionen, Überzeugungen, Interpretationen, Beweggründe und Ziele mit der Zeit von selbst bewußt. Warum nicht gleich ja zu sich selbst und zum Leben sagen? Warum nicht gleich akzeptieren, was ist, genau so, wie es ist? Ist es nicht weiser, die scheinbar unvereinbaren Aspekte des Daseins harmonisch zu integrieren, anstatt das Schwierige zu hassen und vergeblich zu versuchen, nur das Schöne zuzulassen? Es ist ein manchmal recht langwieriger Lernprozeß, der uns fähig macht, unsere weiblichen und männlichen Kräfte miteinander zu verschmelzen. Er ist der Schlüssel zu einem harmonischen Leben und zu erfüllenden Beziehungen.

Durch die Ausrichtung auf Ganzheit wird das Leben zum spannenden Abenteuer, nicht nur für den einzelnen, sondern für ganze Kulturkreise. Zur Zeit gehen wir von der veralteten, patriarchalen Kulturform zu einer neuen, ausgewogeneren Form des Zusammenlebens als Partner über. Autoritäre Regierungen und Gesellschaftsstrukturen werden weltweit in Frage gestellt, abgesetzt, neu definiert und verändert. Die Rollen der Geschlechter wandeln sich ebenfalls. Männer bleiben daheim und ziehen Kinder groß, während Frauen Karriere machen. Frauen erreichen Machtpositionen, die vor wenigen Jahrzehnten noch undenkbar gewesen wären. Frauenspezifische Ausdrucksformen, Talente und Wertvorstellungen finden ein immer breiteres Publikum und damit endlich auch die Anerkennung und Wertschätzung, die ihnen bisher verwehrt wurden.

Auf jeder Ebene arbeiten Männer und Frauen heute zusammen, sie verweben ihre Fähigkeiten und Energien und kooperieren häufiger als je zuvor in der Geschichte. Mittlerweile sind ganze Kulturen dazu gezwungen, sich mit den traditionellen Konflikten zwischen männlich und weiblich auseinanderzusetzen und sie aufzulösen. Global steuern wir auf jeder Ebene eine Hochzeit zwischen Yin und Yang an, die auf kurze Sicht für erhebliche Unruhe und Fluktuationen sorgen wird, aber letztlich eine Integration der Gegensätze bewirkt.

Zur selben Zeit findet diese innere Hochzeit in individuellen Männern und Frauen statt, die ihre männlichen und weiblichen Polaritäten im Lauf ihres spirituellen Reifeprozesses integrieren. All diese Phänomene sind miteinander gekoppelt und schaffen sichtbare Veränderungen in unseren religiösen Ansichten, in der Politik, der Psychologie, im Geschäftsleben, der Gesetzgebung. Was dabei letzten Endes herauskommt, ist eine Frage der Spekulation, aber daß die Fakten für eine tiefgreifende Umwälzung auf individueller und kollektiver Ebene sprechen, ist unleugbar.

Das innere Elternpaar heilen

Selbst unter den günstigsten Umständen sind wir alle nur Lernende. Kein Elternpaar ist vollkommen erleuchtet. Unbewußt absorbieren Kinder die Ängste und Vorurteile der Eltern, doch später, so ist zu hoffen, werden sie diese Konditionierungen bewußt wahrnehmen und lernen, sie loszulassen. Das ist normal; das ist die Arbeit, die wir alle erledigen müssen.
Richard Moss

Wir lernen von unseren Eltern, was es bedeutet, ein männliches oder weibliches Wesen zu sein. Alle Kinder wünschen sich die archetypische Familie, in der das Kind im Mittelpunkt steht und beschützt, umsorgt und geliebt wird von einer Mutter und einem Vater, die harmonisch zusammenleben. Dies ist die intuitive Vorstellung des Kindes von der Familie als erweiterter Mutterschoß. Aber, wie Richard Moss sagt: »Die Realität hinkt oft weit hinter unseren Traumvisionen hinterher.« Das Partnerschaftsmodell, das uns die Eltern vorgelebt haben, ähnelt oft eher einem unsicheren Waffenstillstand. So wachsen wir mit unseren Wunden und Enttäuschungen auf und versuchen bis ins hohe Alter, die Beziehung zwischen Vater und Mutter nachträglich zu heilen, in unserem Herzen, unserem Körper, unserer Psyche, denn wir haben dieses Paar internalisiert. Sie sind zu unserem inneren Mann und unserer inneren Frau geworden.

Unbewußt sehnen wir uns nach der mystischen Hochzeit von männlich und weiblich, wie wir uns als Kinder nach dem Mutterschoß gesehnt haben. Diese Sehnsucht nach Vereinigung ist in unseren Genen verankert, versinnbildlicht im Moment der Zeugung und Empfängnis. Als der Same unseres Vaters sich mit der Eizelle der Mutter vereinte, hat sich die Intelligenz der gesamten Schöpfung individuellen Ausdruck verschafft. In dieser ursprünglichen Vereinigung war nicht nur der genetische Kode der gesamten Spezies enthalten, sondern auch das Urbild unserer zukünftigen Ganzheit durch die Verschmelzung von männlichem und weiblichem Prinzip. Im Augenblick der Empfängnis entstand unsere DNA, und der darin enthaltene Entwicklungsplan zeichnet bereits unsere Rückkehr vor, unser bewußtes und ekstatisches Erwachen zu unserer Einheit mit dem Leben.

An diesem Nullpunkt, als die pure, formlose Lebensenergie die Antriebskräfte der Liebe und der sinnlichen Begierde mobilisierte, um uns in die Materie zu ziehen, hat sich das Paradox des Lebens, von Sein und Nichtsein, auf geheimnisvolle Weise gelöst. Und die Antriebskräfte des Lebens – Bewußtsein, Liebe und Begierde – treiben uns auch jetzt noch voran, immer neuer Empfängnis, neuer Geburt und neuem Erwachen entgegen.

Doch als Erwachsene tragen wir die ungeheilten Wunden unserer Kindheit noch jahre- und jahrzehntelang mit uns herum. Wir leben und lieben oft nicht authentisch. Unser Bewußtsein ist gefangen in einem Wirrwarr widersprüchlicher Reaktionen und Gegenreaktionen, im Schmerz über zerbrochene oder oberflächliche Beziehungen, in der Trauer über unsere Einsamkeit und Entfremdung, in der Angst vor der Zukunft oder dem Groll auf die Vergangenheit und in der fundamentalen inneren Spaltung des Männlichen und Weiblichen in uns. Oft ist unser Selbstbild von der negativen Beziehung zum Elternteil des gleichen Geschlechts verzerrt, und das innere Bild des anderen Geschlechts ist häufig die größte und problematischste Wunde in unserer Psyche.

In den westlichen Kulturen lernen Männer, ihre weiblichen Qualitäten abzulehnen und sich durch maskulines Verhalten Respekt und Anerkennung im »Stamm« zu verschaffen. Psychologisch gesehen muß ein Junge die Herrschaft der Mutter tatsächlich eines Tages zurückweisen, um wahrhaft unabhängig und zum Mann zu werden. Er muß die dominante Frau (die Mutter) abschütteln und sich ihrem Zugriff entziehen. Doch diese Ablehnung der mütterlichen Dominanz überträgt sich dann auf alle späteren Beziehungen mit Frauen. Um ganz zu werden, muß der junge Mann seine eigene weibliche, nährende, empfängliche und intuitive Seite akzeptieren und in seine Psyche integrieren. Diese äußerst delikate Aufgabe erfordert weise Einweihungsrituale, die in unserem Kulturkreis leider kaum noch zu finden sind. Viele Väter sind abwesend (emotional und oft auch physisch) oder im negativen Sinne anwesend, als entweder passive oder aggressive Modelle für eine unausgewogene Männlichkeit. Die meisten Knaben entwachsen ihrer Kindheit im Konflikt mit oder besessen von ihrer Anima, ihrer weiblichen Seite. Und ihre innere Maskulinität ist ebenfalls verwundet und instabil. Diese Unausgewogenheit treibt sie dazu, bei äußeren Partnern zu suchen, was in ihnen selbst verschüttet, verletzt und nie geheilt worden ist.

Gewöhnlich verlieren die Mädchen ihr männliches Leitbild im Lauf der Pubertät, weil ihre Väter sich spätestens in dieser Zeit von ihnen distanzieren. Peinlich berührt von der aufkeimenden Sexualität ihrer Töchter, ziehen viele Väter sich emotional, oft auch physisch zurück. In ihrer Männlichkeit verwundete Väter reagieren unangemessen aggressiv, wenn nicht gar mit

Mißbrauch. Und die Mütter, ihrerseits in ihrer Weiblichkeit verletzt, im Konflikt mit ihrer eigenen Sexualität, frustriert von den kulturellen Barrieren, die ihnen Freiheit und Macht verwehren, übertragen ihre Ängste und Vorurteile auf die Töchter, oder sie drängen ihnen die eigenen, unerfüllten Wunschträume auf. So werden Mädchen nicht weniger fragmentiert als die Jungen ins Erwachsenenleben entlassen, verwundet in ihrer Weiblichkeit, abgeschnitten oder besessen von ihrer männlichen Seite, ständig bestrebt, die verlorene innere Einheit durch äußere Beziehungen herzustellen.

Für eine wahrhaft befriedigende äußere Beziehung müssen beide Partner immens an sich selbst arbeiten. Männer wie Frauen müssen ihre inneren männlichen und weiblichen Komponenten heilen. Dabei sind unsere Beziehungen Spiegel, die unweigerlich reflektieren, was unterentwickelt oder übertrieben in uns selber ist.

Unsere Geliebten spiegeln das Bild vom anderen Geschlecht wieder, das wir in uns tragen. Dieses innere Bild treibt uns auf oft schmerzhafte Weise voran. Wir können nicht verhindern, daß wir zu Menschen hingezogen werden, deren Wunden zu unseren eigenen passen. Das damit vorgezeichnete Beziehungsdrama zeigt uns entweder, was wir tun müssen, um innerlich heil und ganz zu werden, oder es treibt uns – wenn wir nicht lernen wollen – noch tiefer in die Fragmentation hinein. Dann werden alle Beziehungen zum Schauplatz mehr oder minder dramatischer Schlachtszenen. Und dies wird kein Ende nehmen, bis wir den inneren Mann und die innere Frau in uns selbst bewußt vereinen.

DER MYTHOS VON ADAM UND EVA
AUS TANTRISCHER SICHT

Jedesmal, wenn ein Mann und eine Frau sich sexuell vereinen, wird die Schöpfungsgeschichte nachvollzogen, in der Shiva und Shakti durch ihre tantrische Vereinigung das Universum zeugen und erschaffen. Da wir Kinder des Abendlands sind, möchte ich hier eine positive, ekstatische Variante jener Schöpfungsgeschichte erzählen, die uns die Erbsünde gebracht hat. Um dem Konzept vom Sündenfall auf den Grund zu gehen, müssen wir das Problem an der Wurzel packen: bei der menschliche Sexualität.

Stell dir Adam und Eva im Paradies vor, nackt, wie Gott sie erschaffen hat. Sie sitzen unter dem Baum der Erkenntnis und küssen sich ...

Allmählich werden sie erregt. Adam will Sex haben, doch Eva zögert und sagt: »O Adam, laß es uns diesmal bitte anders machen, spiritueller.« Adam ist verdutzt: »Wie meinst du das? Wie sollen wir es machen?«

Eva: »Ich weiß auch nicht ... Laß uns Gott fragen. Er hilft uns bestimmt.« Sie wendet sich an ihn in einem Gebet: »Lieber Gott, sei mit uns bei unserer Vereinigung und segne uns, damit wir dein göttliches Licht erfahren und eins mit dir werden. Und vielen Dank, daß du uns das Paradies gegeben hast.«

Da beginnt die Baumkrone, unter der sie liegen, gar mächtig zu schwanken, und eine riesige Boa schlängelt sich aufreizend langsam zu ihnen herab, Kopf voran, einen leuchtendroten Apfel zwischen den Fängen. Eva streckt die Hand aus, nimmt das Gottesgeschenk entgegen und bedankt sich. Mit der saftigen Frucht in der rechten Hand setzt sie sich auf Adams Schoß, so daß seine Erektion an ihrem glatten, runden Bauch ruht. Sie winden sich, reiben ihre Hüften aneinander und küssen sich leidenschaftlich. Adam läßt seine Zunge in Evas Mund gleiten. Sie saugt an seiner Zunge, an seinen Lippen – dann wendet sie den Kopf ab, um in den Apfel zu beißen. Sie schiebt das köstliche, saftige Apfelstück in Adams Mund, worauf beide daran saugen und herumkauen, während sein *Vajra* behutsam in ihre *Yoni* eindringt. Wonneschauer durchrieseln Eva, laufen an ihrem Rücken herunter und steigen von unten wieder in ihr auf ... Erneut beißt sie in den Apfel und teilt den Genuß mit ihrem Liebsten, wieder und wieder, während die beiden zu stöhnen beginnen.

Der Saft der Gottesfrucht tropft aus ihren Mündern, wie der Saft ihrer *Yoni* auf seinen *Vajra*. Mit jedem Bissen steigert sich ihre Erregung, bis sie nicht länger an sich halten können und Eva jauchzt: »Jetzt! O ja, Adam, komm, o Gott...« Augenblicklich fährt Gott auf sie hernieder, in Form eines blendendweißen Lichtstroms, der ihren Geist, ihr Herz und ihren Körper mit einer unfaßbaren Seligkeit erfüllt. Und sie vernehmen ein tonloses Raunen: »Ich bin der Heilige Geist, und ihr seid mein Sohn und meine Tochter, an denen ich ein Wohlgefallen habe. Gesegnet seid ihr, denn Gottvater und Gottmutter haben sich in euch vereint, und durch euch werden sie der Erde Heilung bringen, so daß sie immerdar als unsere Mutter verehrt werden soll.«

Als Adam und Eva den Apfel aßen, wurde ihnen bewußt, daß Gott Evas Gebet erhört hatte und daß sie weise mit dem Wissen umgehen mußten, das ihnen durch den Genuß der heiligen Frucht vom Baum der Erkenntnis offenbart wurde. Und sie wußten, daß sie den Reichtum und die Schönheit der Mutter Erde dankbar annehmen und ihn mit Liebe und Sanftmut vergelten sollten.

Adam und Eva existieren in jedem von uns als das männliche und weibliche Grundprinzip. Sie verkörpern die Archetypen des Gottes und der Göttin, die wir in uns selbst entdecken und als kreative Kräfte in allen Dimensionen einsetzen können. Denn in jeder Beziehung, in jedem Liebesakt, suchen wir im Grunde nach einer Gelegenheit, die männlichen und weiblichen Urkräfte in uns zu vereinigen. Aber diese Verschmelzung wird nicht durch einen äußeren Liebhaber bewirkt, sondern kann einzig und allein in unserer eigenen Psyche stattfinden. Der Schlüssel zur Ekstase, zum inneren Frieden, zum Frieden zwischen den Geschlechtern, Völkern und Religionen ist unsere individuelle Ganzwerdung.

Die Wiederentdeckung meiner inneren Frau

Während ich jeden Teil deines Körpers berühre,
berühre ich auch meinen Körper und erkenne:
wir sind eins.
           Aus der Sri-Yantra-Zeremonie

Vor ein paar Jahren, mitten in einer dynamischen und erfolgreichen Arbeitsphase, habe ich mich von meinem langjährigen Tantra-Partner getrennt. Danach kam es mir vor, als hätte ich den Boden unter meinen Füßen und auch mein gesamtes Selbstwertgefühl verloren. Fast schien es, als hätte ich mich selbst verloren. Ich hatte genug über Psychologie gelernt, um zu erkennen, daß ich meinen inneren Mann auf den äußeren Partner projiziert und mein eigenes männliches Selbst in der Person meines Geliebten gesucht hatte. Erschreckenderweise half mir dieses Wissen kein Stückchen weiter. Es fühlte sich an, als brauchte ich meinen Geliebten, um meine Daseinsberechtigung als Frau zu finden.

Mein Dilemma war um so frustrierender, als ich gedacht hatte, daß ich durch die jahrelange Arbeit mit anderen und an mir selbst längst über solche Schwierigkeiten hinausgegangen sei. Viele Male hatte ich in der Meditation meine grundlegende Einheit erfahren, die Tatsache, daß ich vollständig bin, so wie ich bin. Ich brauchte keinen Vater, Liebhaber, Ehemann, Guru oder sonstige männliche Figuren. Doch in der Beziehung zu meinem Partner war mir dieses tiefere Wissen offenbar abhanden gekommen.

Ich hatte meine innere Ausgewogenheit verloren, das harmonische Zusammenspiel der inneren Weiblichkeit und Männlichkeit. Es schien, als würden meine Aktivitäten entweder von der einen oder der anderen Komponente diktiert, aber auf chaotische und verwirrende Weise. Zuerst stürzte ich mich in die Arbeit, getrieben von dem Verlangen nach beruflicher Erfüllung und Erfolg. Schließlich hatte ich genug vom Produzieren und Aktivsein und flüchtete mich in die Welt der Meditation. Ich reiste nach Indien, wollte still sitzen, empfänglich sein, einfach das Dasein genießen. Aber ich hielt keines von beidem lange aus. So pendelte ich hin und her, unzufrieden mit dem einen wie dem anderen. In Indien machte ich mir Vorwürfe, daß ich nicht aktiv und produktiv genug war, daß ich keinen verantwortungsvollen Beitrag zum Leben in dieser Welt leistete. Im Westen fühlte sich die Betriebsamkeit und das professionelle Erfolgsgehabe der Leute dann wieder so hohl und sinnlos an, daß ich mich nach einem einfachen, stillen, meditativen Leben sehnte.

Noch niederschmetternder war die Erkenntnis, daß ich nur eine sehr vage Beziehung zu der archetypischen Göttin in meiner eigenen Psyche hergestellt hatte. Offenbar hatte ich meine eigene weibliche Natur noch längst nicht tief genug ausgelotet, deshalb suchte ich so verzweifelt im Außen nach einer Lösung, die nur im Inneren zu finden ist. Mir war klar, daß ich das Gleichgewicht zwischen meinem inneren Mann und meiner inneren Frau unabhängig von einem äußeren Partner finden mußte, um mich zu heilen. Aber zuallererst mußte ich die lebendige Göttin in mir selbst entdecken und besser kennenlernen.

EINE EINLADUNG DER GÖTTIN

Als mir diese Tatsache aufging und die Sehnsucht nach einer tieferen Verbindung mit der Göttin übermächtig wurde, erhielt ich eine Einladung: Eine Teilnehmerin an meinem Trainingsprogramm fragte mich, ob ich ihren Tantra-Meister in Südindien mit Namen Guruji besuchen wollte.

Guruji ist ein ungewöhnlicher Mann, der Wissenschaft und Mystik auf bemerkenswerte Weise in seiner Person verbindet. Sein Wahlname besteht aus drei Silben: *Gu* bedeutet »Unwissenheit«, *ru* »entfernen«, und *ji* ist ein Ehrentitel. Also bedeutet *Guruji:* »der Ehrwürdige, der die Unwissenheit entfernt«. Jahrelang arbeitete er als Physiker im Auftrag der indischen Regierung, doch als das Verteidigungsministerium in seinen Arbeitsbereich eingriff, kamen ihm Bedenken. Er wollte für den Weltfrieden arbeiten, nicht an der Entwicklung neuer Kriegsstrategien. Als er eines Tages in einem Hindu-Tempel betete, erschien ihm in einer klaren Vision die Göttin Devi und verkündete, daß sie ihm den Weg ebnen und ihn beschützen würde, wenn er sich bereit erklärte, ein völlig neues Leben zu beginnen und ihr zu dienen. Devi hat erheblichen Einfluß in Indien, einem Land, das den weiblichen Aspekt der Gottesmacht noch zutiefst verehrt. Guruji fand seine Vision von der Göttin eindrucksvoll genug, daß er ihre Botschaft ernst nahm.

Jahrelang bereitete er sich auf seine Aufgabe vor. Dann kehrte er an seinen Geburtsort zurück. Durch die Gnade der Göttin erhielt er Geld und Land, auf dem er einen Tempel errichten ließ. *Devipuram,* »Devis Haus«, ist ein einzigartiger dreistöckiger Tempel, dessen Architektur auf den *Chakren* beruht, den subtilen Energiezentren im menschlichen Körper. 108 Statuen der Devi in ihren unterschiedlichen Erscheinungsformen schmücken die Räume. Aber der Tempel ist mehr als ein phantastisches Kunstwerk. Er ist eine Lehrstätte, in der Frauen als lebende Verkörperungen der Göttin verehrt werden. Dies ist nicht auf das Sakrale beschränkt, sondern umfaßt auch praktische soziale Programme wie Banken speziell für Frauen oder ein Ausbildungsprogramm für Lehrerinnen und Sozialarbeiterinnen, die später in die entlegenen Dorfgemeinden ziehen und ihr Wissen weitergeben.

Gurujis Worte sind einfach und klar, aber sie treffen den Kern der anti-ekstatischen Verschwörung, wenn er sagt:

»Die Welt ist voller Vielfalt und Reichtum. Die alte Religion ist tatsächlich die älteste, die es gibt: die Religion der Liebe. Als die Religion anfing, Unterschiede zu machen, hat sie Entfremdung unter den Nationen erzeugt. Entfremdung errichtet Grenzen, wo keine gewesen sind. Zusammenarbeit ist der Schlüssel: Zwei Köpfe sind besser als einer, zehn Stöcke sind fester als ein einziger. Zusammenarbeit. Kooperation mit der Natur und der Umwelt. Harmonie. Friede. Dies sind menschliche Werte, die ans Göttliche heranreichen. Konkurrenzkampf, Erfolgsstreben, Verlustangst, Frustration, Wut, Gewalt – dies sind neurotische, inhumane Werte. Sie untergraben den Frieden, die Stabilität und die Harmonie in unserer Welt.«

DIE MITGIFT DER DEVI

Ich traf am 14. Februar in Devipuram ein – ein Datum, das schon immer eine besondere Bedeutung für mich hatte. Am gleichen Tag im Jahre 1977 hatte Osho mich in die tantrischen Mysterien eingeweiht und mir den Namen Ma Anand Margot, »Weg zur Seligkeit«, gegeben. Außerdem ist dies der Valentinstag, an dem die Liebe zwischen Mann und Frau in vielen Ländern der Welt zelebriert wird, und der Tag des Neumonds der Göttin im indischen Mondkalender, an dem die Göttin mit der Sri-Yantra-Zeremonie verehrt wird, ein uralter Ritus, der auf den ältesten Yantras (Symbolen) der tantrischen Tradition beruht.

Das Sri-Yantra-Mandala ist ein geometrisches Muster, das aus neun miteinander verbundenen Dreiecken besteht – vier weisen mit der Spitze nach oben, fünf weisen mit der Spitze nach unten. Dieses Kraftsymbol ist mindestens fünftausend Jahre alt und repräsentiert die gesamte Schöpfung vom Mikrokosmos bis zum Makrokosmos, vom kleinsten Atom bis zur größten Galaxie. Zugleich symbolisiert es den Körper, die Emotionen, die Natur, die fünf Sinne, die Liebe zwischen Mann und Frau sowie alle Kräfte des Werdens und Vergehens.

Die abwärts gerichteten Dreiecke symbolisieren die weibliche Energie. Die aufwärts strebenden Dreiecke repräsentieren die männliche Energie. Die Stelle, an der sie sich kreuzen, ist der *bindhu*-Punkt, der zentrale Schöpfungspunkt, der die Vereinigung von Shiva und Shakti symbolisiert, der Punkt, an dem Geist und Materie, Bewußtsein und Energie und alle anderen Kräfte in jedem einzelnen Menschen miteinander verschmelzen.

DIE SRI-YANTRA-ZEREMONIE

Am selben Tag wie ich trafen Hunderte von Gläubigen aus allen Teilen Indiens in Gurujis Ashram ein, um die Sri-Yantra-Zeremonie zu vollziehen. Von einem meilenweit entfernten See trugen sie über tausend Lotusblüten herbei, um den Tempel der Göttin zu schmücken.

Dann wurden die Hüllen der schwarzglänzenden Granitstatue im obersten Stockwerk des Tempels entfernt. Diese Steinfigur zeigt Devi im halben Lotussitz, ein Bein untergeschlagen, das andere anmutig herabhängend, entspannt, doch kraftvoll. Ich schaute zu, während die Frauen die Statue mit Milch, Honig und Ghee (flüssiges Butterschmalz) übergossen, grundlegenden Symbolen des Nährens. Während sie jeden Körperteil salbten, vom Scheitel über die Brüste bis zur *Yoni* der Göttin, priesen sie ihre Qualitäten mit heiligen Versen (*Sutras*) und baten sie mit sakralen Handzeichen (*Mudras*) und alten Beschwörungsformeln um ihren Segen und Schutz.

Während ich diese uralte, heilige Zeremonie beobachtete, stellte ich mir vor, daß meine eigene innere Göttin auf diese Weise verehrt wurde. Diese Verehrung der weiblichen Natur stärkte meine eigene Kraft als Frau. Als die Gläubigen das Devi-Mantra anstimmten, sang ich mit, um die transzendentale Verschmelzung der Gegensätze zu preisen. Dabei fühlte ich eine nie gekannte, allumfassende Klarheit in mir aufsteigen. Ich spürte die Gegenwart der Göttin in mir sich ausbreiten.

Die innere Partnerschaft entwickeln

Auf welche Weise bewirkt die Psyche einen Erneuerungsprozeß? Durch die Paarung der Gegensätze, indem sich das eine ins andere verkehrt und beides sich vereint... Man macht die Erfahrung eines hieros gamos, einer himmlischen und heiligen Hochzeit.

John Weir Perry

Der innere Mann und die innere Frau sind universell gültige psychologische, emotionale und spirituelle Realitäten in uns. Sie tauchen als Archetypen in unseren Träumen und Visionen auf. Der Schweizer Psychologe Carl Jung nannte sie *Anima* und *Animus* und erforschte ausgiebig ihre Erscheinungsformen in unserem Leben. Jung und seine späteren Kollegen stellten fest, daß bei Menschen in Krisensituationen und an kritischen Wendepunkten im Leben ähnliche Themen und Archetypen auftauchen. In Zeiten der Veränderung sind dies häufig Unfallszenen, Todesfälle, Naturkatastrophen und Kriege. In Phasen der Heilung, Genesung und Erneuerung hingegen erscheinen Bilder von der Vereinigung männlicher und weiblicher Archetypen.

Jung erkannte, daß diese archetypischen Bilder von Tod und

Wiedergeburt nicht nur auf individueller Ebene bedeutsam sind, sondern kollektive Gültigkeit haben. Ihm war klar, daß wir als Individuen die kulturellen Wunden in uns tragen und verarbeiten müssen und daß jeder Mensch zur Lösung der kollektiven Probleme beiträgt, der den Widerstreit der Gegensätze in sich selbst beendet hat. Durch jeden einzelnen von uns wird unsere Kultur erlöst, und unsere Ekstase wird zur heilenden Kraft, wenn wir gemeinsam über unsere Ängste hinausgehen und eine neue Weltanschauung leben.

DIE ROLLEN VON ANIMA UND ANIMUS IN UNSERER PSYCHE

Woran erkennen wir unseren inneren Mann und unsere innere Frau? An der Art und Weise, wie sie unsere innere Erlebniswelt und unser äußeres Verhalten beeinflussen. Hier ein paar generelle Beispiele für das positive und negative Verhalten dieser inneren Figuren. Selbstverständlich schwanken die Verhaltensweisen von Individuum zu Individuum und von Fall zu Fall.

- *Die innere Frau*: Läßt dich mit Offenheit reagieren, nicht mit zielgerichtetem Durchsetzungsvermögen, sondern mit vertrauensvoller, intuitiver Aufnahmebereitschaft. Du läßt dich vom Strom der Ereignisse tragen, bist gefühlsmäßig mit allem verbunden, wirst von intuitiver Weisheit geleitet und bist ganz präsent für alles, was ist. Du besitzt eine große Gefühlstiefe und Liebesfähigkeit. Allein deine Gegenwart ist heilsam für andere.
- *Dein innerer Mann*: Läßt dich mit Zuversicht und Selbstbewußtsein reagieren, Dinge direkt in Angriff nehmen, mit Kraft und natürlicher Autorität handeln. Dein Wille beruht auf Klarsicht und Weisheit und überwindet alle Hindernisse auf dem Weg zu deiner Bestimmung. Du sprichst deine eigene Wahrheit. Deine Energie und Klarheit wirken inspirierend auf andere.
- *Die unausgewogene innere Frau*: Du läßt dich von Proble-

men überwältigen und aus dem Gleichgewicht werfen. Du verlierst dich in anderen Menschen oder Ideen und gibst deine Identität für andere auf. Du siehst viele Seiten gleichzeitig, doch da dir eine verankernde Perspektive fehlt, verlierst du das Wesentliche oder das Ziel leicht aus den Augen. Oft bist du wie gelähmt vor Verwirrung, und es fällt dir schwer, Entscheidungen zu treffen. Deine Sensibilität macht dich emotional verletzlich gegenüber anderen Menschen, äußeren Ereignissen und deinem eigenen chaotischen Innenleben.

🞂 *Der unausgewogene innere Mann*: Du setzt deinen Willen durch, ohne das Herz und die Gefühle zu berücksichtigen. Du versuchst, deine Mitmenschen und die Ereignisse zu kontrollieren. Du konzentrierst dich in erster Linie auf Fortschritte und Resultate und ignorierst subtilere Regungen ebenso wie Warnsignale, daß dein Verhalten unangemessen sein könnte. Wenn deine Unfehlbarkeit bezweifelt wird, reagierst du aufbrausend, rigide oder wütend. Du vermeidest Verantwortung aus Angst, Fehler zu machen, und gehst Beziehungen aus dem Weg, weil du fürchtest, deine Freiheit zu verlieren.

Den inneren Mann und die innere Frau entdecken

Ziel
🞂 Das Verhalten der weiblichen und männlichen Prinzipien in dir kennenlernen und ein Gleichgewicht zwischen ihnen schaffen, das dir mehr Einsicht, Klarheit und Stärke verleiht.

Vorbereitung
🞂 Nimm dir dreißig bis sechzig Minuten Zeit, in denen du ungestört bist.
🞂 Halte Stift und Tagebuch oder Notizblock griffbereit.
🞂 Erschaffe einen heiligen Raum.

Übung

- Beginne mit einer Begrüßung des Herzens (siehe Seite 104).
- Setze dich fünf Minuten lang hin, atme tief und entspannt. Schließe die Augen, entspanne deinen Nacken und die Schultern. Laß los, werde innerlich weich. Frage dich selbst: Wer bin ich, wenn meine empfängliche, feminine Seite die Oberhand hat? Wie verhalte ich mich, wie reagiere ich dann?
- Jetzt schreib die Antworten auf, die dir spontan einfallen (zum Beispiel: geduldig, tolerant, herzlich, mitfühlend, schüchtern, unsicher ... was immer dir in den Sinn kommt).
- Nach fünf Minuten schließe die Augen wieder und frage dich: Wer bin ich, wenn meine aktive, maskuline Seite zum Tragen kommt? Wie verhalte ich mich dann?
- Jetzt schreib auf, was dir dazu einfällt (zum Beispiel: Ich ergreife die Initiative, verschaffe mir Gehör, setze meinen Willen durch, nehme Einfluß, kommandiere, verfolge meine Ziele zu rücksichtslos ... was immer dir in den Sinn kommt).
- Jetzt schau dir genauer an, wie du dich in verschiedenen Lebensbereichen verhältst: Dominiert deine männliche oder deine weibliche Seite bei deiner Arbeit? Zu Hause? In deinen Beziehungen? Auf Parties? Im Umgang mit deinen Kindern? Beim Sex? In welchem Verhältnis stehen die männlichen zu den weiblichen Reaktionen in jedem Lebensbereich (zum Beispiel: Arbeit: 70 Prozent männlich aktiv; 30 Prozent weiblich empfänglich).

Situation	Weiblich/Aufnahme (Prozent)	Männlich/Initiative (Prozent)
Zu Hause		
Bei der Arbeit		
Mit dem Partner		
Mit den Kindern		
Beim Sex		
Gesamtsumme		

Hinweise

✿ Beide Geschlechter sind sowohl empfänglich wie aktiv, also kann jeder diese Übung machen. Im Idealfall wäre jeder Mensch zu ungefähr 50 Prozent männlich und 50 Prozent weiblich.

✿ Viele Menschen erzielen sehr unausgewogene Prozentsätze, wie 90 Prozent männlich und 10 Prozent weiblich oder 70 Prozent weiblich und 30 Prozent männlich.

✿ Das Endergebnis kann unerwartet ausfallen. Nimm die Unausgewogenheit zum Anlaß, deine brachliegenden Energien, Eigenschaften und Talente zu entwickeln. Wenn du die männliche Seite überbetonst, kannst du dir bewußt vornehmen, mehr Geduld, Anteilnahme und Vertrauen in die Fähigkeiten anderer zu entwickeln. Wenn du die weibliche Seite überstrapazierst, kannst du ein aktiveres, risikofreudigeres Verhalten an den Tag legen, dir beispielsweise öfter mal Gehör verschaffen, deine Autorität geltend machen, die Initiative ergreifen, die Hauptverantwortung für ein Projekt übernehmen.

✿ Es macht Spaß, die Übung mit einem Partner zu machen. Sprecht beim Schreiben nicht miteinander, laßt den anderen nicht sehen, welche Prozentsätze ihr euch zuschreibt, bevor beide fertig sind. Danach kommuniziert freimütig über eure Stärken und Schwächen!

Sind der innere Mann und die innere Frau in uns ausgewogen und integriert, so schenken sie uns Klarheit und intuitive Führung in allen Lebenslagen und versorgen uns mit einem ununterbrochenen Strom kreativer, lustvoller und liebevoller Energie. Die innere Hochzeit der beiden führt zu Ganzheit, innerem Frieden und Kraft. Sie macht uns keineswegs zu androgynen, geschlechtslosen Wesen, als würden sich die vereinten Dualitäten gegenseitig aufheben, sondern verwandelt uns in eine dynamische Einheit, ein wechselndes Spiel von Yin und Yang. Damit sind Kampf und Widerstreit beendet, die Prinzipien begegnen sich in komplementärer Partnerschaft. Von nun an bilden wir ein einheitliches Ganzes, das größer ist als die Summe der Einzelteile und »das integrierte Selbst« genannt werden kann. Diese innere Geschlossenheit verbindet uns mit einem unerschöpflichen Kraftfeld aus Kreativität und purer Lebensfreude.

Der ausgewogene Mann handelt dynamisch, mit gelassener Klarheit, voller Vertrauen in seine Fähigkeiten und seine eigene Natur. Er ist sanftmütig, aber stark, und wenn es sein muß, unverrückbar. Er übernimmt bereitwillig Verantwortung und verpflichtet sich seinen Visionen. Er handelt mit Integrität, ohne Teile von sich zu verbergen oder zu unterdrücken. Weil er sich rückhaltlos auf eine Sache einlassen kann, fließt ihm von allen Seiten Energie zu. Seine Stärke beruht auf seiner Verbindung zu seiner inneren weiblichen Seite, die ihm hilft, bedingungslos zu lieben und dem Leben zu vertrauen. Seine Ekstase findet er in der Verfolgung hoher geistiger und spiritueller Ziele und in einem großzügigen, von Herzen kommenden Dienst an der Menschheit.

Die ausgewogene Frau ist geduldig und besitzt ein tiefes, intuitives Gespür für das Leben und ihre eigene Rolle darin. Sie ist liebevoll und klar. Ihre emotionale Stärke wirkt nährend und zieht andere Menschen an, sich als Mitschöpfer in ihrem Wirkungskreis zu betätigen. Sie ist auf einer tiefen, intuitiven Ebene mit dem Leben verbunden und daher eine natürliche Heilerin, Medizinfrau und weise Ratgeberin. Sie ist eine Quelle der Inspiration. Ihre Gefühlstiefe entspringt der Offenheit ihres Herzens. Ihre Verbindung zu ihrem inneren Mann gibt ihr Stärke und Klarheit. Ihre Ekstase findet sie darin, andere zu nähren, ihnen Kraft zu geben und sie dazu beflügeln, immer höhere kreative Gipfel zu erreichen.

Wir können diese Qualitäten des ausgewogenen Männlichen und Weiblichen in uns selbst entwickeln, indem wir eine Beziehung zu diesen Urbildern herstellen. Stell dir deinen inneren Mann und deine innere Frau in allen Einzelheiten vor. Fühle ihre Ausstrahlung und all ihre unterschiedlichen Eigenschaften. Beginne einen inneren Dialog mit ihnen. Nimm ihre Anwesenheit in deinen Träumen wahr. Unterhalte dich mit ihnen im Lauf des Tages. Nimm ihre Kräfte und Tugenden bewußt in dich auf und manifestiere sie in dir selbst. Auf diese Weise kannst du von diesen inneren Lehrern lernen. (Es lohnt sich, ein Tagebuch zu führen, in dem du die Traumbotschaften dieser inneren Figuren festhältst, denn Träume verdeutlichen deine und ihre Weiterentwicklung am besten.)

Beobachte dich außerdem in Momenten der Unausgewogenheit und nimm wahr, welche Qualitäten der innere Mann und die innere Frau in ihrem negativen Zustand haben. Wer von beiden dominiert? Fühle genau, was in dir ausgelöst wird, auch wenn es dir unangenehm oder peinlich ist. Mit zunehmender Sensibilität ertappst du dich, sobald die negativen Formen der beiden Archetypen anfangen, ihr Unwesen in dir zu treiben, und findest schneller zu dem Gleichgewicht zurück, das dich in allen Lebenslagen unterstützt. Du wirst sehen, daß dir deine eigene Gesellschaft mit der Zeit immer besser gefällt. Und nicht nur dir!

Den inneren Mann und die innere Frau zum Ausdruck bringen

Ziel

◦ Die männliche (aktive) und weibliche (empfängliche) Seite deines Wesens spontan zum Ausdruck bringen, Freude an ihrer unzensierten Selbstdarstellung haben und dich selbst dadurch besser kennenlernen.

Vorbereitung

◦ Trage lose Kleidung, in der du dich ungehindert bewegen kannst.

◦ Halte zwei Arten von Musik bereit: sanfte Klänge, die du mit Weiblichkeit verbindest, und dynamische Musik, die du mit Männlichkeit assoziierst.

◦ Schaffe einen Freiraum, in dem du zehn oder fünfzehn Minuten lang ungehemmt tanzen und beide Seiten deiner Wesensnatur ausdrücken kannst.

Übung
- Beginne mit der Begrüßung des Herzens (siehe Seite 104).

Ausdruck der inneren Frau

- Spiele deine Lieblingsmusik für die weibliche Seite.
- Stell dich mit geschlossenen Augen hin, entspanne deinen Körper und nimm wahr, wie dein Atem allmählich immer tiefer wird.
- Wiege dich im Takt zur Musik, koste jede Bewegung bewußt aus, laß dich vom Atem tragen und bewegen. Und nun stell dir vor (bildlich, gefühlsmäßig, gedanklich oder eine Mischung von allem), daß deine innere Frau die Bewegungen ausführt.
- Während du tanzt, empfinde dich als Frau oder stell dir vor, daß sie hinter deinen geschlossenen Augen steht. Deine innere Frau tritt jetzt in Erscheinung und tanzt. Nimm sie von innen her wahr. Wie fühlt sie sich an? Angenehm, leicht, schwerfällig, glücklich, bedrückt?
- Wenn das Bild oder Gefühl sehr verschwommen ist, halte einen Moment lang inne und beschwöre ein klares Bild von ihr herauf, ein deutliches Gefühl von ihr in deinem Inneren.
- Jetzt laß dich wieder von ihr bewegen, tanzen, mit der Musik fließen. Agiere deine innere Weiblichkeit aus. Übertreibe, wenn du willst, denn hier drückst du eine Polarität aus, einen Aspekt deiner selbst. Sei das Sinnbild der Weiblichkeit schlechthin, wiege deine Hüften, fühle und visualisiere deine Schönheit, deine Anmut und Lieblichkeit. Genieße die Frau in dir, versetze dich voll und ganz in sie hinein. Laß sie gewähren.
- Wenn die Frau in dir spürbar zum Leben erwacht ist, schließe die Augen und lege beide Hände auf dein Herz. Bleib stehen und fühle die Qualität deiner Energie, deiner inneren Ausstrahlung.
- Jetzt lausche auf die Botschaft deiner inneren Frau. Sie sagt dir, wie sie sich in deinem Inneren fühlt. Was sagt sie?
- Danke ihr für ihre Botschaft und laß sie gehen.

Ausdruck des inneren Mannes

∿ Jetzt spiele die männliche Musik, entspanne dich und schließe die Augen.

∿ Folge denselben Schritten wie oben und stell dir vor, daß dein innerer Mann zu tanzen beginnt.

∿ Laß das Gefühl seiner Anwesenheit in dir immer stärker werden, laß ihn tanzen, agiere deine maskuline Seite aus: Atme und stampfe mit den Füßen wie ein Mann. Übertreibe deine Männlichkeit, wenn du willst, denn hier bringst du eine Polarität zum Ausdruck, ein Extrem. Improvisiere, karikiere den maskulinen Teil deines Wesens. Wie bewegt er seine Schultern? Seine Hüften? Wie hält er sein Kinn? Liebe und bewundere seine Ausdrucksform, hab Spaß an seiner Kraft. Gib die Laute von dir, die er machen würde, parodiere seine Stimmlage. Nimm jede Einzelheit genau wahr, bis du dich mit all seinen Aspekten vertraut gemacht hast.

∿ Jetzt lausche auf die Botschaft deines inneren Mannes. Er sagt dir, wie er sich in deinem Inneren fühlt. Was sagt er?

∿ Danke ihm für seine Botschaft und laß ihn gehen.

∿ Nach einigen Minuten der Entspannung frage dich: Auf welche Weise möchte ich diesen Austausch mit meinen inneren Polaritäten beenden?

∿ Wenn es sich richtig anfühlt, stelle dir jetzt vor (gefühlsmäßig, visuell, gedanklich oder wie immer es für dich stimmt), daß dein innerer Mann und deine innere Frau sich begegnen, sich umarmen, miteinander sprechen oder tanzen und sich anfreunden. Genieße ihre Begegnung.

∿ Schalte die Musik aus.

∿ Wenn du bereit bist, öffne die Augen, laß das Gefühl für die beiden aber weiterhin stark und lebendig in deinem Inneren sein.

∿ Wenn du möchtest, können dir die beiden von nun an gemeinsam zur Seite stehen, zu dir sprechen und dich in jeder Lebenslage beraten: Soll ich warten? Soll ich es sagen? Was soll ich jetzt tun? Bitte sie innerlich um Rat, und du wirst möglicherweise eine ganz neue Klarheit erleben.

Hinweise
༄ Frauen fällt es meistens leichter, zuerst den Kontakt mit ihrer inneren Frau aufzunehmen. Männer können sich anfangs oft leichter in den inneren Mann hineinversetzen. Mach es, wie es sich für dich richtig anfühlt.
༄ Selbst wenn du es nicht gewöhnt bist, allein zu tanzen, lohnt sich ein Versuch. Betrachte die Übung als eine Meditation in Bewegung und Bewußtheit. Bald wirst du feststellen, daß du dich leichter durch dein Leben bewegst und klarere Entscheidungen triffst.
༄ Du kannst diese Übung auch zusammen mit deinem Partner machen. Es macht besonders Spaß, dabei die entgegengesetzten Rollen zu übernehmen – wenn du eine Frau bist, spiele die Rolle des Mannes, während er die Rolle der Frau spielt. Laßt die beiden miteinander interagieren.

DEN INNEREN GOTT
UND DIE INNERE GÖTTIN ERWECKEN

Kurz nach meinem Aufenthalt in Devipuram bin ich nach Australien geflogen, um an einem ungewöhnlichen Experiment teilzunehmen. Ich habe mich mit ein paar Freunden zurückgezogen, um 21 Tage lang schweigend und in Isolation zu fasten und nichts zu tun – ohne zu lesen, zu schreiben oder selbst zu meditieren. Wir wollten einfach nur *sein* – 21 Tage lang.

Es war nicht leicht. Tagelang bin ich durch eine Schicht des inneren Widerstands nach der anderen gegangen, durch Zustände der Verwirrung, auf die neue Einsichten und Offenbarungen folgten. Es war wie Sterben. Ich sah, wie stark unser Leben von Suchtverhalten bestimmt ist – der Sucht nach bestimmten Nahrungsmitteln, Emotionen, Situationen, nach einer bestimmten Art von Liebe, Bequemlichkeit oder Sex. All dies begann sich zu verflüchtigen, und es gab nichts, das es ersetzt hätte. Manchmal war der Drang, etwas zu tun, fast unerträglich. Noch nie hatte ich das Spannungsverhältnis zwischen dem maskulinen, nach außen gerichteten Tatendrang und dem femininen, nach innen gerichteten Bedürfnis, einfach nur dazusein, so stark in mir wahrgenommen.

Ungefähr am vierzehnten Tag dieses Prozesses saß ich unter einem Baum, atmete, schaute in den blauen Himmel hinein und fühlte die Baumrinde in meinem Rücken. Ich schloß die Augen, und gleich darauf hatte ich eine innere Vision. Unversehens sah ich mich in meiner männlichen Gestalt im Lotussitz unter dem Baum sitzen. Gleichzeitig sah ich mich als nackte Frau auf dem Schoß des Mannes sitzen. Ich existierte als zwei unterschiedliche Individuen und doch verbunden – Körper, Herz und Seele – in seliger Einheit. Schauer der Seligkeit durchliefen mich, die beiden atmeten im selben Rhythmus, tauschten ihre Energie aus und erfüllten meinen Körper, mein Herz, meinen Geist mit einer unbändigen, glorreichen, schmelzenden, goldenen Kraft. Ich als Mann, kurzhaarig und muskulös, und ich als Frau, langhaarig und weich, verbunden in ekstatischer Hingabe. Ich fühlte mich, als wäre der Mann auf einer Seite meines Körpers und die Frau auf der anderen. Der Gott und die Göttin vollzogen die heilige Kommunion in mir.

Ich fühlte ihre Vereinigung in pulsierenden Energiewellen, die zu gleißend hellem Licht wurden, das in meinen Chakren zirkulierte, durch die inneren Meridiane und subtilen Kanäle geschleust wurde und sich im ganzen Körper verteilte. Dann schoß die Energie explosionsartig durch meinen Kopf hinaus ins All.

Bei dieser Erfahrung integrierten sich das Männliche und Weibliche in mir, der Tatendrang und das Bedürfnis, einfach nur dazusein, auf einer tieferen Ebene als je zuvor. Nach meiner Heimkehr fiel mir auf, daß ich meditativer und besonnener handelte, dabei aber ein dynamischeres Seinsgefühl hatte. Alleinsein bedeutete immer seltener, daß ich mich als einsam und unausgefüllt empfand. Heute kann ich meine Ganzheit mit meinem

Partner austauschen, anstatt meine Ganzheit durch ihn zu suchen.

Bei der Arbeit mit den Teilnehmern an meinem Trainingsprogramm ist mir inzwischen klargeworden, daß es keine wochenlange Isolation braucht, um die inneren Polaritäten zu erfahren und in sich selbst zu vereinigen. Die innere Frau und der innere Mann warten nur darauf, daß du ihr schöpferisches und ekstatisches Potential in dir erweckst.

KAPITEL 4

Energie und Ekstase: Körper, Herz, Verstand und Geist integrieren

*Ich bin der Becher... Ich bin der Wein...
Ich bin der Ozean...*
　　　　Shaykh Sidi Muhammad

Die Hochzeit des männlichen und weiblichen Prinzips in uns ist eine Integration, die weit über einen flüchtigen Einblick in höhere Dimensionen hinausgeht. Bei dieser Erfahrung wird ein Mensch so tief von Ekstase durchdrungen und transformiert, daß sie zum Bestandteil seines Seins in allen vier Bereichen wird: verankert in den Körperzellen, vom Herzen gefühlt, vom Verstand begriffen und im Geist als Grundessenz des Bewußtseins etabliert.

Im Idealfall funktionieren Körper, Herz und Verstand wie ein nahtlos verknüpftes Team. Die Energie fließt ungehindert durch alle Seinsbereiche, und wir leben im Einklang mit unserem eigenen Rhythmus, ohne Kampf oder Widerstände.

Der *Körper* ist unser physisches Selbst, das Vehikel, durch das sich alle subtileren Komponenten ausdrücken. Das *Herz* ist das emotionale Selbst, das uns mit der Welt und den anderen verbindet. Der *Verstand* ist unser intellektuelles Selbst, die denkende, differenzierende und reflektierende Komponente, die unsere Wahrnehmungen einordnet und interpretiert. Der *Geist* ist unser essentielles Selbst, unser ursprüngliches ekstatisches Wesen, die innewohnende Buddhanatur voller Weisheit und Liebe.

Diese vier Seinsbereiche sollten eigentlich harmonisch zusammenwirken, doch sie befinden sich häufig in Konflikt. Der Intellekt versucht meist, die Oberhand zu gewinnen, das emotionale Selbst ist geschwächt von den ungeheilten Wunden der Kindheit, der Körper manifestiert den Konflikt zwischen Herz und Verstand in Form von Streß, einem vagen Unbehagen und allerlei Krankheitssymptomen, und unsere Geistnatur macht sich meist nur in Momenten inneren Friedens bemerkbar. Dabei enthält jeder Seinsbereich ein unendliches ekstatisches Potential. Manchmal – durch Bewegung und Tanz – wird der Körper flüssig und lebendig, berstend vor Energie. In Momenten der Liebe oder Andacht wird das Herz weit und offen. In Momenten der Einsicht versteht der Intellekt die Zusammenhänge und wird weise. In Momenten der geistigen Öffnung empfangen wir Führung und Heilung.

Durch jeden Bereich fließt der eine Lebensstrom, doch auf unterschiedliche Weise. Und jeder Seinsbereich kann ein Zentrum der Ekstase wie auch des Leides sein. Ein vernachlässigter oder mißhandelter Körper verliert seine Vitalität und wird zur leblosen Hülle. Ein verwundetes Herz, das den Energiestrom der Liebe abwehrt, wird kalt und verletzend. Ein verwundeter Intellekt verfängt sich in Projektionen, Fehleinschätzungen und wahnhaften Illusionen.

Wenn der Körper entspannt ist und erdverbunden, das Herz offen und vertrauensvoll, der Verstand klar und seine Gedankengänge angemessen sind, dehnt sich die Wahrnehmung aus, manchmal so weit, daß sie die Grenzen der Individualität hinter sich läßt und in die Bereiche einer allumfassenden Einheit gelangt. Körper, Herz und Verstand sind Tore zur Selbsterkenntnis, und je offener diese drei Tore sind, desto heller kann das klare Licht des Geistes durch uns hindurchleuchten.

Freundschaft mit dem Körper schließen

Tantra lehrt die erste Grundregel: Geh liebevoll mit deinem Körper um, freunde dich mit ihm an. Verehre deinen Körper, respektiere deinen Körper, sorge für deinen Körper, denn er ist ein Gottesgeschenk.
Wenn du ihn gut behandelst, offenbart er dir tiefe Mysterien. Alles Wachstum hängt davon ab, wie du dich auf deinen Körper beziehst.

Osho

Der Körper ist ein organisches Wunderwerk, ein alchemistisches Laboratorium von mehr als 75 Billionen Zellen. Er legt die erstaunlichste Ausdauer und Leistungsfähigkeit an den Tag und vollbringt unerklärliche Wunder der Selbstheilung. Er funktioniert wie eine Großfamilie von unermüdlichen Teamarbeitern, die Säfte zirkulieren und verdauen, Abfall eliminieren und sich dabei permanent selbst erneuern. Unsere Sprache reflektiert unser Gefühl der Einheit mit unserem Körper: Liebeskummer ist ein »gebrochenes Herz«, Zorn ist »kochendes Blut« oder »Gift und Galle«, und wenn wir jemandem etwas gebeichtet haben, heißt es: »Ich habe ihr (oder ihm) mein Herz ausgeschüttet.«

Was wir über unseren Körper denken, hat erwiesenermaßen eine Wirkung auf unsere körperliche Gesundheit. Wenn das Aussehen des Körpers zur Obsession wird und wir uns nur noch Sorgen machen, ob wir zu dick sind oder physisch nicht attraktiv genug, ist es, als würden wir uns selbst bekämpfen.

In meinen Seminaren hat sich herausgestellt, daß Menschen, die ihren Körper oder Teile davon in Gedanken kritisieren, in Wirklichkeit eine tiefere Selbstkritik üben, die von Fall zu Fall entziffert werden muß. Wenn ein Mann zum Beispiel sagt: »Ich hasse meinen fetten Bauch«, meint er meistens: »Ich vergleiche mich mit anderen und fühle mich wie ein disziplinloses Schwein.« Wenn eine Frau sagt: »Mein Busen ist zu groß«, meint sie eigentlich: »Wenn ich zu üppig wirke, bin ich auch in anderer

Hinsicht zuviel für meine Mitmenschen, und das können sie nicht verkraften.« »Ich habe ein fliehendes Kinn«, kann bedeuten: »Ich fühle mich nicht gut genug, ich wirke schwach und möchte gern stark sein.«

In vielen Fällen entspringt die Frustration, die wir auf den Körper projizieren, einem unausgefüllten Sexleben oder rührt daher, daß wir uns als Kinder nicht in ausreichendem Maße geliebt fühlten. Die oft widersprüchlichen Forderungen und Idealvorstellungen, die jedem von uns beim Heranwachsen aufgedrängt werden, hallen weiterhin in unseren Ohren: »Du solltest mehr dies sein und weniger das!« Um unsere Beziehung zum Körper zu heilen, müssen wir schlichtweg alle Ideale in Frage stellen, die uns jemals beigebracht worden sind. Wir müssen die Vorstellungen von all dem, was wir sein *sollten,* mit Geduld, Mut und Feingefühl unter die Lupe nehmen.

Sei liebevoll zu dir selbst. Besinne dich auf dein essentielles oder spirituelles Selbst, den weisen Berater in deinem Inneren, der aufrichtig sagen kann: »Ich liebe dich genau so, wie du bist.« Ja, du hast dich deiner selbst geschämt, du hast die grausame Kritik internalisiert, die dir beim Heranwachsen aufgedrängt wurde. Aber nun erkenne, was sie in Wirklichkeit ist: die eigene Programmierung deiner Eltern, die unbewußt von ihnen auf dich übertragen wurde, weil sie es nicht besser wußten. Glaube nicht länger an dieses Programm. Lösche es, fang vollkommen frisch von vorne an, Schritt für Schritt. Akzeptiere dich so, wie du bist, und höre auf das, was dein Körperselbst von Moment zu Moment zu sagen hat.

LIEBE DEINEN KÖRPER, WIE ER IST

Der erste Schritt auf dem Weg zur Integration besteht in der Annahme des eigenen Körpers, so wie er ist – fett, mager, hochaufgeschossen, kurzbeinig, muskulös, schlaff oder wie auch immer. Wenn du deinen Körper als einen deiner engsten Freunde begreifst, behandelst du ihn entsprechend respektvoll. Er ist empfindsam, er trägt dich, er bewegt sich, er fühlt, er hält dich am Leben in dieser Welt. Er ist kein Knecht deines Intellekts, sondern ein lebendes Wesen mit eigenem Bewußtsein.

Jedes Mal, wenn der Körper sich unwohl fühlt – angespannt, ausgehungert, steif, alarmiert –, gibt er dir eine Botschaft, aus der du lernen kannst. Anstatt zu sagen: »Ich habe Kopfschmerzen«, und zwei Aspirin zu schlucken, frag deinen Kopf: »Was willst du mir mitteilen? Wie kann ich dir helfen?« Sprich mit deinem Körper, höre auf seine Antworten und verändere eure wechselseitige Beziehung durch freundschaftliche Dialoge solcher Art.

ÖFFNE DICH SINNLICHEN FREUDEN

Wer eine intime Freundschaft mit seinem eigenen Körper beginnt, öffnet sich für ganz neue Sinnenfreuden. Beobachte deine körperlichen Empfindungen – beispielsweise beim Sex. Sexualität ist ein Sinnbild für das Leben, und wie ein Mensch mit der Sexualität umgeht, gibt Hinweise darauf, wie er mit dem Leben selbst umgeht. Nach meiner Erfahrung liegt der Orgasmus, die Ekstase des Körpers, an der Quelle unserer Kreativität. Dennoch haben die meisten von uns eine ambivalente Beziehung zu ihrer Sexualität. Einerseits möchten wir uns als verführerische, ungehemmte Liebhaber sehen und rauschhafte Höhepunkte beim Sex erleben, doch andererseits sind wir durch unsere religiöse Konditionierung geschädigt und glauben nicht daran, daß unsere wilden Triebkräfte tatsächlich positiv und inspirierend sind. Daher bleiben wir meist lauwarm und weit entfernt von den ekstatischen Höhepunkten, nach denen wir uns von Natur aus sehnen. Kein Wunder, daß wir uns in so vieler Hinsicht um unseren Lebensgenuß betrogen fühlen! Miranda Shaw beschreibt die tantrische Annäherungsweise an den Körper in ihrem Buch *Erleuchtung durch Ekstase*:

> *Wenn du den Palast der Sinnesorgane betrittst*
> *und seine vielfältigen Freuden erfährst,*
> *bekommt die Formenwelt einen Geschmack*
> *von der Ekstase formloser Geistigkeit.*

Diese Zeilen beschreiben, wie man das tägliche Leben als lustvoll erfahren kann. Es ist möglich, vielfältige Sinnenfreuden auch im Alltag auszukosten, außerhalb des sexuellen Kontexts, indem man sinnliche Genüsse wie Liebesenergie durch den Körper strömen läßt. Sie beleben den Körper, öffnen das Herz, klären den Verstand und heilen den Geist.

Freundschaft mit dem Körper schließen

Ziel
- Bei diesem Ritual geht es darum, jeden Teil deines Körpers zu ehren, zu lieben und zu heilen.

Vorbereitung
- Nimm dir mindestens eine Stunde Zeit, in der du garantiert ungestört bist.
- Bereite ein warmes Bad mit deinen Lieblingsessenzen vor: zum Beispiel Lavendel für die Entspannung, Eukalyptus für die Reinigung der Lunge, Minze für geistige Klarheit, Gardenien- und Rosenduft für die Öffnung des Herzens, Sandelholz für spirituelle Inspiration.
- Verwandle dein Badezimmer in einen Tempel voller Kerzenlicht, Weihrauch, Musik und Blumen. In Kapitel 5 wird ausführlich beschrieben, wie man eine sinnlich anregende und zugleich heilige Atmosphäre schafft.

Übung
- Beginne mit der Begrüßung des Herzens (siehe Seite 104).
- Ruhe fünf Minuten lang entspannt im Badewasser und atme den Duft ein, während deine Spannungen sich lösen. In den nächsten zwanzig Minuten streichle dich sanft und atme dabei tief und genußvoll durch. Berühre und fühle jeden Körperteil, visualisiere ihn, sieh alles, was er für dich tut und wie er dir in deinem Leben behilflich ist.
- Fang mit deinen Füßen an. Während du zärtlich über sie

streichst, sage etwas wie: »Ich danke euch, daß ihr mich tragt und bei all meinen Unternehmungen unterstützt.«

∼ Streichle deine Beine und sage etwas wie: »Ich danke euch, daß ihr mich durch die Welt tragt und mir helft, meinen Zielen entgegenzugehen.«

∼ Streichle deine Knie und sage etwas wie: »Ich danke euch für eure Gelenkigkeit. Ohne euch könnte ich nicht tanzen, rennen, skilaufen, mit gekreuzten Beinen in der Meditation sitzen, Pferde reiten und tausend andere Freuden erleben.«

∼ Streichle deine Oberschenkel und sage etwas wie: »Ich weiß eure Kraft und Standhaftigkeit zu schätzen. Ich gebe zu, daß ich zu oft auf Stühlen sitze, und das macht euch nicht den größten Spaß, aber ihr seid eine große Hilfe für mich.«

∼ Streichle dein Gesäß und sage etwas wie: »Ich mag deine Rundheit und Weichheit. Du bewahrst meine Wirbelsäule vor Verletzungen, und außerdem bist du sexy.«

∼ Streichle deine Genitalien und sage etwas wie: »Ihr seid mein Tor zu Lust, Kraft und Fruchtbarkeit, ihr seid heilsam für mich.«

∼ Fahre fort mit dem Bauch, dem Sonnengeflecht, der Brust, den Armen, Ellenbogen, Händen, Schultern, Nacken und Hals, Gesicht, Mund, Augen, Ohren, Stirn und Schädel, und segne deine Scheitelspitze schließlich mit ganz besonderer Aufmerksamkeit.

∼ Nun streichle deinen ganzen Körper von oben bis unten und sage etwas wie: »Ich danke dir, daß du meinem Geist als Tempel dienst. Sage mir, was du brauchst. Ich werde darauf hören.«

∼ Erhebe dich im Wasser und rubbele deinen Körper kräftig mit einer Spezialbürste oder einem Luffaschwamm ab, um die Blutzirkulation zu fördern. Parfümiere dich und creme deinen ganzen Körper ein. Nun seid ihr Verbündete geworden, du und dein Körper. Mit deiner Andacht hast du die sichtbare, fleischgewordene Manifestation deines Wesensgrunds geehrt.

∼ Jetzt ist es Zeit, deine neue Beziehung zum Körper mit Tanz zu feiern. Als Auftakt spiele zwei deiner Lieblingslieder mit langsamem Rhythmus, damit du dich aufwärmen kannst, ohne den Körper zu forcieren. Danach tanze zu wilderen, heißeren Rhythmen. Wenn du Lust dazu hast, stelle dich vor einen hohen Spiegel und tanze mit deinem eigenen Spiegelbild. Wenn du merkst, daß ein paar Stellen weiterhin verkrampft sind, atme tief in sie hinein, dehne sie liebevoll und tanze verspielt mit ihnen weiter.

Hinweise

- Wer keine Badewanne hat, kann dieses Ritual auch in der Dusche machen.
- Bevor du diese Zeremonie mit einem Partner vollziehst, rate ich dir, sie erst dreimal allein auszuführen, damit du schon eine gewisse Sicherheit gewonnen hast.
- Dann steigt gemeinsam in die Wanne, wobei beide erst den einen Körper streicheln, während der Gestreichelte die Dankesworte laut ausspricht, und dann wiederholen beide dieselbe Prozedur mit dem anderen Partner. Auf diese Weise vertieft sich die Meditation beider Beteiligten. Zum Schluß zeigt jeder dem anderen, auf welche Art er seinen Körper bewohnt und sich bewegt.

Das Herz öffnen

Lebendig zu sein bedeutet, ein Herz zu haben und es auszudrücken. Durch die Befreiung des Körpers wird auch das Herz befreit und kann die Macht der Liebe erfahren.

Gabrielle Roth

Das Herz gebietet uns, behutsam und liebevoll mit uns selbst umzugehen. Die Wunden der Vergangenheit können nicht heilen, wenn wir uns ablehnen und hassen, sondern nur, indem wir auch unsere »Schattenseiten« und schwierigen, »negativen« Gefühle annehmen. Manchmal wissen wir gar nicht, wie weit wir vom eigenen Herzen entfernt sind. Wir fühlen uns nur irgendwie verloren, irritiert und nicht in Verbindung mit uns selbst. So ging es Myra, die mir folgende Geschichte erzählte:

> »Ich war sehr ehrgeizig, total auf meine Karriere und das Geschäftliche fokussiert: Ausbildungsseminare geben, Vorträge halten, Firmen auf internationalen Konferenzen vertreten. Ich saß dauernd in Flugzeugen und lebte aus dem Koffer. Am Ende des Jahres hatte ich zwar einen Haufen Geld verdient, war ansonsten aber ein Wrack: unkonzentriert, hektisch und getrieben. Ich habe ständig versucht, zwanzig Sachen zur selben Zeit zu machen, und konnte mich nicht mehr entspannen. Und irgendwann bin ich zusammengeklappt...«

Ich bat Myra, in sich selbst hineinzublicken und sich zu fragen, was diese Tätigkeit ihr gab.
»Na ja«, sagte sie. »Ich liebe es, da oben auf dem Podium zu stehen und alle zu beeindrucken. Ich liebe es, in teurer Designerkleidung aufzutreten und brillante Dinge von mir zu geben.«
Als nächstes bat ich Myra, sich innerlich zu fragen, ob es Aspekte ihres Berufs gab, die ihr keine Befriedigung verschafft hatten.
»Ja«, antwortete sie. »Die Bewunderung geht nicht tiefer, sie bleibt auf der Oberfläche. Ich bin doch nur eine Rednerin unter vielen... heute hier, morgen schon wieder vergessen. Ich meine, wer interessiert sich denn wirklich für mich?« An diesem Punkt war Myra den Tränen nahe. Ihre Stimme brach bereits unter dem Druck der tiefen Trauer, die sich Ausdruck verschaffen wollte.
»Ich bin doch nur ein Werbeprodukt! Ich verkaufe mich gut, also werde ich eingeladen. So macht jeder das große Geld. Aber ich... was habe ich damit zu tun?«
»Von welchem ›Ich‹ sprichst du?« fragte ich.
»Dem ›Ich‹, das nicht auf der Bühne steht«, sagte sie leise.
»Möchtest du darüber sprechen? Hat dieses ›Ich‹ einen Namen?« Ich bat Myra, ihre Augen zu schließen, tief durchzuat-

men und sich auf ihr Herz zu konzentrieren. Sie legte ihre Hände auf ihr Herz und wurde von Trauer übermannt. Eine kindliche Stimme tauchte auf, scheu und nur zögerlich bereit, sich zu zeigen.

Zögernd kamen ihre Worte: »Mein Name ist Michou... Ich habe mich lange Zeit versteckt. Myra beachtet mich nicht. Ihre Eltern haben mich auch nie beachtet.«

Der Michou-Aspekt erzählte von einer strengen Mutter, die auf strikte Regeln und Rollenzuweisungen bestanden und Myras wahre Bedürfnisse und Wünsche immer ignoriert hatte, und von einem emotional verkümmerten Vater, der ausschließlich an den guten Zeugnissen und dem tadellosen Benehmen seiner Tochter interessiert gewesen war.

Am Ende flüsterte ich: »Gut, und was braucht Michou jetzt, um geheilt zu werden?«

»Ich möchte mich geborgen und warm und geliebt und umsorgt fühlen.«

»Gut. Und wie kannst du das für dich kreieren?«

»Ich weiß nicht. Ich glaube nicht, daß ich es verdient habe... Keiner kann mir geben, was ich brauche.«

»Und Myra?« fragte ich. »Gibt es irgend etwas, was sie für Michou tun könnte?«

Nach einer Weile begann ein Dialog zwischen den beiden. Myra gestand, daß sie Michou nicht ernstgenommen und das unnachgiebig strenge Verhalten ihrer Eltern damit selber fortgesetzt hatte.

Allmählich kam der jahrzehntelang unterdrückte kindliche/weibliche Aspekt in Myra immer deutlicher zum Vorschein und machte seine Wünsche mit zunehmender Selbstsicherheit geltend. Er forderte Veränderungen ihres Lebensstils und ihrer Geisteshaltung, besonders aber ihrer Wertvorstellungen.

»Dein Leben ist kein echtes Leben«, sagte sie zu Myra. »Schau dich doch an! Bist du glücklich? Wenn du mich doch nur mitmachen lassen würdest! Ich würde dir meine Liebe geben, und dann könnten wir uns gegenseitig unterstützen. Ich möchte ein ruhiges, naturverbundenes Leben führen, ein Leben, in dem genug Zeit ist zum Träumen und Kochen, zum Schmusen und

Lieben, Zeit, sich zu Hause zu entspannen und nichts zu tun. Wir brauchen keine Erfolge mehr. Auf dem Gebiet hast du doch schon mehr als genug erreicht! Bleib einfach mal zu Hause und mach es dir gemütlich. Du mußt nichts mehr beweisen, nicht mehr groß auftreten und deine Ansichten durchsetzen. Niemand mehr sein zu müssen ist das Beste, was du für uns beide tun kannst!«

Erstaunlich war, daß die Stimme von Michou mit jeder Minute reifer und weiser klang. Am Ende saß Myra tief bewegt vor mir, erschöpft, erleichtert und bereit, sich die Botschaften ihres Michou-Aspekts zu Herzen zu nehmen. Ein neues Gleichgewicht war erreicht. Ein spürbarer Frieden senkte sich über den ganzen Raum.

Wer den weichen, verletzlichen Punkt in seinem Herzen berührt, stellt sehr bald fest, wieviel Unschuld, Güte und Zartheit dort verborgen liegen. Plötzlich erweitert sich alles, selbst die Atmosphäre im Raum. Wir müssen unseren Ängsten nicht aus dem Weg gehen, sondern willens sein, uns selber auch auf dieser tieferen Ebene kennenzulernen. Sobald das Herz offen ist, hängt das emotionale Wohlbefinden nicht länger davon ab, ob wir von anderen bewundert oder geliebt werden, ob wir berühmt sind oder vollkommen unbekannt.

Die Begrüßung des Herzens

Ziel
Wenn du die Hände bei der Begrüßung des Herzens auf die Brust legst und die Wärme dort spürst, kann es sein, daß Liebe spontan in dir aufwallt und sagt: »Du bist ein Teil der Schöpfung, verbunden mit allem, in grenzenloser Liebe, denn ich bin überall vorhanden und ende nie.« Wenn du deinem Partner oder Freunden gegenüber bestätigst: »Du bist liebenswert, und ich bin es ebenfalls«, entsteht eine Atmosphäre der gegenseitigen Achtung, die euch mit höheren Dimensionen verbindet. Dieser rituelle Gruß ist eine wunderbare Zeremonie, um jede Übung in diesem Buch zu beginnen und zu beenden. Man kann dieses Ritual allein, mit einem Partner oder in einer Gruppe vollziehen.

Vorbereitung
- Gönne dir fünf Minuten ungestörte Zeit.
- Setze dich vor deinen Partner oder vor einen Spiegel, wenn du allein bist.

Übung
- Beide Partner setzen sich entspannt, doch mit gerader Wirbelsäule voreinander hin. Die Augen sind geöffnet.
- Atme ein, lege die leicht gewölbten Handflächen mit den Fingerspitzen aneinander und halte sie vor dein Herz, so daß die Daumen sanft an der Brust ruhen.
- Beide Partner neigen sich vor, bis sie sich mit der Stirn leicht berühren. Fühlt die Herzensverbindung zwischen euch und richtet euch dann wieder auf.
- Schau in deine eigenen oder die Augen deines Partners und sage: »Ich erkenne und ehre dich als einen Aspekt meines Selbst.«
- Während der Partner dasselbe sagt, nimmst du seine Hochachtung und Wertschätzung rückhaltlos in dich auf. In diesem Moment teilt ihr die Fülle eures Seins miteinander und geht so weit über die Unterschiede, die euch voneinander trennen, hinaus, daß der Geist, der euch beide belebt, eure Herzen mit Gnade erfüllen kann.
- Anstatt Worte zu benutzen, kann man auch den Urlaut *Oooommm* (oder *Aaaauuumm*) summen. Laß den Klang aus den Tiefen deines Bauches aufsteigen. Spüre den zentrierenden und klärenden Widerhall in deiner Psyche.
- Zum Abschluß atme tief aus und laß die Hände im Schoß ruhen. Blickt euch noch einen Moment lang in die Augen und fühlt die heilende Wirkung dieses Rituals. Fühlt, wie der Körper durch diese Geste wieder mit dem Geist verbunden wird.

Hinweise
- Die Begrüßung des Herzens hilft, dich zu zentrieren, wenn du sie kurz vor einer schwierigen Aufgabe oder in spannungsgeladenen Zuständen und Situationen anwendest.
- Dieses Ritual läßt dich Abstand vom Ego nehmen: Inner-

halb von fünf Minuten erzeugst du einen heiligen Raum jenseits aller Verstrickungen und Belastungen.

∂ Sei ganz präsent, atme tief und gleichmäßig, fühle deinen Körper und deine Stirn und vergiß alles andere, dann wirst du die Kraft dieses Rituals am stärksten spüren.

∂ Wenn dir die obengenannte Grußformel seltsam vorkommt, verwende eine andere, die dir passend erscheint. Die Hindus sagen »Namasté«, die Christen »Amen«, die Juden »Schalom«, die Moslems »Salaam«. All diese Worte sind Segensformeln.

∂ Du kannst das Ritual im Stehen, auf einem Stuhl oder Kissen sitzend oder im Knien vollziehen – was immer sich am besten anfühlt.

Spirituelle Lehrer sagen: »Bevor du andere wahrhaft lieben kannst, mußt du dich selbst erkennen.« Christus sagte: »Liebe deinen Nächsten wie dich selbst.« Die Beziehung zu uns selber bestimmt, wie wir uns auf andere beziehen. Wenn du dich selbst akzeptierst, wirst du erkennen, wie liebenswert du eigentlich bist. Die Stimme deines Herzens wird vernehmbar, du hörst den inneren Führer, der dir mitteilt, daß das Leben auf deiner Seite ist, daß es dich unterstützt, fördert und wachsen läßt. In solchen Momenten erinnerst du dich vielleicht daran, daß Liebe, Lust und Göttlichkeit nicht voneinander getrennt sein müssen, sondern zum selben Team gehören und miteinander kooperieren.

Den Kopf freimachen

Nan-in, ein japanischer Zenmeister der Meiji-Zeit (1868-1912), empfing einen Universitätsprofessor, der Zen studieren wollte.

Nan-in servierte Tee, goß die Tasse seines Besuchers voll und goß dann unbeirrt weiter. Der Professor starrte die wachsende Teepfütze an, bis er sich nicht länger bremsen konnte: »Die Tasse ist übervoll! Mehr geht nicht hinein!«

»Du gleichst dieser Tasse«, *gab Nan-in gelassen*
zurück.« »Du quillst über von vorgefaßten Meinungen
und Spekulationen. Was kann ich dir beibringen,
solange du deine Tasse nicht geleert hast?«

Paul Reps

Wir sind randvoll mit Ansichten, Meinungen und Überzeugungen, die uns die klare Sicht versperren: »Das kannst du nicht machen!« »Das ist unmöglich!« »Das überstehe ich nicht!« »Das habe ich nicht verdient!« Unsere Gedankenströme gleichen den Freeways in Los Angeles zur Hauptverkehrszeit. Wir leben in einer Welt der Hyperstimulation, die uns mit einem täglichen Informationsbombardement in Atem hält: flotte Sprüche, Werbeslogans, Musik, Propaganda, politische Auf- und Abwiegelei – ein Ansturm, der nur dazu da ist, unsere Aufmerksamkeit vom Wesentlichen abzulenken, uns das Geld aus der Tasche zu ziehen, Wählerstimmen zu fangen, unseren Widerstand zu schwächen und uns mit Zerstreuungen und Trivialitäten einzuschläfern.

Dazu kommt, daß unser Intellekt mit seiner obsessiven Vorliebe für das Analysieren, Planen und Proben von Ereignissen, die ohnehin nie auf die vorgestellte Weise stattfinden, ständig Widerstand gegen das Leben leistet. Was sollen wir also tun?

VERLASSE DEN KOPF!

Der menschliche Verstand funktioniert wie ein Bio-Computer, der oft von alten, überholten Programmen überschwemmt wird. Wir sind zum Beispiel gerade im Liebesspiel mit einem geliebten Menschen, und ausgerechnet jetzt schwirrt ein Gedanke ins Aufmerksamkeitsfeld: »Habe ich den Herd ausgeschaltet?« Die Sorge unterbricht den Energiefluß. Ein potentiell genußreicher Moment verflüchtigt sich, bevor er recht begonnen hat. Unbewußt bestätigen wir das Störprogramm in unserem Bio-Computer, das sagt: »Bevor du etwas genießen darfst, mußt du erst alles andere in deinem Leben in Ordnung bringen!« Wenn wir unsere Störprogramme nicht wahrnehmen und beizeiten löschen, kann es sein, daß sich ihre negativen Prognosen tatsächlich erfüllen und wir unser ekstatisches Potential völlig verlieren.

Aber das läßt sich verändern. Bleib wach, wenn negative Gedanken auftauchen. Stell dir vor, daß du das negative Programm löschst und es durch neue Software ersetzt, die sagt: »Entspanne dich. Alles ist in Ordnung. Du kannst diesen Moment voll und ganz genießen. Du hast es verdient.«

Diese Verlagerung des Bewußtseins läßt sich durch langsame, tiefe Atemzüge erleichtern. Wenn du deine Gedanken in einen positiven, unterstützenden Dialog verwandelst und dabei bewußt deinen Atem beobachtest, schaffst du Raum. Doch du kannst dich genausowenig aus deinen eigenen Gedankengängen hinausdenken, wie du einem Wald entrinnen kannst, indem du auf einen Baum kletterst. Es ist nutzlos, deine Gedanken einfach nur durch positive Gedanken zu ersetzen, denn positive Affirmationen in einem chaotischen Verstand sind wie Rosen, die in einen Tornado gestreut werden. Du mußt deinen Kopf komplett verlassen. Aber wie?

Besinne dich auf dein Herz und die Körperzentren. Mach dir bewußt, daß du dich vom Fühlen entfernt hast, wenn du dich von Gedanken überrennen läßt. Du hast dich von deinem Herzen (dem emotionalen Selbst) und deinem Körper abgespalten. Du kannst dich nicht aus mentalen Turbulenzen heraus*denken*, doch du kannst dich jederzeit aus ihnen heraus*fühlen*, indem du in den Körper und ins Herz hineinfühlst. Etabliere einen bewußten Gefühlskontakt mit diesen beiden Seinsbereichen, und zwar durch tiefes Atmen und bewußte Entspannung. Fühle alles, was es zu fühlen gibt, mit großer Aufmerksamkeit. Fühle deinen Körper und den Atem. Fühle dein Herzzentrum. Beobachte, wie die Gedanken dabei zur Ruhe kommen. Wenn du dein Bewußtsein gefühlsmäßig in den Körper und das Herz hineinziehst, entspannt sich dein ganzes Wesen und öffnet sich von selbst. Der Körper und das Herz fallen in einen natürlichen Zustand tiefen Friedens, sobald der Verstand sich entspannt.

Der Einsiedler Theophanes schrieb in seinem Text *Die Kunst des Betens*: »Willst du weise in der Unterscheidung von Gedanken werden? Steige vom Kopf in dein Herz herab. Dann wirst du sämtliche Gedanken mit aller Klarheit sehen, während sie vor deinem scharfsichtigen Geistauge vorüberziehen.«

Langsames, tiefes Atmen und einfache Entspannung machen es möglich, sich in die Stille zwischen den Gedanken hineinfallen zu lassen. Und nun hast du die Wahl: Du kannst den Gedankenfluß umlenken, den inneren Dialog anhalten oder einfach mit Hilfe von Bewußtheit und Intention neue, positive Programme einspeichern. Diese Klarheit nenne ich den *Sky Mind*, den Himmelsgeist, denn er ist das ungetrübte, stille Bewußtsein, das unter dem hektischen Plappern der Verstandesfunktionen des Egos liegt.

DU KENNST ALLE ANTWORTEN

Mit dem Himmelsgeist kannst du den Körper und das Herz fühlen und gleichzeitig die Welt um dich herum mit allen Sinnen wahrnehmen. Was hörst du? Stimmengewirr, Autos, den Wind, deinen Lebensgefährten, der in der Küche mit dem Geschirr klappert? Wie fühlt sich dein Körper in dieser gelassenen Geistesverfassung an? Was siehst du, schmeckst du, riechst du? Nimm wahr, wie angenehm und heilsam es ist, das Leben unmittelbar zu erfahren: die Empfindungen in deinem Körper, all die vertrauten Gerüche, Farben und Formen ringsumher, das Licht- und Schattenspiel in deinem Blickfeld…

Was uns in jedem Moment an Eindrücken vermittelt wird, ist vielschichtiger als jedes Symphoniekonzert. Wenn wir diese Fülle mit müheloser Aufmerksamkeit wahrnehmen und fühlen, beruhigt sich der Gedankenfluß, und alle vier Bereiche unseres Seins kommen in Einklang. In solchen Momenten offenbart sich unsere wahre Natur als grenzenloses Bewußtsein, frei und weit wie der Himmel. Dieser leere und weite Himmelsgeist ist immer vorhanden unter dem Chaos unserer Subjektivität. Er ist der Raum, in dem Ekstase entsteht. Der Himmelsgeist ist ein Spiegel des Herzens, empfänglich, kreativ, intuitiv und offen für Informationen aus anderen Seinsbereichen und Dimensionen. Der Himmelsgeist ist der visionäre Geist, der fruchtbare Mutterboden für göttliche Inspiration und Offenbarung.

DAS INNERE WISSEN KONTAKTIEREN

Jeder Augenblick besitzt sein eigenes ekstatisches Potential und ist voll endloser Möglichkeiten. Wenn du das Leben durch alle vier Bereiche deines Seins gleichzeitig wahrnimmst, offenbart sich die richtige Entscheidung von Moment zu Moment. Man kann dieses innere Wissen mit einer sehr einfachen Methode freilegen, die ich in Zusammenarbeit mit Robert Gass (ein spiritueller Lehrer und Organisationsberater) entwickelt und praktiziert habe. Er erklärt diese Methode so:

»Wir gehen davon aus, daß wir bereits so gut wie alles wissen, was wir wissen müssen, besonders über unseren eigenen Wachstumsweg. Dieser Informationsschatz ist in jedem Moment vorhanden und jederzeit abrufbar. Um ihn anzuzapfen, muß man sich nur auf die richtige Frequenz einstimmen, so wie man das Radio auf einen bestimmten Sender einstellt.«

Das Innere Wissen

Man kann sein inneres Wissen jederzeit und in jeder Lebenslage abrufen, ganz gleich, welche Frage beantwortet werden soll.

Ziel
- Das innere Wissen in einer bestimmten Angelegenheit konsultieren.

Vorbereitung
- Nimm dir beim ersten Mal mindestens fünfzehn Minuten Zeit, damit du einen zweifelsfreien Kontakt zu deinem inneren

Wissen herstellen kannst. Mit etwas Übung gelingt es dann innerhalb weniger Minuten.

Übung

- Formuliere deine Frage. Bringe sie innerlich klar und deutlich zum Ausdruck. Und dann vergiß sie für einen Augenblick.
- Zentriere dich, denn du willst deine Frage auf einer tieferen Ebene als der des alltäglichen Denkens stellen. Atme tief ein und aus, bis du dich gefühlsmäßig mit dem Herzen und dem Körper verbunden hast.
- Richte deine Frage an den innersten, zentrierten Punkt in deinem Herzen. Nachdem du nochmals tief ausgeatmet hast, stelle ihm deine Frage.
- Horche in dich hinein und akzeptiere die Antwort, die spontan auftaucht. Die erste Information ist gewöhnlich die klarste. Vielleicht kommt dir nur ein Wort (ja oder nein), vielleicht auch ein sekundenlanger Schub konzentrierter Informationen, die in Form von Worten, Bildern oder Gefühlen in dir auftauchen. Je mehr Erfahrung du mit diesem Prozeß hast, desto länger kannst du in einem Zustand der Empfänglichkeit verweilen, bevor der Verstand dazwischenfunkt und den Wert der spontan erhaltenen Informationen in Frage stellt. Beende die Meditation, sobald sich störende Gedanken einmischen.
- Jetzt untersuche die empfangenen Antworten. »Was sagt mir das? Welche neuen Fragen ergeben sich daraus? Was soll das genau bedeuten? Woher weiß ich, daß die Antwort wirklich wahr ist?« Du weißt es nicht. Du kannst nur so tief wie möglich in dich hineinhorchen, probeweise in die Tat umsetzen, was dir gesagt wurde, und abwarten, was dann passiert.

Hinweise

- Mit der Zeit wirst du fähig sein, dich mit einem einzigen Ein- und Ausatmen zu zentrieren und in dich hineinzuhorchen.
- Beurteile die Botschaft, die du erhältst, nicht so sehr nach ihrem Inhalt als nach ihrer Gefühlsqualität: Ist sie liebevoll, klar,

licht- und kraftspendend? Wenn ja, ist es höchstwahrscheinlich die authentische Stimme deiner Intuition.

> Lerne, die Energiequalität der Botschaft(en) bewußt wahrzunehmen. Du hast zum Beispiel gefragt: »Soll ich bei meinem Lehrberuf bleiben oder etwas anderes mit meinem Leben anfangen?« Daraufhin hörst du: »Es ist Zeit für einen Berufswechsel. Setz dich hin und schreibe ein Buch.« Die Qualität dieser Aussage ist geradlinig – sie versucht nicht, dir etwas ein- oder auszureden. Dies ist die Energiequalität der inneren Weisheit. Anders wäre es, wenn du folgendes gehört hättest: »Du kannst nicht einfach etwas anderes machen, und ein guter Lehrer bist du noch lange nicht.« Diese Stimme hat etwas Beschränkendes, Urteilendes und klingt vielleicht verdächtig nach deiner Mutter. So spricht dein Ego-Verstand, der innere Kritiker. Betrachte diese Stimme als Zeichen, daß du dich noch tiefer in dein Herz hineinversenken mußt.

> Warte eine Zeitlang und wiederhole die Übung dann.

Das innere Wissen kann in jeder Lebenslage abgerufen werden. Jeder Moment bietet uns eine Gelegenheit, mit dem hellwachen Bewußtsein unseres ganzen Wesens zu reagieren. Zum Beispiel beim ersten Rendezvous mit einem Mann oder einer Frau: Der Abend ist vielversprechend verlaufen, und beim Abschiednehmen küßt ihr euch leidenschaftlicher, als du es eigentlich vorgehabt hattest. Ihr berührt euch, die Hände wandern – wenn dein Körper sich jetzt verkrampft, dein Herz heftig schlägt und dein Verstand rast und Fragen stellt wie: »Gehen wir zu weit? Worauf lasse ich mich hier ein? Mögen wir uns überhaupt?«, dann ist es Zeit, dein inneres Wissen abzurufen. Zieh dich für einen Moment zurück (innerlich oder notfalls auf die Toilette) und besinne dich auf deine wahren Gefühle in allen vier Seinsbereichen. Das nachfolgende innere Frage- und Antwortspiel kannst du in wenigen Sekunden abrollen lassen:

> *Frage deinen Körper:* »Wie empfindest du die Berührungen dieses Menschen?« Höre auf die Antworten deines Körpers: Das fühlt sich soooo gut an, daß ich schmelzen

könnte... Nein, das war zu grob... Genau richtig... Ich habe zwiespältige Gefühle... Ich bin noch zu angespannt... Wenn ich von diesem Menschen angefaßt werde, ziehe ich mich zusammen... Ich befürchte, daß das mal wieder schiefgeht, darum möchte ich lieber nichts fühlen.

⭕ *Frage dein Herz*: »Wie fühlst du dich mit diesem Menschen?« Höre auf die Antworten deines Herzens: Ich öffne mich. Die Berührungen fühlen sich wohltuend und richtig an... Vielleicht könnte ich mich in diese Person verlieben... Ich habe Angst und fühle mich nicht sicher... Ich bin alarmiert... Ich finde keine Herzensverbindung zwischen uns.

⭕ *Frage deinen Verstand*: »Was denkst du darüber?« Höre auf die Antworten: Genieße die Berührungen, es ist alles in Ordnung. Du bist sicher bei ihr (ihm)... Ich möchte diesen Menschen eigentlich nicht zu nahekommen lassen, will ihn aber auch nicht durch eine Zurückweisung verletzen... Dieser Mensch ist bereits zu weit gegangen. Du hast keine klaren Grenzen gesetzt.

⭕ *Frage deinen Geist*: »Was ist das beste für mich in dieser Situation?« Höre auf die Antworten: Ich fühle mich erkannt, geschätzt, geehrt... Oder: Ich fühle mich nicht gesehen. Der richtige Moment ist noch nicht gekommen, um weitere Annäherungen zuzulassen.

Nachdem du die Reaktionen in allen vier Bereichen deines Seins wahrgenommen hast, kannst du ihre Botschaften miteinander integrieren:

⭕ *Besinne dich auf das Feedback deines Körpers*: Wenn er sich zusammenzieht und die Muskeln versteift, bedeutet es, daß der Körper sich zurückhält.

⭕ *Besinne dich auf die Botschaften deines Herzens*: Wenn es sich zusammenzieht, kann das Herz keine Verbindung mit dem anderen Herzen aufnehmen.

⭕ *Besinne dich auf die Analyse deines Verstandes:* Wenn er

Bedenken anmeldet, ziehst du dich unwillkürlich auch körperlich und emotional von der Person oder Situation zurück. Setze klare Grenzen, ohne dich innerlich vom anderen abzuschneiden.

✎ *Besinne dich auf die Botschaft deines Geistes*: Erlaube ihm, das Geschehen von der höchstmöglichen Warte zu betrachten. Finde einen Weg, deine Wahrheit liebevoll zum Ausdruck zu bringen.

Jetzt kannst du bewußt handeln, ohne die Verantwortung auf die andere Person abzuschieben. Du bist nicht länger verunsichert, und deine Reaktionen werden weder von deiner Vergangenheit diktiert (»Er ist wie alle Männer: an nichts anderem als meinem Körper interessiert.« »Wahrscheinlich will sie sich bloß einen Ehemann angeln oder mich sonstwie ausnutzen.«) noch von deinen Erwartungen an die Zukunft (»Eigentlich fühlt es sich nicht ganz richtig an, aber ich *muß* mich jetzt endlich auf irgend jemanden einlassen. Vielleicht wird es ja doch funktionieren.«) Bleibe in der Gegenwart und schlage den Weg ein, der den Botschaften aus allen vier Seinsbereichen folgt.

Diese vier, dein Körper, Herz, Verstand und Geist, sind ein Team, das dich in jedem Moment mit angemessenen Informationen versorgt und dir hilft, korrekte Entscheidungen zu treffen und ein Leben im Gleichgewicht zu schaffen. Anstatt dich von alten Gewohnheiten bestimmen zu lassen und negativ zu reagieren, rufe bewußt die Eindrücke aller vier Seinsbereiche ab und verändere das Programm in deinem Bio-Computer!

✎ *Körper*: »Ich bin dankbar, daß ich meinen Körper und seine Energien in dieser Situation fühlen kann, seien sie angenehm oder unangenehm.« Beobachte die Reaktionen deines Körpers. Schlägt dein Herz besonders schnell? Hast du einen Kloß im Hals? Beobachte einfach die subtilen Veränderungen deines Körpers, die sich in jedem Moment zeigen.

✎ *Herz*: »Ich bin dankbar, daß ich diese Situation in mein Herz aufnehmen kann.« Beobachte, wie du dich im Augenblick fühlst. Traurig? Zufrieden? Nimm die Emotionen wahr und mache dir bewußt, daß du jederzeit die Möglichkeit hast, deine Gefühle zu verändern.

☙ *Verstand*: »Ich bin dankbar, daß ich meine Reaktion in dieser Situation beobachten kann.« Nimm deinen inneren Dialog wahr und achte auf die stillen Pausen zwischen den einzelnen Gedanken.

☙ *Geist*: »Ich bin dankbar, daß ich diese Situation vorurteilslos wahrnehmen kann, im Vertrauen auf die Führung meines Geistes.« Schätze dein Leben, wie es im Moment ist. Sag ja zu dir selbst, mit allem, was dazugehört. Freue dich über die grenzenlose Weite und Freiheit deines Himmelsgeistes.

Den Geist einladen

Wahre Erfüllung kommt nur, wenn wir uns auf unsere innere göttliche Führung besinnen ... Das hilft uns, die Erde mit dem Himmel zu verbinden.

James Redfield

Wunder geschehen, wenn Körper, Herz und Verstand harmonisch zusammenwirken: Der Körper drückt die Gefühle des Herzens aus und gehorcht den Anweisungen des Verstandes. Das Herz wird von der Vitalität des Körpers beflügelt und von der Weisheit des klaren Verstandes beschützt. Der Verstand drückt die Liebe des Herzens aus und läßt zu, daß die Spannungen im Körper sich auflösen. So kann sich unser ekstatischer Wesensgrund offenbaren.

Wenn jeder Seinsbereich mit jedem anderen ausgewogen zusammenarbeitet, kämpfst du nicht länger mit dir selbst, du sabotierst dein ekstatisches Potential nicht mehr. Du läßt die Energie fließen, wohin sie fließen will. In diese vertrauensvolle Offenheit senkt sich der Geist hernieder und entfaltet seine göttliche Energie.

Doch ist die selige Ekstase, die sich im Lauf einer Meditation entfalten kann, nicht das Endziel unseres Sinnens und Trachtens. Seligkeitserfahrungen befreien uns nicht von eingefleischten negativen Mustern. Oft bewirken sie eher das Gegenteil. Das Ego bläst sich nur zu gern mit ekstatischen Erfahrungen auf. Viele glauben, daß sie nur in Zuständen himmlischer Ruhe und Seligkeit wirklich spirituell sind, ein Irrtum, der sie verleitet, ihrer normalen Alltagsexistenz eine naserümpfende Verachtung entgegenzubringen, weil sie meinen, ihre meditative Selbstversunkenheit im gewöhnlichen Leben aufgeben zu müssen. Diese Einstellung bezeichnet der tibetische Tantra-Meister Chogyam Trungpa als »spirituellen Materialismus«.

Bei unserer inneren Transformationsarbeit geht es letzten Endes nicht um Transzendenz, sondern um Bewußtheit inmitten der alltäglichen Schwierigkeiten. Es geht darum, unsere Illusionen zu durchschauen, unsere Verhaltensmuster und Dramen, die wir für real halten, und zu erkennen, daß sie nicht mehr sind als ein Traum.

Es heißt: »Wenn du dem Buddha unterwegs begegnest, töte ihn!« Mit anderen Worten: Wenn du auf deinem spirituellen Weg auf Ekstasezustände stößt, laß sie los! Klammere dich nicht an dramatische und erhebende Zustände. Es gibt einen integrierten, gleichmäßig wachen Bewußtseinszustand mit einem stetigen Fluß von Energie und Lebensfreude, den ich »Ekstase für jeden Tag« nenne. Dabei steigen Gedanken, Wahrnehmungen und Gefühle in uns auf, kommen und gehen, aber wir glauben nicht an die Gültigkeit der Eindrücke, die sie uns vermitteln. Wir machen kein großes Drama und Trara. Auf schlichte, ganz einfache Art und Weise finden wir allmählich in uns eine stabile und dauerhafte innere Zufriedenheit.

TEIL II

Ekstase für jeden Tag

KAPITEL 5

Heimkehr:
Heiligen Raum schaffen

Die Welt verfängt sich in ihrer eigenen Aktivität, es sei denn, die Aktivitäten werden wie ein Gottesdienst verrichtet. Aus diesem Grund mußt du jede Handlung wie ein heiliges Sakrament vollziehen ... und dich von jeglichem Verlangen nach bestimmten Ergebnissen lossagen.

Bhagavad Gita

Wir schaffen heiligen Raum, um uns in unserem Alltag mit dem Leben in Einklang zu bringen. Wenn unser Verstand klar ist und wir ganz im Leben und im gegenwärtigen Augenblick präsent sind, *sind* wir bereits in einem heiligen Raum. Heiligen Raum zu schaffen, indem wir unsere Umgebung verändern und rituell umgestalten, ist ein Mittel, unseren Verstand zu zentrieren – ihn auf die Präsenz des Göttlichen zu richten, das permanent in uns vorhanden ist – und den Strom der göttlichen Energie in unserer physischen Umgebung zu verankern.

Diese Zusammenhänge wurden mir zum ersten Mal in einem Ashram in Südindien bewußt. Der Tempel des Ashrams war von Statuen tantrischer Gottheiten bevölkert: Shiva, der Zerstörer aller Illusionen, Shakti, die Urmutter der Schöpfung, und Ganesha, der Gott mit dem Elefantenhaupt, ein Sinnbild der Unterstützung und Fülle. Der Hüter des Tempels war ein Mann namens Suresh Ananda, was »Hüter der Seligkeit« bedeutet. Er bewachte den Tempel bei Tag und bei Nacht, er putzte und lüftete jede Ecke, er fegte vor den Türen, füllte Schalen mit frischen Opfergaben und Weihwasser, ersetzte abgebrannte Kerzen, zündete Räucherstäbchen vor den Gottheiten an, legte ihnen Blumenketten um den Hals und Blüten vor die Füße und rezitierte regelmäßig die alten Gebetsformeln. Er nährte den Tempel mit seiner Lebenskraft und seiner Aufmerksamkeit. Er war ein Instrument, durch das der heilige Raum sich verwirklichen und den ganzen Ashram zur heilsamen Zufluchtsstätte machen konnte.

Als Tempelhüter war es seine Aufgabe, die Gottheiten zu ehren und einen Raum zu schaffen, in dem sie sich entfalten konnten, so daß ihre formlose Kraft dort für alle spürbar verankert blieb. Und so schienen auch die Geldmittel einzuströmen; der Ashram erweiterte sich, baute ein Schulhaus und eine Yogahalle, versorgte etwa dreißig Gemeindemitglieder täglich mit Lebensmitteln und leistete andere soziale Dienste. Jeder wußte, daß dies auf den Segen und das Wohlwollen der Tempelgottheiten zurückzuführen war.

Die tantrische Philosophie betrachtet den Körper als den Tempel des Geistes und die Sinne als Fenster und Tore, durch die wir die Außenwelt wahrnehmen. Der Mensch kann diese Tore bewußt bis zum innersten Sanktum zurückverfolgen und seine wahre Wesensnatur dabei wiederentdecken. Unsere Umwelt ist unserer »größerer Körper«, eine erweiterte Manifestation und Reflexion unseres Geistes. Wir können durch Rituale dafür sorgen, daß sie die Kraft und Präsenz des Heiligen spiegelt und ausstrahlt.

Der innere Tempel: Den Körper ehren

> *Um eine Gottheit zu ehren, muß der Mensch sich durch Hingabe, Atemkontrolle und Konzentration voll und ganz in das Gottselbst hineinversetzen, bis sein Körper zum Tempel der Gottheit geworden ist.*
>
> Gandharva Tantra

Als verantwortungsvolle Hüter eines lebenden Tempels müssen wir unserem Körper gut dienen. Wir können ihn beleben und ein Gleichgewicht zwischen Körper, Verstand und Herz schaffen, indem wir ganzheitlich leben. Dazu zählen Körperübungen, gesunde Ernährung und bewußtes Atmen ebenso wie die regelmäßige Verbindung mit dem Göttlichen durch Meditation, Kontemplation oder Gebet. In dem Maße, in dem wir unserem Körper und unserem Verstand Aufmerksamkeit schenken und sie als lebende Tempel des Göttlichen betrachten, können wir den Geist in uns entwickeln und den heiligen Raum erfahren.

Wenn wir unseren Tempel vernachlässigen, Gifte in uns aufnehmen, uns nicht ausreichend bewegen, zu flach atmen und den alltäglichen Streß nicht abbauen, wird unser Bewußtsein darunter leiden und unsere innere und äußere Umgebung in Unordnung und Chaos aufgehen. Die heilige Dimension des Lebens und unsere innere Ekstase können sich so nicht durch uns entfalten. Wir können unseren Geist, die Gottheit des Tempels, im Lauf unseres Lebens immer strahlender und deutlicher zum Vorschein bringen oder ihn verlöschen lassen wie ein unbewachtes Feuer. Durch Vernachlässigung oder Mißbrauch wird unserer innerer und äußerer Tempel Schaden nehmen. Und doch sehnt sich der Geist danach, sich vollständig durch uns auszudrücken.

Das folgende Ritual reinigt den Körper und macht ihn bereit, den Geist willkommen zu heißen.

Ritual: Den inneren Tempel reinigen

Dieses Ritual kann je nach Bedarf und Gefühl abgewandelt werden. Man kann die Worte laut aussprechen oder lautlos im Inneren formulieren. Es geht darum, den Körper mit heilenden Kräften zu erfüllen, durch physische Berührung, Visualisierung oder andere Formen der Aufmerksamkeit.

Ziel
- Den Körper als Tempel des Geistes weihen.

Vorbereitung
- Nimm dir fünfzehn Minuten bis eine halbe Stunde, in der du ungestört bist. Schaffe einen heiligen Raum.
- Halte heilsame, beruhigende Duftessenzen wie zum Beispiel Lavendelöl bereit.

Übung
- Beginne mit der Begrüßung des Herzens (siehe Seite 104).
- Atme langsam und tief. Entspanne dich, fühle deinen Körper und dein Herz. Laß deinen Verstand ruhig werden, zentriert und still.
- Wenn du bereit bist, richte das Wort an deinen Körper und sage ihm: »Ich schätze dich als meinen besten Freund. Du hast mich immer geduldig begleitet und unterstützt. Jetzt möchte ich mich erkenntlich zeigen, auf dich hören und deinen Anweisungen folgen. Laß uns zuerst deine Wunden heilen.«
- Gib eine heilsame Duftessenz wie zum Beispiel Lavendelöl auf deine Hand, atme den Duft ein und laß deinen nächsten Atemzug im Geiste zu der Stelle wandern, die du heilen möchtest.
- Wiederhole den Vorgang mit jedem Körperteil, der irgendwann einmal verwundet, verletzt oder operiert wurde (zum Beispiel durch Zahnbehandlungen, Kieferoperationen, Abtreibungen, Knochenbrüche, plastische Chirurgie, einen Kaiserschnitt, Rheuma etc.). Richte deine Aufmerksamkeit auch auf Körperteile, die emotionalen Streß speichern (beispielsweise in Form

von Kopfschmerzen, Magen- und Darmstörungen, Muskelspannungen, Krämpfen). Berühre jede Stelle mit der Hand – streichle sie, halte sie, atme tief in sie hinein.

- Dazu sagst du: »Lieber (Name des Körperteils, wie Magen, Kopf, Zahn, Handgelenk, Kiefer), es tut mir leid, daß du verletzt worden bist.« Dann erkläre, welche Umstände zu der Verletzung geführt haben. Danach sagst du: »Es tut mir leid, daß ich damals nicht auf deinen Schmerz gehört habe. Aber jetzt schenke ich dir meine Liebe. Bitte nimm meine Liebe in dich auf.«

- Lenke deine Energie in deiner Vorstellung an die betreffende Körperstelle und sage: »Jetzt wollen wir dich gemeinsam heilen.«

- Atme tief und lasse die Stelle von Licht und Liebe durchfluten. Halte deinen Atem für ein paar Sekunden sanft an und stell dir vor, daß die Stelle ganz mit Liebe durchdrungen und erfüllt ist. Laß beim Ausatmen die Spannungen aus dem Bereich herausfließen.

- Nachdem du jeden Körperteil von innen her geheilt hast, bleibe noch einen Moment lang sitzen und fühle die heilende Energie, die deinen Körper jetzt umgibt und ihn erneuert.

- Beende die Übung mit einer weiteren Begrüßung des Herzens.

Der äußere Tempel: Heiliger Raum

Wie machst du dein Leben heilig? Indem du sagst:
»Dies ist heilig«, und dich entsprechend verhältst.
Stuart Wilde

Bei heiligem Raum denken wir meist zuerst an Kirchen, Moscheen oder Tempel. Doch unsere bewußte Intention kann jeden Raum »heiligen«, ihn in eine Stätte der Andacht und Zuflucht verwandeln. Dies gilt für unsere Wohnung, das Schlafzimmer, das Auto, das Büro, selbst ein Hotelzimmer. Sogar ein Fahrstuhl kann buchstäblich »erhebend« wirken. Ein heiliger

Raum ist ein kraftspendender Platz, an dem wir Körper, Herz, Verstand und Geist in Harmonie zusammenbringen und Zugang zu unserem Himmelsgeist finden, unserem natürlichen, heiligen Bewußtseinszustand.

DIE NATUR ALS HEILIGER RAUM

Die Natur ist der ursprüngliche heilige Raum. Mutter Erde ernährt und erhält uns alle. Wie die Tewa Pueblo-Indianer in ihrem »Lied vom Himmelswebstuhl« verkünden:

> *O unsere Mutter Erde! O unser Vater Himmel!*
> *Wir sind eure Kinder, mit unseren müden Knochen*
> *bringen wir eure liebsten Gaben.*
> *Ihr webt für uns ein strahlendes Gewand*
> *mit den weißen Fäden des Morgenlichts,*
> *mit den roten Fäden des Abendlichts,*
> *mit Fransen aus fallenden Regentropfen,*
> *mit Borten so bunt wie der Regenbogen.*
> *Ihr webt für uns ein strahlendes Gewand,*
> *damit wir würdig wandeln durch grünes Gras.*
> *O unsere Mutter Erde! O unser Vater Himmel!*

Dies ist der Lobgesang eines Volks, das in einer ursprünglichen Verbindung zur Natur lebt und sie als heilige Ausdrucksform des ursprünglichen Geistes erkennt: Mutter Erde und Vater Himmel. Diese Menschen empfinden sich nicht als getrennt von der Erde und den geistigen Existenzbereichen. Wenn wir unsere Naturverbundenheit verlieren, gehen auf gewisse Weise auch unsere Wurzeln im Leben verloren. Unsere Beziehung zur Umwelt und zur Natur wird immer abstrakter, kopflastiger, distanzierter. Vor kurzem hörte ich einen Rundfunksprecher in Manhattan sagen: »Für uns New Yorker ist die Umwelt doch gar nicht wirklich *real*!«

Unsere Städte begraben die elektromagnetischen Strömungen der Erde unter Asphalt- und Betonschichten und schneiden uns buchstäblich vom Strom der planetarischen Heilkräfte ab. Die

Natur heilt uns geistig, emotional und physisch. Wenn wir uns eine Zeitlang in freier Natur aufhalten, stimmen wir uns auf ihre Rhythmen und Zyklen ein. Gaia, die Mutter Erde, ist ein lebendiges Wesen mit pulsierender, atmender, zirkulierender Energie, das uns mit lebensspendenden und lebensnotwendigen Kraftströmen versorgt.

Zangshu, ein chinesischer Weiser des Altertums, sagte: »Das *Chi* (die feinstoffliche Lebensenergie) von Yin und Yang atmet in Form von Winden, steigt auf in Form von Wolken, fällt in Form von Regen... Das lebendige *Chi* zirkuliert im Inneren der Erde und beseelt die zehntausend Dinge.«

Um ein Gefühl für unseren ursprünglichen heiligen Raum zu gewinnen, ist es gut, viel Zeit in der Natur zu verbringen, mit der Erde zu atmen und die Energie zu spüren, die alles beseelt – Hügel, Flüsse, Bäume, Gräser und uns selbst.

Natürliche Freuden

Der buddhistische Mönch Thich Nhat Hanh schreibt in seinem Buch The Long Road Turns to Joy: »*Wenn du Freude und Frieden empfinden willst, muß es dir gelingen, bei jedem Schritt im Frieden zu sein. Deine Schritte sind das wichtigste.*«

Ziel
- Heilung und Erneuerung im Kontakt mit der Natur finden.
- Abstand von Streßsituationen und Arbeitszwängen gewinnen.
- Reines Bewußtsein und Bewegung genießen.

Vorbereitung
- Nimm dir eine Stunde Zeit und geh an deinen Lieblingsplatz in der Natur: ans Meer, in einen Park, einen Wald.
- Nimm nichts mit, keine Musik, kein Buch, keinen Notizblock. Geh nur mit dir selbst und laß alles andere zurück.
- Trage lose, bequeme Kleidung und robuste Schuhe.

Übung

• Achte auf den Rhythmus deines Körpers und wandere langsam. Atme tief durch.

• Achte auf das Gefühl in deinen Gelenken, nimm wahr, wie deine Wirbelsäule mit den Beckenknochen verbunden ist. Laß deine Knie weich und elastisch werden. Gehe mit mühelos federnden Schritten.

• Wenn du deinen natürlichen Rhythmus gefunden hast und dein Gang flüssig geworden ist, richte deine Aufmerksamkeit auf die Umgebung. Öffne deine Sinne so vollkommen, daß alle Eindrücke klar und deutlich in dich eindringen können. Kümmere dich nicht um ablenkende Gedanken, sondern nimm das wahr, was du rings um dich her sehen, hören, riechen und mit dem Tastsinn spüren kannst.

• Jetzt konzentriere dich auf das Sehen. Schau mit wacher und mühelos entspannter Aufmerksamkeit in den Himmel, nimm die Wolkenformationen wahr, die Einzelheiten der Landschaft, die Rinde eines Baums, die Farben und Bewegungen eines Vogels im Flug. Nimm alles tief einatmend in dich auf. Laß dich erfüllen von dieser Schönheit und mach dir bewußt, daß sie deine Seele nährt.

• Jetzt konzentriere dich auf Geräusche. Spitze die Ohren, laß das Vogelzwitschern in dich eindringen, das Flüstern des Windes, das Rascheln der Blätter, das Zirpen der Grillen, das Meeresrauschen. Nimm sämtliche Töne von fern und nah in dich auf, bis du ganz von ihnen erfüllt bist.

• Jetzt konzentriere dich auf Gerüche. Mit jedem Atemzug saugst du die Düfte ein, die von den Pflanzen kommen, den Tieren, dem Meereswind, den Feldern ringsumher. Hebe ein Blatt vom Boden auf, rolle es zwischen deinen Fingern zusammen und rieche die Essenz des Pflanzensafts.

• Mache diese Aufmerksamkeitsübungen mindestens eine Viertelstunde lang, bade deinen Körper, dein Herz und deinen Geist in dieser Symphonie natürlicher Sinnenfreuden.

• Fühle, wie du beim Einatmen innerlich erneuert wirst. Beim Ausatmen läßt du Gedanken, Spannungen und Zweifel los und machst dir bewußt, wie einfach es ist, dein bloßes Dasein zu genießen, Schritt für Schritt.

Hinweise

◦ Wenn sich Gedanken einmischen, betrachte sie mit der gleichen Gelassenheit wie die Landschaft ringsumher. Gedanken sind ein Bestandteil deiner inneren Landschaft, aber du mußt dich genausowenig an sie klammern wie an die Blumen und Vögel.

◦ Wenn du dich entspannt und erholt fühlst, kannst du dich mit spielerischer Leichtigkeit auf eine Frage besinnen, die dich beschäftigt. Während du weitergehst, öffne dich für eine Einsicht, ein besonderes Wort, einen Zusammenhang, der dir vielleicht noch nie zuvor aufgegangen ist.

◦ Wenn du müde wirst, suche dir einen einladenden Platz und ruhe dich aus.

◦ Falls du ein Problem hast, das einfach nicht verschwinden will, setze oder lege dich in die Nähe eines fließenden Gewässers. Stell dir vor, daß das Wasser durch dich hindurchströmt und dein Bewußtsein mit seinem Plätschern erfüllt, bis alles in deinem Inneren flüssig wird und ins Fließen kommt.

◦ Trage die Schönheit der Natur in deinem Inneren mit nach Hause und denke den Tag über öfter daran zurück.

DIE WOHNUNG ALS HEILIGER RAUM

Das Konzept des heiligen Raumes ist uralt. Die Chinesen benutzen eine jahrtausendealte Methode namens *Feng Shui*, bei der die Architektur und Inneneinrichtung von Gebäuden den Energiefluß in der Natur berücksichtigen. *Feng Shui* beruht auf der Erkenntnis, daß die Umwelt auch auf energetischer Ebene Einfluß auf den Menschen hat. Ein gestörtes oder fehlgeleitetes Netzwerk von Energieströmen kann das psychische Gleichgewicht stören und Gesundheitsschäden verursachen. Ein harmonisches Netz von Energieströmen hingegen kann uns mit den Kräften des Universums verbinden und das psychische und körperliche Wohlbefinden fördern.

Wir wissen, was ein simpler Frühjahrsputz bewirken kann: Wir fühlen uns energiegeladen, auch innerlich frischer und sauberer. Dies ist ein Beispiel für den Effekt von *Feng Shui*. Wenn wir unsere Außenwelt entrümpeln, ordnen und verschönern, reinigen und harmonisieren wir auch unsere Psyche. Heiligen Raum in unserer Wohnung schaffen wir, indem wir Unordnung und Chaos beseitigen, Möbel und andere Gegenstände harmonisch anordnen und uns mit Objekten voller Schönheit und Kraft umgeben.

Vor kurzem beklagte sich ein Komponist bei mir, daß er kreativ blockiert sei. »Kein Wunder«, sagte ich nach einem Blick in seine Parterrewohnung in Manhattan. »Du lebst im Chaos.« Sein Studio war dunkel, vollgestopft mit Kassetten, Zeitungsausschnitten, Notenblättern. Überall stapelten sich Kleidungsstücke, Krimskrams und alte Post. Durch kein Fenster konnte man den Himmel sehen. Es gab nichts, das den Geist erheben und schöpferisch beflügeln konnte.

Daraufhin konsultierte er einen *Feng-Shui*-Experten, der ihm half, die Energieströme wahrzunehmen und die Einrichtung so zu verändern, daß das *Chi* trotz der Dunkelheit des Studios verstärkt wurde. Er hängte Spiegel und Kristalle auf, änderte die Wandfarbe und vieles mehr. In dieser Umgebung fühlte mein Freund sich inspiriert und komponierte neue Musik. Etwas später hörte ich, daß eine Band seine Lieder aufgenommen und als CD veröffentlicht hatte.

Heiligen Raum schaffen

Ich muß lachen, wenn ich höre, daß der Fisch im
Wasser durstig ist. Ihr wollt nicht wahrhaben, daß das
Allerlebendigste in eurem eigenen Haus wohnt.
Robert Bly

Man kann eine Umgebung erzeugen, in der sich der Geist so willkommen fühlt, daß er sich spürbar niederläßt. Laß dich von deiner Intuition leiten; arrangiere alte und neue Einrichtungsgegenstände auf eine Weise, die dich anregt und seelisch unterstützt.

Meine Freunde Ramana Das und Marilena sagen:

> Unsere Wohnung ist unser Tempel. »Putzen« klingt öde, doch »den Tempel reinigen« ist reine Freude. Wir betrachten uns als fleischgewordene Gottheiten, die einen Tempel bewohnen und ein heiliges Alltagsleben darin führen. In jedem Zimmer gibt es Kraftplätze und Altäre, die wir mit Kristallen, Blumen und Lichtern schmücken. Bevor wir miteinander schlafen, zünden wir Kerzen an und spielen angenehme Musik. Was wir zum Feiern brauchen, haben wir jederzeit griffbereit.

Durch Rituale vertiefen wir unsere Beziehung zu den alltäglichen Dingen, die uns umgeben. Meine Freundin Kate benutzt die Technik des »inneren Wissens«, um ihre Verbindung zu ihrem Haus und Grundstück zu vertiefen:

> Ich stelle mich in jedes Zimmer, wende mich der Reihe nach in alle vier Himmelsrichtungen und frage innerlich: »Gibt es etwas, das du brauchst?« Dann bleibe ich empfänglich für Einfälle, Ideen, Gefühle, Bilder. Manchmal höre ich innerlich: »Ich könnte neue Vorhänge vor diesem Fenster gebrauchen.« Oder ich sehe eine Pflanze, Lampe oder Sitzgruppe im Geiste an einer anderen Stelle stehen. Jeder Teil des Hauses teilt mir buchstäblich mit, was zur Zeit angebracht ist.

Wenn deine Wohnung ein Tempel ist, wird Staubsaugen, Fegen und Bohnern zur Meditation, wie Brenda Peterson in ihrem Buch *Nature and Other Mothers* schreibt:

> Für mich gibt es kein beruhigenderes Geräusch als das der Waschmaschine oder des Trockners. Die ganze Welt dreht sich in ihnen und säubert sich und mich. Solange die Waschmaschine und der Trockner summen, sage ich mir,

daß ich sicher bin und meine Lieben höchstwahrscheinlich bei mir bleiben. Denn sie haben Wäsche zu waschen und so viele andere Dinge, die erledigt werden müssen. Unter den Staubschichten unserer althergebrachten Verachtung für das Saubermachen stoße ich auf pures Gold. Vieles muß hinweggefegt werden, blankgeschrubbt, auf Hochglanz poliert, um zu den tiefsten Ebenen zu gelangen. Denkt an all die Aufgaben, die wir noch erledigen müssen, schweigend und auf den Knien – denn unser Heim ist heilig.

Den Raum klären

Ziel
Die Klärung eines Raumes ist ein wichtiger Prozeß. Mach daraus eine bewußte Zeremonie. Es geht nicht nur darum, einen Raum, ein Haus oder ein Büro sauberzumachen. Du stehst in einer unmittelbaren inneren Verbindung zu deiner Umgebung, und wenn du das Energieniveau um dich herum erhöhst, wird zur selben Zeit auch deine eigene Energie gesteigert.

Vorbereitung
- Bevor du anfängst, zentriere dich mit einem tiefen Atemzug.

Übung
- Zuerst wird aufgeräumt, Ordnung geschaffen, ausgemistet, was dem Raum Licht und Energie raubt. Unbenutzter Krempel, von dem du dich (noch) nicht trennen kannst, wird ordentlich in Schubladen oder Schränken verstaut.
- Jetzt reinige den Raum mit Besen, Staubsauger, Mop oder was immer es braucht. Öffne Fenster und Türen und laß frische Luft herein.
- Dann reinige dich selbst. Wasche dir Gesicht und Hände, nimm ein Bad oder eine Dusche. Danach bist du innerlich und äußerlich bereit, die Räume energetisch zu reinigen.

🙾 Stell dich in die Mitte des Zimmers oder Hauses, schließe die Augen, atme tief durch und geh nach innen. Sage laut: »Ich reinige diesen Raum (dieses Büro, Haus), meinen Tempel, und lade den Geist ein, sich hier niederzulassen.«

🙾 Stell dir vor, daß der Raum von weißem Licht erfüllt wird, das bis in die hintersten Winkel und verborgensten Ritzen vordringt und alle Wände durchdringt. Dann dehnt sich das Licht auf das ganze Gebäude aus und umgibt es wie eine schützende Hülle aus Licht.

🙾 Vertreibe die alte, statische Energie durch Klanglaute, die nicht aus der Stereoanlage, sondern von Musikinstrumenten kommen, wie Klangschalen oder Glocken. Du kannst auch in die Hände klatschen und singen oder lachend im Raum herumspringen.

🙾 Um den Raum zu reinigen und zu neutralisieren, kannst du auch Räucherwerk verbrennen, Duftkerzen anzünden oder ein wenig Wasser versprühen. Stelle frische Blumen ins Zimmer und weihe sie dem Geist als Opfer- oder Liebesgabe.

🙾 Jetzt leg deine Lieblingsmusik auf und tanze so frei und ungehemmt durch den Raum wie nur möglich. Erfülle ihn mit deiner Vitalität, deiner Stimme, deinem Atem, als wärst du ein frischer Wind, der auch den letzten Rest des alten Miefs noch aus dem Hause fegt.

STEIGERUNG DES WOHLBEFINDENS

Man kann dafür sorgen, daß alle vier Bereiche des Seins – Körper, Verstand, Herz und Geist – einen Raum als rundum angenehm empfinden, wenn man die folgenden Elemente dabei berücksichtigt:

WEITE 🙾 Für den Körper ist ein Gefühl der Bewegungsfreiheit eins der wichtigsten Elemente. Solange ein Raum harmonisch ist und genug Platz für Bewegung bietet, kann die Körperenergie frei fließen. Wenn die Einrichtung empfindlich ist oder du ständig Gefahr läufst, Dinge umzuwerfen, zu beschmutzen oder zu beschädigen, wirst du dich nicht wohl fühlen, und ebensowenig deine Gäste. Gehe bewußt durch deine Wohnung und versuche, den Strom des Energieflusses im Raum wahrzunehmen. Vergiß nicht, daß Räume nicht groß sein müssen, um weit zu sein.

Frische Luft Frische Luft trägt frische Energie ins Haus. Wenn du in einer Gegend voller Abgase lebst und die Fenster nicht öffnen kannst, benutze ein möglichst geräuscharmes Luftreinigungsgerät oder einen Ionisator.

Temperatur Die angenehmste Raumtemperatur ist nicht zu hoch und nicht zu niedrig. Vermeide Klimaanlagen und künstliche Wärme oder Kälte, wenn irgend möglich.

Farben Mach deine Wohnung zu einer Augenweide, zum Beispiel mit inspirierenden Farben. Mein eigenes Schlafzimmer habe ich mit leuchtend bunten, handgemalten Vorhängen und Bettwäsche aus Bali in eine Dschungellandschaft voller Flüsse und exotischer Vögel verwandelt, von der ich jeden Morgen beim Aufwachen neu inspiriert werde. Mach dir bewußt, wie du auf verschiedene Schattierungen reagierst. Weiß- und Beigetöne sind unaufdringlich, Pastellfarben spirituell beflügelnd. Tief leuchtende und bunte Farben rufen leidenschaftliche Gefühle wach. Rottöne wirken kraftspendend und erotisierend, Grünschattierungen beruhigend und anheimelnd, Blautöne expansiv und friedlich.

Pflanzen Frische Blumen bringen Farbe, Leben und Freude in einen Raum. Pflanzen sind nicht nur ästhetische Schmuckstücke, sondern lebende Kraftspender, die Räume mit Sauerstoff versorgen, während sie ein unmerklich beruhigendes und zugleich anregendes Fluidum ausstrahlen.

Beleuchtung Sanfte, indirekte Lichtquellen sorgen für eine anheimelnde Atmosphäre, in der das Zusammenspiel von Licht und Schatten dem in der Natur gleicht. Benutze keine grellen

Deckenlampen oder Neonröhren, sondern kleinere, abgeschirmte Lampen und, wenn irgend möglich, Kerzen.

Klänge ◦ Heilige Räume sollten Oasen der Ruhe sein. Wenn du in einem lauten Büro arbeitest oder in einer Gegend voller Motorengeräusche lebst, kannst du dir eine *White-Noise*-Maschine zulegen, die den Lärm mit Naturgeräuschen wie Wasserplätschern oder Meeresrauschen neutralisiert.

Düfte ◦ Der Geruchssinn ist mit Inspiration gekoppelt, und so können Gerüche erhebend oder niederdrückend wirken. Räucherwerk und Duftöle verbreiten angenehme Aromen. Minze und Eukalyptus wirken anregend und belebend, Rose und Gardenie öffnen das Herz, Sandelholz erweitert den Geist, Lavendel entspannt und klärt, Ylang-Ylang und Amber wirken sinnlich-erotisch. In jedem Geschäft, das Aromaöle und Duftessenzen verkauft, kann man sich über die Wirkung von Düften aus aller Welt informieren.

HEILIGE OBJEKTE

In traditionellen Kulturen ist es üblich, die Erfahrungen heiliger Rituale in die physische Realität des Alltags zu integrieren. Die Huichol-Indianer fertigen Bilder aus buntem Garn von den Visionen, die sie bei ihren religiösen Zeremonien empfangen haben, und hängen sie in ihren Häusern auf. Bei vielen Völkern werden Teppiche mit symbolischen Mustern von bestechender Schönheit gewebt. Die Tibeter hängen Gebetsfahnen mit winzigen Inschriften (Mantras oder Anrufungen an die Götter) vor ihre Häuser und Tempel.

Mein Freund Ryan ist ausgebildeter Umweltdesigner und arbeitet mit einer Gemeinschaft von Menschen zusammen, die heilige Räume für den Alltag schaffen. Er sagt:

»Es ist auffallend, wieviel schöner unsere Wohnungen geworden sind, seit wir dort gemeinsam Rituale vollziehen.

Die Schwingungen werden tatsächlich vom Raum aufgenommen und zu uns zurückgestrahlt. Durch diese Arbeit finden wir, was authentisch in uns selber ist, und verleihen ihm Form und Gestalt. Mein Haus liegt am Berg und ist voller indianischer Motive. Zum Beispiel habe ich ein Medizinrad an die Wohnzimmerwand gehängt und einen Adler auf das Scheunentor gemalt. Das Medizinrad ist ein Sinnbild für meinen Weg; es zeigt mir, was ich als Mann noch zu entwickeln habe. Der Adler führt mir die Welt aus einer höheren Perspektive vor Augen: Ich sehe den Fluß zu meiner Linken, die Bergkette zu meiner Rechten, und dabei wird mir bewußt, wo mein Platz in der Landschaft ist.«

Heilige Objekte müssen nicht ehrfurchtgebietend oder esoterisch sein. Wir können Heiligkeit mit Leichtigkeit und Humor verbinden. Die international bekannte Bildhauerin und Malerin Niki de Saint Phalle hat den Stühlen im Eßzimmer ihres exquisit eingerichteten Hauses in der Nähe von Paris die Konturen nackter Frauenkörper verliehen und den Tellern die Form von einladenden Händen. Die amerikanische Designerin Judy Chicago hat ein Eßgeschirr geschaffen, bei dem die Teller blütenblattähnlichen *Yonis* gleichen. Daniel Spoeri klebt die Reste einer Mahlzeit mit seinen Freunden auf die Tischplatte: Zigarettenstummel, Servietten, Tassen, Gläser, und malt zum Schluß auch noch die Essensreste auf die Teller. Dann sägt er die Tischbeine ab und hängt das Andenken an die Wand.

Jedes Objekt, das die Erinnerung an gute Zeiten, wichtige Begegnungen oder einen Höhepunkt, vielleicht auch Wendepunkt im Leben in uns wachruft, kann inspirierend sein. Wir verleihen diesen Gegenständen Heiligkeit, indem wir ihre Schönheit bewundern und laut preisen, Weihrauch vor ihnen entzünden und uns mit ihnen unterhalten, als könnten sie uns verstehen. (Vielleicht können sie es. Der Psychologe Carl Jung, ein Koch und Feinschmecker, behauptete, daß seine Küchengeräte seltener kaputtgingen und ihm bessere Dienste erwiesen, wenn er öfter das Wort an sie richtete.) Hier ein paar Anregungen aus meinem Freundeskreis:

- Ich habe eine Schale mit Sand gefüllt und Federn hineingesteckt, dazu ein paar Räucherstäbchen und eine Kerze neben eine kleine Wasserfläche mitten im Sand. Die Schale steht in meinem Wohnzimmer.
- Ich schütte eine duftende Potpourri-Mischung in den Aschenbecher meines Autos und lasse ihn offen, während ich durch die Stadt fahre.
- Ich trage eine Halskette mit winzigen Anhängern, die mich an wichtige Botschaften in meinen Träumen erinnern.
- Von jedem Ort, den ich besuche, bringe ich mindestens einen besonderen Stein oder eine Muschel zurück. Dann verteile ich die Andenken auf Regale, Körbe, oft auch im Vorgarten, damit sie mir die Plätze ins Gedächtnis rufen, die mir Freude gebracht haben.
- Mein Kühlschrank ist vollgeklebt mit Bildern von Leuten, die ich liebe, dazu einige, die ich nicht persönlich kenne, aber inspirierend finde und gerne näher kennenlernen würde.
- Während der Fahrt ins Büro und zurück nach Hause spiele ich Mantras im Auto und singe mit. Mein Auto wird zur Kathedrale, in der ich bete und singe. Nach jeder Fahrt bin ich in gehobener Stimmung, innerlich klar und entspannt.
- Ich habe ein Bild vom Dalai Lama auf meinen Computer gestellt. Jedesmal, wenn ich ins Internet einsteige, erinnert dieses Bild mich an das größere Netzwerk, durch das wir alle miteinander verbunden sind.
- Ich habe ein Stück Stoff in den Farben des Regenbogens bemalt und es als schützenden Baldachin über mein Bett gehängt.
- Ich hänge ein bunt bedrucktes Tuch vor unsere Schlafzimmertür, das uns an die Heiligkeit des Raums erinnert, in dem wir uns in Liebe miteinander vereinigen.

WAS INSPIRIERT DICH?

Wenn du heiligen Raum erschaffst, dann laß deine Umgebung reflektieren, was für *dich* von Bedeutung im Leben ist. Experimentiere mit folgenden Anregungen:

- Frage dich, was dein Leben lebenswert macht. Was brauchst du, um rundum glücklich zu sein? Zum Beispiel Schönheit, Liebe, Gesundheit, Natur, Familie, Geld, Kunst. Dann schau dir dein Leben genau an und frage dich, ob all diese Bedürfnisse in ausreichendem Maße befriedigt werden. Kommen bestimmte Elemente zu kurz? Wie kannst du alles auf ausgewogene Weise in deinem täglichen Dasein verweben?
- Finde Gemälde und Fotos, die diese wichtigen Elemente für dich repräsentieren. Für mich repräsentiert *Der Kuß* von Gustav Klimt Liebe; Botticellis *Venus*, die scheu und nackt aus einer Muschel steigt, symbolisiert Schönheit. Ein Bild von einem Athleten in Bewegung kann für Lebendigkeit und Gesundheit stehen, ein Bild von einem Wasserfall für wilde Energie, ein Sonnenaufgang für Hoffnung, ein Wald für die unberührte Natur und so weiter.
- Umgib dich mit Fotos von Menschen, die du liebst und bewunderst.
- Sammle Sprüche, Verse, Musikstücke, die dich bewegen, ergreifen, beflügeln. Trage Lebensweisheiten in deiner schönsten Handschrift in ein Album ein.
- Fertige eine Collage mit Bildern an, die deine Hoffnungen, Visionen und Wunschträume symbolisieren. Eine Möglichkeit ist, sich weiße Pappe zu besorgen, die dann Stück für Stück erweitert werden kann, so daß das Sinnbild mit dem eigenen Leben weiterwächst.

Hüter des heiligen Raums

Die Reinigung der Energie deines Hauses führt zu dem natürlichen Wunsch, das ganze Leben so zu gestalten, daß alles Sinn und Bedeutung hat. Du beginnst mit deiner Umgebung, aber dann möchtest du weitergehen.

Karen Kingston

Dein heiliger Raum sollte ein wirkliches Heiligtum sein: sauber, schön und mit deiner innersten Energie aufgeladen. Rufe Hüter des Raumes an, deren Energie und Präsenz dich einhüllt und schützt. Erkläre dich selbst zum lebenden Hüter deines heiligen Raums und deines Lebens. In meinen Trainingsgruppen arbeiten wir mit den nachfolgenden Archetypen, denen wir bestimmte Rollen und Aufgaben zuteilen.

HÜTER DES TEMPELS

Wenn du allein lebst, bist du der Hüter des Tempels. Wer mit einem Partner, einer Familie oder in einer Wohngemeinschaft lebt, kann die anderen bitten, sich an den Aufgaben des Tempelhüters zu beteiligen.

Der Hüter des Tempels übernimmt die Verantwortung für die Schaffung, Ausgestaltung und Erhaltung des heiligen Raums. Du sorgst für Sauberkeit, frische Luft, angenehme Temperaturen, eine ansprechende Gestaltung, sinnliche oder erhebende Düfte. Von Zeit zu Zeit solltest du den Raum reinigen, indem du Räucherwerk verbrennst, singst oder Wasser versprühst.

Bei meinen Trainings werden jeden Tag drei Leute als Tempelhüter eingeteilt, die sich kreativ an seiner Gestaltung beteiligen und ihre Energie einbringen. Besondere Aufmerksamkeit erhält dabei das Zentrum des Raumes, da es bei Ritualen ein wichtiger Kraftpunkt ist. Dafür können bunte Seidentücher, Kerzen, Kristalle, Blumen, besondere Steine und ähnliches verwendet werden. Es ist ein Genuß, einen Raum zu betreten, der liebevoll und kreativ von den Tempelhütern gestaltet und für die Gruppe vorbereitet worden ist.

HÜTER RITUELLER OBJEKTE

Der Hüter ritueller Objekte kümmert sich um den Altar, die Musikinstrumente, Kristalle und alle heiligen Objekte und Kraftgegenstände. Er schafft und dekoriert den Altar, kümmert sich um die Blumen und wechselt die Kerzen.

HÜTER DER ZEIT

Der Hüter der Zeit kümmert sich um den Ablauf des Programms. Ein Ritual, sei es eine Meditation, eine tantrische Übung, eine künstlerische Darbietung oder gemeinsames Musizieren in einer Gruppe, hat einen Anfang, einen Höhepunkt und ein Ende. Der Hüter der Zeit findet subtile, taktvolle Wege, dem Leiter des Rituals zu verstehen zu geben, daß es jetzt Zeit ist, zur nächsten Phase überzugehen. Auf diese Weise können alle anderen sich bedenkenlos fallenlassen und die zeitlose Ewigkeit jedes einzelnen Moments genießen.

HÜTER DER MUSIK

Der Hüter der Musik sorgt für die musikalische Untermalung, die den heiligen Raum während eines Rituals unterstützt. Wenn keine Instrumente gespielt werden, sondern Kassetten oder CDs, muß er die Anlage bedienen. Er wählt die Stücke passend zur Stimmung des Augenblicks aus – von Tanzmusik über sinnliche Klänge, die eine Massage begleiten können, bis zur reinen Meditationsmusik.

Hinweise
Das Konzept von den Hütern kann abgewandelt und auf jede beliebige Situation zugeschnitten werden.

• *In größeren Gruppen* funktioniert ein Team von Hütern mit jeweils ganz bestimmten Aufgaben am besten.

• *Im eigenen Heim* übernimmst du alle Rollen, wie es gerade notwendig ist. Wenn du mit anderen zusammenlebst, könnt ihr die Funktionen nach ein bis zwei Wochen wechseln. So wird Routine vermieden, und die Aufgaben bleiben angenehm und erfrischend.

• *Auf Reisen* mit einem Partner fungiert der eine als Hüter des Tempels und der andere als Helfer, um das Hotelzimmer zum Beispiel durch Kerzen, Duftessenzen, Früchte, mitgebrachte Kissen, Fotos, Kunstobjekte und Schals, die um die Lampenschirme gewunden werden, in einen heiligen Raum zu verwandeln.

KAPITEL 6

Ekstase rufen: Rituale für den Alltag

Rituale sind wie Brücken zwischen den inneren und äußeren Welten, Anknüpfungspunkte, die uns mit dem Kern unserer Seele verbinden. Bei allen Ritualen geht es im Endeffekt immer um mehr Ausgewogenheit, Kraft, Gelassenheit und Energie.

Angeles Arrien

Unser Leben setzt sich aus unzähligen Ritualen zusammen, deren tiefere Bedeutung uns zumeist längst entfallen ist. Wir winken, umarmen uns, schütteln Hände, stoßen mit Gläsern an und beschenken uns zu bestimmten Zeitpunkten. Wir tragen sogenannte Glücksbringer mit uns herum oder wiederholen bestimmte Worte, um die Glücksgöttin zu beschwören und uns in Krisensituationen zu schützen. Unbewußt vollziehen wir zahlreiche uralte Riten oder erfinden auch völlig neue. Wir feiern Geburtstage, Jahrestage, Hochzeitstage und Übergänge im Leben eines Menschen mit Liedern, Tänzen, Geschenken und feierlichen Reden. Wir verbrennen die Briefe eines ehemaligen Geliebten im Kamin und bekunden damit rituell unsere Freiheit.

Unsere Gesellschaft zelebriert eine Reihe von offiziellen Ritualen, auch wenn ihre ursprüngliche Bedeutung in den meisten Fällen kaum noch spürbar ist. Doch durch den bewußten Gebrauch von Ritualen können wir die Kraft und das Mysterium des Heiligen in unserem Alltag wieder aufleben lassen und individuell erfahrbar machen.

Es steht uns frei, die gesellschaftlich anerkannten Riten achtlos zu vollziehen, eilig, unbewußt und ohne Rücksicht auf die Person, der die Ehre einer festlichen Zeremonie erwiesen wird. Oder wir können mit dem Herzen dabeisein und unsere Inspiration einbringen, voller Achtung für die innere Bedeutung des Augenblicks und für den potentiellen Lernprozeß, der von wichtigen Wendepunkten im Leben eines Menschen markiert wird.

Dieses Kapitel enthält generelle Richtlinien, an die man sich halten kann, um seine eigenen Rituale zu erschaffen. Es stellt zahlreiche Elemente und Aspekte vor und läßt gleichzeitig Raum zum Improvisieren. Wenn man die Grundlagen kennt, kann man sie entsprechend den eigenen Bedürfnissen und der persönlichen Intention variieren.

Was ist ein Ritual?

Wann immer Menschen vor Herausforderungen stehen, allein, in Gruppen oder als gesamtes Volk, entwickeln sie Rituale. Gemeinsam vollzogene Riten verleihen den Wendepunkten im Leben eine Bedeutung. Sie geben unserem Leben Form und Sinn in Zeiten der Trauer, der Not, der Ungewißheit oder auch der Freude.
Jeanne Achterberg, Barbara Dossey,
Leslie Kolkmeier

Einfach ausgedrückt, ist ein Ritual eine Abfolge von Handlungen, die auf vorgeschriebene Weise vollzogen werden. Doch wenn die Handlungsfolge mit Bewußtheit und der Ausrichtung auf ein höheres Ziel ausgeführt wird, ist es weit mehr als eine Konvention. Ein Ritual, sei es eine schlichte, von Herzen kommende Geste oder eine komplizierte, dramatische Zeremonie, kann das Tor zu höheren Bewußtseinsebenen öffnen.

Eine Bedeutung des Wortes *Tantra* ist »weben«. Bei den Ritualen aller Traditionen und Kulturen geht es darum, die unterschiedlichen Elemente der menschlichen Erfahrungswelt zu einer kunstvollen Einheit voll Schönheit und Harmonie zu verweben. Durch rituelle Tänze, Gesänge, Gebete, Anrufungen oder Opfergaben, durch Reinigung oder Meditation sammeln wir uns innerlich und verleihen unseren tiefsten Wünschen eine heilige Dimension. Der Autor und Regisseur William Pennel Rock erklärt in seinem Buch *Performing Inside Out*: »Durch Rituale schaffen wir einen Kanal für die namenlosen Götter.« Wenn die Kraft unserer Intention mit der Macht unseres Geistes zusammentrifft, können Wunder geschehen.

Mit Ritualen können wir die Vergangenheit ehren und loslassen und uns neue Zukunftsmöglichkeiten schaffen, indem wir uns mit dem formlosen Geist verbinden, dem Ursprung sämtlicher Möglichkeiten, dem Bewußtsein, in dem Vergangenheit und Zukunft Bestandteile eines einzigen Schicksalsfadens sind. In diesem Zustand können wir das Göttliche in uns selber fühlen, neue Identitäten für uns erfinden, andere Dimensionen betreten und unsere visionären Träume verwirklichen.

Wenn man sich vollkommen auf ein Ritual einläßt, erweitert sich das Bewußtsein, und dann können brachliegende oder bisher verborgene Komponenten der eigenen Wesensnatur zum Vorschein kommen: Archetypen wie Künstler, Lehrer, Heiler, Visionär, Liebhaber, Schamane, Wilde Frau, Gott, Göttin. Ein Ritual, das im Tempel unseres heiligen Raums vollzogen wird, ist eine Einweihung. Es schenkt uns die Kraft, unser wahres, ekstatisches, visionäres Selbst zu erleben und zum Ausdruck zu bringen.

Rituale aktivieren, verstärken und integrieren die Energie in allen vier Seinsbereichen: im Körper (durch Bewegung, Gesten, Tanz), im Herzen (durch Gefühle, Musik, Anrufungen), im Verstand (durch Visionen, Konzentration, heilige Worte) und im

Geist, der sich in allem manifestiert. Rituale verbinden Liebe mit geistiger Erkenntnis. Sie sind die Sprache der Ekstase.

Aus vielen Gründen vollziehen wir Rituale:

- Um uns für den Geist zu öffnen.
- Um die oberflächliche, prosaische Welt hinter uns zu lassen und ins ekstatische Sein vorzudringen.
- Um ein wichtiges Ereignis zu betonen, einen Übergang im Leben, einen Endpunkt oder Neubeginn.
- Um unsere Liebe für das Leben, die Mitmenschen und das Göttliche durch förmliche Gesten auszudrücken.
- Um traumatische Ereignisse aufzulösen und eine Neuorientierung und Heilung herbeizuführen.
- Um Verluste zu betrauern, freudige Ereignisse zu feiern oder Dankbarkeit und tiefe Wertschätzung füreinander auszudrücken.
- Um uns mit der Vergangenheit, unserer Tradition und unseren Vorfahren zu verbinden.
- Um uns selbst und unsere Welt zu regenerieren.

RITUALE SIND HEILSAM

Im Rahmen eines Rituals haben wir Gelegenheit, abgespaltene Teile unseres Wesens wieder zu vereinen. Ein Ritual muß nicht kompliziert sein, um tatsächliche Heilung zu bewirken. Meine Freundin Tia erinnert sich:

> Als ich am College war, haben meine Eltern immer ein wunderbares Willkommensritual vollzogen, wenn ich in den Ferien nach Hause kam. Seit ich denken kann, bin ich im Sommer immer durch gewaltige Umstellungen gegangen und kam normalerweise ziemlich aufgewühlt zu Hause an. Aber meine Eltern haben mir den Übergang leichter gemacht. Sie hängten meine College-Flagge im Vorgarten auf, als wollten sie sagen: »Die Queen ist heimgekehrt! Flagge auf Hochmast!« Darunter hat sich die ganze Familie versammelt und

mich feierlich in Empfang genommen. Dann wurde ich zu einem festlich mit Kerzen gedeckten Tisch im Wohnzimmer geführt, und dann, nach einem Moment schweigender Andacht, hat jeder von uns erzählt, was alles so passiert war.

RITUALE KÖNNEN SPONTAN SEIN

Die Art und Weise, wie du deine Wohnung gestaltest, eine Mahlzeit servierst, Abschied von einem Freund nimmst oder deinem Kind eine Geschichte vorliest, kann von Herzen kommende Wertschätzung ausdrücken und einer geliebten Person den Übergang von einer Lebensphase in die nächste erleichtern, wie Tia es beschrieben hat. Kinder tun dies häufig spontan. Meine Freundin Isobel erzählte mir die folgende Geschichte:

> Um den Geburtstag meiner Mutter zu feiern, sind wir zum Meer gewandert. Plötzlich tauchte eine Schlange auf dem Weg auf. Meine Mutter sagte sofort: »Komm, laß uns umkehren.«
>
> Aber ich blieb wie angewurzelt stehen. Die Symbolik der Situation war einfach unübersehbar. Ich fragte meine Mutter: »Wie würdest du dich fühlen, wenn eine Schlange im Traum auf deinem Weg erscheint, und du dich abwendest und davonläufst?«
>
> »Enttäuscht«, gab sie zu.
>
> Darauf erwiderte ich: »Schlangen repräsentieren unbewußte Energien, sie stehen für Veränderung und Transformationen. Sie sind die heiligen Tiere der Göttin. *Sie* würde sich nicht entsetzt von ihnen abwenden! Bist du etwa keine Göttin? Hier hast du dein Geburtstagsgeschenk!«
>
> Meine Mutter besann sich einen Moment, dann sagte sie: »Stimmt.«
>
> Wir fingen an zu lachen. »Herzlichen Glückwunsch, Mama!«
>
> Dankend verneigten wir uns vor der Schlange und gingen weiter. Auf dem Rückmarsch war unser Weg frei.

RITUALE KÖNNEN ÜBERGÄNGE MARKIEREN

Zeiten des Übergangs in eine neue Lebensphase können sehr desorientierend auf uns wirken: Die Vergangenheit bietet uns keinen Halt mehr, und die Zukunft ist noch weitgehend unauslotbar. Wer bist du ohne diese stabilen Bezugspunkte in der uferlosen Ungewißheit des Daseins? Solche Zeiten bieten die beste Gelegenheit, neue Möglichkeiten zu entdecken, neue Bedeutungen zu finden, neue Ausdrucksformen zu erlernen, auf neue Art zu reagieren. Zum Beispiel, wenn eine wichtige Beziehung zu Ende geht. An diesem Punkt fragen sich viele, ob sie umziehen, ihre äußere Erscheinung oder Wohnungseinrichtung verändern oder vielleicht sogar eine längere Reise ins Ausland antreten sollen.

Leilas Familie zog im Lauf ihrer Kindheit häufig von einem Ort zum anderen. Sie erzählt, wie sie mit den vielen Umzügen fertig geworden ist:

> Diese Umzieherei war ziemlich desorientierend für uns, aber meine Familie hatte sich ein Ritual ausgedacht, das uns die Umstellung beträchtlich erleichterte. Kurz bevor wir das alte Haus verließen, sind wir mit Kerzen und Weihrauch um das Anwesen herummarschiert. Danach haben wir uns in jedes Zimmer gesetzt und uns die wichtigsten Dinge erzählt, die wir in diesem Raum erlebt hatten. Nach der Ankunft im neuen Haus haben wir den Vorgang wiederholt, uns in jedes einzelne Zimmer gesetzt und laut ausgesprochen, was wir uns erhoffen und wünschen, so daß jeder sofort eine ganz persönliche Beziehung zu dem Raum herstellen konnte. Außerdem haben wir von jedem alten Platz ein wenig Erde und ein paar Steine, Pflanzen und sonstige Andenken mitgenommen, die dann einen Ehrenplatz im neuen Haus bekamen. So wurden Brücken von der Vergangenheit in die Zukunft geschlagen, die uns ein Gefühl der Kontinuität und Stabilität vermittelten und heilsam für uns alle waren.

Wenn wir wichtige Momente des Übergangs rituell zelebrieren, ermöglicht uns dies, uns in zwei Welten zugleich zu verankern – der äußerlich sichtbaren ebenso wie der unsichtbaren inneren Welt – und in beiden ein tragfähiges Standbein zu finden. Oft genügen ein paar Augenblicke aufrichtig empfundener Dankbarkeit für alles, was uns das Leben gegeben hat und noch geben wird, um unsere Verbundenheit mit allem Sein zu erfahren.

RITUALE SIND FÖRDERLICH

Um ihre volle Wirkung zu erreichen, müssen Rituale mit der Herzensenergie verbunden sein. Wenn Rituale mit der Intention vollzogen werden, Macht über andere zu gewinnen, Kontrolle auszuüben oder jemandem auf irgendeine Weise zu schaden, nennt man dies schwarze Magie. Ich habe die Auswirkungen solcher Rituale gesehen, die zunehmende Entfremdung der Menschen, die damit experimentierten, ihre Entfernung vom eigenen Wesensgrund und ihre Isolation. Damit öffnet man zerstörerischen, lebensfeindlichen Kräften Tür und Tor. Da alles im Kosmos untrennbar verwoben ist, können wir niemandem Schaden zufügen oder Gutes tun, ohne selbst von der ausgesandten Energie betroffen zu werden. Ein wahres Ritual fördert immer das Wohlergehen und Wachstum aller Beteiligten. Susans Geschichte ist ein Beispiel für die Liebe, die in einem Ritual zum Ausdruck kommen kann:

> Meine langjährige Ehe mit Jim hatte ein bitteres Ende gehabt. Als ich in seine neue Wohnung kam, um die Scheidungspapiere zu unterzeichnen, fühlte ich mich sehr verletzlich. Ich spürte, daß wir zehn Jahre lang ein Teil voneinander gewesen waren, ohne dies jemals wirklich voll anerkannt zu haben.
>
> Ich sehnte mich nach der Freundschaft, mit der wir ursprünglich begonnen hatten, und wollte uns einen heilsamen Übergang ermöglichen, anstatt die alten Wunden unverheilt in die nächste Beziehung zu tragen. Darum holte

ich tief Luft und sagte: »Jim, wir haben in diesen zehn Jahren sehr viel miteinander erlebt und wissen, daß nicht alles davon schlecht war. Ich möchte, daß jeder von uns etwas Gutes vom anderen im Sinn behält, etwas, das uns daran erinnert, wie sehr wir uns einmal geliebt haben, wieviel wir einander bedeutet und voneinander gelernt haben.«

Ich dachte, er würde kalt und zynisch reagieren, aber er seufzte und sagte: »Du hast recht.«

Ich bat ihn, sich vor mich hinzusetzen, damit ich in seine Augen schauen konnte. Dann sagte ich: »Jim, ich danke dir, daß du mein Freund gewesen bist, daß du dich um mich gekümmert hast, als ich krank war, obwohl wir uns oft gestritten haben, daß du mir gezeigt hast, wie ich mein Geschäft organisieren muß, und daß du selbst in den härtesten Zeiten für mich da warst. Du hast mir den Mut gegeben, auf Bergspitzen herumzukraxeln und in Stromschnellen zu paddeln, obwohl ich Angst hatte. Du hast mir geholfen, mein Selbstvertrauen zu entwickeln. Ich bin dankbar für alles, was du mir gegeben hast. Und ich entlasse dich mit meinem Segen in dein neues Leben.«

Jim war sichtlich gerührt. Er antwortete: »Ich hätte nie gedacht, daß wir noch einen Moment wie diesen zusammen verbringen. Und ich danke dir, daß du mich akzeptierst, wie ich bin, obwohl du tief verletzt worden bist. Ich danke dir, daß du mich freiwillig gehen läßt. Ich danke dir für die emotionale Unterstützung, die du mir gegeben hast, als ich meinen Job verloren hatte, obwohl du selbst Angst hattest. Du hast mir beigebracht, genauer auf meine Gefühle zu achten und besser zuzuhören. Du hast mir geholfen, mein Studio einzurichten, und mich schöpferisch inspiriert. Ich bin dankbar für alles, was ich von dir gelernt habe, und ich weiß, wie sehr mich das Leben mit dir bereichert hat.«

Dann haben wir uns umarmt. Es war ein schlichter, aber zutiefst heilsamer Abschied für uns beide.

Richtlinien für selbstgeschaffene Rituale

Rituale folgen denselben Entwicklungsstufen wie unser Leben. Diese Stufen wiederholen sich auch in den Jahreszeiten und ihren Veränderungen. Jede Jahreszeit ist ... einzigartig. Erst wenn wir den Gesamtkreislauf eines Jahres betrachten, erkennen wir etwas von der größeren Ordnung der Schöpfung und dem Rhythmus des Lebens.
Renee Beck und
Sydney Barbara Metrick

In den letzten zwanzig Jahren habe ich überall auf der Welt gelebt und Hunderte von Ritualen im Rahmen meines Sky-Dancing-Trainings entwickelt. Die fundamentale Frage ist immer, wie wir als Erwachsene zu dem Zauber der Seele, der Magie der Unschuld und der Freude unserer Kindheit zurückfinden können. Nichts ist herrlicher, als Feste zu feiern, in denen all diese Dinge zum Ausdruck kommen. Für mich gehört die Gestaltung solcher Feiern mit meinem Team von Trainern und Mitarbeitern zu den größten Freuden im Leben. Zu Beginn eines Rituals erklären wir unsere Intention mit Versen und Anrufungen, durch Musik und Tanz. Wir rufen die Archetypen mit Klangschalen und anderen rituellen Objekten. Wir verbinden Schönheit, Ausgelassenheit, Bedeutungstiefe und spontane Improvisation zu einer harmonischen Symphonie. Keines unserer Rituale wiederholt sich jemals auf genau gleiche Weise, selbst wenn wir es schon oft vollzogen haben.

Hier ein paar Richtlinien für selbstgeschaffene Rituale:

- *Mach es einfach.* Laß alles Überflüssige und Ablenkende weg. Laß dich vom Herzen leiten, wenn du ein Ritual planst, nicht vom Verstand.
- *Rituale sollen Spaß machen.* Man kann leicht in allzu pompösen Ernst abgleiten. Aber die Götter lieben den Humor.
- *Bleib bei deiner Intention.* Atme ruhig und gelassen, sei

innerlich zentriert. Mach dir bewußt, woher du kommst und wohin du gehst.

◦ *Erkenne dich als Brücke zwischen der sichtbaren und der unsichtbaren Welt.* Betrachte dein Ritual als eine mythische Heldenreise und dich als das Verbindungsglied zwischen Himmel und Erde, dann entfaltet sich die Magie. Du wirst am Ende ein anderer sein, als du am Anfang warst.

◦ *Besinne dich auf die vier Seinsbereiche.* Wenn dein Körper sich entspannt bewegt, dein Herz offen bleibt, dein Verstand klar ist und dein Geist spürbar leuchtet, ist jeder Augenblick ein Geschenk.

HÖRE AUF DEINE INTUITION

Bevor du ein Ritual gestaltest, bringe deinen Verstand zur Ruhe und entspanne dich durch eine Meditation, die Übung des inneren Wissens (siehe Seite 110) oder indem du deinen Atem beobachtest und deinen Körper spürst. Dann befasse dich genauer mit dem Thema deines Rituals und frage dich innerlich:

◦ Worum geht es bei diesem Ritual? Nenne das Thema: einen Berufswechsel, ein neues Haus, eine Trennung oder Scheidung, ein Wunschziel, das erreicht werden soll, usw.

◦ Was will ich essentiell mit dem Ritual bewirken? Zum Beispiel eine Erneuerung, Heilung, Loslösung, Vertiefung oder zeremonielle Würdigung.

◦ Welche Widerstände habe ich oder die beteiligte(n) Person(en)? Zum Beispiel Schamgefühle, alte Verletzungen, Angst vor Veränderungen, Angst vor Ablehnung und Versagen, Angst vor Verlusten, Angst vor dem Tod.

◦ Welches Element im Ritual kann diese Gefühle heilen? Zum Beispiel eine Umarmung, eine Segnung, eine Anrufung der Zukunft, Anerkennung und Dankbarkeit für alles Gute in der Vergangenheit.

◦ Welches Ergebnis erhoffe ich mir von diesem Ritual? Zum Beispiel Heilung einer Wunde (durch Ablehnung,

Verlust, Verrat), Lösung eines schwierigen Problems, Mut für einen Übergang oder Neuanfang.

FÜR WEN WIRD DAS RITUAL VOLLZOGEN?

Um die richtige Atmosphäre zu erzeugen, überlege dir, wer an dem Ritual teilnimmt. Wenn es dein Liebhaber oder Ehepartner ist, kann die Atmosphäre intim und erotisch sein. Wenn das Ritual für deine Eltern ist, stellst du eine festliche Stimmung her, in der die Vergangenheit gewürdigt wird und deine Dankbarkeit Form annehmen kann. Ein Ritual für enge Freunde kann ein turbulentes, fröhliches Fest sein. Mit einem Ritual für deine Kinder kannst du ihr Selbstvertrauen steigern, ihnen Kraft geben und ihre Zugehörigkeit zur Familie oder einer größeren Gemeinde auf eindrucksvolle Art demonstrieren. Wenn vornehmlich Geschäftsleute anwesend sind, wird die Zeremonie förmlicher und distinguierter sein und Gelegenheit geben, geschäftliche Verbindungen auf möglichst kreative Weise zu etablieren und auszubauen. Wenn eine Gruppe von Gleichgesinnten an dem Ritual teilnimmt, kannst du gemeinsame Aktivitäten planen, wie Tanz und Musik, und auch Raum geben für den spontanen und kreativen Ausdruck von Dank, Segen, Anrufungen, Bitten und Visionen.

DIE VORBEREITUNGEN FÜR EIN RITUAL

Nahezu alle Rituale in diesem Buch erfordern zwei oder drei grundlegende Vorbereitungen:

- *Sorge für einen möglichst ungestörten Ablauf.* Die für das Ritual vorgesehene Zeit ist heilig. Darum sorge von vornherein dafür, daß Störungen durch Telefonanrufe, Türklingeln, Kindergeschrei und dergleichen für einen vorher festgelegten Zeitraum möglichst verhindert werden.
- *Schaffe einen heiligen Raum.* Dem Thema des Rituals entsprechend kann der Raum so kunstvoll geschmückt wer-

den wie ein Ballsaal oder mit so einfachen Mitteln wie einer Kerze. Wichtig ist nur, daß der Raum und seine Atmosphäre für das Ritual verändert und auf irgendeine Weise über das Gewöhnliche und rein Zweckorientierte hinausgehoben werden (siehe Kapitel 5).

✿ *Trage alles Notwendige zusammen.* Sorge dafür, daß sämtliche Utensilien, die du für dein Ritual brauchst, griffbereit sind.

Zwei weitere Gesichtspunkte, die berücksichtigt werden müssen, sind das Timing und die generelle Struktur eines Rituals.

Timing ✿ Ein Ritual muß eine klare Struktur haben (die spontane Veränderungen zuläßt), besonders wenn andere Personen daran teilnehmen. Grundsätzlich hält man sich an die ursprünglichen Absichten, ohne sich auf ein bestimmtes Endergebnis zu versteifen. Es geht darum, eine klare Intention zu haben, ohne an einem bestimmten Ergebnis festzuhalten. Es ist wichtiger, einen Rahmen zu schaffen, der die Gefühle der Teilnehmer unterstützt und dem jeweiligen Augenblick Bedeutung gibt, als verbissen ein bestimmtes Ziel zu verfolgen. Ein einfacher Zeitplan kann sich dem natürlichen Schwingungsfluß am ehesten anpassen. Normalerweise wird die Energie einer Gruppe im ersten Viertel der Zeit langsam aufgewärmt und steigert sich. Die nächsten zwei Viertel führen zu einem Höhepunkt, und das letzte Viertel wird in der ruhigen Ausklangphase verbracht, in der die Teilnehmer sich im Nachglanz des gemeinsam heraufbeschworenen Kraftfelds sonnen.

Wer ein längeres oder komplexes Ritual mit vielen Teilnehmern plant, braucht höchstwahrscheinlich Helfer oder Hüter. Bitte jemanden, dem du vertraust, dir bei der Organisation und den Vorbereitungen zu helfen (siehe Kapitel 5).

Generelle Struktur ✿ Ein Ritual verläuft wie eine Symphonie: mit einem Auftakt, einem längeren Mittelteil, der sich langsam bis zu einem Höhepunkt steigert, und einem immer leiser werdenden Ausklang (ähnlich auch dem Liebesakt). Dabei wird ein Grundthema in mehreren Variationen angesprochen und mit steigender Intensität wiederholt. Wir betreten das Reich von Poesie, Bewegung, Klang und Musik, in dem wir das Unsagbare ausdrücken und anrufen.

Der Inhalt des Rituals mag variieren, doch die Grundstruktur sollte in jedem Fall dieselbe sein. Bei einer Hochzeitsfeier zum Beispiel versammeln sich anfangs die Gäste, um der Trauzeremonie beizuwohnen; in der Mitte findet das Vermählungsritual statt, das im Kuß des Brautpaars kulminiert, worauf ein Festmahl und Tanz den Ausklang bilden. Schaffe einen möglichst klaren Auftakt und einen starken Höhepunkt, der in ein entspanntes Ende ausläuft. Mit diesen Richtlinien kannst du wirkungsvolle Rituale gestalten, die als bewußte Kunstwerke wichtige Momente in deinem Leben schaffen oder hervorheben.

DIE PRAKTISCHE DURCHFÜHRUNG

Ein Ritual zu gestalten ist, als würdest du dir die Choreographie eines Balletts ausdenken. Stell dir vor, daß du dein eigenes Ritual kreierst, während du die nun folgenden Hinweise liest. Was würdest du verändern, damit deine Absicht und deine Wesensnatur klar und deutlich zum Ausdruck kommen? Was würdest du hinzufügen oder streichen? Lies dazu auch das Nachwort (Seite 350).

Begrüßung des Herzens ∾ Ich beginne meine Rituale immer mit der Begrüßung des Herzens (siehe Seite 104). Damit öffne ich mich innerlich für erweiterte Möglichkeiten.

Anrufungen ∾ Eine Anrufung ist eine Form des Gebets, bei der du die Energien und Kräfte rufst, die du in den Raum oder in dein Leben einladen möchtest. Du kannst zum Beispiel Schwingungen von Ehrfurcht, Empfänglichkeit, Dankbarkeit, Feierlichkeit, Hingabe, Fröhlichkeit oder Kraft anrufen. Du kannst die Vergangenheit würdigen oder dich von ihr lösen, Grenzen setzen oder Zukunftsvisionen rufen.

Drücke dich bei einer Anrufung klar und einfach aus. Sei mutig und öffne dich für ungeahnte Möglichkeiten. Spontane Improvisation kann Ritualen eine besondere Qualität geben. Benutze Klänge oder Worte, die möglichst genau die Essenz der Situation oder die Energiequalität zum Ausdruck bringen, die angerufen werden soll. Es spielt keine Rolle, wenn du »Fehler« machst. Schließlich treten wir nicht in der Mailänder Oper auf, sondern rufen den göttlichen Geist in unsere eigene Kathedrale. Hier ein paar Vorschläge für Anrufungen:

Anrufung der Himmelsrichtungen ✼ Dabei geht es um ein Gefühl für unsere Verbindung zum Kosmos. Weihe den Norden dem Intellekt, den Süden dem Herzen, den Westen dem Körper, den Osten dem Geist, das Zentrum der Verschmelzung von Mann und Frau im eigenen Inneren, den Raum über dir den inneren Lehrern und Seelenführern und den Raum unter dir den unbewußten Urkräften, Träumen und Visionen sowie deinen Vorfahren.

Anrufung eines spirituellen Führers ✼ Wenn du um Schutz und Beistand bitten willst, rufe die unsichtbare Gegenwart eines großen Lehrers, Satgurus oder Gottes. Zum Beispiel mit folgenden Worten: »O Vajrasattva Buddha, klares Licht des diamantgleichen Bewußtseins, segne uns mit deiner heilenden Kraft, hülle uns und alle fühlenden Wesen in dein Licht.« Oder: »Wir laden die Göttin Aphrodite ein, auf daß sie uns mit Liebe und Schönheit segne.«

Anrufung von schützenden Energien ✼ Rufe einen beliebigen Archetyp, zu dem du eine Beziehung hast: den Heiler, den Liebhaber, die Weise Frau, den Weisen Mann. Bitte um die Hilfe der Vorfahren, die dir den Weg geebnet haben, rufe den Geist deiner Mutter oder deines Vaters. Du kannst auch die Geister und Kräfte von Tieren anrufen, die du verkörpern möchtest, zum Beispiel den Adler als Symbol für klare Visionen.

Anrufung von Heilkräften ❧ Erinnere dich an die Wunden aus deiner Vergangenheit, an die Lektionen, die du aus ihnen gelernt hast, und die Weisheit, die dir aus ihnen erwuchs. Sage zum Beispiel: »Möge der Zorn über diese Wunden jetzt zu meinem Verbündeten werden und mir ein weiseres (liebevolleres, erfüllteres etc.) Leben ermöglichen. Ich bitte um die Kraft, (Namen) zu vergeben, alles Alte loszulassen, meiner inneren Weisheit zu vertrauen und mich vom Geist führen zu lassen.«

Anrufung der spirituellen Funktion des Rituals ❧ Ein Beispiel für Anrufungen der spirituellen Funktion sind Intentionen, wie sie von den folgenden Sätzen ausgedrückt werden: »Diese Sinnenfreuden sind der Erneuerung und Vertiefung unserer Beziehung geweiht«, oder: »Dieses Ritual ist der Erleuchtung aller Wesen geweiht.«

Auftakt ❧ Beginne langsam und allmählich. Öffne deinen Geist und visualisiere deine Intention. Nimm dir Zeit für Schweigen und Stille. Laß die Teilnehmer langsam in Kontakt mit ihrer Seele kommen und ihren Platz im Ritual finden. Verkünde den Sinn der Zeremonie mit einem einzigen Satz (»Wir sind hier, um meine Tochter in ihr Leben als erwachsene Frau zu entlassen.« Oder: »Wir versammeln uns, um den Gott und die Göttin in jedem von uns zu ehren.«). Heiße die Teilnehmer mit einfachen Worten oder schlichten Gesten willkommen. Es kann durchaus angebracht sein, das Herz jedes einzelnen Anwesenden zu berühren. Du kannst die Energie im Raum mit einem Händeklatschen, einem Mantra oder Glockenklingeln klären. Ein Ritual kann auch beginnen, indem man eine Kerze anzündet, die Mitwirkenden an ihre Positionen im Raum führt, sanfte Musik spielt und die Begrüßung des Herzens vollzieht.

Mitte ❧ Im mittleren Teil sollten Sinn und Zweck des Rituals in aller Deutlichkeit angesprochen und demonstriert werden, sei es die Vereinigung von männlich und weiblich, der Übergang von der Kindheit ins Erwachsenenalter oder die Ehrung der

Göttlichkeit in uns. Kläre dich und schaffe Ordnung in dir, verbinde deine inneren Kraftzentren miteinander und sprich Dank und Anerkennung aus für alles, was du erhalten hast.

Höhepunkt ~ Hier fließen alle Elemente des Rituals zusammen. Die Gefühle, Energien und Handlungen der Teilnehmer, die sichtbare und die unsichtbare Welt bilden zusammen eine große Einheit, eine Verschmelzung von Energie und Intention, einen feierlichen Höhepunkt, der allen ein heilendes Gefühl von Harmonie, Einheit, Mühelosigkeit und Verbindung mit der Gemeinschaft schenkt.

Ausklang ~ Der Abschluß läßt die Stimmung ruhiger werden und allmählich ausklingen und verankert die durch das Ritual freigesetzten Energien im Körper. An diesem Punkt kann man sich vorstellen, daß man die erzeugten Schwingungsfrequenzen in sich aufnimmt und in sein tägliches Leben integriert. Das Ritual sollte mit einem definitiven Schlußpunkt enden, damit die Energie, die zum Strömen gebracht wurde, voll absorbiert werden kann, anstatt gleich wieder in dem nebensächlichen Geschwätz der nun beginnenden Aufbruchsstimmung zu versanden. Man kann mit einem feierlichen Tanz enden, einer schweigenden Meditation, einer abschließenden Zeremonie, bei der jeder erzählt, was er gerade erlebt hat, worauf alle den Geistern oder Göttern für ihre Mitwirkung danken. Man kann eine Glocke läuten oder die Kerze löschen und die Beteiligten mit einem Lächeln wieder im zeitgebundenen Dasein willkommen heißen.

Beende das Ritual mit einem Lied, einer Minute der Stille oder mit der Begrüßung des Herzens (siehe Seite 104).

Hinweis
Nach einem Ritual schreibe dir in Stichworten auf, was du das nächste Mal anders machen willst, auf was du achten solltest, Dinge, die du noch besser machen kannst, die Wirkung des Rituals, Folgen, die für die Zukunft zu erwarten sind, und alles, was dir sonst noch wichtig scheint.

DIE RITUELLEN WERKZEUGE

Wenn Körper, Herz, Verstand und Geist in Einklang sind, erfahren wir Ekstase. Rituale sind eine wirksame Möglichkeit, diesen Einklang herbeizuführen. Die Wirkung eines Rituals beruht unter anderem auch auf seinen Symbolen, die ich die rituellen Werkzeuge nenne. Manche Symbole lassen sich in der Hand halten: Glocken, brennende Kerzen, Szepter, Zauberstäbe. Andere sind abstrakter: frische Luft, die vier Himmelsrichtungen, innere Klarheit und Intention.

Ekstatischer Raum ~ Ein heiliger Raum ist ein Schwingungsfeld, das Seligkeit ermöglicht. Seligkeit entfaltet sich nur auf einer soliden, stabilen Grundlage. Es ist daher hilfreich, zu Beginn den rituellen Raum abzustecken, indem man die sieben Richtungen anruft.

Norden ~ Der Norden ist das Reich des Verstands oder Intellekts. An seinem höchsten Punkt wird er vom Adler bewacht, der über dem Land schwebt und das gesamte Bild überblickt. Wenn du ein Ritual planst, kannst du den Adlergeist herbeirufen und dich dem größeren Überblick mit seinen unbekannten Möglichkeiten öffnen. Das Element des Nordens ist die Luft.

Süden ~ Der Süden ist das Reich des Herzens mit seinen Gefühlen, seiner Verspieltheit, Verletzlichkeit und Unschuld. Der Hüter dieses Reichs ist der Delphin. Wenn du den Herzensraum in deinem Ritual ehren willst, sagst du: »Ich rufe den Hüter des Südens herbei, den Delphin, der unsere Verspieltheit wachruft und die Unschuld des offenen Herzens.« Das Element des Südens ist das Wasser.

Westen ~ Der Westen ist das Reich des Körpers, der Natur, der Jahreszeiten und ihrer Zyklen, der Gesundheit, Fruchtbarkeit, Stärke und Ausgeglichenheit. Der Hüter dieses Reichs ist der Hirsch oder der Büffel. Das Element des Westens ist die Erde.

Osten ~ Der Osten ist das Reich des Geistes, des leuchtend klaren Bewußtseins. Diese Richtung repräsentiert Heldenmut, Einsatzbereitschaft, die Überwindung von Hindernissen, die Erkenntnis der Wahrheit, die verborgene Bedeutung hinter den Erscheinungsformen und die Anerkennung der spirituellen Dimension. Der Hüter dieses Reichs ist der Löwe. In deinem Ritual rufst du die Kräfte dieser Dimension durch Objekte, die deine geistige Erweckung symbolisieren (Fotos von spirituellen Meistern oder Seelenführern, reinigende Kristalle, Weihrauch, Kerzen). Das Element des Ostens ist das Feuer.

Zentrum ~ Die Mitte des Raums ist der Punkt der Integration. Hier findet die Verschmelzung deines inneren Mannes mit deiner inneren Frau statt. Hier wird eine Balance zwischen Energie und Bewußtsein, Liebe und Kraft und allen anderen Gegensatzpaaren gefunden. Fühle, wie sich deine empfänglichen und deine aktiven Elemente vermischen, wenn du in der Mitte des Raumes stehst. (Das Zentrum des Raums, in dem ein Ritual vollzogen wird, soll ein starker visueller Anziehungspunkt sein. Gestalte es mit Kerzen, bunten Tüchern, Kristallen, Blumen oder anderen passenden Objekten.)

Unten ~ Unten leben die Tiere der Erde, die Dämonen (unsere Obsessionen, Zweifel, Lügen, unser Ego) und die Schlangen (das Unbewußte, Verborgene, unsere blinden Punkte, Träume, Wahnvorstellungen). In einem Ritual mag es notwendig sein, diese Bereiche zu betreten, zum Beispiel, um dich mit deinem Ärger anzufreunden oder deine Selbsttäuschung aufzulösen. Durch die Anerkennung dessen, was unten ist, drückst du deine Bereitschaft für Transformation und Heilung aus.

Oben ~ Oben leben deine Lehrer, Mentoren, Wegweiser, Seelenführer, Archetypen und persönlichen Gottheiten. Richte das Wort an sie bei einem Ritual, bitte um ihre Anwesenheit, ihre Unterstützung und ihren Segen. Bemühe dich, ihre Lehren zu verkörpern. Während der Vorbereitung für ein Ritual frage dich: »Drückt diese Handlung ihre Lehren aus? Bin ich auf dem rechten Weg, wenn ich mich so verhalte?«

Rituelle Klänge ~ Wir sind wie lebende Musikinstrumente, die unwillkürlich auf die Tonschwingungen in unserer Nähe reagieren. Bestimmte Töne und Kompositionen wirken harmonisierend auf Körper, Herz und Geist. Durch bewußt gewählte Musik kannst du Gefühle von Ehrfurcht, Entzücken, Leichtigkeit, Tiefe oder Frieden hervorrufen. Ein Musikstück, das in einem Moment der Ekstase gespielt wird, kann den erlebten Zustand in der Psyche verankern. Wenn du dasselbe Stück zu einem späteren Zeitpunkt hörst, wird der Zustand automatisch wachgerufen und mühelos wiederbelebt.

Musik ~ Überlege dir, welche Stimmung du in welcher Reihenfolge bei einem Ritual hervorrufen willst, und wähle entsprechende Musik, wie erotische Tanzmusik, sakrale Chöre oder Mantras, einfache Lieder, die jeder mitsingen kann, leise Hintergrundmusik, wenn Texte oder Gedichte vorgelesen werden sollen, und sanfte Musik für den Ausklang eines Rituals. Besorge Trommeln, Schellen, Flöten und Rasseln, und ermuntere die Teilnehmer, damit zu spielen.

Tonkonserven ~ Halte eine Auswahl von Stücken bereit, die ein breites Gefühls- und Stimmungsspektrum ausdrücken, wie Sehnsucht, Trauer, Erotik, Jubel, Ehrfurcht, Rührung, Leichtigkeit, Freude, Kraft. Du kannst dich in der Kunst der Musikauswahl üben, indem du dir Kompositionen aller Art so oft wie möglich anhörst und deine körperlichen und seelischen Reaktionen dabei beobachtest. Generell fahren starke Trommelrhythmen in die Hüften und Beine und geben uns eine erdhafte Stärke. Fließende, romantische Melodien mit Saiteninstrumenten und Gesang öffnen das Herz. Ruhige, symmetrisch geordnete Musik wie die Kompositionen von Bach und Mozart klärt Geist und Verstand. Leichte, hohe Flötentöne und Glocken erzeugen eine spirituelle, vergeistigte Atmosphäre.

Rhythmusinstrumente ∾ Rhythmische Geräusche wirken reinigend: Sie fegen ablenkende Gedanken aus dem Kopf und bringen stagnierende Energie in Bewegung. Rhythmusinstrumente erden uns und lösen Ängste und Hemmungen auf. Du kannst ein Ritual einleiten, indem du Händeklatschen, Füßestampfen, Rasseln, Schellen und Trommeln benutzt. Händeklatschen oder Rasseln weckt die Aufmerksamkeit: »Sei ganz da, *jetzt*!« Nach einem Streit kann ein Händeklatschen die Luft bereinigen.

Singen ∾ Singen öffnet die Kehle und läßt deine wahre Stimme zum Vorschein kommen. Du brauchst keine Ausbildung, um bei einem Ritual zu singen. Wenn du dich unsicher fühlst, übe unter der Dusche, in der Küche beim Geschirrspülen oder im Auto während der Fahrt. Singe einzelne Töne, probiere verschiedene Tonlagen aus, hab Spaß daran. Singe langsam eine Note nach der anderen, dann viele ganz schnell hintereinander. Mach das so lange, bis du eine Tonlage und Geschwindigkeit gefunden hast, die dich inspiriert. Die indischen Sänger, bei denen ich gelernt habe, behaupten, daß es das Blut reinigt, wenn man jeden Morgen nach dem Aufstehen zehn Minuten lang laut singt.

Rituelle Energien und Objekte ∾ Durch Rituale erhalten ganz alltägliche Gegenstände eine symbolische Bedeutung oder Kraft, so daß das Unsichtbare in ihnen sichtbar wird. Benutze alles, was eine persönliche Bedeutung für dich hat – Steine, Fotos, Kristalle, Kerzen, Blumen – oder was gerade griffbereit ist. Mein Partner hat einmal gesagt: »Wenn du nackt und mit leeren Händen auf einem Parkplatz stehst, hast du immer noch Erde (Körper), Wasser (Herz), Luft (Intellekt) und Sonne oder Mond (Geist)!«

Weihe und Reinigung ∾ Ein Ritual wird wirkungsvoller, wenn du deine Objekte rituell weihst:

∾ Halte den Gegenstand in beiden Händen und weihe ihn mit einem Gebet.

❧ Halte das Objekt gegen dein Sonnengeflecht (oder ans Herz oder das Dritte Auge) und stell dir vor, daß du ihm Kraft verleihst und es bei jedem Ausatmen mit deiner Energie auflädst.

❧ Laß das Objekt in der Sonne, unter dem Vollmond oder in einem fließenden Bach liegen, um es zu reinigen.

❧ Segne das Objekt mit einfachen Worten: »Ich segne dieses (Wasser, Glockenspiel etc.) mit der Kraft des Geistes.«

Die vier Elemente ❧ Jedes Element repräsentiert eine bestimmte Urkraft, die auf unterschiedliche Art gerufen werden kann, je nach Intention und Zweck des Rituals.

Feuer ❧ Feuer symbolisiert den Geist: das Aufleuchten reiner Daseinsfreude, das Destillieren von Lebenserfahrungen in zeitlose Weisheit, die Illumination des Bewußtseins, ekstatisches Erwachen, die Verfeinerung und Transformation roher Kräfte in das subtile Licht der Erkenntnis. Außerdem repräsentiert Feuer die Leidenschaft, das Erotische, das Flammenlicht des Geistes, das den Körper durchdringt und den Orgasmus in Ekstase verwandelt. Feuer steht für Enthusiasmus, Mut, Willenskraft, Motivation und Reinigung. Es verleiht uns Führungsqualitäten, die Kraft, unsere spirituelle Suche trotz aller Widerstände zum Ziel zu führen, eine glühende Leidenschaft und den Zündfunken, der uns in Ekstase versetzt. Benutze das feurige Element (in Form von Feuerschalen, Kerzen, einem Lager- oder Kaminfeuer), um Altes, Überholtes zu verbrennen und Neues willkommen zu heißen. Wirf Symbole der Dinge und Qualitäten, die du nicht länger in deinem Leben haben willst, in ein rituelles Feuer.

Wasser ❧ Wasser repräsentiert Emotionen, Fließen, Hingabe, kindliche Verspieltheit und Anpassungsfähigkeit. Wasser ist ein Sinnbild für den Fluß des Lebens und den Strom unserer Gefühle, das Eintauchen in ekstatische Bereiche und den Reinigungsprozeß. Es steht für Erfrischung, Erneuerung, die Taufe, die Neugeburt im Geiste, Gelassenheit, Reflexion, Assimilation und keimendes Leben. Wasser läutert, nährt und heilt unsere Gefühle; es sorgt für einen Ausgleich, es macht uns empfänglich und schenkt uns Visionen und Träume. Benutze Wasser als Symbol der Reinigung, Klärung und des göttlichen Segens. Versprühe Wasser im Raum oder benetze deine Finger oder einen Blütenkelch mit Wasser aus einer zeremoniellen Schale. Gib einen Tropfen Duftöl ins Wasser, um eine bestimmte Stimmung hervorzurufen (zum Beispiel Lavendel zur Entspannung, Minze für geistige Klarheit).

Luft ∾ Luft symbolisiert den göttlichen Odem, Inspiration, Intelligenz, das Denken, Freiheit, neue Anfänge, Humor, Weisheit, Klarheit, Subtilität, den Flug des Adlers, Erweiterung des Bewußtseins und Loslösung. Benutze Luft (frische Luft oder mit Düften aromatisierte Luft), um eine Atmosphäre der Leichtigkeit und Weite bei einem Ritual zu erzeugen.

Erde ∾ Erde steht für Festigkeit, Verwurzelung, Gesundheit, sichtbare Manifestation, Wohlbefinden und starke Fundamente. Erde symbolisiert generell alles Körperliche – deinen eigenen physischen Körper ebenso wie den größeren Körper der Mutter Erde. Erde repräsentiert Aufbau, Arbeit, die Verwirklichung und Konkretisierung von Ideen. Mit Erde assoziieren wir Fürsorge, Heilung, Verankerung, Stabilität, Sicherheit, Zugehörigkeit, sinnliche Genüsse und den Tastsinn. Die Erde bringt Fülle hervor, eine reiche Ernte, die uns am Leben erhält. Benutze Erde (in einer Schale oder auf dem Boden), um dich zu erden und dein Verständnis einer Sachlage zu vertiefen.

Vorschlag für ein ekstatisches Ritual

Du kannst dich an die Grundstruktur dieser Vorlage halten, auch ohne sämtliche Schritte bei jeder Zeremonie zu berücksichtigen. Lies die hier aufgeführten Punkte vor der Planung eines Rituals noch einmal durch, um zu prüfen, ob du etwas übersehen hast. Generell ist es immer ratsam, den Ablauf so einfach wie möglich zu halten.

Vorbereitung

- Was beabsichtigst du mit diesem Ritual? Finde eine klare Formulierung.
- Wenn du magst, lege die Dramaturgie schriftlich nieder. Bei komplexen Ritualen oder wenn du meinst, daß du etwas Wichtiges vergessen könntest, schreibe die Reihenfolge der Ereignisse auf und halte deinen Plan griffbereit.
- Schmücke den Raum, schaffe und gestalte einen heiligen Raum für die Zeremonie (siehe Kapitel 5).
- Wähle die Werkzeuge und Objekte aus, die du benutzen willst, sammle sie, reinige sie und weihe sie.
- Lege die einzelnen Phasen deines Rituals und ihren zeitlichen Ablauf fest. Vergiß nicht, die Mitwirkenden am Anfang davon zu unterrichten.

Ausführung

- Heiße die Teilnehmer willkommen.
- Vollziehe die Begrüßung des Herzens (siehe Seite 104).
- Kennzeichne den Beginn des Rituals, indem du Kerzen anzündest, eine Glocke läutest oder andere in diesem Kapitel vorgeschlagene Mittel benutzt.
- Verkünde deine Intention. Halte dich an diese Absicht und laß sie zur Antriebskraft für deine Zeremonie werden.
- Bitte um den Schutz und die Führung deines spirituellen Lehrers, einer Gottheit, deines höheren Selbst, oder wende dich an die vier Himmelsrichtungen, an dein ekstatisches oder ursprüngliches Selbst oder irgendeinen Archetyp, zu dem du eine Verbindung hast (Heiler, Liebhaber, die weise Frau, der weise Mann).
- Rufe die Hüter des Ortes an, die Götter, Geister, Kräfte, Gefühle, Qualitäten, Ideen oder Archetypen, die du verkörpern willst.
- Vollziehe das Ritual. Beginne mit Handlungen, die eine erdende Wirkung haben, wie Tanzen, Schütteln, Füßestampfen, Trommeln.
- Bringe das Ritual zum Höhepunkt und laß die Energie dann sanft und allmählich abklingen.

◈ Sorge für einen angenehmen Ausklang, bei dem die Bewegungen und die Worte oder Töne von selbst immer langsamer werden. Laß alle eine Zeitlang in Stille verweilen, damit sie ihr Herz fühlen und ihre Erfahrungen integrieren können.

◈ Um die Teilnehmer zum normalen Bewußtsein zurückzubringen, läute eine Glocke und sage etwas Einfaches wie: »Willkommen zurück von der Reise!« Dann stehst du auf und bläst die Kerzen aus.

◈ Ermuntere die Anwesenden, sich zu umarmen oder auszutauschen, was sie erlebt und gelernt haben.

◈ Wenn du willst, bringe deine Gefühle mit kurzen, schlichten Sätzen zum Ausdruck, und sage, was du gelernt hast.

Hinweise

◈ Erinnere dich das ganze Ritual über an deine Intention.

◈ Widme das Ritual der Heilung deiner Familie und dem Wohl aller lebenden Wesen.

◈ Vergiß nie, daß das Wohlbefinden der Teilnehmer wichtiger ist als die korrekte, planmäßige Durchführung eines Rituals.

◈ Bleibe offen für intuitive Eingebungen. Sei gewillt, dich anzupassen und strukturelle Veränderungen zuzulassen.

◈ Rituale sind wie Medizin: Sie funktionieren am besten, wenn du an ihre Heilkraft glaubst. Deine Zuversicht, daß das gewünschte Ergebnis erzielt wird, ist ein wichtiger Faktor.

◈ Falls jemand im Lauf des Rituals von starken Emotionen übermannt wird, sei einfühlsam und unterstützend und ermuntere die Person, ihren Gefühlen freien Lauf zu lassen.

TEIL III

Die Anatomie der Ekstase

Das System der Chakren ist eine symbolische Landkarte unseres Energiesystems, die den Weg in ekstatische Seinszustände vorzeichnet.

Die Informationen und Übungen in diesem Abschnitt können dazu beitragen, daß dein Leben reicher und erfüllter wird. Während du an jedem einzelnen Chakra arbeitest, ziehe immer deine ganze Situation in Betracht, seien es persönliche Beziehungen, berufliche Anforderungen oder spirituelles Wachstum.

Im ersten Kapitel machen wir einen einführenden Rundgang durch die sieben Chakren, der verdeutlicht, wie die Energie jeweils transformiert, sublimiert und weitergeleitet wird. Jedes Chakra ist ein Tor zu einer neuen Bewußtseinsqualität. Dieser Überblick bereitet auf die folgenden Kapitel mit vielen praktischen Übungen, Meditationen und Ritualen zu jedem einzelnen Chakra vor.

Möge es dir gelingen, die potentiellen Kräfte deiner Chakren zu erwecken, sie zu meistern und in dein Alltagsleben zu integrieren!

KAPITEL 7

Die sieben tantrischen Schlüssel zur Ekstase: Die Energiezentren öffnen

*Immer und immer wieder haben die heiligen Schriften
erklärt, daß der Sinn des Lebens darin besteht,
die Macht unseres Geistes zu verstehen und zu
entwickeln, eine Macht, die für unser geistiges und
physisches Wohlergehen von essentieller Bedeutung
ist... Wir sind biologische Wesen göttlichen Ursprungs.*
                                              Caroline Myss

Stell dir vor: Du besuchst deinen besten Freund, der eben ein neues Haus gebaut hat. Du betrittst das »Chakren-Haus« durch einen langen Korridor. An Wänden aus Lehm hängen Bilder, die deinen Freund als Kind zeigen, zusammen mit den Mitgliedern seiner Familie, und Bilder seiner Ahnen. Du betrachtest die Bilder und fühlst dich mit seinem Ursprung und seinen Wurzeln verbunden.

Der Korridor führt zu einem sinnlich geschmückten Schlafzimmer, das mit roten Seidenstoffen ausgeschlagen ist. Dein Freund deutet auf das Bett und sagt: »Dieses Lager nennen wir die ›Wurzel der Schöpfung‹, weil meine Frau und ich hier unsere Lebenslust und Kreativität erneuern.« Du befindest dich hier im Tempel des ersten Chakras, dort, wo sexuelle Energie dich mit der Erde, den Wurzeln des Lebens und deiner Erblinie verbindet.

Stimmengewirr ruft euch auf, in den Garten zu gehen, wo die Familie deines Freundes sich vergnügt. Ein Gartentisch ist mit Früchten, Brot und Speisen beladen, du brauchst nur zuzugreifen, aber das aquamarinfarbene Sprudeln in einem großen Schwimmbecken lockt dich an. In dem warmen Wasser fällt es dir leicht, dich auf der Gefühlsebene mit den anderen zu verbinden. Die Kinder plantschen lachend im Wasser und führen dir Ringkämpfe vor. Dein Freund bewegt sich von einem zum anderen, küßt seine Frau auf die Wange, spielt den Clown, springt ins Wasser, wirft seinen Kindern einen Ball zu und bleibt keine Minute still stehen. Seine Frau nimmt alles gelassen in sich auf und sorgt unaufdringlich dafür, daß alles in diesem unausgesetzten Trubel glatt läuft und alle sich wohl fühlen. Dies ist das Territorium des zweiten Chakras, des Nabelzentrums. Hier wird das Leben als reiner Energiefluß erfahren, als emotionale Bewegung, als Verdauung und Assimilierung und als ewiges Streben nach ausgleichender Balance.

Jetzt führt dein Freund dich in seinen Büroraum – eine eindeutige Machtzentrale, mit einem ausladenden Schreibtisch, einem Arsenal an Kommunikationsgeräten und klaren, geometrischen Mustern an den Wänden. Ein offenes Fenster läßt Sonnenlicht hereinströmen und gewährt Ausblick auf eine imposante Hügellandschaft. Dies ist sein Arbeitsplatz, hier wird nachgedacht, geplant, konzipiert. Hier werden Ideen ausgearbeitet und erfolgreich in der Außenwelt manifestiert. Du befindest dich im Tempel des dritten Chakras, im Solarplexuszentrum, dem Platz der persönlichen Kraft, des Willens, der Führerschaft und der gezielten, nach außen gerichteten Aktivität.

»Komm«, sagt dein Freund. »Jetzt zeige ich dir das Herzstück unseres Hauses.« Er führt dich zur mittleren Etage und öffnet die Tür zu einem geräumigen, gemütlichen Wohnzimmer. Mehrere dick gepolsterte Sofas sind mit einladend weichen Kissen übersät, und die Wände sind in ein diffuses Licht getaucht, das durch bunte Glasfenster strömt. Hier kann dein Freund seine Sorgen und Geschäftspflichten vergessen. Hier fällt es ihm leicht, mit seiner Frau und den Kindern zu spielen und ihnen auf der Gefühlsebene zu begegnen. Das ist der Tempel des vierten Chakras, das Herzzentrum, wo Liebe und Anteilnahme die Energie der ersten drei Chakren transformieren.

Und nun führt dein Freund dich in einen Raum voller Musikinstrumente. Er nimmt eine Gitarre und beginnt zu spielen. Du suchst dir eine Trommel aus und begleitest ihn. Ihr improvisiert, lacht und freut euch über die Harmonien, die ihr spontan hervorbringt, weil die Tonfolgen aus euch hervorquellen wie flüssiger Honig. Dies ist der Tempel des fünften Chakras, das Kehlkopfzentrum, wo die Seele ihre Stimme nach außen dringen läßt, wo du deine Kreativität spielen läßt und deine Wahrheit schöpferisch zum Ausdruck bringst.

Jetzt steigt ihr auf einer Wendeltreppe ins obere Stockwerk und betretet einen schlichten Raum, wo du vor einem niedrigen, mit Blumen und Kerzen geschmückten Tisch kniest, tief einatmest und zur Ruhe kommst. Die Klarheit des Raums durchflutet dich, und in diesem Moment der Stille kommen dir tiefe Einsichten in ein Problem, das du schon lange mit dir herumgetragen hast. Angesichts der Einfachheit der Lösung verändert sich deine gesamte Perspektive. Jetzt weißt du, was getan werden muß! Dies ist das Reich des sechsten Chakras, das Zentrum des Dritten Auges, wo du die Hintergründe aller Dinge und Ereignisse auf intuitiver Ebene wahrnimmst.

Zuletzt führt dein Freund dich auf den Dachgarten, wo du unter dem freien Himmel stehst. Von hier aus hast du einen spektakulären, panoramahaften Rundblick über das Land ringsumher. Du siehst, wie die Straßen, Häuser, Flüsse und Berge am Horizont in das Blau des Himmels übergehen. Alles ist miteinander verbunden, Teil eines großen Ganzen. Du empfindest dich als Glied in einer endlosen Kette. Voll Dankbarkeit entspannst du dich so tief wie noch nie, und nun sinkst du ins einfache Sein hinein – im Frieden mit dem Leben, so wie es ist. Dies ist die Aussicht vom siebten Chakra, dem Kronenzentrum, wo du deine Individualität aufgibst und im eigenen Ursprung versinkst. Hier bist du dir deiner Einheit mit dem Universum bewußt.

Du staunst über dieses Haus – wie nahtlos ein Teil in den anderen übergeht, wie inspirierend und sinnvoll und zweckmäßig alles angelegt ist. Du hast dich immer wacher und energiegeladener gefühlt, während du von einem Raum zum anderen gewandert bist, weil jeder seine Essenz und Funktion so klar zum Ausdruck gebracht hat, daß die Wirkung des nächsten Raums um so eindrucksvoller hervortreten konnte. Dein Rundgang durch das Chakren-Haus deines Freundes hallt noch lange in deiner Erinnerung wider. Du fragst dich, was du tun kannst, um dein eigenes Haus auf ähnlich einfache und stimmige Weise einzurichten.

Der Weg der vibrierenden Energie

*Schau: all diese Welten wirbeln aus dem Nichts hervor.
Deine Macht bringt sie hervor...*

Rumi

Wenn die Lebenskraft durch die Chakren fließt, erweckt die dabei erzeugte Energie einen Strom von immer neuen Erkenntnissen, die uns zeigen, wer wir sind und wie wir mit unserer Welt umgehen. Die Chakren sind wie feinstoffliche Räder, die sich so unablässig drehen, wie unsere Herzmuskeln Blut pumpen und unsere Lungen Luft aufnehmen und ausstoßen. Mit jeder Umdrehung entziehen die Chakren den unsichtbaren Energiefeldern ringsumher eine essentielle Antriebskraft, die auch *Prana* genannt wird. So werden wir »aus dem Nichts heraus« mit Nahrung versorgt, die unser Körper-Geist-System am Leben und im Gleichgewicht hält.

WIE DIE CHAKREN FUNKTIONIEREN

Du kannst deine Chakren nicht mit den physischen Augen sehen, aber wenn du dich mit ihren Funktionen vertraut machst, wirst du ihre Kraft und ihren Einfluß auf dein Leben mehr und mehr wahrnehmen. Die Chakren funktionieren wie Durchgangsstationen, durch die *Kundalini*-Energie (Prana, Chi oder Lebenskraft) in die Bereiche geschleust wird, wo Energie in Bewußtsein verwandelt werden kann.

Der zeitgenössische indische Yogalehrer B. K. S. Iyengar beschreibt die Chakren folgendermaßen: »Wie Antennen Radiowellen aus der Luft auffangen und diese durch Empfangsgeräte in Töne verwandelt werden, so nehmen die Chakren kosmische Schwingungen auf und verteilen sie im ganzen Körper.«

Wenn wir unsere Welt als ein dynamisches Zusammenspiel von Energie und Bewußtsein begreifen, erkennen wir das Leben als einen unaufhörlichen Tanz wellenförmiger Energie, die endlose Gestalten annimmt, pulsiert, sich ausdehnt und zusammenzieht, abklingt und sich erneut erhebt. Jedes Chakra ist eine Sprosse auf der persönlichen Entwicklungsleiter des Menschen, denn es stellt Verbindungen zu Schwingungsfrequenzen her, die wir im Laufe unseres Wachstums beherrschen lernen und integrieren. In jedem Chakra wird ein ganz bestimmter Aspekt der menschlichen Erfahrungswelt verarbeitet und gemeistert. Wenn wir lernen, uns frei und mühelos in ihrem jeweiligen Funktionsfeld zu bewegen, wird unsere Energie zur nächsthöheren Stufe aufsteigen. Jedes Chakra verleiht uns bestimmte Talente und Fähigkeiten, stellt uns aber auch vor Herausforderungen und Dilemmas, denen wir uns nicht entziehen können.

ORGASMEN IN DEN SIEBEN CHAKREN

Für mich ist der Liebesakt eine Metapher für alles, was wir im Leben unternehmen, und mehr noch: Wenn wir uns sexuell mit einem Partner vereinigen, vollziehen wir auf der physischen Ebene nach, was sich energetisch in jedem der sieben Chakren abspielt.

Grundsätzlich ähneln die Chakren einer Batterie, die man auflädt und irgendwann wieder entlädt. Beim Liebesspiel wird die Energie durch wachsende Erregung soweit gesteigert, daß sie sich schließlich im physischen Orgasmus entlädt. Und genauso funktionieren die feinstofflichen Zentren unseres unsichtbaren Energiehaushalts. In jedem Zentrum findet eine Vereinigung der ewigen Polaritäten statt: Energie und Bewußtsein, Körperkraft und Einsicht, Shiva und Shakti. In den alten tantrischen Schriften heißt es, daß die ekstatische Vereinigung von Shiva und Shakti in jedem der Chakren eine Bewegung erzeugt, die »das ganze Universum aufwühlt und regeneriert«. Solche Beschreibungen machen uns darauf aufmerksam, daß der Orgasmus kein rein sexuelles Phänomen ist, sondern eine Aufladung, eine ganzheitliche Steigerung und Entladung der Lebenskraft, die zu jeder Zeit in allen Lebewesen stattfindet.

Jeder von uns besitzt einen männlichen (entladenden, aktiven) Aspekt und einen weiblichen (empfänglichen, anziehenden) Aspekt, und das gleiche gilt auch für unsere Energiezentren. Der weibliche Aspekt jedes Chakras zieht Energie an und nimmt sie in sich auf; der männliche Aspekt lenkt die Energie nach außen, worauf sie durch den Rest des Chakra-Systems zirkuliert wird. Diese beiden Bewegungen erzeugen die spiralförmig wirbelnden orgasmischen Umdrehungen der Chakren. Und es ist genau wie beim Sex: Je mehr Energie mobilisiert wird, um so höher die Erregung und um so gewaltiger die Entladung beim Überschreiten des Höhepunkts der Erregung. Die Ausdehnung und Zusammenziehung, die mit dieser männlich-weiblichen Interaktion einhergeht, ist der Rhythmus des Lebens schlechthin. Und je mehr Lebensenergie durch jedes einzelne Chakra geschleust wird, desto größer ist seine Fähigkeit, Energie und Bewußtsein auf jeder Ebene zu erzeugen und zu transformieren.

Wenn es uns gelingt, das in jedem Chakra existierende Spannungsverhältnis zwischen seiner aktiven und seiner empfänglichen Komponente in ein harmonisch ausgeglichenes Verhältnis zu verwandeln, steigert sich unsere Gesamtenergie ähnlich wie die sexuelle Energie eines Liebespaars kurz vor dem Orgasmus. Ein offenes Chakra, das die Lebenskraft ungehindert weiterleitet, durchflutet unser ganzes Wesen mit seiner leuchtenden Vitalkraft. Und so kann die Energie zum nächsten Chakra weiterfließen und es ebenso beleben.

Manchmal geschieht es, daß sich sämtliche Energiezentren spontan öffnen. Der Auslöser kann Erleichterung sein, zum Beispiel wenn man plötzlich von Todesangst oder unerträglichen Schmerzen befreit wird, oder wenn der innere Energiepegel durch Bewegung, Tanz, harte Arbeit, starkes Atmen, intensive Gefühle, tiefe Meditation oder einen Orgasmus angehoben wird. Selbst die totale Empfänglichkeit für den Moment – hier und jetzt – kann eine Öffnung herbeiführen. Dann fließt unsere Lebenskraft ungehindert durch alle Zentren. Der Körper vibriert vor Vitalität. Das Herz ist offen. Der Verstand ist klar, frei von negativen Gedanken. Und der Geist kann sich ungehindert im Menschsein verkörpern.

Solche Erfahrungen sind Kostproben unseres Potentials, aber die Chakren öffnen sich nur sehr selten alle auf einmal zu einem vollkommen ungehinderten Fluß. Zu jeder Zeit kann ein Chakra entspannt und offen sein, während andere geschlossen bleiben. Ihre Energiefelder sind permanent in Bewegung.

Die Erfahrung, daß Energie in den Chakren transformiert und in Ekstase verwandelt wird, ist nicht auf den Liebesakt beschränkt. Jede Erfahrung im Leben enthält Energie, die von unseren Chakren – den Schaltstellen unseres inneren Kraftwerks – verarbeitet wird.

Ein Einblick in die feinstoffliche Teamarbeit aus tantrischer Sicht

Unsere endokrinen Drüsen bilden ein Netzwerk, das seine Informationen permanent austauscht und für die innere Sekretion im ganzen Körper sorgt, und genauso funktioniert auch unser Chakra-System. Wenn ein Chakra sich öffnet, ist es, als würden sich Schleusentore öffnen; stagnierende Energie wird zum Fließen gebracht, was alle anderen Energiezentren und das Gesamtsystem von Körper, Herz und Verstand wohltuend beeinflußt. Um diese Wechselseitigkeit zu verstehen, kann man sich ein Team von Direktoren im »Verwaltungsrat der tantrischen Körperschaft« vorstellen und ausmalen, wie das Team sich im Idealfall verhalten würde.

- Das Kronenzentrum ist der Schutzengel der Körperschaft. Er wacht über all seine Direktoren und Mitarbeiter und strahlt Lichtkräfte und Liebesenergie aus.
- Das Stirnzentrum oder Dritte Auge ist der Visionär unter den Direktoren. Er sorgt dafür, daß jeder einen Gesamtüberblick hat, das gemeinsame Ziel vollkommen

versteht, bei der Stange bleibt und motiviert ist, das höchste Potential der Körperschaft zu verwirklichen.

- Das Kehlkopfzentrum ist der Sprecher, der den anderen Kräften eine Stimme verleiht und allen die Möglichkeit gibt, die eigene Wahrheit zum Ausdruck zu bringen.
- Das Herzzentrum ist der Vermittler, der Brücken schlägt, nach den Gemeinsamkeiten sucht, alle so annimmt und schätzt, wie sie sind, und bei Konflikten als Friedensstifter auftritt.
- Das Sonnengeflecht oder Solarplexuszentrum ist der Verwalter unter den Direktoren. Er leitet und unterstützt die anderen Abteilungen, damit alle ihr Bestes geben können, und mobilisiert die notwendige Energie und Willenskraft, um Ziele zu erreichen.
- Das Nabelzentrum ist der Direktor der Aktivitäten. Er sorgt für einen stimmigen, nahtlos fließenden Handlungsablauf. Er kümmert sich um die Gesundheit aller Mitwirkenden, achtet auf den Zeitplan und den Arbeitsrhythmus, leitet notwendige Veränderungen ein und sorgt für den Abschluß von Projekten.
- Das Sexzentrum ist der Gründervater. Er wacht über die Ursprünge, die Regeln und Verhaltensrichtlinien. Er ist der starke Fels, auf den das ganze System gegründet ist, der Anker, der es hält, und sein Enthusiasmus und seine Leidenschaft sind eine Inspiration für das gesamte Team.

Dieser »Verwaltungsrat« hält regelmäßige Konferenzen ab, und bei Wahlen hat jeder Direktor eine Stimme. Im Idealfall wird die Macht von allen zu gleichen Teilen getragen, und alle Direktoren stimmen in wichtigen Punkten überein. Oft ist das jedoch nicht der Fall. Manchmal wird ein Direktor übermütig und reißt die Kontrolle an sich oder versucht sogar, die ganze Firma zu übernehmen (ein Takeover! Dieses machthungrige Chakra muß in seine Schranken verwiesen werden!). Wenn eines oder mehrere Chakren gestört oder geschwächt sind, Mangel leiden oder unfähig sind, ihre Autorität geltend zu machen, dann müssen ihre Pflichten von anderen Zentren übernommen werden, was das gesamte System zusätzlich belastet. Manchmal geraten auch die Aufgabenbereiche durcheinander. Wenn zum Beispiel das sechste Chakra versucht, die Autorität des vierten Chakras zu untergraben, werden Gefühle intellektualisiert, weil das Herz vom Verstand kontrolliert wird. So sagte einer meiner Freunde, als er von seiner Beziehung zu einer Frau erzählte, zu der er sich hingezogen fühlte: »Ich *denke* schon, daß ich sie liebe.«

Obwohl jedes Chakra eine in sich abgeschlossene Einheit ist, funktionieren sie insgesamt wie ein Hologramm, bei dem jedes einzelne Teil das Wesen der Gesamtheit reflektiert. Das bedeutet, daß ein Chakra auf alle anderen eingestimmt sein muß und von allen anderen unterstützt werden muß, um optimal funktionieren zu können. Um zum Beispiel dein Herzzentrum voll zu leben und deine Liebe ungehindert ausdrücken zu können, brauchst du die zündende Leidenschaft eines starken Sexual- oder Wurzelchakras, einen harmonischen Energiestrom im Nabel- oder Bauchchakra, ein unverkrampftes Sonnengeflecht, das keine Machtprobleme hat, die authentische Ausdrucksfähigkeit deines Kehlkopfchakras, den visionären Blick des Stirnchakras (des Dritten Auges) und ein aufnahmefähiges Kronenchakra.

TEDS GESCHICHTE:
ÖFFNUNG DES ERSTEN CHAKRAS

Wenn ein Chakra sich öffnet, kann dies eine transformierende Erfahrung sein. Mein Freund Ted erlebte eine spontane Öffnung seines ersten Chakras (das Zentrum, durch das wir uns erden und mit ursprünglicher Antriebskraft verbinden). Er hatte bereits eine Zeitlang mit mir an seinen Energiezentren gearbeitet, als er eines Tages eine unerklärliche Sehnsucht im Bauch spürte und einen schmerzhaften Spannungsknoten im Sonnengeflecht. Er erzählte mir folgendes:

> Jeden Tag habe ich die *Chakra-Einstimmungs*-Meditation gemacht. Am Anfang fiel es mir schwer, in meinen Bauch

und Solarplexus hineinzuatmen und mich spürbar in diese Körperteile hineinzuversetzen. Es war, als hätte ich etwas zu verteidigen. Irgend etwas wollte ich einfach nicht preisgeben. Dann hatte ich eines Tages eine Vision am Ende meiner Meditation. Ich sah, was mit diesen Blockaden verbunden war, und konnte den Ereignislauf innerlich nachvollziehen.

Alles fing damit an, daß ich sieben Wochen zu früh zur Welt kam. Am Tag meiner Geburt hat man mich nur zweimal in die Arme meiner Mutter gelegt. Danach bin ich sieben Wochen lang von ihr getrennt worden – bis zu dem Tag, an dem ich planmäßig zur Welt kommen sollte. Und so hatte ich keine Gelegenheit, mich mit meiner Mutter zu verbinden. Ich wurde einfach von einer Krankenschwester zur nächsten weitergereicht und hatte die ganze Zeit das Gefühl, völlig verlassen zu sein.

Siebenundvierzig Jahre lang bin ich haltlos durch die Welt gestolpert, wurzellos, und habe mich nirgendwo wirklich zu Hause gefühlt. Am Ende der *Chakra-Einstimmungs*-Meditation fühlte ich die ganze Verzweiflung und Sehnsucht, die ich als Säugling empfunden hatte: Alles war kalt und finster, kein Mensch war da. Hilflos lag ich in einer beklemmenden Einsamkeit.

Nachdem ich lange geweint und mein Schicksal betrauert hatte, ging mir schlagartig auf, daß ich überhaupt nicht verlassen worden war! Nicht wirklich – ringsumher hatte es Menschen gegeben, die mir helfen wollten, *mitfühlende Wesen, die mir das Leben gerettet hatten! Aber damals war ich ein neugeborenes Baby und einfach nicht fähig, sie wahrzunehmen.* Jetzt wußte ich endlich, daß ich von Anfang an geliebt und behütet worden war.

Diese Erkenntnis brachte mir Heilung. Siebenundvierzig Jahre lang war ich jeden Morgen mit einem Gefühl des Verlusts aufgewacht. Dauernd hatte ich versucht, auf die eine oder andere Art dieses Gefühl zu kompensieren. Aber bei dieser Meditation ist mir der Zusammenhang aufgegangen, und das hat mir die Energie gegeben, die ich brauchte, um den Knoten zu lösen und durch den Schmerz hindurchzugehen. Ich wurde gezwungen, alles noch einmal zu erleben, aber damit konnte es auch endlich geheilt werden.

Eine enorme Last ist von mir abgefallen. Der Schmerz der Verständnislosigkeit und das Gefühl, in meiner Tatkraft und Entscheidungsfähigkeit blockiert zu sein, ist verschwunden. Jetzt bin ich sicher, daß ich mir ein neues Leben aufbauen kann. Endlich habe ich verstanden, daß man mich nicht verlassen, sondern mein Leben gerettet hat.

Ted hat sich seinem Schmerz und seiner Trauer hingegeben, die volle Gefühlsladung angenommen und sie durch seine Chakren geschleust, wo die Energie transformiert und in seinen Gesamthaushalt integriert werden konnte. Jetzt wird sein zweites und drittes Chakra nicht länger von altem, nicht ausgedrücktem Schmerz blockiert.

DIE SPRACHE DER CHAKREN UND IHRE BOTSCHAFTEN

Wußtest du, daß deine Energiezentren zu dir sprechen können? Du kannst dich mit ihnen vertraut machen, indem du auf ihre Botschaften lauschst. Mit deiner intuitiven Intelligenz kannst du dich auf jedes Chakra einstimmen wie auf einen Radiosender. Die Chakren sind poetische Botschafter des Körpers und des Geistes, die sich aktiv an deinem Heilungs- und Transformationsprozeß beteiligen können.

Bei meinem »Training für Liebe und Ekstase« üben die Teilnehmer eine ganze Woche lang, die Botschaften ihrer Chakren zu vernehmen und auszudrücken. Wir arbeiten in Gruppen von jeweils drei Personen, die der Reihe nach die Rollen des »Sprechers«, des »Zeugen« und des »Zuhörers« übernehmen. Der Sprecher hat sieben Minuten Zeit, um jeweils ein Chakra durch sich sprechen zu lassen; der Zeuge schreibt die Worte nieder oder nimmt sie auf Tonband auf; und der Zuhörer ist eine stillschweigend ermunternde Präsenz. Jede Gruppe beschäftigt sich mit einem Chakra pro Tag und läßt dabei das jeweilige Chakra zum Ausdruck kommen, das sich direkt zu Wort meldet. Hier sind ein paar Auszüge, die einen Eindruck von der Vielfalt und Tiefe der »Chakrabotschaften« vermitteln.

Stimmen des fünften Chakras – Das Lied der Seele

JOAN ∼ Ich bin deine Kehle. Ich brauche mehr Raum, damit ich freimütig sprechen kann. Ich will frei sein; du hältst mich zurück. Laß mich sagen, was ich fühle, laß mich fühlen, was ich sage... Ich rufe den Geist in den Körper. Ich bin das Stimmband der Seele. Ich reguliere die Schwingungen.

JACK ∼ Ich bin die Kehle. Ich muß alles zusammenhalten. Ich muß sicherstellen, daß alles koordiniert wird und glatt läuft. Ich fühle mich eng. Ich möchte frei sein. Ich bin ein Künstler. Es steht mir frei, mich auszudrücken, zu rufen, *ich selbst zu sein!* (Langes Schweigen.) Jetzt bin ich ruhig. Ich fühle Energie in meiner Kehle pulsieren: Elektrische Ströme laufen durch die Wirbelsäule, starke Farben fließen und verschmelzen... Die Energie ist so subtil, so leuchtend hell... Im Innern fühle ich ein hauchzartes Resonanzfeld... Jetzt habe ich Raum... Ich fühle mich frei.

Stimmen des zweiten Chakras – Das Nabelzentrum

PETER ∼ Ich bin der Bauch. Ich fühle mich schwanger mit Weite. Ich danke meinen Wurzeln für ihre Nährstoffe. Ich bin der große Ernährer. Ich lagere Erfahrungen im Bauch ab. Ich speichere Visionen im Bauch.

SARAH ∼ Ich bin gewaltig, rund, voll – ich bin der Mutterschoß. Alles kommt durch mich zur Welt. Ich habe Macht. Ich verberge viel. Ich bin ein Brunnen der Hoffnung und der Verzweiflung. Dieser Brunnen ist bodenlos. Ich bin die Mutter. Die Mutter verströmt Mitgefühl, weil sie die Tränen in ihrem Bauch getrunken hat.

Immer werden ganz spontan ähnliche Worte benutzt, um die Qualität eines Chakras zum Ausdruck zu bringen: Wenn für den Bauch gesprochen wird, erwähnen fast alle die Weite. Wenn für den Hals gesprochen wird, ist Freiheit und kreativer, authentischer Ausdruck ein Hauptthema. Oft sind die Aussagen sehr poetisch, oft entsteht ein langer Monolog des Chakras. Völlig neue Stimmen melden sich bei dieser Übung zu Wort. Oft wird der Sprecher von seinem eigenen Chakra um aktive Unterstützung gebeten.

Immer wenn du innere Führung brauchst, kannst du dich auf deine Chakren besinnen und sie durch dich sprechen lassen. Du wirst jeden Moment deines Lebens bewußter genießen, wenn du den weisen Rat deiner eigenen Chakren befolgst.

Die Botschaften der Chakren empfangen

Diese Übung ist ganz einfach und kaum anspruchsvoller als die Methode des inneren Wissens (Seite 110). Denke daran, daß du dir dabei nichts vormachst oder einredest, sondern daß du einfach nur deinen inneren Energiezentren und den Gefühlen, die in ihnen auftauchen, deine Stimme leihst. Wieviel Zugang du zu den tieferen Schichten deines Unterbewußtseins findest, hängt davon ab, wie tief du dich entspannen und wie unzensiert du die inneren Stimmen sprechen lassen kannst.

Ziel
- Klare Botschaften von den eigenen Chakren erhalten.
- Energetische Blockaden auflösen und die Kreativität im Umgang mit alltäglichen Situationen steigern.

Vorbereitung
- Plane ungefähr zwanzig Minuten für diese Meditation ein. Du verbindest dich mit jeweils einem Chakra pro Sitzung.
- Stelle sicher, daß du nicht gestört wirst, und sorge für eine stille, ruhige Atmosphäre.
- Schalte das Telefon und andere elektronische Geräte ab.

🐾 Wenn du ein Tonband benutzen möchtest, halte es griffbereit und schalte es an, bevor du beginnst.

🐾 Wenn du die Übung mit einem Partner machst, wechselt ihr euch ab: Einer ist der Sprecher, der andere der Zeuge und Zuhörer.

Übung

🐾 Beginne mit der Begrüßung des Herzens (Seite 104). Richte sie an das Chakra, mit dem du dich in Verbindung setzen möchtest.

🐾 Setze oder lege dich bequem hin. Lockere Spannungen im Nacken, im Kopf, in den Schultern und am Rückgrat.

🐾 Jetzt entspanne dich ungefähr fünf Minuten lang. Schließe die Augen, laß deine Gesichtsmuskeln los und beobachte deinen Atem (es ist empfehlenswert, sanft durch die Nase zu atmen). Laß deine Atemzüge tiefer werden, ohne sie zu forcieren. Bei jedem Einatmen fühlst du vitale Lebensenergie (*Prana*) in dich hineinströmen und ihre regenerierende Kraft im ganzen Körper verteilen. Bei jedem Ausatmen läßt du Spannungen los. Ablenkende Gedanken läßt du ganz einfach kommen und gehen, wie Wolken, deren Vorüberziehen du vollkommen unbeteiligt wahrnimmst. Besinne dich erneut auf deinen Atem. Entspanne dich mehr und mehr.

🐾 Jetzt richte deine Aufmerksamkeit auf den Bereich, mit dem du Kontakt aufnehmen möchtest. Laß deine Hände sanft auf dem Körperteil ruhen (beispielsweise über dem Herzen, wenn du dich auf das vierte Chakra einstimmen willst). Atme in diesen Bereich hinein und schenke ihm deine ungeteilte Aufmerksamkeit. Visualisiere die Organe, die sich dort befinden, oder sprich ihre Namen laut aus. Stell dir vor, daß du zu einem Kind sprichst, zum Geist deines Körpers, und laß deine Worte sanft und leicht klingen – flüstere, wenn du magst. Sprich so lange zu dem Chakra, bis du spürst, daß du mit ihm verbunden bist. Sag innerlich: »Liebes (Name des Chakras), ich verbinde mich jetzt mit dir. Ich stelle dir meine Stimme zur Verfügung und heiße deine Botschaften willkommen. Ich öffne mich für dich, bitte sprich durch mich.«

❧ Jetzt leihst du dem Energiezentrum deine Stimme und hörst, was es zu sagen hat. Um sicherzustellen, daß du direkten Zugang zu einem Chakra gefunden hast, sprich in der ersten Person. Zum Beispiel: »Ich bin dein Herz... Im Moment fühle ich mich etwas beklommen«, und so weiter. Wenn du dich distanzierst und sagst: »Mein Herz fühlt...«, könnte es sein, daß dein Intellekt das Wort ergreift und du nicht mit der wahren Stimme deines Chakras in Kontakt kommst.

❧ Bleibe etwa fünf bis sieben Minuten lang auf das Chakra eingestimmt. Mach dich auf längere Pausen beim Sprechen gefaßt. Etwas Tiefes spricht aus deiner Innenwelt heraus – laß die leeren Zwischenräume unausgefüllt. Entspanne dich und laß das zu, was ist. Du wirst spüren, wann die Übung beendet ist. Dann atme ein paarmal tief durch und bedanke dich bei dem jeweiligen Energiezentrum für die Botschaften, die du von ihm erhalten hast.

❧ Ende mit der Begrüßung des Herzens.

Hinweise

❧ Du kannst die Chakrabotschaften laut aussprechen und auf Tonband aufnehmen oder einen Freund bitten, Notizen zu machen (diese Übung eignet sich bestens für kleine Gruppen von drei oder mehr Personen). Außerdem kannst du die Übung wie die Methode des »inneren Wissens« innerlich und schweigend machen.

❧ Wenn du dich angespannt oder belastet fühlst, mache erst einen Spaziergang oder Dehn- und Atemübungen.

❧ Du kannst mit dem Chakra beginnen, das am meisten Heilung benötigt. Wenn du alle sieben Chakren sprechen lassen willst, rate ich dir, mit dem Sexzentrum anzufangen, deinem Fundament, und dann der Reihe nach mit einem Chakra pro Tag aufwärts zu gehen.

❧ Analysiere nicht, was abläuft, auch wenn die Verlockung dazu groß sein mag. Um die Stimme deiner Chakren zu finden, mußt du tiefer gehen als der analytische Verstand. Nimm ein paar tiefe Atemzüge, warte geduldig, versetze dich mental in den entsprechenden Körperbereich und wiederhole bei Bedarf alle angegebenen Schritte noch einmal.

- Wenn du fertig bist, steh auf, laufe herum und mache eine Pause, bevor du die Aufzeichnungen liest oder abhörst. Dann beschäftige dich mit deinen Aufzeichnungen und versuche, die Grundessenz oder den Kern der Botschaft deines Chakras zu erkennen. Mache daraus eine Affirmation, die du täglich benutzen kannst.

ENERGIE UND EKSTASE

Wenn du dich jemals gefragt hast: »Warum passiert mir das *andauernd*?!«, dann weißt du, wie sich ein blockiertes Chakra bemerkbar macht, dessen Energiefluß gestört ist. Zwanghafte Gedankengänge, sich wiederholende Gefühlsmuster und chronische Problembereiche sind Anzeichen dafür, daß die Energie nicht gleichmäßig und ungehindert durch die Chakren fließt. Wenn zum Beispiel das dritte Chakra geschwächt ist, kann sich dies in chronischer Versagensangst äußern, in der Unfähigkeit, etwas Angefangenes zu Ende zu bringen, oder in dem Gefühl, ständig vom Leben oder von anderen behindert zu werden. Ein blockiertes Herzchakra verhindert, daß wir Liebe freimütig geben und empfangen, führt zu Gefühlen von Ärger und Groll und macht uns zu Magneten für Menschen, die uns ausnutzen oder mißhandeln. Diese Wechselwirkungen sind zum Teil auf das selektive Bewußtsein zurückzuführen, das magnetisch zu uns zieht, worauf wir unsere Aufmerksamkeit richten. Wie das Sprichwort sagt: In einer Versammlung von Heiligen sieht ein Taschendieb nichts als Taschen.

Durch die direkte Arbeit mit den Chakren können wir negative Verhaltensmuster transformieren, Stimmungsschwankungen regulieren, Schwachstellen stärken, unsere Gesundheit verbessern und Beziehungsprobleme auflösen. Hier folgen einige Beispiele, wie sich Blockaden in den einzelnen Chakren auf Körper, Verstand, Gefühle, Energieniveau und Verhalten auswirken können.

Blockaden ~ Wenn das erste Chakra, unser Sexzentrum, kontrahiert ist, haben wir ein gestörtes Verhältnis zu Lustempfindungen aller Art. Eine zwiespältige Beziehung zur eigenen Sexualität kann das Feuer leidenschaftlicher Lebensenergie mit der Zeit zur schwach flackernden Funzel reduzieren. Dadurch fällt es uns schwer, unsere Lebenskraft zu lenken und ihr eine sinnvolle Richtung zu geben. Die Fortpflanzungsorgane werden anfällig für Störungen und Krankheiten. Das Verhältnis zu unserer Arbeit wird von Überlebensängsten bestimmt und ist ohne Freude und Begeisterung. Wir haben möglicherweise das Gefühl, nie genug von allem zu haben, und werden arbeitssüchtig. Oder wir sacken völlig zusammen und verlieren jede Unternehmungslust.

Wenn das zweite Chakra, unser Nabelzentrum, kontrahiert ist, haben wir Schwierigkeiten, klare Grenzen für uns selbst und andere zu setzen. Die Unterschiede zwischen »mir« und »dir« sind verschwommen, und so fällt uns das Neinsagen schwer. Wir vernachlässigen uns selbst und leisten damit Gesundheitsproblemen Vorschub. Der stockende Energiefluß kann zu physischer und emotionaler Verstopfung führen. Wir fühlen uns gefangen in Situationen, die wir scheinbar nicht ändern können, oder leiden unter genereller Mut- und Hoffnungslosigkeit.

Wenn das dritte Chakra, das Sonnengeflecht, verkrampft ist, mangelt es uns an Selbstvertrauen und Selbstwertgefühl. Wir lassen uns ausnutzen und werden möglicherweise zu ohnmächtigen Opfern, weigern uns jedoch, die Verantwortung für notwendige Veränderungen zu übernehmen und Risiken einzugehen.

Wenn das vierte Chakra, unser Herzzentrum, kontrahiert ist, können wir uns nicht von alten Wunden lösen und leiden an mangelndem Vertrauen. Oft übernimmt der Kopf die Funktionen des Herzens, worauf wir zu notorischen Skeptikern werden, die an allem und jedem zweifeln. Obwohl der Schmerz unserer Einsamkeit eine enorme Sehnsucht nach Liebe erzeugt, verhindert die Angst vor erneuten Verletzungen, daß wir uns für einen liebevollen Austausch und neue Beziehungen öffnen.

Wenn das fünfte Chakra, unser Kehlkopfzentrum, verengt ist, verlieren wir den Kontakt zu unserer inneren Einzigartigkeit und können uns nicht mehr frei und authentisch ausdrücken. Weil wir uns auf die Zunge beißen und unsere Wahrheit hinunterschlucken, statt offen zu kommunizieren, bleiben wir möglicherweise in untergeordneten Positionen stecken, die zwar weniger risikoreich, aber auch weniger erfüllend sind.

Wenn das sechste Chakra, unser Drittes Auge, kontrahiert ist, fühlen wir uns verwirrt und desorientiert. Ohne klare Vision von unserem Lebenssinn und unserer Aufgabe werden wir zu Mitläufern, die bei anderen Menschen nach Führung und nach Antworten suchen. Unterschwellig erzürnt über unsere Abhängigkeit, neigen wir dazu, andere zu kritisieren und zu verurteilen.

Wenn das siebte Chakra, unser Kronenzentrum, kontrahiert ist, fehlt uns das Vertrauen in unsere innere Führung und der Glaube daran, daß die Lösung unserer Probleme in uns selbst zu finden ist. Wir haben keine klare Beziehung zur geistigen oder göttlichen Seinsebene. Unsere Spiritualität schwankt zwischen Hoffnung und Zweifel, denn sie beruht auf Kalkulationen. Wir versuchen, unser Leben auf einen Glauben aufzubauen, der nicht auf eigenen, direkten Erfahrungen beruht und uns deshalb auch keinen echten Halt bieten kann. So neigen wir dazu, das Schlimmste zu befürchten, und werden oft bitter vom Leben enttäuscht.

Plötzliche Öffnungen ❧ Heil und ganz zu sein bedeutet, daß jedes Chakra fähig ist, sich zu öffnen und auf seiner optimalen Schwingungsfrequenz zu funktionieren. Durch geöffnete Chakren fließt die Energie wie Wasser durch perfekt angelegte Kanäle. Aber unsere Widerstände, Blockaden und Konflikte, Verwirrung, Verkrampfung und physische Probleme können dazu führen, daß die Öffnung eines Chakras anfänglich schmerzhaft ist.

Wenn die innere Glut entfacht wird, werden starke Energieströme (sexueller oder nichtsexueller Erregung) in Bereiche geschleust, die bisher hinter physischen oder psychologischen Schutzwällen vor sich hin stagnierten. Und dann kann es sein, daß ein Damm bricht und lange unterdrückte Gefühle freigesetzt werden. Die Auslöser können ganz unterschiedlich sein: tiefes Durchatmen, wenn man chronisch verkrampft war; das Erlebnis, daß man Hilfe erhält, wenn man isoliert und einsam war; gehalten und liebevoll geküßt zu werden; ermutigt zu werden, sich frei auszudrücken, nachdem man jahrelang unbeachtet und ohne Stimme existiert hat; tiefe Massage an Stellen, in denen starke Gefühle gespeichert sind. Alle diese Auslöser können bewirken, daß aufgestaute Trauer, tiefer Schmerz, alte Wut oder lange vergessene Gefühle und Bilder an die Oberfläche kommen und sich entladen.

Für manche ist die Intensität ihrer Reaktion auf eine Chakra-Öffnung so überwältigend, daß ihnen angst und bange wird. Solche emotionalen Entladungen sind jedoch lediglich eine Folge des Zusammenbruchs der alten Schutzwälle, die eines oder mehrere Chakren abgeschottet und teilweise funktionsunfähig gemacht haben. Generell sind Menschen, die ihre Gefühle unterdrücken, unfähig, ihre natürlichen eigenen Kraftreserven zu mobilisieren.

Wenn du deine Chakren durch dich sprechen läßt, können Schmerzen und Ängste hochkommen, weil Energien, die du seit Jahrzehnten zurückgehalten hast, sich plötzlich zu Wort melden. Aber wenn du ihnen erlaubst, sich frei auszudrücken, wirst du dich rasch erleichtert fühlen, vitaler und lebendiger. Nur solange du sie ablehnst, sind diese energetischen Schattenfiguren deine Feinde. Beim näheren Hinsehen entpuppen sich unsere inneren Dämonen als starke emotionale Kräfte: Wut, Trauer, Verzweiflung, alte Wunden und unangenehme Erinnerungen, die im Gedächtnis und in den Energiezentren gespeichert worden sind. Wenn sie sich zeigen, dann heiße sie willkommen. Jeder Teufel ist ein Engel im Exil. Wenn du deine Dämonen zu dir zurückrufst, sie als Teil deines eigenen Seins akzeptierst, heilst und transformierst, werden sie zu mächtigen Verbündeten und können dir die Tore zur Weisheit öffnen. Denn sie enthalten den Schlüssel zu deiner verlorenen oder unterdrückten Macht, die dir wieder zur freien Verfügung steht, sobald du sie integriert hast.

Chakraeinstimmung

Hier ein paar Vorschläge für die spielerische Anregung der Chakren durch bewußtes Atmen und Bewegung. Generell geht es darum, die Vibrationsrate jedes einzelnen Chakras anzuheben, denn alle Chakren vibrieren im Takt mit den Rhythmen, die sich aus dem inneren Wechselspiel zwischen weiblich (Zusammenziehen/Einatmen) und männlich (Ausdehnen/Ausatmen) ergeben. Die folgende Übung soll so viel Spaß wie möglich machen! Tue, wozu du am meisten Lust hast: verwende Tanz, Bewegung, kreativen Ausdruck oder Visualisierungen. Außerdem habe ich Affirmationen für alle sieben Chakren beigefügt, die von der Tai-Chi und Qi-Gong-Meisterin Anne Chandler entwickelt worden sind.

Ziel
- Die Energiezentren öffnen, damit der Kraftstrom frei durch sie hindurchfließen kann.
- Die Chakren mit frischer Energie und Lebenskraft aufladen.

Vorbereitung
- Finde einen Platz, zu Hause oder im Freien, an dem du dich wohl fühlst und eine halbe Stunde lang allein bleiben kannst (mit dir selbst oder einem Partner). In der Natur suchst du dir einen abgeschirmten, menschenleeren Platz, wo du hemmungslos tanzen und laut schreien kannst.
- Du brauchst eine Stereoanlage und dynamische Tanzmusik – afrikanische Rhythmen, Salsa oder World Beat, Musik, die dich animiert und in die Beine geht. Bereite dich innerlich auf einen wilden Ausdruckstanz vor. Du wirst dich an die universelle Energie anschließen, die deine Chakren öffnet und deine Energiebahnen freimacht!
- Wenn du in der Natur bist, kannst du Musikinstrumente benutzen oder einfach in die Hände klatschen und laut singen.
- Falls dir diese Übung absurd vorkommt, betrachte sie einfach als die tantrische Version einer Trainingsstunde im Fitneßstudio, zu der schweißtreibende Gymnastik, starkes Atmen und ein Muskeltraining für jedes Chakra gehören.

Übung

- Schalte die Musik an.
- Beginne mit der Begrüßung des Herzens (Seite 104).
- Atme tief durch den offenen Mund ein. Laß den Atemzug bis zum Bauch und sogar bis zum Sexzentrum vordringen. Das Atmen durch den Mund verstärkt sämtliche Gefühle und steigert die Empfindungen in den Chakren.
- Fang an zu tanzen, bewege dich und winde dich wie eine Schlange. Fühle, wie alles – von den Beinen über die Knie, Hüften und das Rückgrat bis zum höchsten Scheitelpunkt – in Bewegung gerät. Laß dich von den tiefen Atemzügen in die Bewegung hineintragen, mindestens zehn Minuten lang. Laß spontane Laute aus deiner Kehle dringen, die dein Halschakra in Schwingung versetzen, bis es offen ist.
- Nachdem du dich aufgewärmt hast, fokussierst du deine Atemzüge und Bewegungen der Reihe nach auf jedes einzelne Chakra. Verbringe etwa drei bis fünf Minuten mit jedem Zentrum, angefangen mit dem ersten Chakra und dann weiter, bis zum siebten.

Die Ekstase des Orgasmus – Rückkehr zu den Wurzeln

- Während du dich auf dein Sexzentrum konzentrierst, bewege in erster Linie die Füße, Beine und Schenkel. Schwenke deine Hüften und laß sie schlangengleich sich winden. Zieh die Muskeln im Geschlechtsbereich während des Tanzes zusammen und entspanne sie wieder. Erwecke deinen Beckenbereich durch Atem, Bewegung und Laute zum Leben. Fühle deine sexuelle Energie als einen vitalen Strom, kraftvoll, saftvoll und gesund. Wenn Widerstände auftauchen – wie vielleicht das Gefühl, daß du dich lächerlich machst oder zu steif für solchen Unsinn bist –, nimm sie gelassen zur Kenntnis und gestatte es dir, trotzdem weiterzumachen. Schau, ob du mit deinen Widerständen tanzen und sie durch Freude auflösen kannst. Während du tanzt, bestätige dir innerlich, daß du ein kraftvolles, leidenschaftliches sexuelles Wesen bist. Suche dir Worte dafür, die wahr und richtig klingen, singe sie, sprich sie wie ein kraftvolles Gedicht oder wiederhole sie dir im stillen.

❧ *Heilende Affirmation*: Ich bin sicher und geborgen. Was ich brauche, wird mir gegeben. Ich bin ein lustvolles, feuriges, orgasmisches Geschöpf!

Die Ekstase des Fließens – Eingestimmt sein

❧ Jetzt richte deine Aufmerksamkeit auf den Bauch, das zweite Chakra, ohne deinen Tanz zu unterbrechen. Winde dich weiterhin wie eine Schlange und atme tief durch den Mund in deinen Bauch hinein. Konzentriere dich auf harmonische Stärke und ausgewogene Macht. Laß deine Bewegungen fließen, laß Liebe und Anerkennung durch deinen physischen Körper strömen. Sieh im Geiste, wie gesund, quicklebendig und hervorragend koordiniert er ist – ein wahres Wunderwerk. Wenn du eine körperliche Behinderung oder Krankheit hast, stelle dir vor, daß das Gewebe, die Muskeln und Energiebahnen in allen anderen Körperteilen zu Hilfe kommen und sich an der Heilung beteiligen. Visualisiere die kranke oder unausgeglichene Stelle, berühre sie, liebe sie, atme in sie hinein, tanze mit ihr.

❧ *Heilende Affirmation*: Das Leben ist ein Spiel. Meine Energie fließt, und mein Selbstvertrauen wächst.

Die Ekstase der Macht – Die Leuchtkraft der Sonne

❧ Jetzt konzentriere dich auf das Sonnengeflecht, den Solarplexus, unterhalb deines Brustkorbs, wo das Zwerchfell sitzt. Atme tief in diesen Bereich hinein, ohne deine schlangenhaften Tanzbewegungen zu unterbrechen. Fühle, wie eine prickelnde, saft- und kraftvolle Energie in dein Sonnengeflecht hineinströmt. Fühle, wie sich deine persönliche Kraft, dein Selbstbewußtsein und deine gesamte Willenskraft dort zu einer großen, hell leuchtenden Energiekugel zusammenballen. Drücke diese Kraft durch Töne und Worte aus. Verkünde laut deine Macht. Fordere deinen rechtmäßigen Platz in dieser Welt.

◦ *Heilende Affirmation*: Ich schätze meinen eigenen Wert. Ich habe Wertschätzung verdient. Ich stehe zu meiner Macht und gehe weise damit um.

Die Ekstase der Liebe – Die Sehnsucht nach Verschmelzung

◦ Nun konzentriere dich auf das Herzchakra in der Mitte deiner Brust. Dehne deinen Brustkorb mit kräftigen Atemzügen aus. Stell dir vor, daß dein Herzchakra sich öffnet und erfüllt wird von den goldenen Strahlen eines Lichts, das dir von Wesen, die dich lieben, übermittelt wird. Drücke die Empfindungen deines Herzens beim Tanzen aus, breite die Arme aus, als würdest du durch den Himmel fliegen. Umarme dich selbst – du bist der Liebhaber und die Geliebte, die sich in deinem Herzen vereinen. Sende allumfassende Liebe aus, Fürsorge, Unterstützung, Anteilnahme für deine Geliebten, Freunde und die ganze Welt. Laß den Gefühlen, die in dir aufsteigen, freien Lauf – Gelächter, Schreie, Tränen – was auch immer. Laß dein Herz aufgehen und schmelzen.

◦ *Heilende Affirmation*: Ich werde geliebt. Ich verströme Liebe und empfange Liebe.

Die Ekstase der Schöpfung – Das Lied der Seele

◦ Jetzt richte deine Aufmerksamkeit auf deine Kehle und erforsche deine Stimme. Bewege den Nacken und den Kopf. Stoße Laute aus, singe, improvisiere, schreie, werde so geräuschvoll, wie du willst, und genieße es! Experimentiere mit Möglichkeiten, deinem Becken, Bauch, Herzen und allen anderen Chakren stimmlichen Ausdruck zu verleihen. Nimm Verbindung mit deiner inneren Energie auf und überlasse es ihr, die Ausdrucksformen zu finden, die ihr entsprechen. Laß deiner Energie absolut freien Lauf und laß dich von ihr mitreißen.

◦ *Heilende Affirmation*: Ich höre auf mein Herz und drücke meine wahren Gefühle aus. Ich entscheide mich bewußt dafür, meine Stimme und all ihre Ausdrucksformen zu lieben.

Die Ekstase der Einsicht – Tiefer und weiter sehen

୬ Jetzt konzentriere dich auf den Punkt direkt zwischen deinen Brauen, das Dritte Auge oder Stirnchakra. Atme tief ein und stell dir dabei vor, daß deine geballte Lebenskraft durch beide Augen, Ohren und die Schädeldecke hinaus ins Freie tritt. Verlangsame deinen Tanz, laß deine Bewegungen gleitend und flüssig werden. Sieh dich schweben und wie ein Adler durch den Weltraum segeln. Schau um dich und in dich hinein, betrachte dein Dasein aus einer übergeordneten Perspektive. Was spielt sich momentan in deinem Leben ab? Kannst du dich für spontane Eingebungen öffnen? Nimm die Bilder, Gefühle und Einsichten wahr, die beim Tanzen in dir aufsteigen. Spürst du den höheren Sinn deines Leben?

୬ *Heilende Affirmation*: Ich schaue, ich sehe, ich lausche, ich höre. Ich habe eine Vision von meinem Lebenssinn.

Die Ekstase der Transzendenz – Der weite Himmel

୬ Jetzt richte die Aufmerksamkeit auf deinen Scheitelpunkt. Ohne deine genußvolle Bewegung und dein gleichmäßiges Atmen zu unterbrechen, stelle dir vor, daß deine Schädeldecke aufbricht wie eine Blütenknospe, um das Licht der Sonne zu empfangen. Spüre, wie dieses göttliche Licht in dich eindringt und deinen Körper mit seinem Strahlen erfüllt. Fühle in diesem Licht die ganze Macht und Weisheit deines eigenen Geistes. Öffne dich in Dankbarkeit und Freude und lasse den Geist durch dich tanzen und zum Ausdruck kommen.

୬ *Heilende Affirmation*: Ich werde immer mehr, was ich bin. Ich bin ein Gott/eine Göttin im Werden.

Hinweise

୬ Dein Erfolg hängt von deiner Intention ab. Bevor du beginnst, stelle dir kurz vor, daß alle deine Chakren sich beim Tanzen öffnen.

୬ Anfänglich kann es sein, daß du auf Widerstände oder Blockaden in einem oder mehreren Chakren stößt. Sei sanft und geduldig mit dir selbst. Sprich mit deinen Chakren: »Ja, ich weiß, das fühlt sich unangenehm an, aber das geht vorbei. Du kannst dich ruhig öffnen, denn ich bin hier, bei dir. Gemeinsam schaffen wir es. Komm, wir atmen zusammen. Ja, so ist es gut... komm, laß uns Spaß dabei haben.«

✿ Dieser Tanz öffnet dich für mehr Freude im täglichen Leben und erleichtert den Einstieg in die Informationen und Rituale in den nächsten sieben Kapiteln. Sie werden genußvoller, weil du die Energie in jedem Chakra bereits *unmittelbar gefühlsmäßig* wahrgenommen hast.

✿ Nachdem du diesen Tanz ein paarmal wiederholt hast, kannst du die ganze Familie zum Mitmachen einladen. Kindern gefällt diese Übung besonders gut.

Dieses Kapitel war ein einleitender Rundgang durch die sieben Energiezentren und hat uns mit dem subtilen Energiesystem vertraut gemacht, das die Lebensenergie in persönliche Kraft, Erkenntnis und Ekstase verwandelt.

In den folgenden sieben Kapiteln wird jedes Chakra ausführlich besprochen. Der Überblick am Anfang jedes Kapitels führt die Kräfte und Ausdrucksweisen jedes einzelnen Chakras, die damit verbundenen Bilder und Archetypen, die positiven und negativen Qualitäten in Stichworten aus. Danach werden die Essenz des jeweiligen Chakras und die mit ihm verbundenen Themenbereiche erklärt. Darauf folgt eine Auswahl von Beispielen, die zeigen, wie sich das jeweilige Chakra ausdrücken kann, wenn es durch verschiedene Individuen spricht. Am Ende jedes Kapitels wird ein Ritual oder eine Übung beschrieben, mit denen jedes einzelne Chakra gestärkt und belebt werden kann.

KAPITEL 8

Das erste Chakra: Die Wurzel der Schöpfung

Der erste tantrische Schlüssel: Du bist ein orgasmisches Wessen

Ich bin die Quelle des Lebens. Die Leidenschaft des Lebens. Die Stimme des Lebens. Ich verbinde dich mit dem Urgrund des Seins.
Die Stimme des ersten Chakras,
aus einer Chakrabotschaft

Das erste Chakra im Überblick

Ekstase ❧ Die Ekstase des Orgasmus.
Sinnbilder ❧ Die zusammengerollte Schlange; die Wurzeln des Lebensbaums.
Körperbereich ❧ Das untere Ende der Wirbelsäule, der Beckenboden, Beine und Füße.
Körperteile ❧ Die Genitalien (Penis, Vagina, Klitoris) und die Gebärmutter.
Endokrine Drüsen ❧ Prostata, Hoden und Eierstöcke, die das »taoistische Haus der Essenz« bilden.

Hautfunktionen ⬧ Fortpflanzung, Überleben, Transformation.
Kräfte ⬧ Orgasmus (intensive Bewegung, die Hitze erzeugt, Feuer, Explosion, Entladung, Erfüllung, Erneuerung). Auch Anziehungskraft/Begierde, Schwerkraft/Erdung, Geburt/Zugehörigkeit.
Essenz ⬧ Erneuerung.
Ängste ⬧ Überlebensängste: Angst vor dem Tod, vor Veränderungen, vor Mangel, vor Penetration und sexueller Lust, Angst, »zuviel« zu sein oder zuviel aufzunehmen; Unfähigkeit, Energie zu halten und zu speichern.
Männliche Kraft ⬧ Erektion, Samenerguß, Zeugung, Schwängerung, Individuation.
Weibliche Kraft ⬧ Anziehung, gebären, manifestieren, vereinen, Einssein.
Offen und entspannt ⬧ »Ich bin die Quelle. Ich bin erfüllt. Ich bin lustvoll. Ich habe genug. Ich erschaffe und bin schöpferisch.«
Blockiert oder kontrahiert ⬧ »Ich fühle mich leer. Ich fühle mich übergangen. Ich habe nicht genug. Ich gehöre nicht dazu. Ich werde nicht geliebt. Ich bin unausgefüllt.«
Positive Qualitäten ⬧ Verbundenheit mit dem Ursprung: Wertschätzung der Vorfahren und Stolz auf die Herkunft. Die Fähigkeit, einen Platz in einem bestehenden Gefüge einzunehmen, in der Familie, einem Stamm oder einer größeren Gruppe. Gesunde Beziehung zur eigenen Sexualität und der von anderen. Der Orgasmus wird als heilig und wertvoll empfunden. Schöpferischer Umgang mit neuen Situationen, Möglichkeiten oder Menschen. Erdverbundenheit: wissen, wie man einer Sache auf den Grund geht und zum Kern einer Situation vordringt. Dankbarkeit: wissen, woher man kommt und wohin man geht. Sich im Leben zu Hause fühlen.
Negative Muster ⬧ Gefühle der Mangelhaftigkeit: allzu zuvorkommend, folgsam, sich »lieb Kind machen« wollen; Selbstverachtung; Unfähigkeit, »bei der Stange zu bleiben« und Energie zu halten, vorzeitiger Samenerguß, schwacher oder fehlender

Orgasmus. Ablehnung von Lust und Begehren, gewaltsames Forcieren von Gefühlen, sexuelle Entgleisungen (Mißhandlung, Belästigung, Vergewaltigung, unkontrollierbare Triebhaftigkeit). Haltlosigkeit: unzuverlässig, nachlässig, unpünktlich, vergeßlich, unentschlossen. Angst, zu kurz zu kommen, verschwenderisch, chronisch verschuldet, habgierig, neidisch, besitzergreifend, nie genug bekommen können, zwanghaftes Verhalten oder Sucht (Sex, Glücksspiele, Drogen, Eßstörungen).

Die Aufgabe ∾ Erkenne, daß du selbst der Ursprung deines Orgasmus bist.

Heilende Affirmationen ∾ Ich bin die Quelle, der Ursprung. Ich habe genug. Ich habe, was ich in diesem Moment brauche. Ich bin erfüllt. Ich bin sicher und geborgen. Meine Bedürfnisse werden vom Leben erfüllt.

Hilfreiche Fragen ∾ Passe oder gehöre ich hierhin? Törnt mich das an? Bekomme ich, was ich brauche? Fühle ich mich verbunden mit (dieser Person, diesem Unternehmen, Platz usw.)?

Archetypen ∾ Das erotische Liebespaar; Shiva und Shakti; Eros und Aphrodite; Attraktion und Schönheit; Ganesha (der indische Gott mit dem Elefantenhaupt), der Beseitiger von Hindernissen und Widerständen.

Die Essenz des ersten Chakras

*Du mußt das Geschlechtliche nicht vergeistigen,
um es wertvoll zu machen, denn der Geschlechtsakt
ist von Natur aus eine Handlung, die dem tiefsten
Inneren entspringt und eine Fülle von emotionalen
und spirituellen Bedeutungen in sich trägt.*

Thomas Moore

Unsere Chakren enthalten alle Qualitäten und Seinszustände, von der Finsternis bis zum Licht, vom Wahnsinn bis zur Erleuchtung, vom Schmerz bis zur Ekstase, vom abgrundtiefen Haß bis zur allumfassenden Liebe. Im ersten Chakra geht es darum, uns zu verwurzeln, in unserem Menschsein Fuß zu fassen, zu unserer natürlichen Sexualität zu stehen und sich von körperlicher Lust, die stets auch Elemente geistiger Ekstase enthält, durchdringen und beleben zu lassen. Hier entdecken wir unsere sexuellen Kräfte, unsere Orgasmusfähigkeit. Dieses Chakra läßt uns die elementare Lebenskraft, die beim Liebesakt geweckt und zur Glut entfacht wird, als genußvoll und erfüllend erleben.

Unsere sexuelle Entfaltung beginnt in frühester Kindheit. Wir sind fasziniert von den Lustempfindungen im Bereich der Genitalien, den kribbelnden Strömen unserer aufkeimenden Sexualität, und richten diese neuartige Energie von Natur aus auf den Elternteil des anderen Geschlechts. Wenn unsere Eltern problemlos in ihrer eigenen Sexualität verwurzelt sind, reagieren sie mit verständnisvoller Reife auf unsere frühkindlichen sexuellen Avancen und erleichtern uns den Prozeß unseres Erwachens als sexuelle Wesen. Unsere natürlichen Impulse werden dabei weder ausgenutzt noch unterdrückt. Mit einem gesunden Widerhall solcher Art wird unsere Beziehung zur eigenen Sexualität kaum zur Quelle von Konflikten mit dem eigenen Körper und anderen Menschen werden. Frei von falscher Scham oder obsessiver Triebhaftigkeit, wird unsere Sexualität zur primären Quelle der Lebenslust, und zwar in jeder Beziehung. Wir betrachten sie als einen positiven Aspekt unserer Gesamtheit und persönlichen Identität im Umgang mit der Außenwelt.

Aber Eltern und Kulturen übertragen ihre gestörte Beziehung zur eigenen Sexualität unweigerlich auf ihre Sprößlinge. Kinder werden sehr viel nachhaltiger von der Energie und dem Verhalten ihrer Eltern geformt als von ihren Worten und meist gutgemeinten Absichten. Wir werden geprägt von den unausgesprochenen Wünschen, Hemmungen und Konflikten unserer Eltern. Wir absorbieren ihre ungeheilten Wunden und tragen sie in uns weiter. So werden sämtliche Aspekte von Liebe und Sex zu Facetten in einem einzigen Dilemma. Und das Dilemma beruht auf der Trennung von Sex und Liebe, dem Keil, den religiöse Irrlehren zwischen das Herz des Menschen und seine Genitalien getrieben haben. Wen wundert es, daß die Glut sexueller Empfindungen unterhalb des Herzens bei den meisten Menschen Konflikte erzeugt? Doch um die sexuelle Energie bis zum Herzen aufsteigen und sie dort mit Liebesenergie verschmelzen zu lassen, müssen wir den Zwiespalt in jedem Chakra unterhalb des Herzens heilen.

Jedes Chakra hat eine Funktion und eine Grundenergie, die in positiver wie auch in negativer Weise zum Ausdruck kommen können. Die negative Energie des ersten Chakras kann sich als infantile, unersättliche Triebhaftigkeit ohne jede Anteilnahme oder Liebe bemerkbar machen. Die positive Grundenergie des ersten Chakras ist orgasmische Lust, Sexualität als kreative und lebensbejahende Kraft. Mit einem starken ersten Chakra bist du in der Erde verwurzelt. Du kannst sexuelle und andere natürliche Freuden ganz selbstverständlich genießen. Beim Liebesspiel strömt die pure Lebenskraft durch deine Genitalien. Urtümliche Schöpfungsmacht kursiert in dir, und dein Kraftreservoir wird permanent neu aufgefüllt. Dein Körper ist agil und lebendig. Du ziehst deine Überlebensfähigkeit nicht in Zweifel, weil du die instinktive Gewißheit hast, daß alle deine Bedürfnisse vom Leben erfüllt werden.

Wenn wir die Energien unseres ersten Chakras unterdrücken, welken wir wie unbewässerte Pflanzen dahin. Und wenn wir unsere Gelüste zu oft und zu exzessiv befriedigen, laufen wir irgendwann leer wie löchrige Eimer. Die Energien des ersten Chakras sind dazu da, um in ihrer sexuellen Form genossen *und gleichzeitig* als schöpferische Antriebskraft benutzt zu werden. Wenn wir diese Balance finden, können wir jeden Raum mit unserer dynamischen Energie und natürlichen Autorität füllen. Die Menschen werden unwillkürlich angezogen von unserer charismatischen Vitalität.

DIE WURZEL DER LEBENSKRAFT

Das erste Chakra ist unser Fundament, unsere Keimzelle, unsere Nabelschnur zur Mutter Erde. Es enthält die Wurzel der reinen Lebenskraft, die in den alten taoistischen und tantrischen Lehren vom Drachen und der aufgerollten Schlange symbolisiert wird.

Die Schlange versinnbildlicht die schlängelnden Bewegungen der Energie durch unseren Körper und ihre transformierende, regenerierende Wirkung. Der zwischen Himmel und Erde dahinbrausende, feuerspeiende Drache ist ein Inbegriff der Macht in ihrer dynamischsten Form. Schlangen und Drachen sind gleichzeitig männlich wie auch weiblich.

Die Orakel von Delphi und Eleusis haben den Biß der Schlange (eine Metapher für sexuelle Penetration) mit dem Erwachen von Hellsichtigkeit und mystischer Einsicht assoziiert. Deshalb wurde die sexuelle Vereinigung in den alten Göttinnenkulten als heiliger Erkenntnisweg verstanden, eine Form der Kommunion mit der Göttin, der Mutter der Schöpfung.

DIE WÜRDIGUNG DER VORFAHREN

Wenn wir Frieden mit dem Leben und all seinen Gaben schließen und Dankbarkeit für unsere Vergangenheit in uns entdecken – für die Eltern, Großeltern und die gesamte Erblinie, die dazu beigetragen hat, diesen unseren Körper hervorzubringen, zu dieser Zeit und zu einem Zweck, den nur wir allein erfüllen können –, dann können wir uns für die Gegenwart öffnen und dynamisch in die ungewisse Zukunft voranschreiten. Mein Freund Vinit hat eine Geschichte zu diesem Thema:

> Auf der Heimfahrt nach einer wundervollen einwöchigen Wanderung durch die Berge von Oregon mit meinen Eltern und meiner Schwester war ich plötzlich von Liebe und Dankbarkeit für ihre Beiträge zu meinem Leben erfüllt. Ich dachte: *Was, wenn ich sie nie wieder sehen würde?* So tief wie noch nie zuvor ging mir auf, daß ich durch meine Eltern gekommen bin, daß sie mich aufgezogen haben, und auf einmal gab es nichts Wichtigeres, als ihnen das zu sagen. Ich drehte um und fuhr zurück.
>
> Ich habe meinen Eltern erzählt, was ich fühlte und wie dankbar ich ihnen war. Sie waren sehr gerührt und hatten Tränen in den Augen. Wir haben uns umarmt, und plötz-

lich sagte ich spontan: »Ich möchte unsere Vorfahren mit einem Ritual ehren.« Und so haben wir uns alle an einen runden Tisch im Garten gesetzt.

Ich habe eine Kerze in der Mitte des Tisches angezündet, die den unsichtbaren Geist symbolisierte. Darum herum haben wir andere rituelle Objekte verteilt: einen großen Quarzkristall, der die Verwandlung von Erdenergie in Klarheit repräsentiert, einen Pokal mit Wasser, der den Fluß der Emotionen symbolisiert, und Räucherstäbchen, um die Duftessenz der Lebensenergie zu ehren, die alles rings um uns durchdringt.

Wir riefen den Geist an, und ich sagte: »Wir sind hier, um unsere Vorfahren zu würdigen und alles, was sie uns gegeben haben. Sie haben uns alles gegeben, was sie hatten, und ohne sie wären wir nicht da, wo wir jetzt stehen. Wir geben das Bewußtsein, das wir mit ihrer Hilfe erreicht haben, weiter. Wir sind Teil einer ununterbrochenen Kette von Wesen. Wir wollen alle unsere Ahnen in unserem Herzen würdigen: unsere Eltern, Großeltern, Urgroßeltern, Ururgroßeltern, Onkel, Tanten, Cousins und Cousinen, unsere ganze Erblinie, in tiefer Dankbarkeit und Liebe.«

Dann habe ich über die Zyklen des Werdens und Vergehens in der Natur gesprochen – wie Regen sich in Wolken formt, zur Erde fällt, in die Flüsse strömt, alles Leben auf dem Planeten ernährt und dann verdunstet, zu Wolken wird und wieder zur Erde fällt –, den endlosen Kreislauf. Ich habe das Ritual mit einem Gebet für die Heilung aller beendet und erklärt, wie dankbar wir sind, daß unsere Vorfahren in unserem Herzen, Geist und Bewußtsein weiterleben.

Dann waren wir still. Es gab nichts weiter zu sagen.

EINE EKSTATISCHE LEBENSWEISE VERWIRKLICHEN

Wenn sich das erste Chakra vollkommen öffnet und wir seine Kräfte in ein harmonisches Gleichgewicht bringen, wird unser Leben von leidenschaftlicher, kreativer, regenerierender Energie erfüllt. Kreativität wie auch Orgasmusfähigkeit haben ihre Wurzel in der Sexualität. Der Orgasmus ist ein Sinnbild von Lust und genußvoller Befriedigung, ein wahrer Quell des Lebens, der Pulsschlag schöpferischer Leidenschaft im menschlichen Körper.

Auf der energetischen Ebene ist das ganze Universum ein einziger, unaufhörlicher Orgasmus, und ein voll erfahrener sexueller Orgasmus läßt uns spürbar im Einklang mit der universellen Lebensenergie vibrieren. Bei einem ungehemmten Orgasmus wird jede Körperzelle aufgeladen, alles in uns tanzt in Harmonie mit der Schwingung des Lebens. Alles von den Bäumen bis zu den Sternen ist in unserem Liebesakt inbegriffen, und wir verbinden uns mit der gesamten Existenz. Die Seligkeit solcher Lust kann alte Wunden heilen und uns mit tiefem Frieden erfüllen.

In jedem Chakra sind wir gewöhnlich mit einer Problematik konfrontiert, einer Wunde, die geheilt werden muß, einer Fähigkeit, die wir meistern, und einem orgasmischen Potential, das wir verwirklichen können. Die Beziehung zu unserer Sexualität hat direkte Auswirkungen auf unsere gesamte Verfassung: auf Kreativität, Gesundheit, Selbstwertgefühl, Beziehungen, und auf die Beziehung zum Leben als solches.

Die Unterdrückung der Sexualität durch religiöse und kulturelle Einflüsse schlägt einen gordischen Knoten ins erste Chakra, den wir auf irgendeine Art entwirren müssen, denn wir finden keinen Frieden, solange wir dem Körper, in dem wir leben, jeden Tag den Krieg erklären, voller Scham und Schuld über die natürlichen Freuden, die er uns verschafft.

Wir haben die Wahl: Wir können uns jeden Tag bewußt für eine lustvolle und leidenschaftliche Teilnahme am Leben entscheiden, für die tiefe Anerkennung unserer Triebe und Begierden und ihren Genuß, anstatt diese Urkräfte zu verflachen oder zu pervertieren. Es steht uns frei, dem Leben als ein Liebender zu begegnen, anstatt uns wie Bezwinger oder Zuschauer oder selbstgerechte Richter zu verhalten. Wir können uns entscheiden, Teil des Lebens zu sein, anstatt uns vom Leben abzutrennen.

SEXUALITÄT UND UNERSÄTTLICHKEIT

Wenn Kindern nicht genug Liebesenergie, Sicherheit und Zuwendung gegeben wird, fangen sie irgendwann an, mit ihrer Lebenskraft zu geizen, eifersüchtig über sie zu wachen und sie zurückzuhalten. Vernachlässigte oder mißhandelte Kinder entwickeln einen rasenden Heißhunger nach zärtlichen Berührungen, inniger Fürsorge, dem Gefühl des Geborgen- und Erfülltseins. Die Angst vor dem Mangel prägt sich in jede Faser ihres Seins ein und kann zur felsenfesten Überzeugung werden, daß in dieser Welt einfach nicht genug für alle da ist. Dieser Grundhaltung entspringen Obsessionen und zwanghafte Verhaltensweisen, Fanatismus und fixe Ideen, ein innerer Drang, für den verzweifelt nach erlösenden Ausdrucksformen gesucht wird. Die meisten unserer Süchte, Zwänge und Abhängigkeiten lassen sich auf dieses Muster zurückführen.

Denn mit all unseren Bemühungen, unser kostbares Energie- und Vitalitätsreservoir vor dem Zugriff anderer zu bewahren, kehren wir uns vom Leben selbst ab, der Quelle aller Vitalität. Oder wir fallen ins andere Extrem und verschleudern unsere Vitalkräfte in blinden Exzessen, weil wir uns innerlich getrieben fühlen, uns vom Leben gewaltsam zu nehmen, was uns vorenthalten wurde. Beide Verhaltensformen sind Ausdruck einer verletzten und entfremdeten Beziehung zum Leben, und unsere Sexualität wird auf die eine oder andere Art in Mitleidenschaft gezogen. Möglicherweise können wir keine sexuelle Erregung mehr zulassen und werden frigide oder gefühlskalt. Oder wir messen der Mechanik des Akts und dem Orgasmus zuviel Bedeutung bei, ohne Intimität und Liebe damit zu verbinden.

Durch Therapie, tantrische Sexualpraktiken, Yoga, Tiefenmassage, Körperarbeit oder emotionale Katharsis können wir diese Wunden heilen, und mit der Öffnung des ersten Chakras wird eine positive Beziehung zu den Triebkräften und Lustempfindungen des Körpers gefunden. Der Körper, die Triebe und die Lust sind keine Feinde unseres Geistes. Die lebensverneinende Entsagung und Askese spiritueller Vorbilder ist die Halbwahrheit halber Männer, die zwar heilig gewesen sein mögen, aber mit Sicherheit nicht rundum heil und ganz. Doch die ausschließliche Fixierung auf die Fleischeslust und das Körperliche ist auch keine Lösung. Wenn wir Freundschaft mit dem Körper und seinen Energieströmen schließen, haben wir genug getan.

Unser Mißtrauen gegenüber dem Körper und dem Leben erzeugt Angst und führt zu dem Versuch, unsere Erfahrungen im sexuellen und zwischenmenschlichen Bereich zwanghaft zu kontrollieren oder auszubeuten. Dann können wir die Energie von sexueller Erregung oder echter Intimität nicht ertragen und können uns der Liebe nicht hingeben. Warum erlauben wir uns nicht, uns überwältigen zu lassen und im Feuer der Liebe, Lust und Leidenschaft aufzugehen? Warum lassen wir die Kontrolle selbst in intimen Beziehungen nicht los? Laß dich vom Leben mitreißen und davontragen!

Johanna und Paul waren sechsundzwanzig Jahre lang verheiratet, bevor sie an einem der »Trainings für Liebe und Ekstase« teilnahmen. Nach zehn Ehejahren hatte Johanna ein traumatisches Erlebnis, als sie allein im Ausland reiste: Sie wurde sexuell mißbraucht. Am Anfang des Trainings erklärte sie, daß sie ihr volles ekstatisches Potential beim Liebesakt seither nicht mehr erreichen konnte: »Es ist nur ein dünnes Rinnsal, aber ich sehne mich nach Feuerwerk!« Mit geduldiger Arbeit und mit Hilfe der tantrischen Sexualpraktiken, die sie bei unserem Training lernte, entdeckte sie im Lauf der Zeit eine neue Johanna: erotisch, sprühend, lebenslustig und frei. Vor einer Weile schickte sie mir folgenden Brief:

EKSTASE AM VIERTEN JULI

Bei meiner letzten Erkundungsreise im Reich der Selbstbefriedigung bin ich der Schlange begegnet, die sagte: »Ich bin deine Energie. Genieße mich und genieße dich selbst.«

Selbst-Genuß. Allein. Ich liebe mich in unserem Raum, der der Sexualität geweiht ist. Auf dem Futon, mit dem großen Wandspiegel vor mir, liege ich nackt, mit ausgebreiteten Beinen, unbeholfen und verletzlich. Habe zum ersten Mal wirklich auf meine *Yoni* geschaut, den Teil, der so viel Schmerzen hingenommen hat, dessen Lust mir so oft Scham eingeflößt hat. Aber ich sehe hin. Ich habe achtundvierzig Jahre dafür gebraucht! Ich streiche mich, meine Arme, Beine, und verteile großzügig Massageöl mit Rosenduft. Ich fühle den Saft meiner Lust, wenn ich meine Brustwarzen streichle und die Spitze meiner Klitoris.

»Ja«, flüstere ich halblaut vor mich hin. »Ich bin hier. Ich bin in einem Körper. Ich lebe! Ich bin eine Frau! Ich nehme mit Freuden an, was ich bin – gewöhnlicher Mensch, alltägliche Frau, Göttin, Schlampe, Liebhaberin und Geliebte. Ich lasse los, ich gebe mich hin – mir selbst, dem Leben in all seiner Vielschichtigkeit und Rätselhaftigkeit.« Durch den Mund atmend, bis in den Bauch atmend, öffne ich mich. Ich streichle meinen Körper.

Selbst-Genuß. Allein. Mich selber lieben. Ich lächle. Seit achtundzwanzig Jahren verheiratet. Paul und ich sind glücklicher, als wir je zu hoffen wagten. Schauer breiten sich im ganzen Körper aus. Prickeln in der Brust, bis hinunter zu meinen Zehenspitzen. Prickelnde Gefühle auf der Kopfhaut. *Wow!* Mein ganzer Körper zuckt, erschauert. Wieder und wieder. Exquisiter Genuß am Rande von Schmerz. Wundervoller Nektar quillt aus mir hervor, als würde ein unterirdischer Springquell durch sumpfigen Boden dringen – mein Nektar benetzt das Laken. Töne entweichen meinem Mund, ungehemmt und frei. Es fühlt sich gut an, wild und ausgelassen. Eine fest zusammengerollte Sprungfeder hat sich endlich in mir gelöst. Ich habe es geschafft! Ich habe mir einen vollkommenen Orgasmus im ganzen Körper geschenkt.

Wellen der Seligkeit rollen durch mich hindurch. Wogen der Energie ergreifen meinen Körper – klärend, reinigend, heilend. Alle Zellen vibrieren, dehnen sich aus. Ich fühle mich in den Raum jenseits des Körper eingehen, verschmelzen mit allem, was ist. Welch ein Feuerwerk an diesem Tag! Was für eine Feier des Unabhängigkeitstags!*

Ich fühle mich selbst und meine weibliche Erblinie, meine Zugehörigkeit zu allen Frauen. Ich fühle mich selbst und meine Verbundenheit mit allen Männern. Und ich weine vor Glück und Dankbarkeit. Endlich bin ich frei.

Johanna entdeckte die Essenz ihrer femininen Urkräfte. Die Öffnung ihres ersten Chakras legte tiefe Ebenen des Selbstvertrauens und der Schöpferkraft in ihr frei. Nach diesem Durchbruch hat sie die Firma ihres alternden Vaters übernommen und mit großem Erfolg weitergeführt. Danach hat sie die Geschäftsführung ihrem jüngeren Bruder übertragen und ist dem innersten Ruf ihrer Seele gefolgt. Heute arbeitet sie als Schriftstellerin und Lehrerin.

Stimmen des ersten Chakras

Wenn du dich in dein erstes Chakra hineinversetzt (siehe Chakra-Übung Seite 179), wirst du die Stimme deiner Wurzeln, deines Ursprungs und deiner Sexualität hören. Die folgenden Beispiele stammen von meinen Studenten und vermitteln einen Überblick über die möglichen Ausdrucksweisen.

BARBARA ❧ Ich bin die Stimme von Mutter Erde. Ich bin der Pulsschlag der Erde. Ich bin der Schoß der Erde. Aus mir treten meine Mutter, meine Großmutter und alle meine Ahnen hervor. Der Schoß des Lebens. Die Quelle des Lebens. Ich bin wilde Energie. Ich verbinde dich mit dem Körper des Lebens, mit dem Orgasmus, der deinen Körper durchzuckt. Ich bin der Eingang zu neuem Leben.

---

* Independence Day, amerikanischer Nationalfeiertag zur Erinnerung an die Unabhängigkeitserklärung vom 4. Juli 1776.

Geh tiefer und tiefer in mich hinein, dann findest du zu deinen Ursprüngen, zu den Wurzeln des Lebens, zu deinen Vorfahren. In mir findest du deine Quelle.

DON ~ Ich möchte authentisch, wild und ungezähmt sein, aber ich fühle mich daran gehindert, meine Freude und Ausgelassenheit ohne Scham und Verlegenheit auszudrücken. Ich hege alten Groll gegen meine Eltern und alle Autoritätspersonen. Ich bin gefährlich, verboten, nicht gut für dich. Ich trage die Scham und Schuld vieler Äonen. Ich kämpfe um die Verbindung zu einer längst vergessenen Heiligkeit.

LYNN ~ Laß mich am Feuer im Takt zur Trommel des Lebens tanzen. Wilde Nächte voll trunkener Rituale und nackter Liebeslust jenseits des Denkens. Ich bin das Tor zu Dionysos. Verweile in mir, und ich werde dir endlose Freuden bringen, dich überschütten und erfüllen, dir alles geben, was du brauchst. Ich hungere danach, erfüllt zu werden. Bleib bei mir, erfülle mich ganz.

FIONA ~ Ich bin ein Tiger. Wild. Ich bin das Feuer der Geschlechtlichkeit. Ich bin der Tanz von *Yoni* und *Vajra*.

KEN ~ Ich bin der ursprüngliche Liebhaber. Meine Hoden sind Pflanzen, die aus den Tiefen der Erde wachsen. Mein *Vajra* ist die Sonne. Die *Yoni* ist ein Universum. Zusammen sind wir eins.

Die Kunst ekstatischer Liebe

Wenn wir unser Geschlechtsleben als heilig begreifen, können sämtliche Chakren ungestört zusammenarbeiten. Die sexuelle Lust kann durch jedes Chakra fließen und sich in die Seligkeit des Herzens und die Ekstase des Geistes verwandeln. Wenn wir ein Ritual für unser Liebesspiel kreieren, erklären wir damit, daß wir bereit sind, unser anti-ekstatisches Programm aufzugeben und optimale Bedingungen für Lust und Liebe zu schaffen. Experimentiere mit dem Ritual, das hier vorgeschlagen wird. Mach es länger oder kürzer, einfacher oder komplexer und einfallsreicher. Frag deinen Partner, wie ihr es gemeinsam auf eure persönlichen Bedürfnisse zuschneiden könnt. Weitere Anregungen sind in meinen Büchern Magie des Tantra *und* Tantra oder die Kunst der sexuellen Ekstase *zu finden. Wer keinen Partner hat, kann das Ritual zur Selbstbefriedigung heranziehen. Laß deine Sexualität zur vollen Entfaltung kommen.*

Ziel

◦ Die optimalen Bedingungen für sexuelle Liebe zu schaffen, so daß die Sexualität in Harmonie mit Körper, Herz, Verstand und Geist vollzogen werden kann.

Vorbereitung

◦ *Zeit*. Laßt euch genug Zeit zum Spielen und Entspannen. Ich empfehle zwei bis drei Stunden ohne irgendwelche Unterbrechungen. Verabredet euch vorher miteinander für einen bestimmten Zeitraum. Arrangiert alles Notwendige für die Kinder; nehmt euch Zeit für die Körperpflege, bereitet Leckerbissen vor, sammelt eure Utensilien und schafft einen heiligen Raum (siehe Kapitel 6 und 7).

◦ *Utensilien*. Haltet alles für ein kreatives Liebesspiel parat. Laßt eurer Phantasie freien Lauf!

◦ *Essen*. Richte süße, reife Früchte und andere Delikatessen an (wie Lychees, kandierten Ingwer, Pralinen oder was immer euch am meisten zusagt). Halte Wein, stimulierende Teesorten, Wasser und Gläser griffbereit.

◦ *Düfte*. Verwende erotische Parfüms – vielleicht sogar unterschiedliche Duftnoten für die verschiedenen Körperteile (Moschus und Ylang-Ylang sollen aphrodisierend wirken; Moschus ist für den Genitalbereich zu empfehlen). Reinige die Luft mit Duftessenzen oder Räucherstäbchen.

◦ *Umgebung*. Schmückt euren heiligen Raum mit Blumen und Kerzen (Streichhölzer nicht vergessen!), Bildern von spirituellen

Lehrern und geliebten Menschen, Büchern mit Liebesgedichten, einer ausgewählten, geweihten Decke, die auf das Bett oder den Boden gelegt werden kann, Steinen und Muscheln, sinnlicher Seidenbettwäsche, haufenweise Kissen, Tarotkarten, Federn und Fellstücken, mit denen ihr euch streicheln könnt, und so fort.

🙶 *Musik.* Richtet Kassetten oder CDs mit eurer Lieblingsmusik griffbereit her oder spielt euch gegenseitig etwas auf Musikinstrumenten vor.

🙶 *Kleidung.* Überlegt euch vorher, was ihr anziehen möchtet. Es ist aufregend, sich speziell für diese Gelegenheit zu kleiden. Danach kann der Partner dir alles wieder ausziehen, oder ihr macht einen Stripteasetanz voreinander. Seidenschals, spezielle Schmuckstücke oder Samtumhänge kommen dabei gut zur Geltung.

Übung

🙶 Beginnt oder beginne mit der Begrüßung des Herzens (Seite 104).

🙶 Dann gehe nach innen und frage deine Intuition: Was beabsichtigen wir (ich) mit diesem Liebesritual? Worum geht es uns (mir)? Teilnehmer an meinem Trainingsprogramm haben diese Frage zum Beispiel folgendermaßen beantwortet: Heilung und Fülle in unser Liebesleben bringen; meine Hingabefähigkeit entwickeln, durch meine Ängste hindurchgehen; Abwechslung in unser Liebesleben bringen; lernen, wie ich meinem Partner beibringen kann, was mich am meisten antörnt; mich frei fühlen beim Lust-Geben und Lust-Empfangen; mich für neue Möglichkeiten der Verschmelzung öffnen; meinen Partner als lebende Gottheit ehren, Grenzen zwischen uns auflösen; mit dem Fluß gehen und daran wachsen; spirituelle Kommunion durch die sexuelle Vereinigung erfahren.

🙶 Dein Partner setzt oder legt sich dir gegenüber, in der Stille oder mit leiser Musik im Hintergrund. Laß dich tief nach innen sinken, in einen Raum jenseits des gewöhnlichen Denkens. Atmet im gleichen Rhythmus, bis ihr fühlt, daß ihr harmonisch zusammen atmet.

🙿 Jetzt einigt euch über die Absicht, die ihr mit diesem Ritual verfolgt, und erklärt sie gemeinsam: »Mit diesem Ritual wollen wir...«

🙿 Nun ruft das höchste Potential im anderen an und drückt eure Bereitschaft aus, es anzuerkennen und zu ehren. Zum Beispiel sagt der Mann zu der Frau: »Ich ehre die Wilde Frau in dir. Möge sie sich geliebt fühlen, wenn sie bereit ist, sich auszudrücken. Ich ehre die Große Mutter in dir. Möge sie sich unterstützt fühlen bei der Pflege unserer Kinder. Ich erkenne die Göttin in dir, Shakti. Möge sie mit ihrer Energie strömen im Wissen, daß die gesamte Schöpfung aus ihr hervorgeht.« Oder die Frau sagt zum Mann: »Ich verneige mich vor dem Dichter in dir. Möge er der Schönheit und Anmut unserer Liebe Ausdruck geben. Ich ehre den Liebhaber in dir. Möge die Seligkeit, die er mir gibt, tausendfach verstärkt auf ihn zurückfallen. Ich erkenne den Gott in dir, Shiva. Möge dein göttlicher Geist eine Quelle der Inspiration und Kreativität für uns beide sein.«

Erdung: Das Chakra des Orgasmus und des Neubeginns ehren

🙿 Streichle deinen Partner am ganzen Körper und verleihe deiner Bewunderung für seinen Körper mit süßen Worten Ausdruck. Zum Beispiel könnte der Mann sagen: »Wundervolle Shakti, ich liebe deine weiche Haut, deine braunen, erigierten Brustwarzen, die Atemwellen, die deinen Bauch durchrieseln, deine Schenkel und Beine... Ich liebe es, deine starken, glatten Muskeln zu berühren, die Geschmeidigkeit deines Körpers zu fühlen, deine Brüste in meinen Händen zu halten. Wie wunderschön dein Körper ist!« Nach einer Weile wechselt ihr die Rollen.

🙿 Berührt jeden Körperteil, damit er sich belebt und angenommen fühlt. Nachdem ihr den Körper auf diese Weise anerkannt und euch liebevoll mit ihm verbunden habt, wird es euch leichterfallen, ihm zu vertrauen und ihn zum Werkzeug eurer Liebe zu machen, denn er ist nun von den Energieströmen der

Liebe, Anteilnahme und Wertschätzung durchdringen. So entsteht eine vertrauensvolle Bereitschaft, sich vom heilkräftigen Fluß der Ekstase tragen und mitreißen zu lassen.

Stärkung: Das Chakra des Fließens und Strömens ehren

Jetzt segnest du alle Energiezentren deines Partners, worauf dein Partner das gleiche für dich tut. Mit diesem Segen stärkst du jedes einzelne Chakra und öffnest symbolisch die Tore, so daß sich der Geist vollständig mit dem Körper verbinden kann. Nehmt die Bestätigung und Stärkung des Partners einfach mit Freude an. Drückt euren Segen mit euren eigenen Worten aus. Setzt euch voreinander hin und beginnt:

- *Berühre die Geschlechtsteile deines Partners*: Schau sie an und sage etwas wie: »Ich segne das Tor zu unserer gemeinsamen Lust. Möge die süße Knospe deiner *Yoni* (oder dein mächtiges Szepter der Liebe) von Genuß, Lust und Leidenschaft durchdrungen und ganz und gar erfüllt werden. Ich rufe die Macht deiner Sexualität, sich frei und ungehindert zu entfalten.«
- *Berühre den Bauch deines Partners*: Schau ihn an und sage etwas wie: »Laß deine Stärke hervortreten, damit dem Austausch unserer Liebe Kraft gegeben wird. Mit dieser Berührung heiße ich dich willkommen. Mögen vergangene Frustrationen oder Streitigkeiten vom Strom unserer Liebe geheilt werden, so daß wir beide im wechselseitigen Fluß verbunden sein können.«
- *Berühre das Sonnengeflecht deines Partners*: Schau es an und sage etwas wie: »Mögest du dich sicher und in dir selbst zentriert fühlen. Ich gebe dir die Erlaubnis, alles auszudrücken, was in dir steckt: Wildheit, Strahlkraft, Lust. Ich liebe es, dich so zu sehen.«
- *Berühre das Herz deines Partners*: Schau es an und sage etwas wie: »Ich heiße deine Liebe willkommen. Ich liebe dich. Ich heiße alle deine Gefühle willkommen und akzeptiere alles, was dich ausmacht.«
- *Berühre den Kehlkopf deines Partners*: Schau ihn an und sage etwas wie: »Laß uns die Tore zur Klangwelt öffnen. Möge unsere Liebe singen und laut erschallen ... Mögen wir aussprechen, was

wir wirklich begehren: Dein Verlangen ist mein Genuß. Dein Genuß ist mein Verlangen.«

❧ *Berühre das Dritte Auge deines Partners*: Schau es an und sage etwas wie: »Gib uns deinen Weitblick, so daß wir weise in unserer Lust sein können, großzügig in unserem Austausch, erweitert in unserer Wahrnehmung, erfüllt von Licht und Liebe.«

❧ *Berühre die Scheitelspitze deines Partners*: Schau sie an und sage etwas wie: »Möge die Energie deiner Lust durch deinen Körper strömen und all deine Chakren mit Vitalität überschwemmen. Mögen wir uns in Ekstase vereinen.«

❧ *Nachdem beide den Segen empfangen haben*, sagt ihr gemeinsam: »Wir widmen unsere Freude und Lust dem Wohlergehen aller fühlenden Wesen auf Erden. Mögen sie glücklich sein!«

Erregung: Das Chakra der Kraft ehren

Sex ist in erster Linie eine Sache der Energie, und Energie wächst mit der Erregung, und die Erregung wächst, wenn wir die Aufmerksamkeit vom Denken auf das Atmen verlagern. Dies geschieht von selbst, wenn wir durch den Mund atmen, tiefer als gewöhnlich atmen und unsere Aufmerksamkeit mehr auf das Fühlen als das Denken richten. Wir verteilen die Energie der Erregung im ganzen Körper, indem wir uns von ihr bewegen lassen und Laute ausstoßen, die unsere Erregung ausdrücken und dem Partner ermunternde, anerkennende Botschaften geben.

❧ Haltet einander in den Armen und beginnt das Liebesspiel. Küßt euch, schmiegt euch aneinander und laßt die Flammen der Erregung züngeln.

❧ Wenn du in die stimulierten Körperteile hineinatmest, kannst du deine Lustempfindungen verstärken und ausdehnen. Es ist, als würdest du die Stimulation mit dem Atemzug aufnehmen und im Rest deines Körpers verteilen. Atme tief.

❧ Wenn der Genuß und die Atemzüge sich vertiefen, reagiert der Körper mit entsprechenden Bewegungen. Laß ihn gewähren. Der orgasmische Reflex entsteht durch eine Serie von lustvollen, höchst erregenden, wellenförmigen Beckenbewegungen... versuche sie einmal ganz bewußt zu machen.

☙ Du kannst die sexuellen Empfindungen intensivieren, indem du deine Geschlechtsmuskeln zusammenziehst und entspannst, während du tief durchatmest und dein Becken bewegst. Sei dabei ganz locker, natürlich und verspielt. Es geht nicht darum, eine Technik anzuwenden, sondern neue Möglichkeiten zu entdecken, wie du deine Lust auf den ganzen Körper ausbreiten und dich vom Denken lösen kannst.

☙ Laß dein wildes Selbst zum Vorschein kommen: Knurre tierisch, flüstere schamlose Dinge, beschreibe, was du fühlst, drücke aus, wonach es dich verlangt, zeige deinen Körper und seine Lust. Zeige dich und deine Gefühle voller Stärke und Stolz.

Verschmelzung: Das Chakra der Liebe und Leidenschaft ehren

Haltet euch einen Moment lang in den Armen, ohne irgend etwas zu tun. Seht eure sexuelle Erregung mit den inneren Augen wie eine Fontäne in euch aufsteigen und eure Herzen mit Seligkeit erfüllen. Stellt euch vor, daß ihr zu einem fließenden Strom werdet. Entspanne dich und nimm die liebevolle Zuwendung deines Partners ganz und gar in dich auf. Vertraue der Liebe in deinem Herzen. Gib dir selbst die Liebe, nach der du verlangst. Du bist geliebt. Wenn du dich selbst schätzt, erkennst du, daß du Liebe verdienst, so wie du sie auch weitergeben kannst. Ruhe in dem Wissen, daß dieser Moment ein Geschenk ist, das ihr gemeinsam geschaffen habt und euch gegenseitig überreicht. Fühle die Vollkommenheit dieses Augenblicks. Laß sämtliche Ziele, Vorstellungen, Absichten, Erwartungen ganz einfach los. Nimm einfach an, was jetzt ist. Sie. Ihn. Hier. Wie wundervoll dieser Moment ist!

Wahrheit: Das Chakra der Kreativität ehren

Jetzt hast du Gelegenheit, die Verantwortung für deine Befriedigung zu übernehmen, indem du deine wahren Wünsche äußerst. Frage dich innerlich: »Gefällt mir die Art, wie mein Partner mich berührt? Fühlt es sich gut an? Oder will ich stärker, langsamer, woanders angefaßt wer-

den?« Teile deinem Partner mit, was dir den höchsten Genuß verschafft. Wenn du nicht sprechen willst, nimm die Hand deines Partners und lege sie auf die Stelle, wo du sie haben möchtest. Bekunde dein Wohlgefallen, wenn es sich gut anfühlt: »Aah, ja, das ist gut, mach weiter, bitte.« Wenn einer von euch Ängste, Bedenken oder unausgesprochene Gefühle hat, ist dies der Augenblick, sie auszusprechen, sie anzuerkennen und sie loszulassen. Identifiziere dich nicht mit den Schwierigkeiten deines Partners und steige nicht auf Schuldgefühle ein (»Es ist meine Schuld.« »Warum ist mein Partner nie zufrieden?«). Höre schweigend zu. Nimm die Gefühle deines Partners liebevoll zur Kenntnis und sage etwas wie: »Ich verstehe, wie du dich fühlst. Es ist alles okay. Ich bin für dich da. Wir gehen gemeinsam da durch.«

Einsicht: Das Chakra der Vorstellungskraft ehren

Nimm deinen inneren Dialog wahr, deine Gedanken, Bilder und Phantasien. Benutze sie, um deine Erfahrung positiv zu unterstützen. Mach dir klar, daß du dein Erlebnis sabotierst, wenn du negativen Werturteilen Raum gibst. Beobachte einfach die Gedanken, wie sie kommen, sag: »Bitte weitergehen!«, und schick sie fort. Richte deine Aufmerksamkeit auf die Einsichten, Visionen, Einfälle und Offenbarungen, die beim Liebesspiel aufsteigen. Vielleicht siehst du deine Energie sogar als farbiges Lichtspiel oder in Form von inneren Eindrücken und Symbolen. Konzentriere dich auf deine Chakren und atme Licht und Liebe in jedes Zentrum hinein.

Über den Körper hinausgehen: Das Chakra der Erleuchtung ehren

Nun verfeinert und transformiert eure Verbindung. Legt euch auf die Seite, Gesicht an Gesicht, und tauscht euren Atem aus. Während der eine ausatmet, atmet der andere ein – durch den Mund, langsam, sanft und tief. Harmonisiert eure Atemzüge und findet einen gemeinsamen Rhythmus. Nach einer Weile kann es sich anfühlen, als würdest du dich auflösen, als würde dein Körper verschwinden und nur der Lebenshauch des reinen Geistes übrigbleiben. Während du einatmest, stell dir vor, daß du deine sexuelle Energie, deine Erregung und Lust nach oben ziehst, in den Bauch, ins Herz und zum Hals – und wenn du ausatmest, visualisiere, daß er wie eine Fontäne durch deinen Kopf hinaus ins Freie schießt. Das ist eine wunderbare Möglichkeit, die Chakren zu reinigen und die Sexualität mit dem Geist zu verbinden. Beendet die Zeremonie, indem ihr euch zärtlich in den Armen haltet und die Erregung langsam abklingen laßt, entspannt, ohne irgend etwas zu tun. Spüre deine Dankbarkeit für diesen Moment.

Abschluß

- *Männer*: Bevor ihr euch zurückzieht, fragt eure Partnerin: »Soll ich deinen Lustgarten jetzt verlassen?« Möglicherweise antwortet sie: »Noch nicht, laß uns ineinander ruhen bleiben und noch fünf Minuten lang verschmelzen.« *Frauen*: Findet poetische Worte, mit denen ihr die Zeremonie beenden könnt.
- *Männer*: Schließt »das Tor« zum Lustgarten, indem ihr die Hand ein paar Minuten lang sanft auf dem Geschlecht der Partnerin liegen laßt. Auf diese Weise kann sie die Energieströme integrieren und ihre psychischen und sexuellen Tore in Ruhe schließen. *Frauen*: Berührt den Penis mit einer sanften Geste, um dem Mann eure Anerkennung zu verstehen zu geben.
- Schaut euch in die Augen und sagt: »Ich danke dir. Es war wundervoll!«
- Endet mit der Begrüßung des Herzens und bedankt euch für die Lust, die ihr gegeben und empfangen habt.
- Wenn ihr wollt, könnt ihr euch am Schluß noch Feedback geben und sagen, was ihr empfunden habt oder was euch aufgegangen ist. Welcher Moment hat euch Schwierigkeiten bereitet oder Überwindung gekostet? Was war der Höhepunkt? Durch Feedback kann man die sexuellen Reaktionen und Eigenheiten des Partners besser kennenlernen und die Erfahrung leichter verarbeiten.

Hinweise

- *Rituelle Liebeskunst ist eine höchst delikate Angelegenheit.* Man darf sich keine Idealvorstellungen vom »perfekt durchgeführten Ritual« oder Liebesakt machen, um die eigenen Erfahrungen dann damit zu vergleichen. Was geschieht, geschieht – und das ist eine der wichtigsten Lehren!

- *Formuliere deine Gefühle positiv.* Vermeide negative Begriffe oder Kritik und erwähne keinen anderen Liebhaber, während ihr euch liebt, besonders nicht, solange ihr noch körperlich miteinander verbunden seid. Sonst werden die Ängste, Befürchtungen und Verletzungen des einen oder beider Partner im Sexzentrum gespeichert und können sich beim nächsten Mal in Form von unbewußten, ängstlichen und mißtrauischen Abwehrreaktionen bemerkbar machen.

- *Lerne aus deinen Schwierigkeiten.* Kein Ritual ist jemals perfekt. Zum Teil ist es göttlich, zum Teil kann es heikel sein. Wenn du gefühlsmäßig weißt, daß das vollkommen in Ordnung ist, bleibst du offen und kannst dein höchstes ekstatisches Potential entfalten.

- *Spielraum für Überraschungen.* Probiert Neues und Unerwartetes in eurem Liebesspiel aus. Macht zum Beispiel ein Picknick, legt eine Decke auf den Boden, auf der ihr nackt sitzen und Leckereien schmausen könnt; träufle Schokoladensauce auf deinen Partner und lecke sie ab; zünde das Kaminfeuer an und streichle den Körper deines Partners mit Straußen- und Pfauenfedern.

- *Erotik im Alltag.* Laß alles zum erotischen Genuß für dich werden: Wie du ißt, sprichst, wie du den anderen berührst, das Telefon beantwortest und so weiter.

- *Ausgewogenes Geben und Nehmen.* Ekstatischer Sex ist ein schöpferischer Akt, an dem beide Partner gleichermaßen beteiligt sind. Sorgt dafür, daß keiner zu kurz kommt. Verschaffe deinem Partner ebensoviel Lustgefühle wie er (oder sie) dir.

- *Sag ja zur Sinnenlust.* Nimm dir so viel Zeit, deine Empfindungen auszukosten, wie du brauchst.*

---

* Stella Resnick schreibt in *The Pleasure Zone*: »Es braucht Zeit, um den Funken anzufachen, bis er zur Gluthitze wird, die den ganzen Körper ergreift.« Zeige deinem Körper, wie gut du es mit ihm meinst!

❧ *Der Schlüssel zum höchsten Genuß: Reizen und Innehalten.* Vergiß den Orgasmus als Endziel. Konzentriere dich ganz auf die immer intensiver werdenden Sinnesreize von Moment zu Moment. Höre auf, irgendwohin zu streben, irgend etwas erreichen oder demonstrieren zu wollen. Nehmt euch gemeinsam vor, die Wonnen der Erregung im ganzen Körper zu verbreiten. Streichle die erogenen Zonen deines Partners (oder deine eigenen) mit intensiver Einfühlsamkeit. Dann halte inne. Zieh dich zurück. Bürste den ganzen Körper mit Handbewegungen ab, als wolltest du die Lust auf der gesamten Hautfläche verteilen. Reizt euch gegenseitig, bis ihr verrückt vor Verlangen nach dem Partner seid. Entspannt euch immer wieder so lange, bis ihr fähig seid, weitere und noch intensivere sinnliche Reize über längere Zeiträume hinweg zu ertragen.

❧ *Selbstbefriedigung.* Ob mit oder ohne Partner, *du bist in jedem Fall die Quelle deines eigenen Orgasmus.* Einblick in die eigenen erotischen Bedürfnisse kann Wunder wirken, und sich selbst Lust zu schenken und sich zu lieben kann eine transzendente Erfahrung sein. Lerne dich und deine Vorlieben auf diese Art kennen. Atme tief in deine Gefühle hinein, bewege deinen Körper, genieße dich selbst. Danach kannst du deinem Partner zeigen, was dich glücklich macht. Du kannst dich auch vor deinem Partner streicheln und dir Lust schenken und dies zu einem Teil eures Liebesspiels machen.

KAPITEL 9

Das zweite Chakra: Der strömende Fluß

Der zweite tantrische Schlüssel: Du bist der Fluß des Lebens

Ich bin der Bauch, ich bin das Mutterschiff, ich bin das Tor zum Schoß deiner Mutter. Ich bin das Gefäß der Erotik, der Elektrizität. Ich schaffe, erzeuge, gebäre neu. Ich bin exzessiv. Wildes Überschäumen. In mir liegt grenzenlose Lebendigkeit verborgen, Hunger auf das Unbekannte, mysteriöses Verlangen nach Erfüllung.

Die Stimme des zweiten Chakras,
aus einer Chakrabotschaft

Das zweite Chakra im Überblick

Ekstase ～ Die Ekstase des Fließens und Strömens.
Sinnbilder ～ Ein Wellenreiter, das Yin-Yang-Symbol.
Körperbereich ～ Der Bauch und der Bauchnabel.
Körperteile ～ Gebärmutter, Milz, Leber, Hüften, unteres Ende des Rückgrats.

Endokrine Drüsen ~ Die Nebennieren, die das »taoistische Haus des Wassers« bilden.
Hautfunktionen ~ Heilung, Einstimmung in die Rhythmen und Zyklen des Körpers und der Natur, Entscheidungen treffen, Veränderungen und Transformationen einleiten.
Kräfte ~ Physische Stärke und Gesundheit.
Essenz ~ Gleichgewicht, Harmonie, Ausgewogenheit, Gleichmut.
Ängste ~ Vor dem Ausdruck von Schwäche oder Verletztheit, vor der Freisetzung von Emotionen, vor dem Loslassen, vor Risiken.
Männliche Kraft ~ Tatkraft: Initiative ergreifen, Autorität geltend machen, Kontrolle ausüben, Grenzen setzen; die Fähigkeit, nein zu sagen; Heilen als Wissenschaft; Entfaltung des Egos; als Versorger und Familienvater fungieren können.
Weibliche Kraft ~ Angemessen reagieren: Verantwortung übernehmen, Schutz gewähren, pflegen und nähren; Heilen im Sinne von Fürsorge; die Fähigkeit, ja zu sagen.
Offen und entspannt ~ »Ich bin in Harmonie. Ich weiß, was getan werden muß. Ich kenne den Weg. Ich bin im Fluß.«
Blockiert oder kontrahiert ~ »Ich kann nichts richtig machen. Ich bin verwirrt. Ich bin nicht im Gleichgewicht. Ich bin nicht im Rhythmus.«
Positive Qualitäten ~ Selbsterkenntnis, Unabhängigkeit, Abenteuerlust, Risikofreudigkeit, Bereitschaft zum Experimentieren. Fähig, klare Entscheidungen zu treffen. Wissen, was getan werden muß und wie. Ausgewogen und im Fluß sein, mühelose Kreativität, Anmut, spielerischer Umgang mit Situationen. Bereitschaft, die Positionen zu wechseln, im Liebesspiel ebenso wie im Leben. Empfänglichkeit, die Fähigkeit, leicht zu gebären, andere zu bemuttern und zu fördern, Grenzen zu setzen und zu respektieren.
Negative Muster ~ An alten Wunden festhalten, Altem nachtrauern, das Opfer oder den Märtyrer spielen. Besitzergreifend, eifersüchtig, störrisch, unbeweglich. Festklammern an überholten Strukturen oder toten Beziehungen, aus Angst, »schlafende

Hunde zu wecken«. Arbeitssucht, Kontrollsucht, Strenge, Besserwisserei, das Verlangen nach Gehorsam um jeden Preis. Diktatorisch, fordernd, manipulativ, dogmatisch.
Die Aufgabe ~ Entscheidungen nicht aus Angst, sondern aus einsichtsvollem Vertrauen heraus treffen.
Heilende Affirmationen ~ Ich genieße es, mit dem Strom der Ereignisse zu fließen. Ich weiß, was zu tun ist. Das Leben ist ein Spiel. Meine Energie fließt, und mein Selbstvertrauen wächst.
Hilfreiche Fragen ~ Bin ich auf dem rechten Weg? Habe ich die richtige Wahl (Entscheidung) getroffen? Lasse ich mich von meiner Seligkeit leiten? Was würde ich im Moment tun, wenn ich die Wahl hätte?
Archetypen ~ Wassergeister wie Ochun, die »Mutter aller Gewässer auf Erden und im Himmel«; Poseidon, der Meeresgott; Vishnu, der Erhalter aller Erscheinungsformen und Gott des Wassers. Die Gottheiten der Fülle und Erhaltung, wie Lakshmi, die Göttin des Wohlstands, Vishnu und Rakini Shakti.

Die Essenz des zweiten Chakras

Die Stille der Reglosigkeit ist nicht die wahre Stille.
Nur wenn Stille inmitten von Aufruhr erfahren wird,
tritt der Rhythmus zutage, der Himmel und Erde
zusammenhält.

Ts'ai-ken T'an

Das zweite Chakra bestimmt unsere Beziehung zum Körper, und mit dem Körper beziehen wir uns auf die Außenwelt. Der Beckenbereich enthält unser Kraftreservoir, die Essenz, aus der Ei und Sperma hervorgehen, die Urenergien, die wir zur Fortpflanzung und Erneuerung brauchen. Im Bauch reifen neue Lebensformen wie auch kreative Impulse heran. Unsere Ausdauer, Erdverbundenheit und physische Gesundheit wird von den Kraftreserven im Bauch bestimmt. Die Heilkräfte unseres Körpers beruhen auf der Fähigkeit des zweiten Chakras, Gegensätze zu vereinen und den Fluß unserer Lebensenergie angemessen zu lenken.

Die Essenz dieses Chakras kann mit zwei Worten ausgedrückt werden: Verankerung und Fließen. Die Balance zwischen diesen beiden Gegensätzen wird vom zweiten Chakra bestimmt, denn es sorgt für das Gleichgewicht zwischen Energie und Körper, zwischen innerem und äußerer Welt. Wenn das zweite Chakra stark ist, können wir gesunde Grenzen setzen und unser Verhältnis zu anderen gut beurteilen, wissen wir, wer wir sind, und kennen unseren Platz in der Welt. Wir sind zentriert, vital und gesund, fühlen uns wohl in unserem Körper und sind empfänglich für unsere Umgebung, ohne dabei aus dem Gleichgewicht zu geraten. Wir fließen, wir umarmen das Leben, wir tanzen mit den Hindernissen, wir leben natürlich und ohne Anstrengung. Wenn wir aus unserem *Hara* heraus agieren (wie das Nabelzentrum in den asiatischen Kampfkünsten genannt wird), bewegen wir uns mit der Geschmeidigkeit und Sicherheit einer Wildkatze. Wir können spontan sein, rigide Verhaltensweisen und festgelegte Techniken transzendieren. Mit untrüglichem Gespür wissen wir die Dinge »aus dem Bauch heraus«. Wir strahlen Ruhe und Gelassenheit aus.

Mit einem schwachen Nabelchakra dagegen bewegen wir uns unbeholfen durch das Leben, weil unser Kraftreservoir ein Leck hat, aus dem unsere Energie entweicht. Wir fühlen uns machtlos, instabil, schwankend, als wären wir nicht vollständig mit dem Körper verbunden.

Das zweite Chakra kann Spannungen oder Gefahren instinktiv wahrnehmen, entsprechend reagieren und zwischen »dein« und »mein« unterscheiden. Wenn der Verstand vom Nabelzentrum dirigiert wird, kann er sich entspannen und zum stillen Zeugen eines Stroms müheloser, instinktiver Handlungen werden. Das Wesen des zweiten Chakras ist im Yin-Yang-Symbol enthalten, denn es verkörpert die Harmonie der scheinbaren Gegensätze von Leichtigkeit und Schwere, Verankertsein und Fließen, ebenso wie die weiblich/empfängliche und männlich/aktive Polarität.

PUBERTÄT: DAS SELBST VOM ANDEREN UNTERSCHEIDEN

Ich nenne den Bauch den »Hüter unserer Lebenszyklen«. Im Bauch fühlen wir, wie sich der Körper verändert, wie unsere Energie auf die inneren und äußeren Gezeiten reagiert. Im Beckenbereich machen sich die großen Wendepunkte des Lebens am stärksten bemerkbar: Schwangerschaft, Geburt, der nahende Tod und selbstverständlich auch die Pubertät. »Das Feuer im Bauch« kündigt die Reife zum Mann an, ebenso wie der monatliche Strom des Menstruationsbluts, der Emotionen und der Intuition die Reife zur Frau signalisiert.

In der Pubertät regt sich das zweite Chakra mit aller Macht, und so beginnt ein neuer Zyklus des Erwachens. Bei dieser Einweihung, dieser hormonellen Feuerprobe, brechen sich die Fortpflanzungsimpulse freie Bahn und treten mit voller Wucht in Erscheinung. Wir müssen zusehen, wie wir uns inmitten eines unaufhörlichen Ansturms neu erwachter Triebkräfte im Gleichgewicht halten und erden können. Wir müssen Energien in unser Gesamtsystem integrieren, die uns zeitweise zu überwältigen drohen.

Viele traditionelle Kulturen vollziehen Einweihungsriten, die speziell dazu konzipiert sind, diesen Übergang zu erleichtern und ihn in einen verständlichen Zusammenhang zu setzen. Doch im Westen wird diese höchst kritische Phase meist ignoriert oder unterdrückt. Mädchen fühlen sich verstört und beschämt von den körperlichen Veränderungen. Sie kriechen in sich hinein, um nicht aufzufallen, verstecken ihre Brüste hinter den Armen und machen sich Sorgen, daß ihr Bauch zu stark hervortritt. Jungen sollen ganz plötzlich zu Männern werden, was zu der typischen Rigidität führt, bei der sie steifbeinig, mit hochgezogenen Schultern und verkrampftem Bauch und Rücken durch die Welt staksen. Oder sie verlegen sich auf tollkühne Rücksichtslosigkeit, die als Symbol heldenhafter Männlichkeit gilt.

Für Jungen wie Mädchen ist das Erwachen des zweiten Chakras im Lauf der Pubertät mit Angst und Scham verbunden.

Ohne weise Führung von kultureller oder individueller Seite bleibt ihnen die Kontrolle ihres wildgewordenen Hormonhaushalts selbst überlassen. Doch diese Energien sind so verwirrend, so belastet mit sozialen Konflikten und Tabus, daß sie leicht obsessiv, paralysierend oder selbstzerstörerisch wirken können.

Mit einer rituellen Anerkennung der Pubertät wird der Übergang von der Kindheit zum Erwachsensein gewürdigt, in einen sinnvollen Kontext gestellt und ein wertvolles neues Mitglied im Klan der Erwachsenen willkommen geheißen. Die rituelle Würdigung einschneidender Wendepunkte im Leben ist enorm heilsam. Dadurch wird Gemeinschaft geschaffen. Und ihr Mangel in unserer Kultur bezeugt unseren Mangel an Gemeinschaftssinn, an intimer Verbundenheit mit einem Stamm.

Die erste Periode von Mädchen ∽ Die erste Menstruation signalisiert den körperlichen Übergang von der Kindheit zum Frausein, die Fähigkeit, neues Leben zu empfangen. Und das ist ein besonderes Ereignis, auch wenn die meisten Mädchen es eher als Schande empfinden, die vor aller Welt geheimgehalten werden muß. Ich habe folgende Frage an eine Gruppe junger Mädchen gestellt: Was wäre die ideale und bestmögliche Reaktion oder Situation für dich gewesen, als du zum ersten Mal im Leben deine Periode hattest?« Hier eine Auswahl ihrer Antworten:

> ∽ Es wäre schön gewesen, wenn mein Körper im Lauf der Pubertät und bis zu dem Punkt, an dem ich meine Jungfräulichkeit verloren habe, irgendwie gesegnet worden wäre. Der Körper geht im Eiltempo durch so viele Veränderungen – die Hüften werden breiter, der Busen praller, und du schießt ein paar Zentimeter in die Höhe. Alles geht so schnell, und du mußt jeden Tag neu lernen, mit dir selber umzugehen. Ich wünschte, ich hätte mehr Unterstützung gehabt und eine besondere Feier, um mir zu sagen: »Wir finden dich schön, und wir lieben dich genau so, wie du bist, und was immer du tust.«

❧ Es war Sommer, als ich meine erste Periode bekam. Am liebsten wäre ich ans Meer gefahren, um dort einfach ganz frei und ungehemmt ins Wasser zu bluten.

❧ Ich wünschte, meine erste Blutung wäre nicht so ekelhaft und widerlich und unangenehm und peinlich gewesen – das war sie, weil meine Mutter sich so negativ darüber geäußert hat. Ich hätte gerne ganz intim mit ihr darüber gesprochen, über das, was ich tun muß, und wie es sich anfühlt, wenn das Blut aus mir herausläuft.

❧ Ich wünschte, jemand hätte mich mit den Mondzyklen vertraut gemacht und wie sie die Menstruationszyklen und mich als Frau beeinflussen. Ich hatte keine Ahnung davon, bis ich ins College kam!

❧ Beim ersten Mal hätte ich gern etwas Ruhe gehabt, um mich in meine eigene Welt zurückzuziehen und ein Gefühl der Sicherheit und Geborgenheit zu haben.

Erwachsene Manneskraft ❧ Für Jungen kann das Erwachen ihrer Sexualenergie und ihres Penis mit seinen unwillkürlichen, unkontrollierbaren Erektionen und seinem Samenerguß eine ängstigende, geradezu unheimliche Konfrontation mit der primären Lebenskraft sein. Was will dieses eigenwillige Organ mit seinem lästigen Ringen um Aufmerksamkeit und seinem unvermeidlichen Kribbeln und Steifwerden? Was für ein merkwürdiger Saft entweicht diesem Ding? Auf einmal kann der Junge Babies machen. Er ist kein Kind mehr, sondern ein Mann. Was bedeutet das alles, und was soll er damit anfangen?

Ohne weisen elterlichen Rat, einen Mentor oder eine rituelle Würdigung ist dieser plötzliche Schritt zum Mannsein der Lächerlichkeit und den prahlerischen Anzüglichkeiten des Schulhofs preisgegeben. Ein intuitiv als heilig empfundenes Mysterium, das jungen Männern Furcht und Ehrfurcht zugleich einflößt, wird zum profanen Witz herabgewürdigt.

Bei einem konfliktgeladenen Übergang in die Pubertät sammeln Männer häufig innere Spannungen im Beckenbereich an. Die Sportlehrer in den Schulen fordern männliche Schüler auf, ihre Bäuche einzuziehen, desgleichen beim Militärdienst, was dazu führt, daß Männer tiefe Gefühle hinunterschlucken und im Bauch speichern. Danach kann dieser Bereich oft nur noch mit tiefgreifender Arbeit gelockert werden.

Die folgende einfache Übung kann Männern (und Frauen mit Verdauungsschwierigkeiten) merkliche Erleichterung verschaffen: Setze dich bequem hin und lege deine Hände auf den Bauch. Atme Liebe in deinen Bauch hinein. Laß die Liebe vom Herzen kommen und in den Bauch strömen. Fühle die Wärme deiner Hände, die tief in dich eindringt, die Spannungen lockert und die Eingeweide heilt. Atme tief und langsam in deinen Bauch hinein, massiere deinen Bauch sanft und mit Gefühl. Fühle, wie er sich beim Einatmen ausdehnt und beim Ausatmen weich wird. Genieße die natürliche Weichheit deines Bauches – laß ihn getrost hängen und hervorstehen.

DIE BEDEUTUNG KÖRPERLICHER NÄHE

Oft wird der physische Kontakt in der Pubertät auf ein Minimum beschränkt. Kinder brauchen und lieben es, berührt, umarmt, angefaßt zu werden. Aber mit der aufkeimenden Sexualität ziehen Eltern wie Kinder sich gewöhnlich schamhaft zurück, obwohl Jugendliche so viel Körperkontakt wie eh und je brauchen.

Viele Teilnehmer an meinem »Training für Liebe und Ekstase« haben Schwierigkeiten mit der »Verschmelzungsumarmung«, einer einfachen und grundlegenden Übung. Dabei geht es um nicht mehr als eine Umarmung, bei der zwei Menschen sich aneinander schmiegen und ihrem Körper erlauben, sich ganz tief zu entspannen, damit die Energien verschmelzen können. Beim ersten Versuch wird oft nur der Oberkörper an den Schultern aneinandergelegt und der Unterleib weit voneinander ferngehalten. Wir haben einen Namen dafür: die »Donald-Duck-Umarmung.« Das Unbehagen bei physischem Kontakt entsteht zum größten Teil während der Pubertät, weil Intimität von nun an mit der »Gefahr« eines sexuellen Annäherungsversuchs assoziiert wird. Es ist wichtig, daß die Eltern sich mit dem Einsetzen der Pubertät nicht von ihren Kindern zurückziehen, sondern ihre Zuneigung auch weiterhin körperlich zum Ausdruck bringen.

Bewegung und Körperbewußtsein ~ Weißt du noch, wieviel Lust du als Kind bei den einfachsten Bewegungen gefühlt hast? In der Pubertät erreicht das Verlangen nach ungezwungen impulsivem, körperlichem Selbstausdruck eine neue Ebene. Teenager wollen Musik auflegen, tanzen und mit ihrer körperlichen Ausdruckskraft experimentieren. Moira ist fünfzehn Jahre alt und sagt: »Ich habe von Kindheit an gelernt, mich zu bewegen. Wahrscheinlich habe ich mich deshalb immer so gut in meinem Körper gefühlt. Eltern sollten mit ihren Kindern herumtanzen und ihnen vormachen, wie man sich bewegt. Das ist ein echtes Geschenk. Beim Tanzen und Bewegen kann man Dinge verarbeiten, ohne nachzudenken, und das ist das Größte!«

Freie Bewegung und ein selbstverständliches Verhältnis zur eigenen Nacktheit sind die Schlüssel zu einer gesunden Beziehung zum eigenen Körper. Familienausflüge in die Sauna und gemeinsames Baden, eine Selbstverständlichkeit in Japan und in manchen europäischen Ländern, lehren Kinder eindrucksvoller als alle Worte die einfache Schönheit des menschlichen Körpers. Durch Spiel und Spaß mit nackten Menschen jedes Alters überwinden wir die negativen Assoziationen, die uns von der Gesellschaft aufgedrängt werden.

Grenzen ~ Durch unser zweites Chakra unterscheiden wir instinktiv zwischen dem »Ich« und »den anderen«. Wir ziehen energetische Grenzen, um unsere innere Sicherheit innerhalb eines bestimmten, akzeptierten Rahmens zu garantieren. Solche Grenzen sind zum Beispiel die Wände unseres Hauses oder der Gartenzaun, der Zeitraum, den wir für die Arbeit oder das Familienleben festlegen, gesellschaftliche und individuelle Regeln und Gesetze für den Umgang mit anderen, selbst das Maß an Ekstase und Freude, das wir uns täglich genehmigen.

Grenzen entstehen mit unserem Wissen um uns selbst und mit der Fähigkeit, nein zu sagen. Bei einem schwachen Nabelzentrum verschwimmen unsere Grenzen – es ist, als wüßten wir nicht genau, wo wir aufhören und wo die Mitmenschen anfangen. Wir sind unsicher und gestatten anderen Übergriffe in unseren Lebensraum. Oder wir kümmern uns mit übertriebener Beflissenheit um andere und lassen die eigenen Bedürfnisse außer acht. Oder wir werden rigide, fordernd, aufdringlich. Oder wir lassen niemanden nahe an uns heran.

Um Grenzen zu setzen, muß man Entscheidungen treffen. Beobachte dich selbst einen Tag lang, um zu sehen, welche Entscheidungen du von Moment zu Moment triffst: Was lehnst du ab und was akzeptierst du, auf emotionaler wie auf körperlicher Ebene? »Entscheide ich mich dafür, meine Bedürfnisse über die meines Partners zu stellen, oder berücksichtige ich auch die Bedürfnisse meines Partners? Entscheide ich mich dafür, mir von anderen etwas vorschreiben zu lassen, oder setze ich Grenzen und sage nein? Entscheide ich mich bewußt für dieses Vorhaben, oder sage ich ja, um jemandem einen Gefallen zu tun?«

Durch solche Fragen und Antworten kann dir die Beschaffenheit deiner Grenzen stärker bewußt werden.

IM FLUSS SEIN

Sportler sprechen ehrfürchtig davon, »im Flow« oder »in the zone« zu sein, diese magischen Momente, wenn der Körper ohne den Verstand reagiert und mit einer übernatürlich anmutenden Selbstverständlichkeit funktioniert. Richard Moss, der Autor von *Das zweite Wunder*, beschreibt, wie er einen Steilhang beim Skilaufen »hinuntergeflossen« ist, und nennt diesen Zustand »das Skilaufen sein«. In solchen Momenten wird nichts mehr gesteuert, nichts mehr gemacht, es gibt nur noch das reine Bewußtsein, das den Körper als Energie in Bewegung wahrnimmt – die Form bewegt sich wie das Flirren eines Licht- und Schattenspiels, im perfekten Einklang mit allem ringsumher. Vielleicht hast du es schon erlebt, beim Golfen, Tennisspielen oder Skilaufen. Der Verstand wird zurückgelassen, das *Hara* übernimmt die Führung, und du fällst in deinen natürlichen Schwerpunkt, während der Atem, die Muskeln und das Bewußtsein eins werden in der Bewegung. Richard Moss drückt es so aus: »Denken versinkt im Fühlen. Tun versinkt im Sein. Es ist Wachsein, Lebendigsein, Fließen.«

Fließen in diesem Sinne ist ein Zustand dynamischer Selbstversunkenheit, es ist *Sein in Bewegung* ohne irgendwelche mentalen Prozesse. Die Zeit scheint stillzustehen, oder sie beschleunigt sich wie im Zeitraffer. Fließen ist ein luzider Handlungsfluß, ein Zustand der Ekstase, ein müheloses Dasein in einem Körper, der gefühlsmäßig in seinen Urgrund eingegangen ist. Reiner Instinkt. Wenn wir uns spontan bewegen lassen, setzt der Verstand aus, und wir werden zum Körper. Für unseren Körper, der zu 70 Prozent aus Wasser besteht und in den amniotischen Flüssigkeiten der Gebärmutter herangewachsen ist, ist Fließen in der Bewegung der natürliche Zustand.

Hin und wieder geraten wir spontan ins Fließen, aber gewöhnlich ist dieser Zustand ein Resultat jahrelanger Übung – beim Hochleistungssport, bei Gymnastik, Tanz oder asiatischen Kampfsportarten, beim Töpfern oder Malen, beim öffentlichen Reden oder Schauspielern, und selbst bei ganz alltäglichen Aktivitäten vom Autofahren bis zum Saubermachen. Beim Liebesspiel kann man sehr leicht ins Fließen geraten: Anstatt in Gedanken zum Endresultat (dem Orgasmus) vorauszueilen, entspanne dich in jedem Moment ins Fühlen hinein. Mach dir keine Sorgen über den nächsten Moment, ob du es richtig machst, ob er womöglich zu früh kommt oder ob sie vielleicht überhaupt nicht kommt. Laß alle Gedanken und Urteile los und gib dich der Energie jedes Augenblicks hin. Wenn man die einfachen Freuden des Berührens, Atmens, Fühlens und Liebens genießt, anstatt sich anzustrengen und irgend etwas erreichen zu wollen, kann Fließen geschehen.

Zeit zum Schlängeln, Zeit zum Fließen ∼ Vielen Menschen bleibt heute nicht mehr viel Zeit zum Fließen, weil sie ihren Tageslauf nach einem voll ausgebuchten Terminkalender richten müssen. Die »Kalenderzeit« bestimmt unser Leben und hindert uns am Fließen. Mit der folgenden Übung kann man auf andere Art »in Fluß geraten«. Dazu benötigt man nicht mehr als ein großes Kalenderblatt des jeweiligen Monats, einen Topf mit leuchtend bunter, wasserlöslicher Farbe und ein paar Malstifte.

~ Tauche deinen Zeigefinger in den Farbtopf und laß deinen Finger mit einer schlängelnden Bewegung über die Tage des Monats gleiten. Bewundere dein Werk.

~ Jetzt tupfe frische Farbe auf deinen Finger, beginne in dem Kästchen für den ersten Monatstag und lasse ihn dann im Zickzack durch die anderen Kästchen nach unten gleiten, wie eine Schlange. Schau nicht auf die Zahlen, achte nur darauf, daß du jedes der numerierten Vierecke berührst. Stell dir vor, daß dein Leben wie diese Schlangenlinie ist und dorthin geht, wo die Energie dich hinführt.

~ Jetzt trage die wichtigsten Termine für den kommenden Monat ein. Male mit den Farbstiften für jeden Termin ein passendes Symbol auf das Kalenderblatt. Dabei kannst du ruhig über die Kästchen und Nummern hinausgehen, zum Beispiel eine Sonne malen, deren dottergelbe Strahlen in andere Kästchen hineinreichen, eine Kletterpflanze, ein Weinglas, das ein paar Tropfen auf die Umgebung verschüttet, oder ein wochenlanges Fragezeichen. Alle werden von den Schlangenlinien, die den Energiefluß des Monats versinnbildlichen, durchkreuzt und miteinander verknüpft.

~ Wenn du fertig bist, betrachte das Kalenderblatt, um ein Gefühl für den Fluß des kommenden Monats zu bekommen, deine Erwartungen zu begutachten und zu sehen, welche Überraschungen möglicherweise auf dich zukommen. Dann hänge es an einer Stelle auf, wo du es jeden Tag sehen kannst. Wenn du noch mehr Spaß damit haben willst, tanze unbeschwert auf deinem Kalenderblatt herum!

Das Fließen stellt sich ein, wenn wir bewußt im Körper präsent sind, wenn wir unsere Aufmerksamkeit auf das Fühlen richten und unseren Schwerpunkt im Nabelzentrum finden. Ein Boot ruht von Natur aus in seinem Schwerpunkt; nur so kann es sich den schaukelnden Wellenbewegungen und den Meeresströmungen jederzeit anpassen. Es muß sich keine Mühe geben, um im Gleichgewicht zu bleiben und vom Wasser getragen zu werden. Wenn wir im zweiten Chakra, dem *Hara*, zentriert sind, erfahren wir diese Mühelosigkeit.

Ausgeglichenheit und fließende Anpassungsfähigkeit sind die Schlüssel für geistige Harmonie und ein offenes Herz, wie zwei meiner Freunde am eigenen Leib erfahren haben. Anne und David Chandler sind Tai-Chi-Lehrer und leiten ihr eigenes Zentrum. Sie leben und arbeiten seit zwölf Jahren zusammen. Die Geschichte ihrer Annäherung zeigt, wieviel Geduld erforderlich sein kann, um »in den Fluß zu kommen«.

Bei unserer ersten Begegnung wußte ich schon, daß ich David heiraten wollte. Wir verstanden uns auf Anhieb, und David wurde mein Tai-Chi-Lehrer. Unsere Beziehung entwickelte sich mit »Tai-Chi-mäßiger« Langsamkeit – ein paar Monate eng zusammen, dann ein paar Monate weit auseinander. Aber ich lernte den Anfang der Tai-Chi-Form. Nachdem wir uns ein Jahr lang nicht gesehen hatten, trafen wir uns wieder. Der Energiefluß zwischen uns war weiterhin spürbar, und wir gingen auf ein Feld, um Tai Chi miteinander zu machen und die Form weiter zu üben. David rezitierte poetische Verse, während wir gemeinsam in die runden, flüssigen Bewegungen hineinglitten. Irgendwann fühlten wir beide, daß unsere Energiefelder sich füreinander öffneten, wie zwei goldene Lichtkreise, die ineinander flossen und verschmolzen. Ohne ein Wort sagen zu müssen, wußten wir, daß unsere Geistseelen in diesem Moment eine heilige Vermählung vollzogen und sich vereint hatten. Eine ekstatische Intimität breitete sich in uns aus, aber keiner von uns verlor ein einziges Wort darüber.

Sechs Jahre vergingen, bevor wir uns endlich zur Heirat entschlossen. An unserem Hochzeitstag trug er einen Frack und ich ein weißes Brautkleid, und am Ende der Trauzeremonie haben wir vor der versammelten Gemeinde die Tai-Chi-Form wiederholt, die uns damals auf dem Feld zusammengeführt hat – mit denselben Gedichten, die mir auch damals das Herz geöffnet hatten. Es war phantastisch. Auf diese Weise habe ich gelernt, mich in Geduld zu üben. Ohne Geduld kann man nicht ausgeglichen sein. Heutzutage sind die meisten Leute sehr ungeduldig. Sie können nicht vertrauen. Wenn zwei Menschen sich wirklich lieben und zusammengehören, werden sie auch zusammenkommen. Wir müssen alle viel geduldiger werden.

Manchmal wird Fließen auch zu einer Notwendigkeit – in Situationen, in denen man im richtigen Moment auf die genau richtige Weise das Richtige tun muß, um zu überleben. Zum Beispiel, wenn man im allerletzten Moment noch ein komplexes Manöver mit dem Auto vollzieht, um einen Unfall zu vermeiden. Doug hat mir eine Begebenheit solcher Art erzählt. Er ist Kampfsportlehrer und arbeitet als Landschaftsgärtner:

Ich war gerade dabei, einen Abhang umzugraben, als er ganz plötzlich zusammenbrach. Erdmassen glitten den Hügel hinunter zur Straße, und ich mit ihnen. Um nicht bis ganz unten mitrutschen zu müssen, rettete ich mich auf einen Pfosten, von dem aus ich zur Straße hinunterspringen und auf beiden Füßen landen wollte. Aber mein Fuß blieb an einer Eisenklammer, die oben aus dem Pfosten hervorragte, hängen, und das brachte mich aus dem Gleichgewicht. Mein Sprung trug mich über den Abhang hinaus, wie ich es beabsichtigt hatte, aber plötzlich lag ich waagerecht in der Luft, zweieinhalb Meter über einer Betonfläche, auf die ich mit dem Gesicht nach unten zuraste. Ich befand mich in der klassischen »Superman«-Position, nur konnte ich nicht fliegen! Und meine Lage war nicht mehr zu ändern. In dieser Sekunde sah ich alles. Mein Bewußtsein war kristallklar, ich fiel im Zeitlupentempo nach unten und wußte, daß ich schwere Verletzungen davontragen würde, wenn ich in dieser Haltung landete. Darum drehte ich mich im Fallen auf die Seite – nahezu gemächlich, so kam es mir vor – und nahm eine der »Fallpositionen« ein, die wir bei den asiatischen Kampfsportarten lernen. Ich knallte in der perfekten Haltung auf den Beton, auf meiner rechten Körperseite, genauso, wie ich es zehntausend Mal beim Training geübt hatte, mit gekreuzten Armen und einem Schenkel und einer Fußsohle zuerst, um den Aufprall zu absorbieren und über den ganzen Körper zu verteilen. Wegen des Adrenalinausstoßes empfand ich keine Schmerzen, nicht einmal den Schock des Aufpralls. Ein waagerechter Fall aus zweieinhalb Metern Höhe – und nichts war mir passiert. Ich stand einfach auf und ging weg.

Hier sind einige Schlüssel zur Erfahrung des Fließens:

- Hab klare innere Zielvorstellungen. »Ich gleite diesen Abhang beim Skilaufen hinunter; ich putze das Haus in einer Stunde; ich halte einen Vortrag vor dieser Versammlung.« Klammere dich nicht an ein bestimmtes Ergebnis. Akzeptiere, daß die Dinge anders laufen können, als du es dir vorgestellt hast.
- Entspanne dich bewußt, atme und laß alle Widerstände oder Sorgen einfach los.
- Achte mehr auf deinen Atem als auf deine Gedanken.
- Entscheide dich dafür, deine Aufmerksamkeit *ausschließlich* auf deine momentane Tätigkeit zu konzentrieren. Vergiß dich selbst. Bemühe dich überhaupt nicht. Laß dein Denken und deinen Körper völlig im momentanen Erleben aufgehen.
- Vertraue dir selbst. Entspanne dich in allen Bereichen deines Seins.
- Sorge dich nicht um Erfolg oder Mißerfolg.
- Fühle von Augenblick zu Augenblick, was geschieht.

- Vergleiche dein augenblickliches Erlebnis nicht mit früheren Erfahrungen und projiziere nichts in die Zukunft.
- Mache es als Meditation.

Das instinktive Wissen im Bauch Wenn der Kopf einfach nicht mehr weiterweiß, höre auf die Impulse deines Bauchs, denn er spricht die Sprache der instinktiven Weisheit, von der sich der Verstand meist viel zu weit entfernt hat. Der Verstand neigt dazu, das angeborene Instinktwissen zu übertönen, aber man kann sich seine Vorschläge anhören und die Aufmerksamkeit dann auf den Bauch richten, um festzustellen, was er zu dem Thema zu sagen hat.

Folgende einfache Übung kann helfen, den instinktiven Anweisungen des zweiten Chakras zu folgen: Stell dir vor, daß deine Eingeweide Antennen haben, unsichtbare Fühler, die wie Nabelschnüre aus deinem Bauchnabel herauswachsen. Nimm während des Tages mit diesen Fühlern wahr, laß dich von ihnen führen und in die Richtung bewegen, die sie dir weisen. Wenn du Kontakt mit einem anderen Menschen aufnehmen willst, strecke deine Fühler aus und taste das Nabelzentrum des anderen ab. Achte auf die Qualität eures Austauschs, auf die Reaktion des anderen und darauf, wie sich euer Kontakt für deinen Bauch anfühlt.

HEILUNG

Das zweite Chakra vereint gegensätzliche Kräfte, und so wirkt es von Natur aus als innerer Heiler. Allein durch bewußt in den Körper verlagerte Aufmerksamkeit kann man seinen Gesamtzustand bessern oder den Heilprozeß beschleunigen, wenn man krank ist. Wer es sich zur Gewohnheit macht, freundschaftliche Dialoge mit seinem Körper zu führen, seine Hinweise zu befolgen und ihm regelmäßig Aufmerksamkeit zu schenken, kann damit wesentlich zu seiner Gesundheit beitragen.

Eins der wichtigsten Elemente beim Heilen ist Ruhe – eine Entspannung, bei der man sich in die Tiefe hineinsinken läßt, die regenerierende Kräfte erzeugt. Winston Churchill erklärte, daß seine täglichen Nickerchen ihm die Widerstandskraft gaben, ohne die er nicht fähig gewesen wäre, England durch das Trauma des Zweiten Weltkriegs zu führen. Napoleons Fähigkeit, zwischen zwei Schlachten eine erfrischende kleine Schlafpause einzulegen, war ebenfalls berühmt. Die moderne Schlafforschung zeigt, daß der Körper drei bis fünf Stunden braucht, um den Streß des Tages abzubauen und den Zustand der Entspannung zu erreichen, in dem der tiefere, regenerierende Schlaf beginnt. Aber es braucht nur fünf bis zehn Minuten bewußte Entspannung, um dieselbe Menge Streß abzubauen. Also können wir sofort in den regenerierenden Schlafmodus fallen, wenn wir uns vor dem Einschlafen fünf bis zehn Minuten lang bewußt entspannen. Bei dieser Art des Abschaltens werden unsere mentalen, physischen und emotionalen Batterien aufgeladen, und so zählt bewußte Entspannung zu den wichtigsten Beiträgen zu unserer Gesundheit.

Hier sind ein paar andere Geheimnisse der Heilkunst, die ich weitergeben möchte:

- Bezeichne einen Menschen niemals als »krank«. Was du im Geiste siehst, denkst und projizierst, hat eine Wirkung auf die physische Realität. Visualisiere statt dessen, daß der andere kerngesund und munter ist.
- Deine liebevolle, gelassene und fürsorgliche Gegenwart hilft einem Kranken manchmal mehr als Medizin. Überschütte ihn mit Energie. Sprich zu ihm, halte ihn im Arm, liebe ihn, bringe ihn zum Lachen.
- Vertraue auf die Selbstheilungskräfte und übermittle die Kraft deines Vertrauens, aber ohne irgendeinen Druck auf den anderen auszuüben, jetzt möglichst schnell gesund zu werden. Akzeptiere den anderen, wie er ist. Manche Menschen müssen etwas von ihrer Krankheit lernen, was ihnen entgeht, wenn ihnen eine rasche Genesung aufgedrängt wird.
- Sorge dafür, daß sich der Kranke in einer angenehmen

Umgebung mit frischer Luft, Blumen, Musik, natürlichem Licht und gutem Essen aufhält.

- Laß ihn ruhen oder herumlaufen, soviel er will.
- Denkt euch gemeinsam ein Heilungsritual aus, oder vollziehe ein eigenes Ritual mit seiner Erlaubnis. Laß dich von den Richtlinien in Kapitel 6 und 7 sowie dem Ritual am Ende dieses Kapitels anregen. Du kannst die Energie des Kranken und sein Zimmer klären, zum Beispiel mit Klangschalen, Räucherwerk, Mantras, frischer Luft oder Anrufungen.
- Betrachte Krankheiten als einen Reinigungsprozeß. Beteilige dich daran, indem du deine eigenen Gedanken und Gefühle klärst und deinen persönlichen Lebensraum klar und rein hältst.

Stimmen des zweiten Chakras

Wenn du dich in dein zweites Chakra hineinversetzt und die Stimme deines Bauches durch dich sprechen läßt (siehe Chakra-Übung Seite 179), setzt du dich mit dem Zentrum der Heilkraft und Ausgeglichenheit in Verbindung. Die nachfolgenden Beispiele von Teilnehmern an meinem Training vermitteln dir eine Vorstellung von dem Spektrum der Ausdrucksformen dieses Chakras.

NICOLE - Ich bin der Bauch; die Urquelle und Gebärmutter. Alles wird in mir geboren. Ich bin ein Ozean der puren Macht und Lebenskraft. Meine Weite kennt keinen Anfang und kein Ende. Meine Gefühle sind wahr. Ich bin die Mutter des Mitgefühls.

JENNY - Ich enthalte Macht und Kraft. Ich dränge nach Ausdruck und Schöpfung. Ich bin der Ernährer, der das Leben erhält. Ich bin schwanger mit mir selbst.

RON - Ich bin der Bauch. Mein Zentrum ist ein Kessel aus Feuer, brodelnd vor Stärke und Vitalität. Aus der Formlosigkeit bringe ich Formen hervor. Ich beschütze, ich vertraue, ich handle, ich existiere. Ich lehre alle Wesen durch mein Fließen.

JUDITH ~ Ich fühle Nahrung in meinem Inneren. Sie nährt mich aber nicht. Sie fault und wird giftig, sie bildet eine feste Kugel aus Schmerz. Ich habe Angst, ich bin verhärtet. Ich bin unsicher. Ich weiß nicht, wie ich leben soll, wie ich mich zentrieren soll. Ich habe keine Grenzen. Ich werde von allem ringsumher verschluckt und zersetzt. Ich habe Angst vor dem Geborenwerden.

TRACY ~ Ich ziehe Kraft aus den Wurzeln und lenke sie durch mein ganzes Wesen. Ich bin eine Spindel, vollkommen stabil in meiner Umdrehung. Mein Wirbeln ist unermeßlich. Ich bin der Platz, der Entscheidungen trifft. Niemand außer mir entscheidet. Das ist meine wahre Macht.

PETER ~ In mir kocht alles. Bewegung und Energie strömen durch mich ins Leben. Ich enthalte Donner und Blitze, Wirbelwinde und Aufruhr. Ich verwandle Chaos in Formen. Ich reinige und heile.

KATHERINE ~ Aus mir führen Fasern überallhin, in alle Richtungen. Ich möchte mir die ganze Welt einverleiben. Ich bin hier, lebendig und wach. Manchmal bin ich warm und schläfrig, voll vom Essen. Manchmal bin ich leer und voller Energie. In mir wohnen so viel Leben und Macht.

VINCENT ~ Ich fühle mich schwanger mit der Weite. Ich danke meinen Wurzeln für ihren Saft. Ich speichere Erfahrungen und Visionen. Vom Universum erhalte ich kosmische Nahrung. Ich bin im Kontakt mit der Realität.

CHAD ~ Ich bin das Zentrum, die Nabe, der stille Mittelpunkt des Wirbelsturms. Ich bin die Sonne dieses Körpers. Alles strahlt aus mir heraus. Ich ziehe Kraft aus den Wurzeln und schleuse sie durch das ganze Wesen. Ich habe die Entscheidungsgewalt.

Ritual für Heilung und Ausgleichung

Mit dieser Zeremonie kannst du Schmerzen, Krankheiten, Beziehungen und Situationen auf jeder Ebene heilen, indem du problematische Gefühle ins Bewußtsein bringst und sie annimmst, so daß sie sich verwandeln können. Dieser Prozeß ist letztlich die Grundlage aller Heilung. Bevor du anfängst, entscheide dich für den generellen Bereich, in dem du Unterstützung brauchst, sei es eine problematische Beziehung, ein körperliches Gebrechen, Schwierigkeiten mit der eigenen Sexualität oder ähnliches.

Ziel

- Eine schmerzhafte Angelegenheit oder Beziehung heilen.
- Schmerzhafte, negative oder problematische Gefühle transformieren.
- In jedem Augenblick des Lebens Harmonie und Gleichgewicht finden.

Vorbereitung

- Sorge dafür, daß du eine Stunde lang allein und ungestört bleibst.
- Schaffe einen heiligen Raum – zünde eine Kerze oder ein Räucherstäbchen an, oder verteile beruhigende Duftessenzen im Raum (siehe Kapitel 6).
- Du kannst dieses Ritual allein oder mit einem Partner machen, mit oder ohne Musik.

Übung

- Mach es dir auf dem Boden oder in einem Sessel bequem. Halte deine Beine gerade und ausgestreckt – nicht gekreuzt. Sorge für einen guten Rückenhalt.
- Beginne mit der Begrüßung des Herzens (Seite 104).
- Laß die rechte Hand auf dem rechten Schenkel ruhen und die linke auf dem linken Schenkel.
- Entspanne deinen Körper, schließe die Augen und atme ein paar Minuten lang tief durch. Nachdem du zur Ruhe gekom-

men bist, drehst du deine rechte Handfläche nach oben wie eine offene Schale.

- Konzentriere dich auf die Schwierigkeiten in deiner Beziehung, auf deine Krankheit oder was immer du heilen möchtest. In den nächsten Minuten lasse Erinnerungen, Bilder, Gedanken und Gefühle dazu hochkommen. Zum Beispiel Zeiten, in denen du frustriert warst, nicht beachtet oder mißverstanden wurdest; oder Momente der Trennung, der Sehnsucht oder Enttäuschung. Vollziehe die Situationen im Detail nach. Atme weiter tief und gleichmäßig. Wenn schwierige Gefühle hochkommen, nimm sie an und erlaube dir, mit ihnen zu sein, ohne sie wegzujagen oder zu bekämpfen. Du willst ein heilendes Energiefeld erschaffen, und es ist gut, wenn alles hochkommt, was der Heilung bedarf.

- Stell dir vor, daß du all diese Schwierigkeiten der Reihe nach in deiner rechten Hand sammelst.

- Jetzt frage dich: »Was habe ich aus diesen Erfahrungen gelernt? Wie haben sie zu meiner Transformation beigetragen?« Vergiß nicht, daß die härtesten Zeiten oft unsere besten Lehrer sind. Kannst du die positiven Wirkungen erkennen, zum Beispiel mehr Geduld, mehr Mitgefühl, ein besseres Unterscheidungsvermögen?

- Nun richte deine Aufmerksamkeit auf die linke Hand. Leg deine Hand auf den linken Schenkel mit der Handfläche nach oben.

- Rufe dir alle positiven Erfahrungen ins Gedächtnis, die du in dem entsprechenden Bereich gemacht hast: Situationen, in denen du dich geliebt und beschützt gefühlt hast, geborgen, gesund, glücklich, heil und ganz. Halte dir diese Momente jetzt deutlich vor Augen. Wenn keine Bilder aufsteigen, erlebe alles noch einmal in Gedanken oder gefühlsmäßig im Körper nach.

- Jetzt sammle all diese positiven Augenblicke in deiner linken Hand.

- Frage dich: »Was habe ich aus diesen Erfahrungen gelernt? Wie haben sie zu meiner Transformation beigetragen?« Lausche auf die Antworten, die kommen. Vielleicht hast du mehr Mut aus diesen Erlebnissen gewonnen, größeres Selbstvertrauen, die Fähigkeit, Initiative zu ergreifen, dein Herz zu öffnen, dich der Liebe hinzugeben. Fühle alles, was in dir aufsteigt, höre es dir an und lerne daraus.

∽ Jetzt ziehe deine Aufmerksamkeit von der linken Hand zurück und hole tief Luft. Fang langsam an, deine Hände zusammenzubringen, und atme dabei tief und gleichmäßig weiter. Wenn sie sich berühren, leg beide Hände leicht gewölbt aneinander. Und im Moment der Berührung wird dir ein Symbol geschenkt: ein Bild, eine Form, ein Gefühl, ein unerwarteter Gedanke oder eine Farbe. Was es auch sein mag, halte es in deinen Händen, denn dieses Symbol repräsentiert die Heilung dieses Aspekts deines Lebens.

∽ Halte das Symbol ein paar Minuten lang und fühle die Energie, die es für dich repräsentiert. Atme tief weiter und bleibe konzentriert dabei.

∽ Jetzt nimm das Symbol und bringe es langsam zu deinem Bauch, indem du deine Hände zum Bauch führst und dort ruhen läßt. Laß die Heilkraft in deinen Bauch eindringen und speichere das Symbol in deinen Eingeweiden. Jetzt wird es zu einer Heilquelle in deinem Inneren, aus der du jederzeit Kraft schöpfen kannst.

∽ Ende mit der Begrüßung des Herzens.

Hinweise

∽ Für diesen Prozeß solltest du dir viel Zeit lassen, ohne etwas zu übereilen oder zu forcieren. Atme dabei langsam und gleichmäßig.

∽ In den meisten Fällen wird das Symbol sofort auftauchen. Manchmal muß man die Zeremonie erst zwei- oder dreimal wiederholen. Falls du kein Bild siehst, kann es sein, daß du gefühlsmäßige Eindrücke oder einen Gedanken hast. Das ist ebenfalls in Ordnung.

∽ Du kannst sehr sanfte, unaufdringliche Hintergrundmusik spielen, die dir hilft, dich zu konzentrieren, damit du nicht von irrelevanten Gedanken abgelenkt wirst.

- Wenn du möchtest, erzähle deinem Partner, was du aus den schwierigen und angenehmen Erfahrungen gelernt hast und was das Symbol für dich bedeutet.
- Wenn du willst, schreibe deine Eindrücke von diesem Ritual in ein Tagebuch.
- Erinnere dich den Tag über öfter an das Symbol. Male es auf ein Stück Papier, das du auf deinen Schreibtisch oder deinen Altar legst.
- Die Heilkraft verstärkt sich, wenn du dieses Ritual eine Woche lang jeden Tag vollziehst.

KAPITEL 10

Das dritte Chakra: Die leuchtende Sonne

Der dritte tantrische Schlüssel: Du bist die Quelle der Kraft

Ich bin die strahlend helle Sonne. Ich bin Schöpfung. Ich bin deine Lebenskraft, manifestiert in der Welt. Ich gebe dir Kraft und Richtung. Ich spende allen Chakren unter und über mir Licht. Ich bin Wille, Zielstrebigkeit, Entschlossenheit; auf dem Altar des Herzens opfere ich mich. Ich wandere stetig voran auf dem Pfad.

Die Stimme des dritten Chakras,
aus einer Chakrabotschaft

Das dritte Chakra im Überblick

Ekstase ∾ Die Ekstase der Macht.
Sinnbilder ∾ Die lebenspendende Wärme der Sonne; strahlendes Licht.
Körperbereich ∾ Das Sonnengeflecht (Solarplexus).

Körperteile ～ Verdauungstrakt, Leber, mittleres und unteres Rückgrat.

Endokrine Drüsen ～ Die Bauchspeicheldrüse, das »taoistische Haus der Transzendenz«.

Hautfunktionen ～ Transformation und Stärke, Streben nach Unabhängigkeit, Entschlossenheit, Zielstrebigkeit und Wille.

Kräfte ～ Mut und Enthusiasmus.

Essenz ～ Stärke und Kraft.

Ängste ～ Mangel an Vertrauen: Angst vor Ablehnung, Zurückweisung, Kontrolle, Kritik; Angst, nicht respektiert oder geschätzt zu werden, nicht gut auszusehen oder dazustehen, Pflichten nicht erfüllen zu können.

Männliche Kraft ～ Selbsterforschung, Wille, Manifestation, Charisma, Mut, Risikobereitschaft, Unterscheidungsvermögen.

Weibliche Kraft ～ Assimilierung, Selbstachtung, Hingabe, Kooperation, Solidarität.

Offen und entspannt ～ »Ich bin in Ordnung, wie ich bin. Ich habe Macht und Kraft. Ich bin frei. Ich schätze mich selbst. Ich zeige mich gern.«

Blockiert oder kontrahiert ～ »Ich bin mir nicht sicher. Ich kann mich nicht entschließen. Sag mir, wie ich sein soll. Ich brauche deine Erlaubnis, um... Ich traue mich nicht.«

Positive Qualitäten ～ Führungsqualitäten: inspirieren und durchsetzen, klare Zielvorstellungen und Visionen, Absichten im Einklang mit Aktionen, Unterscheidungsvermögen, Entschlossenheit, Organisationstalent. Selbstachtung: unabhängiges Denken, geistig rege, sich hingeben und loslassen können. Großzügigkeit: Macht mit anderen teilen und gemeinsam schöpferisch tätig werden, Wertschätzung für andere, Unternehmungslust, charismatische Anziehungskraft. Umsichtige Handhabung von Finanzen.

Negative Muster ～ Machtlosigkeit: Gefühle der Wertlosigkeit und »es nicht verdient zu haben«, Hilflosigkeit, den Versager spielen, sich und andere vernachlässigen, Abhängigkeit, Unterwerfung, Selbstmitleid. Machtmißbrauch: Autoritätsprobleme, Kontrollsucht, manipulatives Verhalten, Bevormundung, Prahlerei, Geltungssucht.

Die Aufgabe Entfalte deine Macht, ohne sie anderen aufzuzwingen.

Heilende Affirmationen Ich achte mich selbst. Ich bin es wert. Ich sehe gut aus. Ich glaube an mich selbst. Es ist möglich. Ich strahle Licht und Kraft aus. Ich habe Macht und nutze sie weise.

Hilfreiche Fragen Wer bestimmt, was hier läuft? Will ich das wirklich? Fühle ich meine Macht, und bringe ich sie in dieser Situation zum Ausdruck? Will ich jemandem gefallen, oder meine ich das wirklich? Wer ist es, der hier etwas will, verlangt oder entscheidet? Ist dies (Person, Arbeit, Geld, Ansicht) meinen Einsatz und meine Loyalität wert?

Archetypen Schöpfung und Vernichtung: Brahma, der Schöpfergott; Saraswati, Verkörperung der Natur und Schutzgöttin der Wissenschaften und Schönen Künste; Shiva, Gott der Transformation durch Zerstörung; Shakti Lakini, die den Zusammenhalt zwischen der physischen und der himmlischen Seinsebene etabliert und die Manifestationen ins Leben ruft. Mars, Herr der Tatkraft. Die Sonne, das Symbol für feurige Allmacht.

Die Essenz des dritten Chakras

Bei Gott, wenn du deine Schönheit erkennst,
dann wirst du dich selbst anbeten!

Rumi

Das Solarplexuszentrum ist ein Reservoir der Macht, das uns befähigt, mit der geballten Kraft unseres Willens unsere Ziele zu verfolgen und uns mit schöpferischer Intelligenz durchs Leben zu bewegen. Damit verlassen wir den Kokon unserer Kindheit und werden selbständig.

In diesem Chakra transzendieren wir unsere kindliche Abhängigkeit von anderen und entdecken eine zuverlässigere Kraftquelle: die eigene innere Macht. Von nun an entwickeln wir unseren eigenen Wert, indem wir mit innerer Integrität leben und an der Verwirklichung unserer eigenen Wunschträume arbeiten. Es ist wie Radfahren lernen: Wir geben nicht auf, bis wir die Kunst beherrschen, und jeder Sturz zeigt uns, wer wir sind, was wir erreichen wollen und worauf wir zustreben.

Im Solarplexus begegnen wir dem Leben und lernen uns selbst kennen. Wir kämpfen mit der Angst, zu versagen, abgelehnt zu werden, unser Gesicht zu verlieren, und mit Todesangst; mit Gefühlen der Hoffnungslosigkeit, des Ungenügens und der Verzweiflung. Im Sonnengeflecht erleben wir einen spürbaren Energieverlust, wenn wir gesunden Herausforderungen aus dem Weg gehen, kreative Projekte im Sand verlaufen lassen oder den Mund nicht aufmachen, obwohl wir etwas Wichtiges zu sagen hätten. Und damit verringert sich auch unsere Fähigkeit, neue Kraftreserven zu mobilisieren, Freude und Glück zu genießen. Wir verlieren unsere Kraft, unsere Freude und unseren Enthusiasmus, als würden sie durch ein Leck im Bauch entrinnen.

Ein starkes drittes Chakra verleiht diesem Ringen mit dem Leben eine spielerischere Qualität. Anstatt das Leben als böswilligen Feind zu betrachten, sehen wir es als würdigen Gegner, der uns herausfordert, und schließlich als weisen Mentor. Denn irgendwann geht uns auf, daß wir die ganze Zeit nur mit uns selbst gerungen haben. Wie Jakob mit dem Engel, so kämpfen wir mit dem Leben, bis es uns seinen Segen gibt.

Auf diese Weise wachsen wir. So verdienen wir uns unsere Selbstachtung, denn Selbstwertgefühl wird uns *nicht* in die Wiege gelegt. Sie entspringt keinen noch so guten Vorsätzen, keinen positiven Visualisierungen oder Affirmationen. Wir erschaffen uns unser Selbstwertgefühl durch konkrete Handlungen im Laufe der Zeit. Wir *verdienen* es uns. Wenn wir wenig Willenskraft besitzen, werden wir auch ein geringes Selbstwertgefühl haben. Selbst wenn wir von anderen gelobt und gepriesen werden, wird unser Bauch die Anerkennung nicht absorbieren und halten können. Wir lassen die Sonne in unserer Körpermitte aufgehen, wenn wir unseren fundamentalen Eigenwert in der Welt beweisen und die Qualitäten des dritten Chakras zur Entfaltung bringen: Mut, Stärke, Integrität und Willenskraft.

DU BIST DIE QUELLE

Wahre Macht ist die Fähigkeit, die Wahrheit zu sagen, zu fühlen, was man wirklich fühlt, selbstzerstörerische Programme fallenzulassen und die eigene Unwissenheit, Angst und Verletzlichkeit einzugestehen. Es ist durchaus nicht immer leicht, zu sagen: »Ich weiß es nicht«, oder: »Ich habe Angst«, oder: »Ich leide«, und dann mit eigener Kraft einen Weg aus der Krise zu finden. Der Mut und die Stärke, die dazu erforderlich sind, werden im Solarplexuszentrum geboren.

Wenn uns das Feuer im dritten Chakra fehlt, fühlen wir uns unfähig, etwas zustande zu bringen oder Veränderungen herbeizuführen. Vielleicht schauen wir uns dann hilfesuchend nach anderen um und klammern uns an sie, in der Hoffnung, daß sie uns tragen, uns retten und sich für uns stark machen. Vielleicht wollen wir die Verantwortung abschieben und Risiken vermeiden, weil wir Angst haben, Fehler zu machen, kritisiert oder abgelehnt zu werden. Vielleicht möchten wir uns am liebsten auf ewig unterwerfen und einem charismatischen Guru, Führer oder Liebhaber folgen, weil wir hoffen, daß ein Abglanz seines Strahlens uns die Wärme und Kraft spendet, die wir in uns selbst nicht gefunden haben. Aber keine äußere Macht kann die Glut in einem leeren Sonnengeflecht entfachen, genausowenig, wie wir satt werden, wenn wir jemandem beim Essen zuschauen. Es gibt jedoch praktische Methoden, mit denen wir uns täglich neu Kraft geben und unser Solarplexuszentrum stärken können.

Handle gemäß deinen eigenen Wertvorstellungen ∞ Du gibst deine Macht ab, wenn du dich so weit von den Meinungen anderer beeinflussen läßt, daß du deine eigenen Wertvorstellungen kompromittierst.

Mach dir bewußt, welche Glaubenssätze und Werte dir heilig sind. Dann frage dich, ob du dich auch entsprechend verhältst. In welchen Bereichen beruhen deine Entscheidungen in erster Linie auf den Wünschen und Ansichten anderer, anstatt auf deinen eigenen inneren Gefühlen und Überzeugungen? Integrität bedeutet, integriert und ganz zu sein. Die Entwicklung von Integrität ist unerläßlich, wenn man die Kräfte seines dritten Chakras entwickeln und alte Wunden heilen will.

Führer und Anhänger ∽ Ron Heifetz, Direktor des »Leadership Education Projects« an der Harvard's Kennedy School of Government und Autor von *Leadership Without Easy Answers*, erklärt, daß die folgenden Grundprinzipien eine Schlüsselrolle bei der Entfaltung von persönlicher Macht und den damit einhergehenden Führungsqualitäten spielen:

∽ *Erwarte nicht, daß dir die Lösung auf dem Tablett serviert wird.* Heifetz erklärt: »Universitätsstudenten erwarten häufig, daß der Professor ihnen sämtliche Antworten gibt, anstatt davon auszugehen, daß er *ihnen* die Verantwortung für ihren eigenen Lernprozeß überläßt.« Eigene Kraft entsteht, wenn du die Verantwortung für dein Lernen übernimmst.

∽ *Entwickle die Fähigkeit, Niederlagen einzustecken.* Lerne, deine Fehler zu analysieren, denn sie sind unvermeidlich, und lerne, unverzagt weiterzumachen, nachdem du deine Lektionen gelernt hast.

∽ *Entwickle genügend Selbstvertrauen, um improvisieren zu können.* Das Leben besteht aus Improvisation. »Wir machen ständige Kurskorrekturen, um unvorhersehbaren Ereignissen gerecht zu werden«, sagt Heifetz. Wir können lernen, mit Flexibilität und leichtfüßiger Gewandtheit auf überraschende Entwicklungen zu reagieren.

∽ *Gewöhne dir an, deine Mitmenschen zu stärken.* Anstatt dich als allwissende Autoritätsfigur aufzuspielen, gib anderen die Ressourcen, die sie brauchen, um den Job zu erledigen. Biete deinen Rat an und sei hilfsbereit, aber laß die anderen kreativ werden und die Probleme aus eigener Kraft lösen. Bringe häufig deine Anerkennung zum Ausdruck. Wenn wir andere stärken und unterstützen, anstatt sie lediglich zu kontrollieren oder Kritik zu üben, stärken wir uns selbst und sind weniger frustriert.

⁂ *Sei gewillt, zu diskutieren, Debatten zu führen und dich zu streiten.* Heifetz erklärt: »Machthaber wollen sich häufig über jeden Konflikt erhaben fühlen. Sie können es nicht leiden, herausgefordert zu werden, und umgeben sich gern mit Jasagern, die ihr Bedürfnis nach Bestätigung befriedigen.« Wahre Macht ist jedoch die Bereitschaft, kreativ, produktiv und respektvoll mit Konflikten umzugehen.

⁂ *Entwickle ein starkes Selbstwertgefühl.* Da viele von uns ihren essentiellen Eigenwert noch nicht klar genug erkannt haben, können sie ihr Verhalten nicht darauf gründen, wenn sich herausstellt, daß sie einen Fehler gemacht haben. »Ich denke, daß das Thema Eigenwert und seine sorgsame Pflege und Weiterentwicklung ein Bestandteil unserer Lebenspraxis sein sollte«, sagt Heifetz.

Wille und Lust ⁂ Man muß sich nicht um jeden Sinnengenuß bringen, um ein willensstarker Mensch zu sein. Wir müssen nicht das eine dem anderen opfern. Die tantrische Sichtweise ist ganzheitlich, sie empfiehlt uns ein Gleichgewicht zwischen Willen und Genuß, zwischen maskuliner Zielstrebigkeit und femininer Empfänglichkeit, und erkennt den Wert beider Qualitäten voll an. Was passiert, wenn ein hochgradig maskuliner Wille, der oft mit Stärke oder spiritueller Disziplin verwechselt wird, die Oberhand gewinnt, schildert mein Freund Bruce mit seiner Geschichte:

> Als ich dreißig wurde, hatte ich bereits zehn Jahre lang im Zölibat gelebt, war ein strikter Vegetarier, machte jeden Tag Yoga, meditierte und versagte mir schlichtweg alles. Ich dachte, daß Abstinenz von sämtlichen Sinnenfreuden gleichbedeutend mit spiritueller Verwirklichung sei. Aber mittlerweile war ich zu einem ausgetrockneten, freudlosen, emotional ausgehungerten Knochen geworden. Nachdem ich durch eine Zeit tiefer Verzweiflung gegangen war, wurde mir klar, daß meine asketische Lebensweise, obwohl von der klassischen Spiritualität für notwendig befunden, in

Wirklichkeit ein Ausdruck von Angst und tiefem Mißtrauen gegenüber dem Leben war. Ich hatte das Leben als meinen Feind betrachtet! Als mir das aufging, hörte ich schlagartig mit meiner weltabgewandten spirituellen Suche auf – keine Meditation, kein Vegetarismus, keine Enthaltsamkeit, keine selbstgerechte Verleugnung von Grundbedürfnissen mehr! Zwei Jahre lang machte ich alles ganz anders, ging auf Parties, tanzte, unterhielt mich, lernte Frauen kennen, trank Bier und genoß mein Leben wie ein Geschenk, das ich in meinem Wahn die ganze Zeit abgelehnt hatte. Als sich das Gleichgewicht allmählich wieder einstellte, wurden enorme Energiemengen mobilisiert. Ich traf eine wunderbare Frau, verliebte mich, heiratete sie. In den letzten zehn Jahren bin ich glücklich und produktiv gewesen und habe einen kreativen Aufschwung erlebt, der meine kühnsten Träume übertraf.

Mut zum Risiko ❧ Angst und mangelndes Selbstvertrauen erzeugen in vielen Menschen einen Hunger nach Vaterfiguren, nach Führern, die simple Lösungen für die komplexen Fragen des Lebens anbieten. Sie suchen dann in äußeren Autoritäten nach einem Ersatz für ihren unausgereiften Eigenwillen. Doch auch wenn wir nützliche Lektionen aus den mehr oder weniger gutgemeinten Anweisungen anderer beziehen, können wir mindestens genausoviel aus unseren eigenen Erfolgen und Niederlagen lernen. Sobald wir uns auf eigene Faust ins Ungewisse hineinbegeben und die volle Verantwortung für die Konsequenzen übernehmen, lassen wir die Welt der klar definierten Konventionen hinter uns und betreten die reale Welt, die unvorhersehbar ist, aufregend und voll von ekstatischen Möglichkeiten.

Verantwortung übernehmen ❧ Selbst wenn wir unseren Willen und unsere Autorität entwickelt haben, können wir andere unbewußt als Sündenbock für unsere eigenen Mängel benutzen. Natalie, eine erfolgreiche Leiterin von Selbsthilfeseminaren, ist in diese Falle getappt. Bei ihren Konferenzen und

Workshops ging dauernd irgend etwas schief: Termine wurden verpaßt, Mikrophone funktionierten nicht, Broschüren fehlten und vieles mehr. Sie betrachtete sich als das Opfer ihrer »inkompetenten Mitarbeiter«.

Ich führte sie durch eine Meditation, in der sie sich auf ihr Sonnengeflecht konzentrierte. Dort sah und fühlte sie einen »dunklen, harten, zusammengezogenen Ball«. Bei einer näheren Untersuchung stellte sie fest, daß dieser »schwere, dunkle Platz« ihren Abscheu für alles repräsentierte, was mit der Geschäftsverwaltung zusammenhing. Sie erkannte, daß sie einfach keine Leitungsverantwortung übernehmen wollte. Und damit ging ihr auf, daß ihr ganzes Geschäft – die Leute, die sie angeheuert hatte, die Art, wie das Büro gemanagt wurde, das Ausmaß ihres finanziellen Erfolgs oder Mißerfolgs – ihre eigene Kreation war: eine Reflexion ihrer eigenen Psyche.

Ich ermunterte sie, sich zu entspannen und in den »dunklen Platz« in ihrem Solarplexus hineinzuatmen. Nach einer Weile sah sie Licht in die Enge eindringen, das allmählich immer heller wurde und den dunklen Ball auflöste, bis alles offen und frei von Spannungen war. Schließlich sah sie die Sonne in ihrem Solarplexus aufgehen und bei jedem Ausatmen ein Licht verströmen, das ihre Mitarbeiter und ihr Büro umgab, bis diese ebenfalls mit neuer Energie erfüllt waren. Ich riet ihr, diese Visualisierung drei Tage lang fortzusetzen. Außerdem sollte sie konkrete Veränderungen in Angriff nehmen, besser mit ihren Mitarbeitern kommunizieren, klare Richtlinien festlegen und harte Entscheidungen, wenn sie notwendig waren, selbst fällen. Natalie machte sich mit zielstrebiger Entschlossenheit und offenem Herzen an die Arbeit. Innerhalb von drei Monaten ließ der organisatorische Aspekt ihres Unternehmens nichts mehr zu wünschen übrig.

PERSÖNLICHE KRAFT ENTWICKELN

Das tägliche Rollenspiel ∼ Der folgende Grundsatz ist einer der wichtigsten Schlüssel zur persönlichen Kraft: *Mach deine Selbsteinschätzung nicht von der Sichtweise anderer abhängig.*

Was definiert eine Person in den Augen der Mitmenschen am schnellsten? Die Antwort ist natürlich: die Kleidung – die Kostüme, die wir uns aussuchen.

Wir können lernen, eine Rolle zu spielen und das passende Kostüm zu tragen, ohne sie ernstzunehmen. »Sei in der Welt, ohne dich mit der Welt zu identifizieren.« Kombiniere diesen Spruch mit: »Wenn du in Rom bist, tu, was die Römer tun«, dann wird es möglich, nicht auf das eigene Rollenspiel hereinzufallen und sich in nahezu jeder Rolle und jedem Kostüm amüsiert zu entspannen. Du kannst dir Kleidung zulegen, die dir ein Gefühl von Macht, Erotik oder Kompetenz verleiht, und die Garderobe verschenken, die nicht länger reflektiert, wie du dich innerlich fühlst. Du kannst deine Kleidung kreativ einsetzen, spielerisch, als äußerlich sichtbares Zeichen deiner Selbsteinschätzung auf der Bühne des Lebens.

Persönliches Feng Shui ☙ Einfach, aber wahr: Deine körperliche Erscheinung und deine Gesundheit haben einen direkten Einfluß auf dein Selbstwertgefühl. Du fühlst dich besser, wenn du so gut wie möglich aussiehst und emotional ausgeglichen bist. Und andere reagieren entsprechend. Die alten Chinesen nannten dies die »Geist-Erscheinung« und haben ihre Pflege zur Kunstform erhoben, einer Art persönlichem *Feng Shui*. Wenn du dich körperlich oder emotional ausgelaugt fühlst, kannst du es ausprobieren: Laß deiner Erscheinung mehr Sorgfalt als gewöhnlich zukommen. Erfrische dich mit einem Spaziergang oder Dauerlauf, mach Gymnastik oder Yoga. Nimm den Unterschied in deinem Energieniveau und deiner inneren Verfassung wahr. Du kannst deinen Zustand mit solchen ganz einfachen Maßnahmen verändern.

Das Leben als Übung ☙ Jedes Programm, das an der Stärkung des dritten Chakras arbeitet, muß konkrete Aktivitäten beinhalten. Auf der Couch sitzen und ans Skilaufen denken bringt den Körper nicht in Form, ebensowenig wie Visualisieren, Affirmieren oder positives Denken das Solarplexuszentrum zum Strahlen bringen. Eine neue Fähigkeit zu erlernen ist eine wirkungsvolle Methode, um das dritte Chakra zu stärken. In einem Interview von 1997 im *New Age Journal* erklärte der Yogalehrer Nateshvar Ken Scott:

> Im Kern jeder Körperzelle ist Licht, zwischen jedem Knochengelenk existiert Licht, und dieses Licht wird freigesetzt, wenn wir uns öffnen. Also hast du bei jedem Üben eine Gelegenheit, das Tor zur Ekstase zu finden und dieses Licht zu versprühen. Schwimmen kann dein Yoga sein oder Musik aufzulegen und zu tanzen – was immer deine Kanäle öffnet, ist dein Yoga. Wenn du dein tägliches Üben in einer ehrfürchtigen, neugierigen und offenen Geisteshaltung angehst, fängst du an, Raum für Transformation in deinem Leben zu schaffen.

Also suche dir ein Thema, eine Tätigkeit, eine Fähigkeit aus, die dich fasziniert oder tief bewegt, und mache sie zu deinem persönlichen »Kraftprojekt«. Es kann sich um ein Buch handeln, das du schreiben willst, eine Kunst, eine Sportart oder eine sonstige Fähigkeit, die du erlernen willst, ein Projekt oder ein Problem, an dem du ernsthaft arbeiten möchtest.

Dann mache dir *einen konkreten Plan*. Nimm Unterrichtsstunden. Oder mache dir einen eigenen Stundenplan für dein Üben. Verpflichte dich zu einem Minimum von einer Stunde dreimal pro Woche. Beobachte, welche Befürchtungen, Verpflichtungen oder Vorstellungen sich vor deine guten Absichten schieben. Betrachte alles, was in dir aufsteigt, als eine Herausforderung, die es zu meistern gilt.

Mein Freund Doug hat mir erzählt, wie er zum professionellen Schriftsteller geworden ist:

> Jahrelang hatte ich zahllose Artikel, Kurzgeschichten und Bühnenstücke geschrieben, aber kein wirklich großes Projekt zu Ende gebracht. Zehn Jahre lang habe ich mein Geld mit Gelegenheitsarbeiten verdient, aber mein Traum war

immer, vom Schreiben leben zu können. Ich wußte, daß mir das nur gelingen konnte, wenn ich ein großes Werk vorlegte, was bedeutete, daß ich mehr Willenskraft und Durchhaltevermögen entwickeln mußte. Außerdem war mir klar, daß ich nicht mehr derselbe Mensch sein würde, wenn ich mich an ein großes Projekt heranwagte und nicht auf halber Strecke aufgab.

Zur selben Zeit fing ich an, durch die Hügel in der Nähe meines Hauses zu rennen. Ich benutzte diese Hügel als Metaphern für die Anhöhen, die ich im Leben erklimmen mußte, und widmete jeden Lauf der Weiterentwicklung meiner Willenskraft. Ich wußte, wenn ich jeden Tag ein kleines Stück über meine körperliche Komfortzone hinausging, konnte es mir zur Gewohnheit werden, auch in allen anderen Lebensbereichen über meine Schranken und Hemmschwellen hinauszugehen.

Noch heute kommen mir viele meiner besten Einfälle beim Rennen durch diese Hügellandschaft. Inzwischen habe ich mehrere Bücher geschrieben, bin freiberuflicher Lektor und lebe vom Schreiben.

Die Entfaltung der inneren Kraft verlangt, daß wir praktische Maßnahmen ergreifen, wie auch die nächste Geschichte demonstriert. Jamie hatte Probleme beim Setzen von Grenzen.

Meine Kinder haben mit mir gemacht, was sie wollten. Mein Mann hat alle Ferienreisen geplant und bestimmt, wofür wir Geld ausgaben. Eines Tages, als sogar mein Hund mir den Gehorsam verweigerte, brach ich in Tränen aus.

Mir wurde klar, daß ich Übung in Selbstbehauptung brauchte. Ich heuerte einen Hundetrainer an, der mir gezeigt hat, wie man sich ruhig und mit fester Stimme für etwas stark macht und darauf besteht, daß es ausgeführt wird, bis sich der Erfolg einstellt. Das habe ich jeden Tag mit meinem Hund geübt, und bald darauf stellte sich heraus, daß es auf die Beziehung zu den Kindern und meinem

Mann übergegangen war. Mit anderen Worten: Was ich über das Leben weiß, habe ich in erster Linie beim Hundetraining gelernt!

Übungen für mehr Kraft Du kannst dein persönliches Machtgefühl durch Atemübungen und Visualisierungen erhöhen. Die folgende Übung hilft, Charisma und Präsenz zu entwickeln. Sie ist sehr einfach: Mach die Augen zu, atme tief durch und entspanne dich. Stell dir eine leuchtend helle Sonne in deinem Solarplexus vor. Fühle ihre Wärme und ihr Licht. Beim Einatmen stellst du dir vor, daß die Sonne in deinem Solarplexus heller und größer wird. Beim Ausatmen fühlst du, daß die Energie der Sonne sich im ganzen Körper ausbreitet. Einatmen – Aufladen. Ausatmen – Energie ausbreiten. Und nun strahle diese Energie aus wie Sonnenstrahlen, wo immer du gehst und stehst. Mache diese Übung zum Beispiel, bevor du einen Raum betrittst, in der Öffentlichkeit sprichst, zu einer Konferenz gehst oder dich mit jemandem für ein Rendezvous verabredest. Visualisiere, daß diese Energie aus deinem Sonnengeflecht herausstrahlt und den ganzen Raum mit allen Menschen erfüllt. Fühle deine Verbindung mit ihnen, während sie dein Licht in sich aufnehmen. Und jetzt nimm äußeren Kontakt mit ihnen auf, im Zustand des hell leuchtenden, machtvoll zentrierten Selbstbewußtseins.

Hier ist noch eine weitere »Aufladetechnik« für das Machtzentrum: Setze dich bequem hin (in einen Sessel oder auf den Boden) und laß deine Hände auf dem Solarplexus, direkt unterhalb des Brustkorbs, ruhen. Richte deine Aufmerksamkeit auf diesen Punkt. Fühle ihn, atme in ihn hinein. Jetzt atme Energie ein und schicke sie in deinen Solarplexus. Fühle und sieh mit den inneren Augen, wie er aufleuchtet wie Kohlenglut, die du durch deinen Atem zum Auflodern bringst. Entspanne dich, während du deinen Atem einen Augenblick lang anhältst und deinen Solarplexus mit Kraft und Licht erfüllst. Jetzt presse die Hände gegen deinen Solarplexus und stoße alle Luft auf einmal aus, ruckartig, mit einem lauten »*Ha!*« und mit der vollen Wucht deines Machtzentrums. Fühle deine Kraft und die Lust daran, diese ungehemmt zum Ausdruck zu bringen. Genieße das warme Gefühl des Zentriertseins, das sich dabei einstellt. Mache diese Übung jeden Tag mindestens fünfzehn Minuten lang für einen Monat, um die innere Stärke weiterzuentwickeln.

KREATIVE ARBEIT, GELD UND WOHLSTAND

Ich liebe die folgenden Zeilen aus dem Buch *Der Prophet* von Khalil Gibran, denn ich weiß aus eigener Erfahrung, wie wahr sie sind:

Auch ist euch gesagt worden, das Leben sei Dunkelheit,
und in eurer Müdigkeit gebt ihr wieder, was die Müden sagen.
Ich sage, das Leben ist in der Tat Dunkelheit, es sei denn, da ist ein Trieb,
Doch jeder Trieb ist blind, es sei denn, ihr habt Wissen,
Und jedes Wissen ist eitel, es sei denn, ihr habt Arbeit,
Und alle Arbeit ist leer, es sei denn, ihr habt Liebe.
Und wenn ihr mit Liebe arbeitet, bindet ihr euch an euch selbst und
  aneinander und an Gott.

Durch Arbeit kann man sich auf schöpferische Weise stärken. Normalerweise setzen wir Arbeit mit Pflichterfüllung gleich, aber ekstatisch veranlagte Menschen stellen fest, daß sie die Arbeit, die sie tun, zu einem kreativen Ausdruck des Wesens machen können, das sie *sind*. Dann dient deine Arbeit nicht nur dir, sondern auch den anderen und der ganzen Welt.

Oshos Kommentar zu diesem Thema: »Den Schöpferischen gehört das Leben, denn Leben ist nichts anderes als ein ewig fortlaufender Prozeß der Schöpfung, durch den immer mehr Schönheit und Wahrheit hervorgebracht wird... immer höhere Bewußtseinszustände und schließlich Gott in deinem eigenen Wesen. Manche Menschen glauben, daß sie ohne Kreativität glücklich sein können. Das ist unmöglich, denn nur durch Kreativität kannst du die Ekstase der Existenz erfahren.«

Daß Arbeit ekstatisch macht, mag für viele von uns ein fremdartiges Konzept sein. Aber wenn wir in einer nützlichen und sinnvollen Tätigkeit zu unserer Kreativität finden, entdecken wir unsere innere Macht und damit auch unseren Platz in der Welt.

Als ich in einem Ashram in Indien lebte, lernte ich, alle möglichen Tätigkeiten aus diesem Blickwinkel zu betrachten. Wir wurden fortwährend mit neuen Aufgaben konfrontiert, und nahezu immer in Bereichen, für die wir nicht professionell ausgebildet waren. An einem Tag wurde ich zur Küchenarbeit abgestellt, am nächsten erhielt ich den Auftrag, Gedichte zu übersetzen, kurz darauf fuchtelte ich mit einem Schweißbrenner an Wasserrohren herum. Diese ständig wechselnden Jobs hatten nichts mit meinen normalen Aktivitäten oder meinem Beruf zu tun. Sie stellten eine enorme Herausforderung für mein Ego dar, das Arbeit immer mit Karrieremachen verbunden und als Mittel betrachtet hatte, der Welt meinen Wert zu beweisen. Aber hier spielten Dinge wie Professionalität, beruflicher Erfolg und Kompetenz keine Rolle. Hier war die Arbeit ein Spiel, für das niemand entlohnt wurde, sie war eine Meditation, eine Übung in Bewußtheit und ein kommunaler Liebesdienst. Letztlich galt der persönliche Einsatz der Erleuchtung aller Wesen, und so wurde Arbeit zur ständigen Besinnung auf das Wesentliche. Ich war nicht kreativ, um Resultate und Erfolge zu erzielen, sondern weil ich meine Arbeit von Moment zu Moment genoß. Ich lernte, jede Handlung mit Aufmerksamkeit zu verrichten, ganz präsent zu sein und mein Bestes zu geben. Daß ich in einer Kommune von Ekstatikern arbeitete, die jeden Tag zwei- oder dreimal zwischen den Arbeitsstunden tanzten und sangen, war die Krönung des Ganzen. Wie Osho sagte: »Leben ist Licht, Leben ist Freude. Das Leben ist ein Freudenfest. Wenn du deine Arbeit ohne Liebe verrichtest, ist es Sklavenarbeit. Wenn du mit Liebe arbeitest, arbeitest du wie ein Kaiser. Deine Arbeit ist deine Freude, dein Tanz. Deine Arbeit ist deine Poesie.«

Deine wahre Berufung ~ Du kannst eine berufstätige Frau mit zwei Kindern sein, die du allein großziehen mußt. Du kannst ein Ehemann und Vater mit hohen Hypothekenraten und zahllosen Pflichten sein. Du kannst eine Karrierefrau auf irgendeiner

Sprosse der Erfolgsleiter sein. Du kannst dich am Rande der Armut bewegen. Aber wenn du den Willen dazu hast, können keine noch so schwierigen Umstände dich davon abhalten, sie als Mittel für deine Transformation zu nutzen.

Gurdjieff rüttelte seine Schüler immer mit den Worten auf: »Vergeßt nicht, warum ihr hier seid!« Um Sinn in unserem Leben zu finden, müssen wir uns von Zeit zu Zeit ein paar Grundsatzfragen stellen: Was ist mein größtes Talent? Was will ich aus diesem Leben machen und in diesem Leben tun? Was beabsichtige ich wirklich? Wenn wir diese Dinge herausfinden und unseren Willen dafür einsetzen, geschehen Wunder.

Khalil Gibran schrieb: »Wenn du arbeitest, bist du eine Flöte, durch deren Herz das Flüstern der Stunden zur Melodie wird.« Und Osho sagt: »Es ist keine Frage der Arbeit auf irgendeinem bestimmten Gebiet. Du kannst ein einfacher Schuhmacher sein, aber wenn du deine Schuhe mit einer solchen Intensität und Totalität machst, daß du vollkommen in deiner Tätigkeit aufgehst, bist du wie eine Flöte an den Lippen der Existenz selbst. Jede deiner Gesten wird voller Anmut sein, und jeder Augenblick deines Schaffens läßt himmlische Musik auf der Erde ertönen. Du wirst zum Instrument.«

Kreative Arbeit ist kraftspendend, sie erneuert uns, sie füllt uns mit Lebenslust und Enthusiasmus. Wir werden zur »Flöte an den Lippen der Existenz selbst«. Dies ist die höchste Stufe des Willens, wo unser Lebenskampf endet und wir vom Leben gelebt werden. Eine Tätigkeit, die diese Entwicklung fördert, hat normalerweise folgende Merkmale:

- Sie beflügelt uns, etwas Eigenes zu entwickeln und in die Welt zu setzen, eine neue Erfindung, eine neue Perspektive oder eine spezielle Fähigkeit.
- Sie erfordert, daß wir eine Nische finden, in der wir konkurrenzlos dastehen.
- Sie leistet anderen gute Dienste.
- Sie bezieht alle vier Seinsbereiche ein: Körper, Herz, Verstand und Geist.

- Sie ist ihr eigener Lohn. Das Geld ist Nebensache. Der Genuß, den uns die Arbeit verschafft, steht an erster Stelle.
- Sie unterstützt unsere Verbundenheit mit dem Leben und seinen Erscheinungsformen auf diesem Planeten.
- Sie verleiht uns das Gefühl, einen kleinen Beitrag zum Leben als Ganzem geleistet zu haben.

Vielleicht mußt du deinen momentanen Job aufgeben, um deine wahre Aufgabe zu finden, aber es kann auch sein, daß du deine Identität außerhalb der Tätigkeit finden mußt, die du beruflich ausübst. Frage dich, was deinem Leben unabhängig von Arbeit und Karriere Sinn und Bedeutung verleiht.

Verantwortung und Initiative Mit mehr Macht geht auch ein höheres Maß an Verantwortung einher. Übe deine Fähigkeit, neue Pflichten und die damit verbundene Verantwortung zu übernehmen, indem du kleine Risiken eingehst, dann zunehmend größere, um langsam über dich hinauszuwachsen. Laß dein mutiges Selbst zum Vorschein kommen. Carrie zum Beispiel hatte lange von einer Karriere als Journalistin geträumt, war aber nie in der Lage gewesen, die entsprechende Ausbildung zu machen. Sie arbeitete als Sekretärin in einem großen Hollywoodstudio, um über die Runden zu kommen. Das Filmstudio gefiel ihr, aber ihr Job nicht. Sie wollte Geschichten schreiben und schaute sich nach einem verwandten Betätigungsfeld um. Public Relations schien ihr besonders vielversprechend, und so freundete sie sich mit einem Mann in der PR-Abteilung an und bat ihn, sie mitzunehmen, wenn das Team das nächste Mal zum Drehort ging und einen Filmstar interviewte. Dabei fiel ihr auf, daß die PR-Leute gelangweilt wirkten und Fließbandartikel verfaßten, in denen das Interessanteste für Carries Begriffe übersehen worden war. Sie benutzte ihre scharfe Beobachtungsgabe und ihr Schreibtalent und notierte jede Einzelheit. Dann schrieb sie ihre eigene Version von einem Interview, wie für einen Pressebericht. Nachdem sie einige Artikel auf eigene Faust verfaßt hatte, bat sie um ein Gespräch mit dem Studioboss. Sie zog sich elegant an, präsentierte ihre Sicht der Dinge und ihre Artikel mit Charme und Selbstbewußtsein und fragte ihn, ob er ihr eine Chance geben würde, sich in dem Job zu beweisen. Diese Chance erhielt sie. Innerhalb von drei Monaten wurde Carrie zur Leiterin der PR-Abteilung von Paramount befördert und fing an, als internationale Korrespondentin durch die Welt zu reisen.

Freiweillig Zeit und Energie einsetzen ~ Man muß nicht in einem Ashram leben, um beim Arbeiten in Ekstase zu kommen, genausowenig wie man seine Karriere aufgeben muß, um sich für das Allgemeinwohl einzusetzen. Hughes Goodwin ist ein Finanzberater, der seinen Kunden hilft, ihre Lebensziele zu formulieren und ihre finanzielle Zukunft zu planen. Er leitet eine Investitionsfirma, die Millionensummen verwaltet. Jedem seiner Kunden stellt er zunächst eine Grundsatzfrage: »Worum geht es Ihnen grundsätzlich in Ihrem Leben?« Goodwin selbst geht es darum, anderen Menschen zu helfen, und so hat er sich häufig als Freiwilliger für Projekte eingesetzt, die ihm Befriedung auf anderen Ebenen als der materiellen verschafften. Jedes Jahr beteiligt er sich mit seiner Familie an einem karitativen Projekt.

> Vor einigen Jahren sind wir nach Nicaragua geflogen – ich, meine Frau, mein elfjähriger Sohn und meine vierzehn Jahre alte Tochter –, um beim Aufbau von Dorfschulen mitzuhelfen. Dort ist mir klargeworden, wie privilegiert ich im Vergleich zu diesen Leuten bin und daß ich, selbst wenn ich alles verlieren sollte, nicht durchdrehen würde, weil ich glücklich mit mir selber bin. Geld ist nicht das wesentliche; in meinem Leben geht es nicht darum, Geld um des Geldes willen anzuhäufen. Ich brauche einen höheren Sinn und Zweck.

Geld und Wohlstand ~ Die anti-ekstatische Konsumgesellschaft versucht uns weiszumachen, daß wir darunter leiden, nicht genug von allem zu haben, und uns immer mehr Dinge anschaffen müssen. Folglich glauben viele Menschen, daß die Vermehrung des Geldes der einzige Zweck ihrer Arbeit ist. Hughes Goodwin sagt dazu: »Man muß verstehen, was Geld ist und was es nicht ist. Es ist ein Werkzeug, das enorm viel Gutes bewirken, aber die Menschen auch innerlich zerrütten kann, denn es verschafft uns nichts von wahrem Wert, keine Liebe, keine wahren Freundschaften und keinen echten Respekt.«

Oft wird Geld als Druckmittel in Beziehungen benutzt. Zur Arbeit mit dem Bereich der Finanzen gehört, daß wir das Geld entmystifizieren und uns die Macht zurückholen, die wir ihm gegeben haben. Dies geschieht am ehesten, wenn wir finanzielle Angelegenheiten offen miteinander diskutieren. Goodwin und seine Familie haben ein Ritual zu diesem Zweck erfunden:

> Einmal pro Woche veranstalten wir ein Familientreffen, das damit anfängt, daß wir uns im Kreis hinsetzen – meine Frau, meine beiden Kinder und ich –, eine Kerze anzünden und uns der Reihe nach würdigen, indem wir etwas Nettes und Anerkennendes zueinander sagen. Dann wird eine offene Diskussion über Geld geführt: unsere Einkünfte und Ausgaben, die Aufwendungen für das Haus, notwendige Einkäufe und freiwillige Spenden. Wir legen sozusagen alles auf den Tisch. Und dann wird gemeinsam entschieden, wieviel von dem Geld wofür ausgegeben wird, denn bei uns entscheiden nicht nur Mama und Papa. Wenn wir Ferienpläne besprechen, sagen wir den Kindern, wieviel es kostet, wenn wir irgendwo hinfahren oder fliegen. Bei gemeinsamen Reisen übernehmen die Kinder die Buchführung für die Ausgaben, damit sie lernen, was die Flugtickets kosten, der Mietwagen, das Benzin, das Essen, die Hotels und alles andere. So bringen wir ihnen bei, wieviel das »Spaßhaben« in der realen Welt kostet.

Goodwin hat sich aus dem Nichts zum Millionär hochgearbeitet. Sein Geheimnis? »Wenn du mehr haben willst, mußt du mehr geben, sowohl dir selbst wie anderen. Finanziell erfolgreich wirst du, wenn du das Gefühl hast, daß du einen Beitrag zum Wohlergehen der Welt leistest. Dann setzt du deinen Geist und deine Seele voll ein, und dann wird deine Arbeit auch erfolgreich sein.« Er bietet die folgenden einfachen Maximen für ekstatische Arbeit und Wohlstand an:

- Liebe deine Arbeit.
- Laß deine Arbeit ausdrücken, wer du bist.
- Gib immer dein Bestes.
- Zweige etwas für deine Gemeinde und karitative Organisationen ab. Mach dich mit dem Konzept vertraut, einen Teil deines Einkommens regelmäßig zu spenden.
- Entlohne dich selbst an zweiter Stelle.
- Sei genügsam: Genehmige dir weniger, als du dir leisten kannst, und spare immer einen bestimmten Prozentsatz deines Einkommens.

DIE ELEMENTE PERSÖNLICHER MACHT

Erfolg hängt von dem Grad unserer Selbsterkenntnis und der Einsatzfähigkeit unseres dritten Chakras ab. Wenn dieses innere Machtzentrum sich öffnet und die Wärme seines Sonnenglanzes verströmt, offenbarst du dich vor dir selbst und vor aller Welt als das glorreiche Wesen, das du immer schon warst. Um das Feuer am Leben zu halten, beachte die folgenden fünf Grundsätze:

- Mach dir klar, was du eigentlich willst. Meine langjährigen Erfahrungen im Umgang mit Menschen haben mir bestätigt, daß wir *immer* und jederzeit wissen, was wir eigentlich wollen, uns jedoch oft nicht gestatten, diesem Wissen intuitiv zu vertrauen. Oder wir haben Angst, uns wirklich auf das einzulassen, was wir wollen.
- Teile anderen mit, was du weißt. Unsere aus Erfahrung gewonnene Weisheit verbindet uns mit den anderen, und wir können außerdem unser eigenes Wissen auf einer tieferen Ebene verarbeiten, wenn wir es weitergeben. Gruppen-

arbeit bedeutet Unterstützung und gibt uns das notwendige Feedback.

~ Konfrontiere dich mit deinen Widerständen. Mache eine Liste von den Einwänden, Ängsten und Zweifeln, die du einem Ziel oder Vorhaben entgegenbringst (»Das ist zu schwierig.« »Mein Partner wird mich für verrückt erklären«, etc.).

~ Werde aktiv. Angst erhebt sich im Dunkel der Unentschlossenheit, aber im Licht der Tat verschwindet sie. Wir sollten uns immer konkret auf unser Ziel zubewegen, so klein die Schritte auch sein mögen. Benutze die Affirmationen am Anfang dieses Kapitels oder die Anrufung, mit der dieses Kapitel beginnt, um dich bei der Stange zu halten.

~ Sei geduldig. Auch eine Reise von tausend Meilen beginnt mit einem einzigen Schritt, auf den viele weitere folgen – zur gegebenen Zeit. Wenn wir uns immer nur auf einen einzigen Schritt konzentrieren, können wir ihn und jeden weiteren genießen, anstatt von vornherein schon zum Endspurt anzusetzen.

Wir sind das Ergebnis all unserer Handlungen und unserer Lebensweise. Und gleichgültig, ob unsere Taten weithin gerühmt oder kaum bemerkt worden sind, ihre Nachwirkungen hallen weithin durch den Weltenraum. Kurz bevor er starb, saß Mahatma Ghandi in einem Zug, als ein Reporter auf dem Bahnsteig sich vor sein Abteilfenster drängte und die lärmende Menge überschrie: »Ghandi, hast du eine Botschaft für die Welt?« Der Zug setzte sich in Bewegung, Ghandi lächelte und rief zurück: »Mein Leben ist meine Botschaft!« Das gleiche gilt für uns alle. Dies zu wissen und dieses Wissen zu leben gibt uns Macht.

Stimmen des dritten Chakras

Versetze dich in dein drittes Chakra hinein und bitte es, sich deiner Stimme zu bedienen (siehe Chakra-Übung Seite 179). Die folgenden Beispiele vermitteln einen Eindruck von dem Spektrum der Äußerungen, die das Solarplexuszentrum verschiedener Teilnehmer bei meinen Trainings gemacht hat.

Jenny ~ Ich strahle Energie aus, Vibration, Essenz. Mächtig, aber friedlich. Ausgewogen. Stark.

John ~ Ich bin Entschlossenheit jenseits von Logik. Ein Platz der Verbindlichkeit und Integrität, wo ein Zuhause existiert. Ein Platz, aus dem es herausstrahlt, um dem Universum zu begegnen. Ich bringe John an den äußersten Rand, wo ich keine Grenzen mehr fühle.

Marianne ~ Ich bin der urtümliche Ausdruck meiner Macht. Ich bin eine Welle, die aus dem Meer steigt und das Licht fängt, um auf meine Art zu glänzen. Ich bin die Sonne auf dem höchsten Stand. Ich bin Schöpfung, sichtbar gemacht in der Welt. Ich spende allen Chakren unter und über mir Licht. Ich bin Wille und Entschlossenheit. Ich bin die manifestierte Lebenskraft. Ich bin der Krieger. Ich weiß, wie ich meinen Kriegsstab halten muß. Ich weiß, wie ich mit den Füßen aufstampfen muß.

Susan ~ Ich bin ein gleißendhelles Machtzentrum. Ich nehme alle Dinge der Welt auseinander und füge sie wieder zusammen.

Frannie ~ Ich bin ein Vorkämpfer. Ich beschütze Frannie. Ich konkurriere und bin hart am Ball. Ich gebe Frannie die Kraft für ihre Empathie.

Leona ~ Ich bin ein Vulkan. Oft hält Leona mich zurück, weil sie Angst hat vor meiner Macht. Ich bin stark in meiner Männlichkeit. Sieh mich, höre mich! Ich gehe in die Welt hinaus. Ja, ich mache, was ich will.

Ein Ritual für persönliche Macht und Stärke

Jeder Mensch muß irgendwann lernen, seine Macht nicht an andere abzugeben, sondern entschlossen für sich selber einzustehen, und dieser Lernprozeß findet im dritten Chakra statt. Wenn das Machtzentrum geschwächt ist, sind wir nicht in unserer eigenen Identität etabliert und neigen dazu, unsere Stärke in den Schatten zu stellen. Die Zustimmung anderer diktiert unser Verhalten, nicht die eigene Klarsicht und Integrität. Weil unser hauptsächlicher Bezugspunkt außerhalb von uns selbst liegt, versuchen wir, uns mit zuvorkommendem, übertrieben angepaßtem Benehmen lieb Kind zu machen und Anerkennung zu erhalten. Schamanen erklären, daß wir dabei unbewußt Energiefäden aussenden und uns an andere Menschen oder Umstände binden. Dadurch werden wir energetisch von anderen abhängig und verlieren unsere Eigenständigkeit und Macht.

Ziel
- In jedem Moment in die eigene Mitte zurückkehren können.
- Mit Kraft und Zuversicht auf neue Situationen zu reagieren.
- Sich stark und zentriert fühlen, bevor man in der Öffentlichkeit spricht oder auftritt.
- Sich rasch von einem schmerzlichen Verlust erholen.
- Energie zurückgewinnen, wenn man sie an andere abgegeben hat.
- Sich innerlich auf eine Trennung oder Abnabelung vorbereiten.

Vorbereitung
- Mach dieses Ritual allein oder zusammen mit einer anderen Person, die sich dir gegenüber setzt. Du kannst dir auch vorstellen, daß ein verstorbener oder abwesender Mensch dir gegenüber sitzt.
- Nimm dir fünfzehn bis zwanzig Minuten Zeit (am besten morgens, bevor der Arbeitstag beginnt). Sorge dafür, daß du nicht unterbrochen oder gestört wirst, weil dieses Ritual, wenn

du es einmal angefangen hast, zum Abschluß gebracht werden muß, damit die Energie nicht in einem Chakra steckenbleibt. Wenn du unterbrochen wirst, setze erneut an, wo du aufgehört hast, und beende das Ritual.

☙ Falls du in einer Beziehung lebst, rate ich dir, dieses Ritual regelmäßig mit deinem Partner zu machen. Ihr werdet feststellen, daß ihr dann leichter und verspielter miteinander umgehen könnt.

☙ Wenn du jemandem vergeben willst, der dich verletzt, beleidigt, hintergangen oder übergangen, vielleicht sogar dein Herz gebrochen hat, solltest du dieses Ritual einmal pro Tag machen, bis du fühlst, daß die Verletzung geheilt ist.

☙ Halte ein Fläschchen Pfefferminzöl bereit, um das Energiefeld deiner Aura zu klären.

☙ Schaffe einen heiligen Raum: Zünde eine Kerze und ein Räucherstäbchen an. Kläre die Schwingungen im Raum, indem du eine Glocke läutest oder für ein paar Minuten eine CD mit Gongmusik auflegst.

Übung

☙ Setze dich bequem hin und beginne mit der Begrüßung des Herzens (Seite 104). Wenn du dir ein Gegenüber vorstellst, visualisiere, daß der andere sie erwidert. Wenn du das Ritual mit einem physisch anwesenden Partner machst, beginnt mit der Verschmelzungsumarmung und der Begrüßung des Herzens. Setzt euch einander gegenüber und entspannt euch mit ein paar tiefen Atemzügen. Überspringt die nächsten beiden Schritte und macht weiter.

☙ Schließe deine Augen und atme mehrmals tief durch. Konzentriere dich auf die Person oder Situation, mit der du noch nicht ganz fertig bist, wie eine unbewältigte Trennung, eine heikle Beziehung am Arbeitsplatz und so fort.

☙ Jetzt erkläre der Person innerlich, daß du die Situation klären möchtest, und daß es wichtig ist, eure Verbindung abzuschließen.

☙ Lege deine linke Handfläche auf deinen Solarplexus und deine rechte Hand über die linke, so daß beide sanft aufeinander ruhen. Visualisiere einen Energiestrang, der deinen Solarplexus mit dem deines Gegenübers verbindet – eine Schnur von einem Machtzentrum zum anderen. Nimm deine Verbindung zu der Person wahr und laß die Situationen, in denen ihr Schwierigkeiten miteinander hattet, vor deinem inneren Auge vorüberziehen.

◈ Jetzt atme kräftig ein und hebe deine beiden Hände (weiterhin in derselben Stellung) über deinen Kopf.

◈ Mit dem Ausatmen läßt du deine Hände niederfahren wie bei einem Schwertschlag und schneidest die Schnur entzwei. *Zack!*

◈ Und nun schiebe die Energie mit deiner rechten Hand zur Körpermitte der anderen Person hin und sage: »Ich gebe dir deine Macht zurück.«

◈ Lege die Hand wieder auf deinen Solarplexus und sage: »Ich nehme mir meine Macht zurück.« Atme kräftig ein und stell dir vor, daß eine Energiespirale von deiner Hand ausgeht und tief in deinen Körper eindringt. Atme und fühle dabei, daß die Kraft in dich zurückfließt.

◈ Jetzt wiederhole die eben genannten Schritte mit jedem Chakra. Lege die Hände auf dein Herz, visualisiere die Schnur, die dein Herzzentrum mit dem des Gegenübers verbindet, atme und wiederhole den Schwertschlag, der die Schnur zertrennt, worauf du dem anderen seine Macht zurückgibst und deine eigene Macht wieder in dich aufnimmst. Das machst du mit deinem Hals, dem Dritten Auge und dem Kronenzentrum, dann mit dem Bauch und zuletzt mit deinem Sexzentrum.

◈ Beende das Ritual mit einer Reinigung des Energiefelds, das deinen Körper umgibt, damit dir die neugewonnene Kraft deutlicher bewußt wird. Verreibe ein paar Tropfen Pfefferminzöl zwischen den Händen, atme tief durch und berühre deinen Scheitel, deine Stirn, den Hals, Solarplexus, Bauch und das Sexzentrum. Berühre zum Abschluß den Boden mit der Hand.

◈ Jetzt bleib einen Moment lang still in dir ruhen und fühle, daß du geheilt, vervollständigt, mit dir selbst verbunden bist. Fühle den Frieden, der dich erfüllt.

◈ Ende mit der Begrüßung des Herzens.

Hinweise

✐ Mach dir keine Gedanken darüber, ob du dieses Ritual »genau richtig« vollziehst. Wenn du seinen Sinn verstehst, findest du den für dich richtigen Weg. Am wichtigsten ist, daß du die Energieschnur glatt und mit einem Schlag durchtrennst und laut und klar verkündest: »Ich gebe dir deine Macht zurück.« Und: »Ich nehme mir meine Macht zurück.«

✐ Wenn du dieses Ritual mit einem Partner gemacht hast, sprich anschließend nicht mit ihm oder ihr darüber. Geht einfach auseinander und geht für einige Stunden euren eigenen Tätigkeiten nach.

✐ Wenn du dieses Ritual mit einem Verstorbenen machst, frage den Betreffenden erst innerlich, ob er einverstanden ist. Wenn du den Eindruck hast, daß Widerstände da sind, erkläre den Sinn der Meditation auf liebevolle, positive Art.

✐ Ein weitverbreitetes Mißverständnis ist, daß du mit diesem Ritual jede Verbindung zu einer Person abschneidest. *Das ist nicht der Fall!* Nur wenn du deine Macht zurücknimmst, könnt ihr wahrhaft Freunde sein. Macht ist fokussierte Energie, vergiß das nicht. Fang bei dir selber an. Nur dann kannst du dir aussuchen, auf welche Weise du mit jemandem verbunden sein möchtest. Dann könnt ihr euch lieben, ohne Energie dabei zu verlieren oder sie unbewußt abzugeben.

✐ Bei diesem Prozeß können starke Emotionen hochkommen. Laß sie kommen! Fühle sie, drücke sie aus, weine sie aus dir heraus. Und dann mach mit dem nächsten Chakra weiter, bis du alle abgeschlossen hast.

✐ Vielleicht möchtest du beim Sexzentrum anfangen und der Reihe nach zum Scheitel aufsteigen, anstatt beim Solarplexus anzufangen. Folge deiner Intuition.

✐ Wiederhole diesen Prozeß an drei bis sieben aufeinanderfolgenden Tagen und fühle den Unterschied!

KAPITEL 11

Das vierte Chakra: Der Pulsschlag des Lebens

Der vierte tantrische Schlüssel: Wir sind eins

Ich bin golden, ich bin Liebe. Viele Formen habe ich gesehen, viele Stürme, Schmerzen, gebrochene Herzen, Lachen und Freude. Und ich weiß immer noch nicht, wie tief ich reiche. Ich berge Stille in mir und frohe Gesänge. Ich hinterlasse keine Spuren im Sand der Zeit. Ich kann durch den Weltraum segeln und mich gleichzeitig mit anderen Herzen verbinden.

Die Stimme des vierten Chakras,
aus einer Chakrabotschaft

Das vierte Chakra im Überblick

Ekstase ~ Die Ekstase der Liebe und Hingabe.
Sinnbilder ~ Shiva und Shakti in tantrischer Umarmung; ein Liebespaar, das sich umfängt und miteinander verschmilzt.
Körperbereich ~ Die Brustmitte, Brüste, Schultern, Arme und Hände.

Körperteile ~ Lungen, Herz und der Blutkreislauf.
Kräfte ~ Geduld, Vertrauen, Hingabefähigkeit.
Endokrine Drüsen ~ Thymusdrüse, das »taoistische Haus des Herzens«.
Hautfunktionen ~ Heilung und Ganzwerdung, Vollendung, Gemeinsamkeiten finden, die Erfahrung der mystischen Hochzeit von Energie und Bewußtsein, von Anima und Animus, die Vermählung des inneren Mannes mit der inneren Frau.
Essenz ~ Liebe, Vergebung, Hingabe.
Ängste ~ Bindungs- und Beziehungsängste: Angst davor, zu vertrauen, empfänglich zu sein, etwas anzunehmen; Angst, nicht liebenswert zu sein.
Männliche Kraft ~ Magnetismus: die Macht, zu inspirieren und zu durchdringen, als Beschützer und Wohltäter zu fungieren. Sublimierte Triebe und Leidenschaften, Friedfertigkeit, innere Gelassenheit, Glück.
Weibliche Kraft ~ Reinheit und Unschuld des Herzens, Anziehungskraft; Hingabefähigkeit, die die Lebenskraft aus dem Sexzentrum nach oben zieht, mit dem Geist verbindet und das Feuer des Machtzentrums mäßigt.
Offen und entspannt ~ »Ich lasse los und vergebe. Ich empfange dich als mein Selbst. Ich akzeptiere dich, wie du bist. Ich kümmere mich. Ich vertraue dir. Ich fühle mich sicher. Mein Herz ist im Frieden.
Blockiert oder kontrahiert ~ »Du hast mich verletzt, und das kann ich nicht vergessen. Ich bin allein. Niemand liebt mich. Ich bin verlassen. Ich bin enttäuscht. Beweise mir, daß du mich liebst.«
Positive Qualitäten ~ Fürsorge: mütterliches Schutzspenden, das Bestmögliche geben. Mitgefühl: Einfühlungsvermögen, Anteilnahme. Vergebung: Überwindung von Verletzungen durch Loslassen; bedingungslose Liebe, Treue, Loyalität, Unschuld, Verwandlung von Lust und Macht in Liebe und Hingabe. Verbundenheit: gefühlsmäßige Einheit mit der Gottheit, Großzügigkeit aus dem Wissen heraus, daß wir alle miteinander verbunden sind und daß wir zurückbekommen, was wir geben.

Negative Muster ✎ Verteidigungsmechanismen: defensiv, eifersüchtig, engherzig, Angst vor Nähe und Intimität; Angst, zu lieben und enttäuscht zu werden, zynische Herabwürdigung von Liebe, Mißachtung, Sarkasmus; verführerisch, um Liebe zu kaufen. Selbstverleugnung: das Gefühl, nichts Gutes verdient zu haben; übertrieben zuvorkommend, bedürftig; Angst, sich eine Blöße zu geben, wahre Gefühle zum Ausdruck zu bringen, speziell Wut. Nicht nein sagen können.
Die Aufgabe ✎ Verzeihen und loslassen, die Wunde heilen und weitergehen. Geben ist Empfangen.
Heilende Affirmationen ✎ Ich bin es wert, geliebt zu werden. Ich werde geliebt. Ich bin dankbar. Ich liebe dich, wie du bist. Wir sind eins. Ich gebe Liebe, und ich erhalte Liebe.
Hilfreiche Fragen ✎ Was sagt mein Herz dazu? Wie fühlt sich mein Herz im Moment? Kann ich das jetzt loslassen? Zieht mich das an? Kann ich mich öffnen und vertrauen?
Archetypen ✎ Christus als der Beschützer. Liebe: Vishnu und Lakshmi, Aphrodite, Isis, Eros. Vereinigung: Von der Ehe zur Partnerschaft; von der Vermählung zur Verschmelzung; vom Teilen zum Einssein.

Die Essenz des vierten Chakras

Alle Handlungen sollten mit der Intention ausgeführt werden...
das Herz zu erwecken.
Pema Chödrön

In den Chakren unterhalb des Herzens geht es um Sexualität, Leidenschaft, Verbindung, Gleichgewicht und Macht; wir erfahren, was Begierde ist, und lernen, in der Welt zu überleben. Aber im vierten Chakra begeben wir uns in eine neue Dimension. Hier werden die Kräfte der unteren Chakren vereint, vergeistigt, und wir verbinden uns mit der Umwelt durch Liebe und Hingabe.

Wir werden mit einem offenen Herzen geboren. Aber dieses unschuldige Herz wird unweigerlich verletzt und fängt allmählich an, sich zu verschließen. Paradoxerweise werden uns die ersten Wunden gewöhnlich von den Menschen zugefügt, die uns als erste lieben: unseren Eltern. Der Kontakt mit ihnen bestimmt die Muster für alle unsere Beziehungen. Mit ihnen werden die positiven und negativen Formen der Zuwendung zuerst erfahren: Liebe, Fürsorge, Freundschaft, Verführung, Zorn, Manipulation, selbst Ablehnung und Verrat.

Beim Heranwachsen werden unsere Beziehungen zunehmend vielschichtiger und bald so undurchsichtig, daß wir Verteidigungsmaßnahmen ergreifen, um unser Herz zu schützen. Wir fürchten die Verwundbarkeit des offenen Herzens. Wir fürchten uns davor, emotional angegriffen, ausgenutzt und verlassen zu werden. Wir haben Angst, zu geben – der Preis scheint uns zu hoch. Denn wenn wir jemanden lieben, geben wir ihm die Macht, uns im Kern unseres Wesens zu treffen. Lohnt es sich, uns so angreifbar, durchschaubar und verletzlich zu machen, wie wir es als Kind waren?

DAS HERZ IST DIE BRÜCKE ZWISCHEN DEN CHAKREN

Die meisten Konflikte im Bereich von Sexualität und Liebe beruhen auf der Abspaltung der Genitalien vom Herzen. In den ersten beiden Chakren streben wir nach der Befriedigung fundamentaler Triebe, suchen Lust, Vergnügen und unausgesetzte Leidenschaft. Wenn wir uns dem Herzen vom Sex- oder Bauchzentrum her nähern, wird Lust leicht mit Liebe verwechselt. Wenn die Lust dann nachläßt oder die Begierde nicht befriedigt wird, fragen wir uns, wo unsere Liebe geblieben ist. Sexuelle Befriedigung ist heilsam und wundervoll, aber Liebe, die allein darauf beruht, ist eine kurzlebige Blüte. Bist du schon einmal nach einer Nacht der höchsten sexuellen Leidenschaft neben einem wildfremden Menschen aufgewacht? SkyDancing Tantra lehrt den Unterschied zwischen dem narkotischen Rauschzustand der Lust, der biologisch begründet ist, und dem erhebenden Bewußtseinszustand der Liebe voll Klarheit und Seligkeit.

Solange das Solarplexuszentrum in der Sorge um unsere persönliche Macht verstrickt ist, neigen wir dazu, Liebe für Bewunderung oder Sicherheit einzutauschen. Da wir Liebe mit Macht verwechseln, maßen wir uns das Recht an, unsere Liebesgeschichten zu dirigieren, und zwingen den geliebten Menschen unseren Willen auf, um aus der Beziehung herauszuholen, was uns vermeintlich zusteht.

Wenn der Ego-Verstand versucht, das Herz zu seinem Untertan zu machen, verflüchtigt sich die Liebe, weil das Herz nur in Freiheit lieben kann. Der Ego-Verstand besteht aus Einteilungen, Interpretationen und komplexen mentalen Strategien, mit denen er versucht, das Leben und die Liebe in klar umrissene, vorherbestimmte Formen zu pressen. Er hat sein eigenes Überlebensprogramm: Versteck dich! Mach dich nicht verwundbar! Gib mit einer Hand und nimm mit der anderen! Verhandle, laß uns ein Geschäft daraus machen!

Kaveesha, eine tantrische Mystikerin und die Leiterin der Osho-Akademie in Sedona, Arizona, sagt:

> Wir wollen die Dramen, die mit den ersten drei Chakren einhergehen, nicht so ohne weiteres aufgeben – die Angst, daß der Geliebte uns sitzenläßt, den gerechten Zorn, wenn wir übergangen werden, die ganzen Machtkämpfe, die uns ständig in Atem halten. Aber um ins Herz zu kommen, mußt du einen Riesensprung machen und all das hinter dir lassen. Jeder sehnt sich nach einer harmonischen, geistig anregenden Liebesbeziehung. Aber solange du insgeheim glaubst, daß du den anderen verändern mußt oder ihm Schuld zuweisen darfst oder dich selbst für den anderen verändern mußt, bist du auf dem Holzweg. Du kannst dein Drama nicht fortsetzen wie gehabt und *gleichzeitig* im Herzen sein. Du kannst nicht erwarten, daß alles in Ordnung ist, nur weil du Affirmationen und spirituelle Übungen machst. Das Herz ist eine Seinsebene, die jenseits von all diesem Treiben existiert.
>
> Wenn wir vom Herzen her leben, bedeutet das, daß wir ja zu uns selbst sagen, woraufhin andere uns ebenfalls attrak-

tiv finden. Wenn wir mit einem abwehrbereiten Herzen durchs Leben gehen, suchen wir nach Liebe, können sie jedoch nicht annehmen. Und dann finden wir sie weder in einem Guru noch durch Tantra noch in unseren erotischen Träumen von Rockstars und Filmschönheiten. Nichts und niemand kann uns die Liebe geben, die wir zuallererst in uns selbst, in unserem eigenen Herzen, entdecken müssen.

Ein offenes Herz ~ Bevor das vierte Chakra sich öffnet, glauben wir, daß andere sich ändern müssen, damit wir glücklich sein können, oder daß wir uns ändern müssen, um andere glücklich zu machen. Doch diese Illusionen sind die Grundlage unseres Unglücks. Wir können andere nicht ändern, aber es steht uns frei, unsere Beziehung zu jeder Situation zu verändern. Kannst du dich an eine Situation erinnern, in der du mit einem offenen Herzen auf eine Schwierigkeit reagiert hast? Vielleicht war dein Geliebter im Begriff, dich zu verlassen, und du hast geweint, aber losgelassen, weil dein Herz dir gesagt hat, daß die Beziehung zu Ende ist. Oder du hast eine berufliche Position aufgegeben, obwohl dein Verstand sagte, daß du das Geld brauchst, weil du im innersten Herzen gefühlt hast, daß es besser für dich ist, etwas anderes zu unternehmen.

Das Herz lehrt uns Integrität, zu unserer Wahrheit zu stehen, Macht mit Liebe und Liebe mit Respekt zu verbinden. Was anfänglich wie eine schwere Entscheidung wirken mag, stellt sich später oft als das in jeder Hinsicht Beste heraus. Große Herausforderungen führen uns nicht selten über unsere bisherigen Grenzen hinaus zu einer neuen Freiheit; wir lernen, authentisch zu sein, gleichgültig, mit welchen Umständen wir konfrontiert werden.

Romantik, Phantasie und Liebe ~ Das Gehirn erzeugt endlose Phantasievorstellungen, und romantische Vorstellungen steigern die sexuelle Leidenschaft. Aber Leidenschaft kann nicht von Dauer sein, es sei denn, sie reift heran und wird zur Herzensliebe. Wenn ein Verrat die goldglänzende Seifenblase unserer romantischen Wunschvorstellungen zum Platzen bringt, muß das Herz lernen, zu vergeben und uns über das Scheinbare hinauszutragen. Die einzige Möglichkeit der Heilung für einen Verrat ist Vergebung. Die Kunst des Vergebens ist der Schlüssel zu einem unschuldigen Herzen.

Vergebung ∽ In dieser Welt der Dualitäten, wo die Gegensätze ewig miteinander kämpfen, kann es keine Liebe ohne Haß geben, kein Licht ohne Schatten, keine Freude ohne Schmerzen und kein Vertrauen ohne Enttäuschung. Nur im Herzen können wir die Paradoxa auflösen, die unseren Verstand in Verwirrung stürzen.

In jedem Augenblick haben wir die Wahl: Wir können unser Herz aus Angst zusammenziehen oder in Liebe ausdehnen. Der von seinem geliebten Jünger betrogene und am Kreuz hängende Christus rief aus: »Mein Gott, warum hast du mich verlassen?« Das ist die Agonie des Verrats. Doch er sagte auch: »Vater, vergib ihnen.« Und: »Dein Wille geschehe.« Dies ist die Transzendenz der Agonie in einem erwachten Herzen, das selbst den Verrat eines geliebten Menschen und den darauf folgenden Tod als Tor zur Auferstehung im Geiste begreift. Wenn wir uns im Angesicht großen persönlichen Schmerzes dafür entscheiden, zu vergeben, und der Versuchung widerstehen, an unserem Zorn und unserer Verletztheit festzuhalten, öffnet und weitet sich das Herz. Es ist nicht leicht, doch es ist ein entscheidender Schritt für unser Wachstum.

Vergebung kann nicht erzwungen werden, weder in uns selbst noch in anderen. Sie ergibt sich von selbst, wenn du bereit bist, deinen Zorn, deine Trauer, deine Bitterkeit und andere schmerzhafte Gefühle hinter dir zu lassen. Die folgende Meditation gibt dir eine Möglichkeit, das Herz von der Last solcher Emotionen zu befreien. Sie ist sehr einfach, doch wenn du sie eine Zeitlang praktizierst, wird sich ein Gefühl der Leichtigkeit und des Friedens einstellen.

∽ Beginne mit der Begrüßung des Herzens (Seite 104). Dann atme mehrmals tief durch, entspanne deine Muskeln und bringe deinen Verstand zur Ruhe.

- Besinne dich auf eine Person, mit der du eine negative Verbindung hast. Halte dir deinen Beitrag zu der Beziehung ehrlich vor Augen. Hast du die Person jemals absichtlich oder unabsichtlich verletzt oder betrogen, so gestehe es dir selbst ein. Dann erinnere dich an die Verletzungen, die dir zugefügt worden sind. Nimm die Emotionen, die hochkommen, ganz einfach zur Kenntnis. Diese Schmerzen willst du jetzt heilen.
- Jetzt lege die Hände auf dein Herz. Finde den Platz in deinem Herzen, der unter all diesen Empfindungen leidet und aufrichtig bereit ist, sie loszulassen. Versetze dich gefühlsmäßig in diesen Platz hinein und bleibe eine Weile dort.
- Wenn du die Person verletzt oder hintergangen hast, übernimm jetzt die Verantwortung für deine Rolle in dem Drama, für den Schmerz, den du verursacht hast, und sei er auch noch so geringfügig. Bitte die Person innerlich um Verzeihung, sobald du aufrichtig dazu bereit bist.
- Jetzt fühle, was die Person dir angetan hat. Laß deinen Zorn, deine Bitterkeit, Rachegefühle und alles andere in dir aufsteigen, was du freisetzen möchtest.
- Sag der Person innerlich, daß du ihr vergeben und alles Aufgestaute loslassen willst, bis du spürst, daß die Last von dir weicht und dein Herz langsam freier wird.
- Ende mit der Begrüßung des Herzens.

Mach dir bewußt, daß Vergebung nicht bedeutet, daß die Dinge, die uns angetan worden sind, gerecht sind oder gerechtfertigt werden können. Wir entscheiden uns lediglich dafür, die Person und die schmerzhaften Gefühle, die uns an sie binden, loszulassen und weiterzugehen.

DIE LIEBE AM LEBEN HALTEN

Liebe erzeugt Lebensfreude. Wir werden kreativ, enthusiastisch, wir sehen überall neue Möglichkeiten, wir schweben! Wir sind Himmelstänzer! Liebe ist dermaßen inspirierend, daß wir zu

Lebenskünstlern werden. Liebe beflügelt uns, zu dienen, zu entzücken, zu überraschen und Genuß zu verschaffen – und nicht nur im Schlafzimmer – in jedem Augenblick. Liebe ist Tantra: das Verweben sämtlicher Eigenschaften, Energien, Talente und Beziehungen der Liebenden zu einer schöpferischen Einheit.

Liebe ist eine Kunst, die offene Augen erfordert, eine bewußte Entscheidung, immer wieder neu hinzusehen und vom Schlimmsten ebensoviel wie vom Besten zu lernen, in uns selbst und in allen anderen.

Liebe enthält Widersprüchliches: Einheit und Eigenständigkeit, intime Vertrautheit und unergründliche Rätselhaftigkeit, Bindung und Losgelöstheit. Es ist wichtig, Alleinsein wie auch Nähe zu kultivieren, sich in Stille zu begegnen, zusammen zu atmen und zu schweigen, den anderen in die intimsten Kammern des Herzens einzulassen und gleichzeitig von Jahr zu Jahr geheimnisvoller füreinander zu werden. Liebe ist eine paradoxe Kunst. Liebende entfernen sich voneinander, um von erneutem Verlangen wieder zueinander hingezogen zu werden. Liebende wissen, daß jeder Moment neuen Zauber enthält. Liebe verzaubert unsere Welt.

Doch ist dieser Zauber ständig neuen Feuerproben ausgesetzt. Jeder von uns hat Momente erlebt, in denen unser Herz sich einem anderen öffnete und von einer Flut negativer Gefühle überschwemmt wurde. Dann wird aus Hingabe Unduldsamkeit, die Freude verwandelt sich in Angst und das sehnsüchtige Verlangen in Eifersucht. Tantra lehrt, daß intensive Gefühle unsere Verbündeten sein können. Emotionen sind Energie in Bewegung. Manchmal müssen wir explodieren, um schmerzhafte Gefühle auszudrücken und loszulassen. Es ist möglich, seiner Wut und seinen Schmerzen freien Lauf zu lassen, ohne die Liebe dabei zu verlieren.

Wenn schmerzhafte und schwierige Gefühle hochkommen, kann man sich an einen Platz zurückziehen (allein oder mit dem Partner), an dem man sich sicher und geborgen fühlt. Setzt euch einander gegenüber und legt einen Haufen Kissen zwischen euch, der all deine Wut, deinen Kummer und möglicherweise auch deinen Partner repräsentiert. Ich nenne es den »Wundenhaufen«.

Halte nichts zurück. Leg alles, was in dir steckt, in deinen Gefühlsausbruch hinein. Dein Partner kann sich im teilnahmsvollen Zuhören üben, denn er darf sich jetzt nicht mit deinen Gefühlen identifizieren (»Er ist tief verletzt. Ist es meine Schuld? Ich habe versagt«, und so weiter). Der Partner ist nur stiller Zeuge.

Bitte dein fünftes Chakra um Unterstützung, die Stimme deiner Seele, und das dritte Chakra, dein Machtzentrum. Atme tief durch, fokussiere dich auf die Frustrationen, die in der Brust, im Herzen oder im Bauch gespeichert sind, und dann leg los, schlage mit aller Kraft auf die Kissen ein und laß dabei auch den Klang dieser Emotionen aus dir hervorbrechen, das Stöhnen, Grollen, Knurren, Schluchzen oder Kreischen, das in dir steckt. Faß den Gefühlsausbruch nicht in Worte! Während du deinem Herzen Luft machst, nimm auch den Körper zu Hilfe: Bewege deine Arme und Hände zu deiner Stimme. Brülle deine Wut heraus, weine dir die Sehnsucht aus den Augen. Mache das so lange, wie es nötig ist. Wenn du ruhiger geworden bist, ende mit mehreren tiefen Seufzern. Beende den Prozeß mit einer Begrüßung des Herzens und einer Umarmung.

Dieser Schritt ist von großer Bedeutung bei der Heilung von emotionalen und sexuellen Verletzungen. Durch solche Übungen lernt ihr, euch gegenseitig zu akzeptieren, wie ihr seid, eure Emotionen als Energiemuster zu sehen, die nicht verurteilt werden müssen, sondern akzeptiert und freigesetzt werden können. Der entscheidende Schlüssel dabei ist, dem Menschen, der die Gefühle ausgelöst hat, keine Schuld zuzuweisen. Wenn ihr Worte bei dieser Übung benutzt, vermeidet Formulierungen wie: »Du bist schuld«, »Du hast das und das gesagt oder getan«. Sag statt dessen: »Ich fühle«, und bleib bei deiner eigenen Erfahrung. Der Heilungsprozeß kann noch tiefer gehen, wenn ihr diese Sitzung mit Zärtlichkeiten und sinnlicher Zuwendung beendet.

Eine andere Möglichkeit ist, eure Liebe bildhaft zum Ausdruck zu bringen. In gemeinsamer Arbeit haben Gabriella und

Dom eine Collage geschaffen, die das Wesen ihrer Beziehung repräsentiert und sie konstant daran erinnert, daß es ihnen in erster Linie um spirituelles Wachstum geht. »Bei unserer Collage steht ein von Wasserfällen und Engeln umgebenes Liebespaar im Mittelpunkt«, erzählte mir Gabriella. »Die beiden sind nackt, und hinter ihnen sitzt ein Tiger. Das Bild macht uns immer wieder klar, weshalb wir zusammengekommen sind.«

Annie und David haben ein anderes Liebesritual:

> Ungefähr einmal in der Woche gönnen wir uns einen echten Feierabend. Wir füttern uns gegenseitig mit Leckereien – Eiscreme, Früchten, Schokolade. Dann genehmigen wir uns ein ausgiebiges Schaumbad mit Kerzenlicht und Musik, und danach tanzen wir und massieren uns. Am Anfang der Feier setzen wir uns immer vor unseren Meditationsaltar und rufen den göttlichen Geist an. Dann sagt der eine zum anderen: »Ich ehre dich als einen göttlichen Aspekt des Seins, das mich selbst hervorgebracht hat.« Wenn wir das sagen, erkennen wir uns als Botschafter des Einen Geistes, als fleischgewordene Gottheiten, und begreifen unsere Beziehung als heilige Hochzeit.

Bei allen Liebesbeziehungen geht es immer um folgende Fragen: Was bedeutet es, sich für einen anderen Menschen zu öffnen, authentisch zu sein, Risiken einzugehen und tiefer zu gehen? Erlaube dir in jedem Moment zu fragen: Bin ich mir selber treu? Bin ich unserer Liebe treu? Ist unsere Beziehung tief und erfüllend für uns beide? Vertiefe ich unsere Liebe mit dieser Handlung, oder unterminiere ich sie?

Aufmerksamkeit schenken ✺ Wenn wir das geliebte Wesen mit den Augen des Herzens betrachten, geben wir ihm ungeteilte Aufmerksamkeit. Aufmerksamkeit ist fokussierte Energie. Wir entscheiden von Moment zu Moment, worauf wir unsere Aufmerksamkeit richten, und die Entscheidung für eine Richtung schließt alle anderen notgedrungen aus. Wenn wir uns ausschließlich auf eine geliebte Person fokussieren, verblassen alle anderen, und der Geliebte wird zum Mittelpunkt unserer Erfahrungswelt. Das ist eine riskante Investition.

Sobald du die Aufmerksamkeit deines Herzens zurückziehst, können unterschwellige Verletzungen erneut zutage treten. Dein Partner hinterläßt zum Beispiel eine Schweinerei auf dem Küchentisch. Es ist eigentlich eine Kleinigkeit, aber dabei flammt eine alte Wunde wieder auf, und du reagierst mit einer Vehemenz, die dich selbst überrascht. Im Grunde weißt du, daß es nicht wirklich um den schmutzigen Küchentisch geht. Probiere die folgende einfache Übung aus, wenn ihr euch beim nächsten Mal über Kleinigkeiten streitet:

- Anstatt gewohnheitsmäßig auf deinen Ärger und die äußerliche Begebenheit einzusteigen, halte inne.
- Fühle deine Wut und deinen Ärger. Fühle die Kraft dieser Gefühlsregung. Fühle ihre Auswirkungen in deinem Körper und Geist.
- Jetzt untersuche dein Verhältnis zu deinem Partner genauer, so lange, bis du auf ein tieferliegendes Problem stößt, das der Vehemenz deiner Gefühle zugrunde liegt. Möglicherweise hast du das Gefühl, daß dein Partner dir nicht genügend Aufmerksamkeit oder Respekt entgegenbringt. Vielleicht fühlst du dich insgeheim kritisiert, unterschätzt oder betrogen. Kann es sein, daß dein Vater deine Mutter auf ähnliche Weise behandelt hat? Ist ihre Ehe in die Brüche gegangen?

Tiefliegende Konflikte werden oft an nebensächlichen Dingen wie unaufgeräumten Küchentischen aufgehängt. Aber bei kleinen Streitereien geht es nur selten um Kleinigkeiten. Gewöhne dir an, das wirkliche Thema hinter dem oberflächlichen Streitpunkt zu suchen. Wenn du die wahren Ursachen für deinen Mißmut offen zur Sprache bringst und mit dem Partner direkt klärst, wird die aufgestaute Energie freigesetzt, und dann wird eine Erneuerung der Beziehung möglich.

Hingabe ~ Viele Menschen setzen Hingabe fälschlicherweise mit dem Verlust des freien Willens oder der eigenen Macht gleich. Doch Hingabe bedeutet, sich dem Höheren zuzuwenden und mit ihm zu verschmelzen. Hingabe bedeutet, daß du dein höchstes Potential willkommen heißt und darin aufgehst.

Hingabe bedeutet, nicht mehr mit Gott oder dem Schicksal zu verhandeln, sondern die Dinge so anzunehmen, wie sie sind. Du vertraust dich der Liebe an, die dein Wesensgrund ist, und gibst dich ihr hin. Du läßt dich trotz deiner Ängste und Bedenken ins Ungewisse fallen, in die Unschuld eines neuen Anfangs. Wenn wir unser Herz riskieren und uns der Liebe öffnen, entdecken wir unsere ursprüngliche Freiheit und Seligkeit.

Die große Herausforderung des Lebens ist, ein Gleichgewicht zwischen der Hingabe unseres Herzens und den täglichen Pflichten, Bedürfnissen und Ambitionen zu finden, die die Intimität der Liebenden und das zarte Netz der Beziehungen bedrohen. Diese Hindernisse und Prüfungen muß jede Liebe bestehen, um zu überleben. Und dadurch wird die Liebe selbst unser größter Lehrer. Sie zeigt uns, wie wir unsere Grenzen überschreiten und in die grenzenlose Freiheit des erwachten Herzens eintreten: das Tor zu allem, was göttlich, unfaßbar und unbeschreiblich ist. Wenn wir uns der Liebe des Herzens hingeben, liebt sie durch uns, auf jede Weise, in allen Dimensionen, jenseits von persönlichen Konditionierungen und Ängsten. Dann werden selbst Schmerzen zu wichtigen Lehrern. Dann sind wir heimgekehrt.

Hingabe ist der direkte Weg in die Freiheit, ein Sprung in den Urgrund des Seins, der unser ekstatisches Potential zur Entfaltung bringt. Hingabe erfordert keine jahrelangen Therapien oder komplexe spirituelle Übungen. Du kannst dich in jedem Augenblick hingeben, hier und jetzt. Wie? Indem wir unser Bedürfnis aufgeben, alles »richtig machen« zu wollen und »recht zu haben«; wir vertrauen darauf, daß das Leben es gut mit uns meint, und erkennen, daß alles, was ist, uns etwas lehren kann. Mein Freund Duncan Campbell, ein Anwalt und Talk-Show-Moderator, hat bei einer Indienreise erfahren, was durch Hingabe bewirkt werden kann:

Mir fiel auf, daß die Inder sich in einem langsameren Tempo bewegen – auf den Straßen, in den Läden. Nach einer Weile verlangsamte sich mein Tempo ebenfalls. Ich fing an, meinen Drang aufzugeben, dauernd irgend etwas zu tun, Ereignisse herbeizuführen und feste Tagespläne zu machen. Ich beschloß, mich einfach hinzugeben und abzuwarten, was das Leben mir von Moment zu Moment beschert, anstatt zu versuchen, es in eine mir genehme Form zu pressen. Ich entspannte mich und fing an, Raum für Überraschungen freizulassen. Je lockerer ich wurde, um so rascher stellten sich diese kleinen »Bestätigungswunder« ein – etwas, das ich erreichen wollte, *wurde* in die Wege geleitet und erreicht. Meistens vier oder fünf Tage später, und auf eine Art, die besser für mich war und meine ursprünglichen Absichten sogar noch übertraf. Nach einer Weile fing ich an, eine bewußte Übung daraus zu machen: abzuwarten, bis die Umwelt mir einen Hinweis gab, und dann entsprechend zu reagieren.

Wenn wir uns in die Mitte unseres Herzens hineinversetzen und sie gefühlsmäßig ausloten, finden wir einen grenzenlosen Freiraum, in dem nichts verlangt wird oder erklärt und verändert werden muß. Anfangs kann es sein, daß uns Traurigkeit oder Beklommenheit oder Angst entgegenweht. Aber wenn wir diese Gefühle akzeptieren, verändert sich unsere Beziehung zu ihnen, und eine Sehnsucht erwacht: das Verlangen, mit einem offenen Herzen durch die Welt zu gehen, ohne Schutzschilde, die das Leben fernhalten, und für unsere Freunde da zu sein, wenn sie in Not sind.

Diese Sehnsucht hat etwas herzergreifend Zartes, beinahe Wehmütiges, aber in ihr steckt ein immenses Potential. Wie Pema Chödrön in ihrem Buch *Beginne, wo du bist* sagt: »Unsere Wunden geben uns die Gelegenheit, Geduld und Herzensgüte zu entwickeln.« Auf diese Weise transzendieren wir all den Mist, den wir normalerweise beiseite schieben, und verbinden uns mit der Weichheit des Herzens, unserer Klarheit und der Fähigkeit, uns noch weiter zu öffnen.

Wenn wir uns annehmen, wie wir sind, erwacht eine kindliche Neugier, eine Bereitschaft, das Wunder des Lebens permanent neu zu entdecken. Wir erkennen, daß wir jeden Augenblick so annehmen können, wie er ist, ganz gleich, ob er wundervoll, schmerzhaft oder schrecklich ist, ob er unseren Vorstellungen entspricht oder nicht. Wenn wir jeden Augenblick akzeptieren, wie er ist, und annehmen, was er uns lehren kann, sind wir frei. Wir brauchen nichts Zusätzliches, wir müssen keinen speziellen Zustand mehr erreichen, uns an kein Idealbild mehr klammern, und wir haben keine Tagesordnung, die wir der Welt aufzwingen wollen. Wenn wir in jedem Moment mit einem offenen Herzen präsent sind, fangen wir an, uns selbst, die anderen und das Dasein in all seinen Formen zu schätzen. Wir verlieben uns ins Leben.

Stimmen des vierten Chakras

Wenn du dich in dein viertes Chakra hineinversetzt und es durch dich sprechen läßt (siehe Chakra-Übung Seite 179), wirst du die Stimme deines Herzens, deiner Unschuld und deiner Gefühle hören. Die folgenden Beispiele vermitteln einen Eindruck von dem Spektrum der Ausdrucksweisen des Herzens und stammen von Teilnehmern an meinen Trainings.

> DEANNA ☙ Ich kann sehr zart sein. Ich kann sehr stark sein. Der Pulsschlag des Lebens pocht in mir. Ich kann flüstern wie der Wind. Ich bin das Mysterium. Ich bin das Gedicht.

> NICHOLAS ☙ Viele Formen habe ich gesehen, viele Stürme, Schmerzen, gebrochene Herzen, Lachen und Freude. Und ich weiß immer noch nicht, wie tief ich reiche. Ich berge Stille in mir und frohe Gesänge. Ich bin Liebe. Ich hinterlasse keine Spuren im Sand der Zeit. Ich kann durch den Weltraum segeln und mich gleichzeitig mit anderen Herzen verbinden. Ich bin deine Heimat.

EDDY ✤ Ich nähre deinen Solarplexus mit meiner Liebe. Ich verbinde mich mit deinen Händen, um Heilkraft zu geben. Ich verbinde mich mit deiner Stimme, um zu singen und mein Wesen mitzuteilen.

DICK ✤ Ich kann weinen, ich kann deine Gefühle mit dem Wasser des Lebens benetzen. Ich kann Anteil nehmen. Ich bin die Farbe der Karibik, ein kühler Strom voller Verständnis, Teil eines größeren Herzschlags durch die Rhythmen der Natur.

DAVID ✤ Ich war unter Eisschichten begraben, so dick, daß David gar nicht gemerkt hat, wie abgeschieden und nahezu leblos ich geworden war. Endlich ist es mir gelungen, dem Rest von David mitzuteilen, daß es um Leben und Tod geht und der Eispalast gesprengt und aufgelöst werden muß. Manchmal habe ich zugesehen, wenn David verzweifelt war, weil er nicht fühlen oder Verbindung aufnehmen konnte, und mir blieb nichts anderes übrig, als abzuwarten, bis der Eispanzer Stück für Stück aufgebrochen wurde. Jetzt bin ich frei und kann ins Licht hinaustreten, in den Tanz und die Freude.

ARIELLE ✤ Ich bin Schwingung, ich bin Seligkeit, ich bin Bewegung, ich bin Ekstase... Ich bin ein Heiler, ich vibriere durch dein ganzes Sein. Ich verbinde, ich bin ein Mittler. Ich fülle den Weltraum mit Energie.

Die Kunst der ekstatischen Vereinigung
Ein Hochzeitsritual

Hier ist eine Zeremonie, bei der die Herzensverbindung eines Liebespaars gefeiert wird. Laß dich inspirieren, über die traditionellen Formen hinauszugehen, und kreiere etwas Einzigartiges, das deinen Wünschen und momentanen Bedürfnissen gerecht wird.

Ein mystisches Hochzeitsritual wie dieses gibt dir die Gelegenheit, deine Liebe für einen Menschen zum Ausdruck zu bringen – wenn du willst, vor allen Freunden und einer größeren Gemeinde. Die Zeremonie kann humorvoll sein, poetisch, gefühlvoll und mit einem tantrischen Touch. Als »Zeremonienmeisterin« des SkyDancing-Trainings war es mir immer eine große Freude, solche Rituale in vielen verschiedenen Ländern zu arrangieren und universelle Formen zu finden, unabhängig von Glauben, Religion, Rasse oder sexueller Orientierung, die allen Spaß machen, die bereit sind, ein Fest zu feiern.

Bei dieser Zeremonie wird keine Bindung gefordert, »bis daß der Tod euch scheidet«. Statt dessen wird ein Fest gefeiert, das die Herzensverbindung von zwei Menschen bestätigt. Mit geringen Abwandlungen kannst du damit auch den Beginn einer kreativen Partnerschaft würdigen, eine tiefe Freundschaft rituell anerkennen oder den Treueschwur eines langjährigen Ehepaars erneuern. Wem dieses Ritual allzu ungewöhnlich und unkonventionell erscheint, der kann auch eine traditionelle Zeremonie für die älteren Gäste veranstalten und ein separates Fest für enge Freunde.

Dieses Ritual ist keine förmliche Trauzeremonie, obwohl man es dahingehend abwandeln könnte. Deshalb bezeichne ich die beiden Partner als »Geliebte« und »Geliebten«. Du kannst jeden Namen wählen, der dir passend erscheint: Shakti (die Göttin) und Shiva (der Gott), Meisterin und Meister, Aphrodite und Dionysos, die griechischen Liebesgottheiten. Vielleicht findest du es am besten, den normalen Namen der Braut und des Bräutigams zu benutzen und ihre archetypischen Namen nur an gewissen Stellen in der Zeremonie.

Vorbereitung

☙ Die Vorbereitungsmaßnahmen bieten dir und deinem Freundeskreis eine hervorragende Gelegenheit, etwas Gemeinsames zu unternehmen. Versammle die Beteiligten, um das Ziel und die einzelnen Schritte der Zeremonie zu erörtern. Zum Beispiel, ob getanzt oder gesungen werden soll, ob Gedichte rezitiert oder Geschenke ausgetauscht werden. Mach eine Liste.

☙ Lies die Vorschläge in Kapitel 5 und 6 durch und schreib dir auf, welche Utensilien, Musik, Speisen und Räumlichkeiten gebraucht werden. Beauftrage mehrere Freunde mit der Beschaffung aller notwendigen Elemente. Wähle eine(n) Hüter(in) der Zeremonie, der dafür sorgt, daß alles auf die vorherbestimmte Weise abläuft. Wenn du eine legale Trauzeremonie vorbereitest, kann auch der Pfarrer, Geistliche oder Friedensrichter als Hüter der Zeremonie fungieren. Ernenne andere Leute zu den Hütern der Zeit, der Musik, des Raumes und der rituellen Objekte.

☙ Bei der Vorbereitung der Räumlichkeiten kannst du dich von den Richtlinien in Kapitel 6 inspirieren lassen. Wenn die Zeremonie in einem Haus abgehalten wird, brauchst du ein Zimmer von entsprechender Größe. Arrangiere Sofas für die älteren Gäste und lege Kissen auf den Boden, auf denen die Jüngeren Platz nehmen können.

☙ Schmücke den Mittelpunkt mit Blumen, Seidenstoffen und dergleichen. Lege zwei Kissen in die Mitte, auf denen das Liebespaar voreinander Platz nimmt.

☙ Halte zwei schöne Augenbinden (zum Beispiel aus Seide) und sieben Kerzen griffbereit.

☙ Wenn die Zeremonie im Freien abgehalten wird, kannst du eine Feuerschale in den Mittelpunkt stellen oder einen offenen Feuerplatz einrichten.

Übung

Ein Hochzeitsritual kann sehr aufregend sein, deshalb ist es am besten, wenn das Paar sich vorher voneinander zurückzieht, um sich eine Zeitlang allein zu besinnen oder sich mit Freunden des gleichen Geschlechts zu entspannen. Dadurch können beide sich individuell unterstützt und gestärkt fühlen, bevor die Zeremonie beginnt. Wenn möglich, weise den Frauen und Männern separate Räume zu.

Stärkung für die Geliebte

☙ Die Frauen fassen sich an den Händen und stellen sich im Kreis um die Geliebte. Dann können sie um sie herumtanzen und ein Lied für sie singen. Oder jede Frau umarmt die Geliebte und spricht einen Segenswunsch aus oder drückt ihre Anerkennung und Bewunderung aus.

⁓ Danach können die Frauen Anekdoten oder kurze Geschichten aus dem eigenen Erfahrungsschatz über die Bedeutung von Liebe und Treue erzählen, vielleicht auch Gedichte oder Geschichten über die Erleuchtung von Frauen. Der folgende Vers aus dem Band *Music of the Soul* von Sidi Shaykh Muhammad ist eins meiner Lieblingsgedichte. Darin wird Laila gerühmt, die Shakti der Sufis, ihr weiblicher Buddha:

> *Es gibt keinen Schlaf, wenn du das Antlitz von Laila siehst.*
> *Sie erfüllt die Welt,*
> *Und die Welt ist nur ein Hauch ihrer Duftessenz.*
> *Sie sagt...*
> *»Ich lebe in allem,*
> *Und kehre doch immer zur Einheit zurück.*
> *Tu es mir gleich,*
> *Sei eins mit mir, sei Laila in allem,*
> *In jedem Moment, in jedem Gesicht.«*

⁓ Zum Schluß legt die Mutter oder beste Freundin der Geliebten eine Blumengirlande um den Hals, umarmt sie und sagt etwas wie: »Willkommen. Heute bist du die Auserwählte. Die Liebe selbst hat dich auserwählt. Mögest du dich immer als die Geliebte erkennen, die alle Liebe gibt und alle Liebe empfängt.«

Stärkung des Geliebten

⁓ Die Männer versammeln sich ebenfalls im Kreis um den Geliebten und tanzen, vielleicht wie Krieger zu Trommelschlägen, oder sie singen ein Loblied und rühmen seine hervorragenden Eigenschaften, wie Stärke, Mut und Zuverlässigkeit. Sie können ihm auch kleine Geschenke überreichen, die Aspekte seiner Macht repräsentieren. Zum Beispiel legt ein Freund ihm eine saftige Lycheefrucht in den Mund und sagt dazu: »Möge diese Frucht deine Sinnlichkeit erwecken.« Ein anderer legt ihm einen weißen Seidenschal um den Hals und sagt: »Dieser Schal ist ein Ausdruck deiner Geisteskraft und soll dich beschützen.«

🌿 Zum Schluß tritt der Vater oder beste Freund vor, umarmt den Geliebten, legt ihm eine Blumengirlande um den Hals und sagt: »Willkommen. Heute bist du der Auserwählte. Die Liebe selbst hat dich auserwählt. Mögest du dich immer als der Geliebte erkennen, der alle Liebe gibt und alle Liebe empfängt.«

Die Begegnung

🌿 Dann verbinden die Männer dem Geliebten die Augen und die Frauen tun das gleiche bei der Geliebten. Anschließend werden beide in den zeremoniellen Raum geführt. Vor dem geschmückten Mittelpunkt bleiben beide stehen, mit einander zugewandten Gesichtern, doch in einigem Abstand. Männer und Frauen stellen sich im Kreis um sie herum auf.

🌿 Der Hüter der Zeremonie sagt: »Die Zeit ist gekommen, meine Lieben, euch mit den Augen des Herzens zu erkennen. Berührt euch gegenseitig, fühlt eure Gesichter, eure Stirn, eure Herzen und entdeckt euch ganz neu, als hättet ihr einander noch nie gesehen. Erblickt euch durch die Augen des Herzens, die Augen der Unschuld, als sei es zum ersten Mal in eurem Leben.«

🌿 Der Hüter der Zeremonie zündet die sieben Kerzen an und bittet das Paar, sich die Augenbinden abzunehmen. Jetzt schauen die beiden sich an, ganz bewußt und voll präsent. Dann erst nehmen sie die anderen Menschen und den geschmückten Raum wahr... Sie schreiten aufeinander zu, halten ihre Hände über die Kerzenflammen und schauen sich unverwandt in die Augen.

🌿 Der Hüter der Zeremonie wirft Reiskörner in die Luft als ein Symbol der Dankbarkeit für die Fülle der Erde und die Gnade des irdischen Reichtums. Während die Körner in die Flammen und auf die Häupter des Paares fallen, sagt er oder sie: »Mögen die Göttin und der Gott der Liebe eure Vereinigung segnen, sie fruchtbar und bereichernd machen.«

Die Vereinigung

◦ Jetzt steht das Paar voreinander, hält sich an den Händen und beginnt die rituelle Vereinigung. Der Geliebte setzt sich auf einen Stuhl. Eine mit Duftwasser gefüllte Schale und ein weißes Tuch wird vor ihm abgestellt.

◦ Die Geliebte kniet vor ihm, wäscht seine Füße und trocknet sie ab. Dann nimmt sie seinen Platz ein, und er erwidert die Geste. Danach umarmen sie sich.

◦ Der Hüter der Zeremonie sagt: »Damit erklärt ihr euch bereit, den Weg der Liebe und geistigen Einheit gemeinsam zu gehen.«

Die Segnungen

◦ Nun stellt das Paar sich nebeneinander und hält sich an den Händen. Dann umschreiten sie die Feuerstelle oder den Mittelpunkt mit langsamen und bewußten Schritten. Beim ersten Schritt stimmen die Gäste einen leisen Gesang an oder summen Herzenslaute wie »Aaah« oder »Oooommm«.

◦ Beim ersten Schritt sagt der Mann: »Geliebte, ich bin die Erde, die dich trägt, das Heim, das dich schützt, das Herz, dem du angehörst. Ich habe beschlossen, dich in allen Höhen und Tiefen unseres gemeinsamen Lebens zu lieben.«

◦ Beim zweiten Schritt blickt die Frau in die Augen des Mannes und sagt: »Geliebter, ich bin das Wasser, das deinen Durst stillt, der Schoß, der deinen Samen trägt. Ich habe beschlossen, dich zu lieben, um dir Kraft, Mut und schöpferische Erfüllung zu geben.«

◦ Beim dritten Schritt schaut er in ihre Augen und sagt: »Geliebte, meine Liebe umgibt dich mit strahlender Kraft. Nimm sie in dich auf und laß sie größer werden und andere Wesen mit Freude und Licht erfüllen.«

◦ Beim vierten Schritt schaut sie in seine Augen und sagt: »Geliebter, ich öffne dir mein Herz. Lehre mich Hingabe an den Weg der allumfassenden Liebe. Ich bin deine Erde, du bist mein Himmel. Ich bin in dir, und du bist in mir.«

❧ Beim fünften Schritt schaut er in ihre Augen und sagt: »Geliebte, in dir tanzt meine Seele den Tanz der Freude und Inspiration. Du bist das Lied, ich bin der Sänger. Mögen wir gemeinsam Wahrheit und Fülle erschaffen.«

❧ Beim sechsten Schritt schaut sie in seine Augen und sagt: »Du bist das Licht, ich bin die Vision. Du bist der Weg, ich bin der Wegweiser. Mögen wir durch Mitgefühl und Einsicht Verständnis füreinander finden.«

❧ Beim siebten Schritt sagen beide gemeinsam: »Dein Geist und mein Geist sind eins.«

Der Austausch der Ringe

❧ Der Hüter der Zeremonie sagt: »Diese Ringe repräsentieren den endlosen Kreislauf des Gebens und Empfangens in Liebe. Nun tauscht eure Ringe aus.«

❧ Der Geliebte steckt seiner Geliebten den Reif auf den Ringfinger und sagt: »Ich erwähle dich als meine Partnerin. Mit diesem Ring werden unsere beiden Leben vereint. So möge unser gemeinsamer Lebensweg beginnen.« Die Geliebte steckt den Ring auf den Finger des Geliebten und wiederholt die gleichen Worte.

❧ Der Hüter der Zeremonie verkündet: »Hiermit erkläre ich, daß ihr verbunden seid als Gefährten für euer Leben (oder »Ehemann und Ehefrau« oder »für immer verschmolzen« etc.). Jetzt küßt sich das Paar, um die Trauung zu besiegeln.«*

Das Überreichen von Geschenken

❧ Das Paar setzt sich einander gegenüber auf die Kissen, wobei die sieben Kerzen um sie herum verteilt werden. In den nächsten fünfzehn Minuten werden ihnen Liebesgaben überreicht, von sanfter Hintergrundmusik untermalt: kandierter Ingwer, Lychees,

---

* Wandle dieses Ritual nach Belieben für gleichgeschlechtliche Partner oder sonstige Partnerschaften ab.

Feigen und Papayas, Glockenspiele und tibetische Klangschalen, eine Wasserschale, in der eine rote Rose schwimmt, ein chinesischer Silberball, der ein leises Klingeln erzeugt, oder einzelne Blüten.*

☙ Das Paar nimmt jede Gabe der Reihe nach entgegen und schenkt sie sich gegenseitig mit einem Segenswunsch.

☙ Zum Schluß umarmen sich die beiden.

Die allgemeine Feier

☙ Der Festschmaus beginnt damit, daß die Eltern einen Toast auf die Vermählten ausbringen und ihre Wertschätzung für ihr Kind und seine(n) Auserwählte(n) kundgeben. Wenn die Eltern nicht anwesend sind, können die Ältesten der Gruppe diese Funktion übernehmen. Hier ist ein Toast, der die Einheit aller Herzen würdigt: »Das Herz ist uns aufgegangen bei diesem Fest, und dafür danken wir euch. Durch eure Liebe habt ihr uns alle miteinander verbunden. Möge eure Partnerschaft von nun an und immer gesegnet sein.«

☙ Dann ehren sich alle Anwesenden mit einer Begrüßung des Herzens (Seite 104) und beschließen die Feier mit Essen und Trinken, Musik und Tanz.

Hinweise

☙ Verändere oder vereinfache dieses Ritual nach deinen eigenen Bedürfnissen und Wünschen.

☙ Vielleicht ist es dem Paar lieber, wenn der Hüter der Zeremonie die Segnungen vorliest, während sie das Feuer oder den Mittelpunkt Schritt für Schritt umkreisen.

☙ Ernenne jemanden zum »Hüter der Zeit«, damit du sicher sein kannst, daß die einzelnen Phasen des Rituals nicht sehr viel länger dauern als geplant.

---

* Das »Ritual des sinnlichen Erweckens« in meinem Buch *Tantra oder die Kunst der sexuellen Ekstase* enthält weitere Anregungen für diesen Abschnitt.

KAPITEL 12

Das fünfte Chakra: Das Lied der Seele

Der fünfte tantrische Schlüssel: Du bist der Schöpfer und die Schöpfung

Ich bin der Botschafter. Ich gebe deiner Energie Widerhall, Reichtum und Form. Ich verkünde den Traum. Durch mich kommen dunkle Wahrheiten ans Licht. Ich spreche das süße Flüstern des Herzens aus. Ich singe dein Lied.

Die Stimme des fünften Chakras,
aus einer Chakrabotschaft

Das fünfte Chakra im Überblick

Ekstase ❧ Die Ekstase der Inspiration.
Sinnbilder ❧ Ein fliegender Engel (ein Himmelstänzer), der eine Posaune bläst. Der flötespielende Krishna, der alle Wesen bezaubert. Eine Sternschnuppe (ein Herzenswunsch oder eine großartige Idee). Ein Blitzschlag (plötzliche Eingebung).

Körperbereich ~ Die Kehle, der Hals und der Nacken.
Körperteile ~ Kehlkopf, Stimmbänder, Ohren, Mund, Zähne, Kiefer, Nackenwirbel.
Endokrine Drüsen ~ Die Schilddrüse, das »taoistische Haus des Wachstums«.
Hautfunktionen ~ Erschaffen, kommunizieren und differenzieren; der Wahrheit des Herzens und der Seele eine Stimme verleihen.
Essenz ~ Resonanz.
Ängste ~ Angst vor Autoritäten; Angst, dem eigenen Talent zu vertrauen, auf den Schutz der Gottesmacht zu vertrauen; Angst, sich frei zu entscheiden; Angst, nicht kreativ genug zu sein, nicht willensstark und diszipliniert genug zu sein, um erfolgreich zu werden; Angst, die Wahrheit zu sagen, nicht mit anderen konform zu gehen.
Männliche Kraft ~ Das Wort führen, die Dinge beim Namen nennen, visionäre Vorstellungen vermitteln, Wünsche kundgeben; Grenzen definieren und respektieren; Enthusiasmus und Einsicht verbreiten, Talent zum Ausdruck bringen (Tanzen, Malen, Schreiben, Sprechen, Schauspielern etc.); der Wille und die Disziplin, zu lernen und Neues zu erschaffen.
Weibliche Kraft ~ In sich hineinblicken und Inspirationen empfangen, auf die innere Führung hören, die eigene Stimme finden (als Sprecher oder Autor); die Fähigkeit, kreativ zu improvisieren (beim Tanzen, Singen und anderen Künsten). Hellhörigkeit (Kommunikation ohne Worte), Offenbarungen durch Träume, Gebet, Selbstversenkung.
Offen und entspannt ~ »Ich öffne mich, um spontane Eingebungen zu empfangen. Ich gehe spielerisch mit den Dingen um. Ich heiße neue Erkenntnisse willkommen. Nichts kann mich davon abhalten, mein einzigartiges Talent zu entfalten und auszudrücken. Ich sage die Wahrheit, wie ich sie sehe. Ich fühle, was ich sage, und ich sage, was ich fühle. Ich bin im Einklang mit meiner Umgebung.«
Blockiert oder kontrahiert ~ »Sag mir, wie das funktioniert. Ohne dich schaffe ich das nicht. Ich erzähle dir, was du

hören willst, damit du mich magst. Ich muß meine Gefühle unter Kontrolle halten. Ich möchte Hilfe und Rat, aber ich will keine unangenehmen Dinge hören. Ich möchte ekstatisch sein, aber ich will mich nicht ändern.«

Positive Qualitäten ∼ Die Fähigkeit, sich auf jemanden oder in eine Situation einzustimmen, mitschwingen können, sich in jemanden hineinversetzen können. Die Fähigkeit, dem Leben Geist einzuhauchen (durch geistige Führung und Inspiration). Der natürliche Impuls, Körper und Geist zu klären (durch Diät, Meditation etc.). Zugang zu subtileren Ebenen der Wahrnehmung, die Stille zwischen den Worten oder Tönen wahrnehmen.

Negative Muster ∼ Schüchtern; verklemmt im Ausdruck von Gefühlen; unfähig, jemanden zu konfrontieren; zieht Höflichkeit der eigenen Wahrheit vor; selbstkritisch, verurteilt und verdammt sich selbst und andere; Neigung zu Unzuverlässigkeit, macht falsche Versprechungen, ist verwirrt, spielt den Dummen; unentschlossen (kann sich nicht zwischen dem Kopf und dem Herzen entscheiden); gibt sich hilflos; ziellos, ängstlich; nervöses Geplapper.

Die Aufgabe ∼ Es heißt: Wer die Wahrheit kennt, spricht nicht; wer spricht, kennt die Wahrheit nicht. Vernimm die Stille zwischen deinen Worten, denn durch sie spricht das Göttliche zu dir.

Heilende Affirmationen ∼ Ich höre auf mein Herz und drücke aus, was ich fühle. Ich bin im Einklang mit der Existenz. Ich vibriere vor Lebendigkeit. Ich erschaffe Schönheit. Ich singe das Lied meiner Seele. Ich bin im Einklang mit dem Geist. Ich entscheide mich, meine Stimme zu lieben.

Hilfreiche Fragen ∼ Was kann ich daraus lernen? Bin ich im Einklang mit dieser Person oder Situation? Wenn nicht, was erzeugt die Dissonanz? Was vermeide ich? Habe ich die Willenskraft und Disziplin, um dies fertigzubringen? Mache ich mir etwas vor, oder ist dies meine Wahrheit?

Archetypen ∼ Hermes/Merkur (Herrscher über die Kommunikation und Koordination zwischen verschiedenen Dimensionen der Realität). Saraswati (Schutzpatronin der Kunst). Shiva (der Weltlehrer oder Guru), Shakti »Shakini«.

Die Essenz des fünften Chakras

*Mein Lehrer hat oft gesagt: »Die Stimme ist
das einzige von Gott geschaffene Instrument.
Alle anderen Instrumente sind Menschenwerk.«*
                                    Shabda Khan

Wie *klingt* die Leidenschaft der sexuellen Erregung, der Strom der Liebe, die Ausstrahlung von Macht? Das Energiezentrum im Hals »vernimmt« diese inneren Schwingungen und trägt sie nach außen, als Stimme unserer Wahrheit, als Lied unserer Seele. Das Kehlkopfzentrum ist das offene Tor, durch das sich das Herz mit dem Verstand, die Erotik der Sexualität mit der Spiritualität des Geistes verbindet.

Durch die unteren vier Chakren findet das Bewußtsein Wege, sich hier auf der Erde, im Körper, zu manifestieren, das eigene Selbst mit dem von anderen in Beziehung zu bringen. Im fünften Chakra geht das Bewußtsein über die körperlich sichtbaren Trennungen zwischen »Ich« und »Du« hinaus und stimmt sich auf subtilere, unsichtbare Rhythmen ein.

Hier wird unserer Energie eine Farbe, ein Rhythmus, eine Stimme verliehen. Wir übersetzen unsere physische Realität in Worte, Klangfolgen und einen neuen, schöpferischen Ausdruck. Wir wachsen und erweitern uns durch Klang, wir testen neue Möglichkeiten, wir dehnen unsere Identität auf den Bereich der Tonschwingungen und der Kommunikation mit höheren Seinsebenen aus.

Der Drang, sich kreativ zu betätigen, drückt ein viel tieferes Verlangen aus. In Jon Marc Hammers Buch *The Jeshua Letters* sagt Jeshua:

> Alles,
> absolut alles,
> was du erschaffst,
> ist ein Ausdruck deiner Sehnsucht
> nach Erwachen.

Wir können auf zwei Arten kommunizieren. Die eine Art ist zweckmäßig: Wir geben die notwendigen Informationen weiter, damit eine Sache erledigt werden kann, mehr nicht. Die andere Art ist vielschichtiger: Wir werden uns bewußt, wie wir die Dinge sagen, wir achten auf unseren Tonfall, die Stille zwischen den Worten, die Gefühle, die wir ausdrücken.

DIE MACHT DER STIMME

In uns sind untergründige Schatzkammern verborgen. Wenn wir auf der zweckmäßigen Ebene stehenbleiben, verhalten wir uns wie ein Violinist, der seine kostbare Stradivari im Keller liegenläßt. Ein offenes Kehlkopfchakra ist das Tor zu Selbstausdruck und Kreativität. Und die Blockaden und Schwierigkeiten in diesem Chakra sind Lehrer, die uns zeigen, was wir auf unserem Weg zu persönlicher Macht und Erfolg in der Welt noch zu lernen haben.

Die Geschichte von Mary ist ein gutes Beispiel. Ihr Vater war ein einflußreicher Rechtsanwalt, der sie in seine Kanzlei zitierte, wenn es etwas zu besprechen gab, wie zum Beispiel Marys Schulzeugnisse, Ferienpläne und generelle Probleme. Dort saß er in seinem Ledersessel hinter einem imposanten Mahagonischreibtisch. Sie hockte auf dem Besucherstuhl und schaute zu der einschüchternden patriarchalen Autorität auf. Kaum äußerte sie eine Ansicht, fiel er ihr mit einem Vortrag ins Wort, so daß sie kaum einen Satz zu Ende bringen konnte. Bald sah sie ein, daß sie einem Mann, der gewöhnt war, mit verbalen Attacken Prozesse zu gewinnen, nichts von Bedeutung mitzuteilen hatte. Als Folge davon verkrampfte sich ihr Hals mit den Jahren. Mary entwickelte einen akuten Sprachfehler. Wenn sie vor anderen Menschen sprechen mußte, überschlug sie sich vor Nervosität, verschluckte halbe Wörter und eilte mit einer gequetschten Piepsstimme zum Ende des Satzes. Immer kam dabei die alte Angst hoch, gleich wieder unterbrochen, bevormundet, überwältigt, mißachtet, übergangen und der Lächerlichkeit preisgegeben zu werden.

Mary war Ende Zwanzig und eine erfolgreiche Schriftstellerin geworden, als sie gebeten wurde, ihr Werk in der Öffentlichkeit zu präsentieren. Ihre Vorträge waren eine Katastrophe. Unbewußt weiterhin davon überzeugt, daß kein Mensch ernstlich an ihren Worten interessiert sein konnte, sprach sie mit einer gewaltsamen Lautstärke und so hastig, daß kein Raum zwischen den einzelnen Worten blieb. Wo sie auch hinging, ließ sie ihr Publikum überwältigt und erschöpft zurück. Schließlich hielt Mary es selbst nicht mehr aus und konsultierte einen Sprachtherapeuten. Sie lernte, dreißig Minuten lang so laut wie nur möglich zu schreien, so betont langsam zu sprechen, daß lange Pausen zwischen den Worten entstanden, und die Tonlage so zu senken, daß die Resonanz aus dem Bauch kam. Die Arbeit an ihrer Stimme war eine zutiefst heilsame Therapie, die sie jahrelang diszipliniert fortgesetzt hat. Mittlerweile spricht sie fünf Fremdsprachen und hält Vorträge auf der ganzen Welt. Die Komplimente, die ihr am häufigsten gemacht werden, sind: »Sie sind eine inspirierende Rednerin!« und: »Sie haben eine ausgesprochen wohlklingende Stimme!«

Viele von uns sind beim Heranwachsen bevormundet, vielleicht sogar der Stimme beraubt worden. Der Musiktherapeut Don Campbell, Autor von *Die Heilkraft der Musik*, erklärt, daß wir von Kindheit an gezwungen werden, unseren Selbstausdruck und damit auch unsere Kreativität zu unterdrücken und zu verflachen – stimmlich und physisch. Diese Selbstunterdrückung erzeugt einen chronischen Streß, der Herzleiden, Migräneattacken, Drogensucht, Depressionen und anderen Krankheiten Vorschub leistet. Deshalb werden Stimm- und Sprachtherapien heutzutage von vielen Therapeuten empfohlen Lange unterdrückte Gefühle können durch Singen, Tönen und Sprechübungen freigesetzt werden.

UNSERE WAHRHEIT AUSSPRECHEN

Die Wahrheit ist erotisch. Wenn wir unsere Wahrheit aussprechen, werden wir kühn, aufregend und attraktiv. Es gibt uns Kraft und Stärke. Wer anderen seine Wahrheit vorenthält, hält auch seine Kreativität zurück. Wer seine Wahrheit unterdrückt, gerät leicht in Beziehungen und Umstände, in denen das Verleugnen der Wahrheit von außen verlangt wird. Es erfordert Mut und Integrität, die eigene Wahrheit auszusprechen. Wir nehmen damit ein Risiko auf uns – das Risiko, authentisch zu sein.

Jedes Mal, wenn wir den Mund öffnen, haben wir eine Gelegenheit, das Mysterium des Daseins in dieser Welt in Worte zu fassen. Alle Beziehungen leben von Kommunikation, und die Wahl der Worte ist wichtig, besonders beim Liebesspiel. Wenn ein Mann einer Frau beim Sexakt sagt, wie erregend er sie findet, wie gut ihm ihr Körper tut, wie sehr er sie liebt, findet sie Vertrauen und verliert ihre Hemmungen. Und die Frau kann dasselbe bei ihrem Liebhaber bewirken. Die eigene Lust während des Liebesspiels hörbar auszudrücken – mit Worten, Stöhnen oder Seufzen, mit wilden, urtümlichen Lauten, hemmungslos und ohne Scham –, öffnet das Herz, lockert den Verstand und fördert den ungehinderten Fluß der Leidenschaft.

Die Kunst der kreativen Kommunikation kann bei jeder Gelegenheit praktiziert und verfeinert werden: bei einem romantischen Abendessen, bei der Kindererziehung, beim Singen, Schauspielern, Geschichtenerzählen, beim öffentlichen Sprechen oder Unterrichten, beim Schreiben, beim Komponieren oder Musizieren, selbst beim Streitschlichten und Problemlösen am Arbeitsplatz und zu Hause. Laß deine Stimme zum Musikinstrument deines Innenlebens werden!

Deine Wahrheit aussprechen

Ziel
- Unerledigte Probleme mit anderen Menschen klären.

Vorbereitung
- Nimm dir eine halbe Stunde Zeit, in der du nicht gestört wirst.
- Halte Papier und Schreibstift griffbereit.
- Sei allein im Zimmer, ohne Lärm und ohne Musik.

Übung

⁌ Beginne mit der Begrüßung des Herzens (Seite 104).

⁌ Schreib die Namen von drei Personen auf (zum Beispiel dein Partner, deine Eltern, Kinder, Freunde, Mitarbeiter), mit denen du eine Angelegenheit ins reine bringen willst. Vielleicht hat Schüchternheit dich daran gehindert, deine wahren Gefühle auszudrücken, oder du hegst einen alten Groll gegen jemanden.

⁌ Neben jeden einzelnen Namen schreibst du eine kurze Zusammenfassung dessen, was du nicht deutlich zum Ausdruck gebracht hast. Zum Beispiel: »Du hast mir deine Liebe erklärt, aber seither rufst du nicht mehr an. Immer rufe ich dich zuerst an. Ich möchte das jetzt mit dir klären.« Oder: »Du wolltest mich bei der Besprechung dabeihaben, und so habe ich mir die Zeit freigehalten. Dann hast du vergessen, mir zu sagen, daß die Besprechung abgesagt worden ist. Ich fühle mich nicht gebührend respektiert.«

⁌ Jetzt lege Papier und Stift beiseite, lehne dich zurück und entspanne dich mit geschlossenen Augen und einigen tiefen Atemzügen. Fang an, in dich hineinzublicken.

⁌ Laß die erste Person auf deiner Liste vor deinen inneren Augen auftauchen. Sprich ihren Namen aus, sieh ihr Gesicht, fühle ihre Anwesenheit. Achte auf die Gefühle in deinem Körper. Atme tief weiter. Stell dir vor, du sitzt oder stehst der Person direkt gegenüber.

⁌ Nun verwende deine Stimme, um dem anderen aufrichtig mitzuteilen, was dich geärgert oder getroffen hat, und was der andere dir geben muß, damit du wieder eine offene Verbindung von Herz zu Herz zu ihm aufnehmen kannst. Sprich in der ersten Person, benutze die Gegenwartsform und einfache, kurze Sätze. Zum Beispiel: »Ich fühle mich nicht respektiert. Ich weiß, daß du viel zu tun hast, aber das habe ich auch. Ich schlage vor, daß wir uns heute um vier Uhr zehn Minuten lang treffen, damit wir unsere Zeitpläne aufeinander abstimmen können.«

⁌ Sprich weiter, bis du innerlich spürst, daß du mit der Sache fertig geworden bist. Das merkst du daran, daß du entspannt bist und dich mit dem anderen im reinen fühlst.

🕭 Sieh dich Abschied nehmen, mit einem Händeschütteln oder einer Umarmung. Beende die Visualisierung mit einer Begrüßung des Herzens.

🕭 Konzentriere dich auf die nächste Person auf deiner Liste und wiederhole den Prozeß.

Hinweise

🕭 Halte nichts zurück. Laufe herum, gestikuliere, schreie und tobe, wenn dir danach zumute ist. Es ist gesund, die aufgestauten Frustrationen herauszulassen. Danach wirst du dich leichter fühlen.

🕭 Leg ein paar Kissen auf den Boden und stell dir vor, daß sie die Person repräsentieren, mit der du etwas klären willst. Laß deine Wut auf die Person an den Kissen aus. Schlage mit weit ausholenden Arm- und Körperbewegungen auf die Kissen ein. Laß dabei hemmungslos laute Schreie aus deiner Kehle dringen.

🕭 Wenn du ruhiger an die Sache herangehen willst, sitze still oder meditiere, halte dir deine Beziehung zu der Person vor Augen und lausche auf deinen inneren Dialog mit ihr.

🕭 Wenn es möglich ist, arrangiere ein tatsächliches Treffen, bei dem du die Angelegenheit im direkten Austausch mit dem anderen klärst und vollendest.

DIE AUTHENTISCHE STIMME FINDEN

Musik kann uns lehren, wie man die Wahrheit spricht.

Ariel Kalma, ein Komponist und Musiker, erzählte mir folgendes:

> Für mich ist Musik eine Ausdrucksform der inneren Wahrheit. Jede Note hat eine Bedeutung. Wie einer meiner Lehrer sagte: »Jeder Ton bedeutet etwas. Wenn du spielst, webst du Tonfolgen zusammen, die Sätze ergeben, und so schaffst du eine musikalische Konversation.« Das Wort *Expression* bedeutet »ausdrücken, herauspressen«. Wenn beim Musizieren Wahrheit aus mir herauskommt, fühle ich mich ein-

gestimmt. Wenn nicht, fühle ich mich mißgestimmt. Solange mein Wesen im Einklang mit der Wahrheit ist, kommt Wahrheit durch mich zum Ausdruck – sei es beim Sprechen oder beim Musizieren. Du kannst um Haaresbreite neben der Wahrheit liegen oder eine ganze Note daneben. Es ist ein Lernprozeß, so wahrhaftig zu werden, daß du Ton für Ton sagst oder singst, was du wirklich innerlich meinst. Nicht ungefähr, nicht einen halben Ton darüber oder darunter. Die Wahrheit sagen ist dasselbe, wie eine Note genau richtig treffen.

Stimmlage und Wortwahl In dem Maße, wie wir unsere Wahrheit ausdrücken, sind wir eingestimmt. Jede Situation im Leben verlangt eine bestimmte Einstellung, eine bestimmte Stimme. Manchmal vergreift man sich im Ton. Zum Beispiel wenn Eltern ihre Autorität mit einer pompösen Donnerstimme geltend machen, obwohl sie damit nichts anderes als ihre liebevolle Sorge um das Wohlergehen ihrer Kinder zum Ausdruck bringen wollen. Oder wenn jemand sein Anliegen mit einer nörgeligen, anklagenden Piepsstimme vorbringt, die die unverarbeitete Beziehung zu einem Elternteil reflektiert, statt mit klarer, überzeugender Stimme seine inneren Bedürfnisse zum Ausdruck zu bringen.

Worte können heilsam oder verletzend sein. Oft ist uns nicht bewußt, wie wir für andere klingen. Mit der folgenden einfachen Übung kannst du es herausfinden. Nimm einen kleinen Notizblock, den du einen Tag lang mit dir herumträgst. Beobachte dich beim Sprechen mit anderen und notiere, was dir auffällt:

- Wie oft habe ich mich heute negativ oder kritisch ausgedrückt (über andere, mich selber, meine Arbeit und so weiter)?
- Wie reagieren die Leute auf meine Worte? Achte auf ihre Körpersprache: Ziehen sie sich zurück? Treten sie näher? Entspannen sie sich? Verkrampfen sie sich?
- Welche Gefühle bringen meine Worte in mir selber hoch? Fühle ich mich aufgeladen, beflügelt, ausgelaugt?

Am darauffolgenden Tag übe dich in einer speziellen Art der Aufmerksamkeit. Vermeide beim Sprechen alle automatischen Reaktionen. Nimm dir vor, einen Tag lang ausschließlich die Wahrheit zu sagen und sie respektvoll auszudrücken. Würdige jeden Menschen, mit dem du sprichst, auf positive und einfühlsame Weise. Beobachte die Auswirkungen.

- Fällt es mir schwer, andere zu loben? Blühen die Leute auf, wenn ich sie lobe? Wird ihr und mein Energieniveau dadurch angehoben?
- Ist mir bewußt, daß meine Wortwahl und Stimmlage andere Menschen erheben oder niederschlagen kann?
- Ist mir die Macht meiner Stimme als kreatives Ausdrucksmittel bewußt?

Erfolgreich kommunizieren - Die folgenden Grundregeln haben sich aus meiner Arbeit im Bereich von Liebe und sexueller Kommunikation ergeben:

- Geh davon aus, daß der andere es gut meint und sein Bestmögliches gibt.
- Halte dich an die wichtigste Grundregel der zwischenmenschlichen Kommunikation: Sprich zu anderen, wie du möchtest, daß sie zu dir sprechen.
- Bringe deine Wertschätzung zum Ausdruck, damit der andere sich angenommen und gehört fühlt.
- Mache dir deine Absicht bewußt, bevor du sprichst. Dann komm zum Punkt und halte dich an die Tatsachen.
- Laß deine Wahrheit aus dem Herzen kommen und vermeide Schuldzuweisungen.
- Sage höchstens fünf bis sechs Sätze. Dann sei still. Laß deine Worte einsinken. Nun höre aufmerksam zu. Atme tief und langsam. Nimm die andere Person und alles, was sie zu sagen hat, im Herzen auf.
- Mach dir bewußt, daß diese Person, diese Situation, dieser Augenblick, deine Lehrmeister sind. Bleib offen, sei präsent und höre zu.

In der Öffentlichkeit sprechen ~ Stell dir vor, daß der Konferenzraum oder die Halle, in der du vor Publikum sprechen sollst, ein Zimmer in deiner eigenen Wohnung ist. Du bist aufgestanden, hast geduscht, dir die Zähne geputzt, dich angekleidet, und nun gehst du ins Wohnzimmer, um dich mit Freunden zu unterhalten. Sprich, wie du zu deinen Freunden sprechen würdest. Halte dich an die folgenden Hinweise:

Laß alle deine Chakren mitwirken ~ Wenn du einen Vortrag vor Publikum hältst, kannst du dich von sämtlichen Energiezentren unterstützen lassen, indem du dich auf ihre Hauptfunktionen besinnst:

~ *Vom Kronenzentrum aus sprechen*: Beginne und ende mit Stille. Laß dir Zeit beim Sprechen und verbinde dich mit dem Geist. Vernimm die Stille zwischen deinen Worten.

~ *Vom Dritten Auge aus sprechen*: Bringe eine Vision zum Ausdruck. Laß die Zuhörer in Kontakt mit ihrem Stirnzentrum kommen und mit geschlossenen Augen nach innen blicken.

~ *Vom Kehlkopfzentrum aus sprechen*: Moduliere deine Tonlage und genieße die vielfältigen Ausdrucksweisen deiner Stimme. Zieh alle Register – laß sie einfühlsam werden, bestimmt, melodiös, kraftvoll. Spiele mit deiner Stimme.

~ *Vom Herzzentrum aus sprechen*: Sprich zu den Leuten wie zu einem geliebten Menschen. Betone Gemeinsamkeiten. Beantworte Fragen mit freundschaftlicher Offenheit.

~ *Vom Bauchzentrum aus sprechen*: Bewege dich, zeige deinen Körper, untermale deinen Vortrag mit spontanen Gesten, die dir selber Spaß machen. Es ist ein Tanz. Je freier du dich bewegst, desto leichter können auch die Zuhörer in Fluß kommen.

~ *Vom Sexzentrum aus sprechen*: Törne dein Publikum an. Verführe sie mit deinen Worten. Sei sexy, mutig und witzig.

AKTIVES ZUHÖREN

Im Moment ganz gegenwärtig sein ist der Schlüssel. Shabda Khan sagt: »Wenn du singst, mußt du dir selbst in jedem Moment zuhören.« Es ist ein Wechselspiel von Macht und Schönheit, Expressivität und Leere. Was kannst du hören und ausdrücken, wenn du nicht leer genug bist, um zuzuhören?

Die Stille vernehmen ⌘ Es heißt, daß die Stille zwischen den Tönen der Musik ihre Schönheit gibt. Und wahrhaft gute Schauspieler verstehen es, ihr Schweigen beredter zu machen als die besten Dialoge. Unser Schweigen kann eine schöpferische Handlung sein. Wir können auf dynamische Weise schweigen und unseren Geist ohne Worte sprechen lassen. Dieses Schweigen ist reine Präsenz. Und wenn die Chakren zweier Menschen in Übereinstimmung sind, findet eine energetische Verschmelzung der Seelen statt, die Worte unnötig macht, weil die Stille alles sagt.

Ariel Kalma erzählt, wie es ihm ging, als er Ama begegnete, seiner zukünftigen Ehefrau:

> Mein Blick fiel auf diese hinreißende Frau mit der roten Hibiskusblüte hinter dem Ohr. Ich schaute sie an, sie schaute mich an, und die Zeit blieb stehen. Wir sagten kein Wort. Die ganze Welt ringsumher versank im Nichts. Ihr Begleiter verschwand, der Lärm verschwand, es gab nur noch Stille. Ich nahm ihre Hand und führte sie zu einem geheimen Platz in einem leeren Hinterzimmer. Dort hielten wir uns eine Stunde lang in den Armen, ohne ein Wort zu sagen. Was auch immer mir in den Sinn kam, hatte keine Bedeutung mehr. Die Begegnung unserer Augen, unserer Herzen, unseres ganzen Seins, unseres gemeinsamen Schweigens, war stärker, als irgendwelche Worte hätten ausdrücken können.

Die Sprache des Schweigens ⌘ Aus der inneren Stille steigt unsere wahre Stimme empor. Mein Freund Terry hat es selbst erfahren. Er ist Schriftsteller, und vor ein paar Jahren fiel ihm für längere Zeit nichts mehr ein. Schlimmer noch, er meinte, überhaupt nichts mehr zu sagen zu haben. Schließlich ging er zu einem Schamanen, der ihn auf eine innere Reise schickte, um seine Ausdruckskraft wiederzufinden. Dabei begegnete er seinem Seelenführer in der Gestalt eines weiblichen schwarzen Panthers:

> Die Pantherin sagte, daß es ihre Aufgabe sei, mich durch mein inneres Chaos zu einer stillen Kammer zu führen, in der ich meine wahre Stimme hören würde. Aber als ich dort ankam und mit gespitzten Ohren lauschte, war die Stimme nur ein kaum hörbares Raunen. Ich mußte sehr angestrengt hinhorchen. Die geringste Störung und das kleinste Geräusch von außen unterbrachen den Vorgang, so daß ich die Verbindung zu der Stimme verlor.

Jedesmal, wenn Terry sich in die Stille hineinversetzte, verflüchtigte sich die Stimme. Und immer, wenn er meinte, sie endlich gefunden zu haben, wurde er erneut unterbrochen. Seine Schaffenslust blieb weiterhin blockiert.

> Dann gab ich auf. Ich weiß noch, es war eine herrlich warme Sommernacht, und so setzte ich mich unter den freien Himmel, lehnte mich an einen Baumstamm und bat innerlich um Hilfe. Sofort tauchte die schwarze Pantherfrau wieder in mir auf und sagte: »Folge mir.«
> Sie führte mich durch einen engen, dunklen Korridor in einen gebärmutterähnlichen Raum, in dem vollkommene Stille herrschte. Ich ließ los, entspannte mich und tat nichts. Doch dann durchzuckte mich ein jäher Schreck. Ich dachte: Was, wenn ich mich jetzt auflöse und sterbe? Die Pantherin sagte: »Todesangst. Laß sie los.«
> »Wie?«
> »Sei einfach nur hier. Tu gar nichts.«
> Meine Angst verließ den Raum zusammen mit dem Tod.

Dann hörte ich ein leises Raunen, wie von einem fernen Strom. Ich lauschte angestrengt, worauf das Flüstern gleich wieder verschwand. Es war meine innere Stimme. Sie wollte mir etwas sagen. Aber sowie ich *versuchte*, sie zu hören, entzog sie sich mir. Es war unglaublich frustrierend. An diesem Punkt ging mir auf, daß meine Anstrengung die Stimme meines eigenen Geistes daran hinderte, in mein Bewußtsein vorzudringen. Also mußte ich auch den Wunsch fallenlassen, etwas zu empfangen, und einfach aufnahmebereit bleiben für das, was sich manifestieren – oder *nicht manifestieren* wollte.

Damit gab Terry endgültig auf. Er schaute zu den Sternen empor. Er fühlte die Kraft des Baumstamms, der seinen Rücken stützte. Und etwas Überwältigendes stieg in ihm auf: die Köstlichkeit des reinen Lebendigseins. Einfach hier zu sein. Nicht anders als der Baum und die Sterne. Er ließ sich fallen in die Tiefe der inneren Stille, in der alles einfach nur *ist*. Und er erkannte, was Gelassenheit ist. Es spielte keine Rolle, was er empfing oder nicht empfing. Es genügte vollauf, einfach nur da zu sein.

In diesem Moment kam das Flüstern wieder näher. Ich wartete, ohne irgend etwas zu erwarten. Und dann sagte die Stimme: »Wenn der Verstand schweigt, tritt der Gast auch ungebeten ein.« Seitdem schreibe ich mir die Finger wund.

Beim Schöpfungsakt vernehmen wir die Stimme des Geistes. Wenn wir Vertrauen haben, singt diese Stimme das Lied unserer Seele. Solche Inspirationen kommen, wenn unser Herz im inneren Frieden ruht.

LACHEN

Lachen ist, als hättest du einen Orgasmus in der Kehle. Der Geist, der die tantrischen Lehren beseelt, tritt beim Lachen unmittelbar zutage. Wer lacht, kann sich selbst nicht allzu ernst nehmen, jedenfalls nicht in diesem Moment. Wenn wir lachen, können wir nicht gleichzeitig an etwas anderes denken, wir können uns kaum rühren. Durch Gelächter können enorme Energiemengen freigesetzt und Blockaden aufgelöst werden. Forschungsergebnisse zeigen, daß sogar emotionale und physische Krankheiten durch Lachen geheilt werden können.

Hast du schon einmal von Hotei, dem »lachenden Buddha«, gehört? Seine gesamte Lehre bestand darin, die Leute zum Lachen zu bringen. Er wanderte von Dorf zu Dorf, stellte sich auf die Mitte des Marktplatzes und fing an zu lachen, tief aus dem Bauch heraus, so daß sein ganzer Körper schwabbelte und zitterte. Sein Gelächter war so echt, daß die Umstehenden unwillkürlich angesteckt wurden und ebenfalls losprusteten, bis die ganze Dorfbevölkerung sich vor Lachen bog.

Stimmen des fünften Chakras

Versetze dich in dein Kehlkopfchakra hinein und vernimm die Botschaft deiner wahren Stimme (siehe Chakra-Übung Seite 179). Hier ein paar Beispiele von meinen Schülern, um dir eine Vorstellung von dem Spektrum der Aussagen dieses Chakras zu geben.

CARLA Ich bin deine Stimme. Ich fürchte mich davor, laut und voll und expansiv und fordernd zu werden. Ich glaube nicht, daß es jemanden gibt, der mich hören will. Wenn ich spreche, bin ich nicht sicher, ob ich es tatsächlich bin oder nur ein Papagei, der die Stimmen anderer Leute nachahmt.

KARIM Ich bin das Tor zum Körper und zum Verstand. Ich spreche für die Geister und schließe Freundschaft mit dem Körper. Ich bin der Kehlkopf. Ich nehme die Energie ringsumher auf, assimiliere sie und gebe ihr eine Stimme.

ELEANOR Ich bin es, der die Frage stellt: »Wer bin ich?«

BETTE ~ Ich bin dein Führer. Ich spreche deine Wahrheit aus. Du hast ein einzigartiges Talent, und es ist meine Aufgabe, herauszufinden, was es ist, und es zu manifestieren.

GEORGE ~ Ich kooperiere mit dem Bauch. Mit seiner Unterstützung ist meine Stimme in deinen Knochen verwurzelt. Dann tanzt dein Körper, wenn meine Stimme deine Wahrheit spricht, und dein Herz singt.

ADRIANA ~ Ich bin das Stimmband deiner Seele. Das Schleusentor deines Atems. Ich bin Sprache, ich bin Lachen, ich bin Schweigen. Ich rufe den Geist in den Körper und schaffe neue Formen. Ich bin der Kanal für den Fluß. Ich bin der Poet. Ich bin der Sänger. Ich singe das Lied deiner Seele.

Ritual: Das Lied der Ekstase

Wenn wir nicht die Wahrheit sprechen, sondern unsere Stimme einsetzen, um anderen zu schmeicheln, ihnen zu gefallen, sie einzuschüchtern oder zu manipulieren, verkrampft und verengt sich das Kehlkopfzentrum. Doch wenn wir die integrierte Stimme von Körper, Herz, Verstand und Geist aus uns sprechen lassen, können wir Berge versetzen.

Musizieren und Singen wird seit Jahrtausenden in vielen Ländern als eine spirituelle Praxis betrachtet. Wie die Resonanz eines hohen Tons ein Kristallglas zertrümmern kann, so können die richtigen Worte ein Herz öffnen und die richtigen Klänge die Chakren. Das Wort »Chakra« bedeutet »Energiewirbel, Zentrum der Resonanz«. Ein im Zentrum eines Chakras vibrierender Ton kann es aufgehen lassen wie eine Blume. Seit Urzeiten sind Töne in allen Mysterienschulen zu diesem Zweck eingesetzt worden.

Mit dem folgenden Ritual kannst du deine Chakren stimmen wie ein Musiker sein Instrument. Jeder weiß, wie rein und melodiös ein gut gestimmtes Instrument klingt, und wie unangenehm die Dissonanzen eines schlecht gestimmten Instruments sein können. Dasselbe gilt für unsere Chakren. *Du kannst sie durch Singen oder Tönen stimmen. Dadurch erweitert sich das Energiefeld deiner Chakren und damit auch deine Anziehungskraft, deine Ausstrahlung und deine Fähigkeit, andere durch Worte zu berühren und zu inspirieren.*

Ziel
- Leichtigkeit, Frohsinn, emotionale Aufgeschlossenheit und spontane Kreativität ins Leben bringen.
- Lampenfieber loswerden.
- Die inneren Kanäle reinigen, damit mehr Energie und Inspiration hindurchfließen können.
- Spontaneität und Vertrauen in die künstlerischen und kreativen Fähigkeiten entwickeln.

Vorbereitung
- Wer dieses Ritual allein oder mit einem Partner macht, braucht eine halbe Stunde. Wenn es mit einer Gruppe gemacht wird, braucht man fünfundvierzig Minuten. Verändere den Ablauf oder einzelne Schritte je nach den eigenen Bedürfnissen.
- Du brauchst einen »Liederstab«: einen Stock oder Ast, den du zurechtschnitzt und mit bunten Fäden oder Perlenschnüren dekorierst. Du kannst auch einen Kristall nehmen oder einen Stein, der angenehm in der Hand liegt.
- Schaffe einen heiligen Raum. Bei diesem Ritual wechselt man zwischen Sitzen und Stehen, halte also ein paar bequeme Stühle oder Kissen am Boden bereit.
- Jeder Teilnehmer braucht eine Augenbinde.

Übung

Die Brabbel-Meditation

- Beginne mit der Begrüßung des Herzens (Seite 104).
- Steh auf, bleibe entspannt mit leicht gebeugten Knien stehen und schließe die Augen (oder leg die Augenbinde um, wenn du möchtest). Denk an etwas, das dich unlängst bekümmert oder gestört hat, oder an eine Angelegenheit, die du mit jemandem

ins reine bringen möchtest. Versetze dich innerlich wieder in diese Situation hinein.

∽ Fang an, monotone Laute von dir zu geben, wie »*La, la, la*«, die nach und nach zum Gebrabbel werden – sinnlose Silben und Wortlaute, die spontan und ohne Zensur aus dir herausströmen.

∽ Wenn du anfängst, Spaß an dem Geplapper zu haben, geh einen Schritt weiter, indem du Laute hervorbringst, die sich wie die Worte einer unbekannten Fremdsprache anhören, doch dabei ganz deutlich ausdrücken, was du innerlich fühlst. Brabbele, als würdest du eine angeregte Diskussion führen und deinen Standpunkt vertreten. Gestikuliere, bekräftige deine Ausführungen mit Arm-, Hand- und Kopfbewegungen. Stell dir vor, daß die betreffenden Personen reagieren. Dann antworte darauf, äußere deine Gefühle und trage deine Entgegnungen vor. Laß etwa zehn Minuten lang alles aus dir herauskommen, was du schon lange sagen wolltest.

∽ Nachdem dein Wortschwall verebbt ist, werde vollkommen still. Genieße diesen Augenblick. Lausche auf die Stille zwischen den Geräuschen rings um dich her; fühle, daß du das tonlose Zentrum des Klangs bist, dem dein Herzschlag, das Rauschen deines Blutstroms und dein innerer Ton entspringen. Stille.

Singsang-Mitteilungen

∽ Nimm deine Augenbinde ab. Falls du das Ritual mit einer Gruppe machst, setze dich auf deinen Platz im Kreis. Wenn du einen Partner hast, setzt ihr euch gegenüber auf Kissen oder Stühle. Schau dich um und nimm den/die anderen wahr.

∽ Fangt an, den »Liederstab« im Kreis herumzureichen (oder gib ihn deinem Partner). Wer den Stab in der Hand hält, schließt die Augen, blickt nach innen und fühlt, was er der Gruppe, dem Partner und sich selber mitteilen möchte.

∽ Stell dir vor, daß du ein Zauberer bist, dessen Stimme eine magische Wirkung hat. Atme tief ein, dann öffne Mund und Kehle so weit wie möglich. Fang an, aus dem Bauch heraus zu singen, ein sinnloses Lied, das du spontan improvisierst. Überrasche dich selbst, laß Töne hervorquellen, Tierlaute, Tonleitern, langgezogene Kreischtöne, tiefe Brummlaute, hohe, kristallklare Operntöne. Spiele damit drei bis fünf Minuten lang und leg all deine Aufmerksamkeit und Energie hinein. Vergiß nicht, daß du den anderen etwas mitteilen möchtest. Schau sie an, während du singst. Du offenbarst ihnen mit deiner Stimme, wer du bist. Du übermittelst ihnen deine Botschaft.

☙ Wenn du fertig bist, reiche den Liederstab an die nächste Person weiter. Und nun beginnt sie ihren Singsang.

☙ Nachdem jeder einmal an die Reihe gekommen ist, wird der Stab in die Mitte gelegt, und alle schließen die Augen, um den Widerhall all dieser Lieder im Herzen zu fühlen. Genieße diesen Moment.

Die Chakren stimmen

☙ Leg deine Hände über dein Sexzentrum, allein oder in einer Gruppe.

☙ Mach die Augen zu, atme tief ein und laß einen Laut aus deinem Sexzentrum aufsteigen, einen tiefen, erdigen Ton. Du kannst es mit einem *Aum* versuchen (drei Silben: Aaaa, ooouu, mmm), oder mit dem *Ooommm*-Laut.

☙ Spiele mit dem Laut. Sende den Ton durch deinen Bauch und das Becken ins Sexzentrum. Stell dir vor, daß dieser Körperteil zum Summen, Schwingen, Vibrieren gebracht wird. Probiere es ein bis zwei Minuten lang mit verschiedenen Lauten aus.

☙ Dann lege die Hände auf dein Bauchchakra, die Nabelgegend, hole tief Luft und atme in deinen Bauch hinein. Beim Ausatmen laß einen Ton hervorkommen, der im Bauch vibriert. Versuche es mit offenem Mund, dann mit geschlossenem Mund. Versuche es wieder mit dem *Oooommm*.

☙ Stell dir vor, daß der Ton im Bauch widerhallt, und laß deinen Bauch entsprechend reagieren und ein bis zwei Minuten lang singen.

☙ Jetzt wiederhole die Übung der Reihe nach mit dem Solarplexuszentrum, dem Herzchakra, dem Kehlkopfzentrum, dem Dritten Auge und dem Kronenchakra.

✎ Ende mit entspannter Stille. Nimm den harmonischen Gleichklang in all deinen Chakren wahr, die Klarheit und den Frieden in deinem Bewußtsein und den »tonlosen Ton« deiner inneren Stille. Erkenne dich selbst als das stille Zentrum aller Klänge, die Quelle, in der alle Klangwellen enden und beginnen.

✎ Ende mit einer Begrüßung des Herzens und einer Verschmelzungsumarmung.

Hinweise

✎ Wer bereits mit seiner Stimme gearbeitet hat, wird mit dieser Übung keine Schwierigkeiten haben. Für andere können das Gebrabbel und der Singsang anfangs ziemlich befremdlich sein. Vielleicht fällt es dir leichter, erst mit engen Freunden zu experimentieren, mit denen du herumalbern kannst, bevor du allein an dieses Ritual herangehst.

✎ Denke daran, daß es dabei um dein Wachstum geht. Geh über deine bisherigen Grenzen hinaus und überwinde die Hemmschwellen der Verlegenheit und Schüchternheit, die dir nicht erlauben, etwas Neues auszuprobieren. Nur wenn man sich in unbekannte Gewässer wagt, kann man unverhoffte Schöpferkräfte und schlummernde Impulse entdecken.

✎ Du kannst dich auch auf einen Abschnitt dieses Rituals beschränken, beispielsweise nur für zehn bis fünfzehn Minuten die »Brabbel-Meditation« machen oder nur die Singsang-Mitteilungen für zwanzig Minuten. Oder nur die Chakren zehn Minuten lang stimmen.

✎ Du kannst spontane Dehnübungen oder Tanzbewegungen bei der »Brabbel-Meditation« und dem »Chakren-Stimmen« machen. Spiele verrückt, wenn dir der Sinn danach steht; sei albern, mach dich lächerlich, benimm dich wie ein Clown. Improvisiere und genieße deine Unbekümmertheit!

KAPITEL 13

Das sechste Chakra: Der volle Mond

Der sechste tantrische Schlüssel: Du bist das Licht

Ich bin die alte Weisheit. Ich bin der Strahl der Erkenntnis im Zentrum deiner Weisheit. Ich verbinde dich mit der Grenzenlosigkeit des Universum und den Tiefen deines Selbst. Zentrum der Anmut und Eleganz. Leichtigkeit des Seins. Ich bin die Göttin, der Schamane, das Mysterium des Lebens und des Todes. Die vibrierende Verbundenheit mit dem Unbekannten.

Die Stimme des sechsten Chakras, aus einer Chakrabotschaft

Das sechste Chakra im Überblick

Ekstase ◈ Die Ekstase der Einsicht.
Sinnbilder ◈ Der volle Mond, der einen dunklen Weg erhellt. Kühles Mondlicht auf den Wassern des Ozeans. Ein Kreis. Ein junges Mädchen in einem fließenden weißen Gewand.

Körperbereich ~ Die Stirnmitte zwischen den Augenbrauen.
Körperteile ~ Das Gehirn, das Nervensystem, Augen und Nase.
Endokrine Drüsen ~ Die Hirnanhangdrüse, das »taoistische Haus der Intelligenz«.
Hautfunktionen ~ Unbeteiligtes Beobachten. Befreiende Einsichten, richtungweisende Visionen. Vereint Verstand und Intuition, um die tiefere spirituelle oder symbolische Bedeutung von Situationen wahrzunehmen. Sieht Energie in Form von Licht. Erhebt sich über Probleme, sieht die globale Vision, das übergeordnete Gesamtbild.
Ängste ~ Angst vor der Konfrontation mit den Schattenseiten, den eigenen Dämonen; Angst vor schmerzhaften Wahrheiten, vor der Zukunft; Angst, der eigenen Intuition zu vertrauen.
Essenz ~ Einsicht ins Jenseitige.
Männliche Kraft ~ Gerechtigkeitssinn, sieht beide Seiten einer Sache; präzise Unterscheidung, klarer, leidenschaftsloser Blick; Disziplin im Leben und in der spirituellen Praxis, Beherrschung der Triebkräfte; die Tatsachen wahrnehmen, ohne zu urteilen.
Weibliche Kraft ~ Die Stimme des Herzens ehren und verstehen; zuhören können und verstehen, was andere meinen; die eigenen Schwächen mitfühlend annehmen; Bereitschaft, sich zu verändern und zu wachsen.
Offen und entspannt ~ »Ich weiß die Antwort. Ich sehe den Weg. Ich erkenne die Realität hinter den Ängsten und emotionalen Verstrickungen. Ich unterscheide die Wahrheit von der Illusion. Ich erkenne die tiefere Bedeutung. Ich verstehe den Symbolgehalt einer Situation. Ich nehme die Energie der Dinge ringsumher wahr.«
Blockiert oder kontrahiert ~ »Das sehe ich nicht ein. Das übersteigt mein Fassungsvermögen. Ich weiß nicht, worauf ich zusteuere. Nur das Sichtbare ist real. Das Leben hat keinen höheren Sinn.«
Positive Qualitäten ~ Konzentrationsfähigkeit: im Moment sein, aufmerksam sein, sich in jedem Moment von klaren Inten-

tionen und Visionen führen lassen. Innerer Fokus: auf das Herz hören, sich von Eingebungen und Visionen führen lassen; schöpferische Phantasie. Transformation: Verwandlung der Leidenschaften (Zorn, Gier etc.) in spirituelle Einsichten. Alles sehen, jeden Aspekt einer Situation wahrnehmen, bevor man reagiert; die Dinge auf den Punkt bringen können, die Hintergründe oder Grundlagen wahrnehmen, den Überblick haben.

Negative Muster ✐ Perfektionismus, sich im Detail verlieren; rigide Glaubenssätze, Fanatismus; rechthaberisch, störrisch, uneinsichtig, vorgefaßte Ansichten, dogmatisches Festhalten am Althergebrachten. Unentschlossen und beeinflußbar: läßt andere entscheiden, was richtig ist; verwirrt, unschlüssig. Allein im Universum, kein Zugang zu innerer Führung, paranoide Tendenzen, Zukunftsängste. Das Wesentliche übersehen; ständig nachfragen, aus Furcht, nicht recht verstanden zu haben; unfähig, über das Offensichtliche hinauszudenken. Selbstmitleid, Märtyrersyndrom.

Die Aufgabe ✐ Blicke nach innen, während du äußerlich aktiv bist.

Heilende Affirmationen ✐ Ich entscheide mich, erwachsen zu werden und aufzuwachen. Ich gebe das Ringen und Kämpfen auf. Ich sehe das Licht am Ende des Tunnels. Ich höre die Stimme des Geistes. Ich habe eine klare Vision meiner Lebensaufgabe. Ich wähle, was mich wachsen läßt. Ich schaue, ich sehe – ich lausche, ich höre.

Hilfreiche Fragen ✐ Bin ich klar? Schätze ich diese Situation oder Person korrekt ein? Ist dies gut für mein inneres Wachstum? Wer trifft hier die Entscheidung? Welche Absicht steht hinter dieser Entscheidung? Erkenne ich die Konsequenzen dieser Entscheidung? Wer bin ich jenseits meiner Gedanken und Entscheidungen?

Archetypen ✐ Der Eremit, der Weise, der heilige Mann und die heilige Frau, der spirituelle Lehrer. Die Verschmelzung von Shiva und Shakti zu einem einzigen Wesen, halb männlich, halb weiblich.

Die Essenz des sechsten Chakras

Wenn dein Auge lauter ist, so wird dein ganzer Leib licht sein.
                                Matthäus-Evangelium, 6.22

Das sechste Chakra ist wie ein Vollmond, der manchmal leuchtend klar am Himmel steht und manchmal von Gedanken- und Gefühlswolken verhüllt wird. Es ist das Zentrum von Klarheit und Erkenntnis, Chaos und Illusion. Es ist der Verstand, in dem dauernd irgend etwas abläuft, ob wir es wahrnehmen oder nicht.

Unsere Gedanken kreisen unaufhörlich. Endlose Bilderfolgen erscheinen und ziehen unsere Aufmerksamkeit auf sich. Oft scheint es, als wäre unser Verstand nichts als diese Gedanken und Bilder. Doch all unsere Gedanken, Visionen und mentalen Kreationen erscheinen in einem grenzenlosen Raum. In ihm tummeln sich die Wolken unserer Stimmungen, Gedanken, Ansichten, Überzeugungen, Wahrnehmungen – wie Wetter, das kommt und geht. Der Himmel, der all diese Phänomene enthält, bleibt dabei immer still und klar, unangetastet von sämtlichen Erscheinungen. Dieser unveränderliche Hintergrund ist das klare Bewußtsein des Himmelsgeistes: unsere wahre Natur, die uns immer zur Verfügung steht.

Das, was diesen dimensionslosen Raum wahrnimmt, nenne ich den »Zeugen«. Der Zeuge nimmt das Leben unmittelbar wahr, ohne Gedanken und Phantasien. Unbetroffen von den ewig wechselnden Ereignissen beobachtet er einfach nur, was ist.

Die Frage im sechsten Chakra lautet: Wie werden wir zu dem Zeugen, der frei wie ein Adler hoch über dem Land schwebt und mit seinem scharfen Auge jedes kleinste Detail ebenso klar wahrnimmt wie den großen Gesamtüberblick? Können wir als freifliegender Zeuge in der Weite des Himmelsgeistes existieren? Oder lassen wir uns ablenken von dem unausgesetzten Geschnatter unserer undisziplinierten mentalen Prozesse, die die Buddhisten den »Affenverstand« nennen? Entscheiden wir uns für Klarheit oder Verwirrung? Für Einsicht oder Illusionen?

Wenn sich das Dritte Auge öffnet, blickt der Zeuge aus uns

heraus, und in dieser Klarsicht finden wir Frieden. Denn nun wissen wir, daß wir nicht »in Sünde geboren sind« – verstoßen von einem Gott, der unsere Urahnen aus dem Paradies vertrieben hat. Das Leid dieser Erniedrigung wird als kosmischer Witz erkannt. Sobald sich das Dritte Auge öffnet, sind wir frei von diesem Mythos. Freude und Erleichterung erfüllen uns, wenn uns die Vollkommenheit unserer unvergänglichen Wesensnatur bewußt wird. Das Dritte Auge durchschaut die Schleier, die unsere essentielle Reinheit vor uns selber verbergen. Doch eine ekstatische Erweckung dieser Art verlangt einen unbeirrbaren Fokus und einen brennenden Freiheitsdurst. Und vielleicht noch mehr.

Eine Zen-Geschichte erzählt von einem Mönch, der jahrelang meditiert hatte, ohne erleuchtet zu werden. In seiner Verzweiflung ging er zu seinem Abt, der ihm auftrug, noch ein Jahr lang weiterzumeditieren. Aber das Jahr verging, und der Mönch war noch immer nicht erleuchtet. Wieder konsultierte er seinen Abt, woraufhin ihm aufgetragen wurde, noch einen Monat lang weiterzumeditieren. Am Ende des Monats war der Mönch kein bißchen weiterkommen und lief erneut zum Abt, der ihm antwortete: »Wenn du in drei Tagen nicht erleuchtet bist, bringst du dich besser um!« Am zweiten Tag erreichte der Mönch die Erleuchtung.

Manchmal muß man das Gefühl haben, daß einem die Zeit endgültig ausgelaufen ist. Erst dann stellt sich die Erkenntnis ein. Wenn dieses Chakra erwacht, wird uns das *Sein* bewußt, und wir hören auf, uns unbewußt mit dem Inhalt und der Aktivität unseres Verstands zu identifizieren. Wie der Abt in der Zen-Geschichte nimmt es uns die Illusion einer Zukunft und konfrontiert uns mit der Wahrheit, die immer *im gegenwärtigen Moment* existiert. Man kann nicht in der Zukunft erleuchtet werden, glücklich sein oder im Frieden leben, sondern nur *jetzt*. Also muß es uns irgendwie gelingen, den Verstand auszutricksen, der sich an illusionäre Vorstellungen von zukünftigen Möglichkeiten klammert. Was, wenn uns nur noch ein Monat auf dieser Erde bliebe? Würden wir uns weiterhin einbilden, daß unser Erwachen, unser Glück, unsere Ekstase irgendwo in der Zukunft liegt? Oder würden wir diese Illusionen fallenlassen und uns wie der Adler erheben, um das wunderbare Muster zu erkennen, das von all den scheinbar zusammenhanglosen Fäden unseres Daseins gewirkt wird?

DAS WESEN DER INTELLIGENZ

Viele spirituelle Sucher sehen den Verstand als einen Feind, eine Quelle der Ängste, Sorgen und Ablenkungen. Doch der Verstand ist unerläßlich für das alltägliche Leben, und Intelligenz ist nur ein Aspekt von ihm. Was meine ich mit Intelligenz?

Intelligenz ermöglicht es uns, vielfältige Wahrnehmungen zu einer homogenen Vision oder Erkenntnis zu verbinden, unsere Perspektive zu erweitern, neue Möglichkeiten zu erkunden, zu unterscheiden, zu vergleichen und eine Wahl treffen. Intelligenz ist die Kunst, eine sinnvolle Wahl im Angesicht zahlreicher Optionen zu treffen. Und das ist es, was uns wachsen läßt.

Freie Denker, die ihren Geist über das allgemein Anerkannte hinausschwingen und sich über konventionelle Tabus und Gepflogenheiten hinwegsetzen, werden oft als exzentrische Außenseiter abgetan, obwohl viele von ihnen mit neuen Einsichten von ihren Höhenflügen zurückkehren, mit Erfindungen und Offenbarungen, die ihre Gesellschaft bereichern, vielleicht sogar den Verlauf der Geschichte verändern. Mohammed, Einstein, Picasso, Madame Curie oder Gandhi sind nur einige der Bekanntesten unter Tausenden von Frauen und Männern, die das Risiko auf sich genommen haben, ihren eigenen Visionen zu folgen. Intelligenz ist freies, selbständiges Denken.

Aber Intelligenz ist mehr als ein Denkprozeß. Es gibt eine emotionale Intelligenz, die uns Sensibilität und Empathie entwickeln läßt. Es gibt eine physische Intelligenz oder Koordinationsfähigkeit, die uns einfache Bewegungen wie auch komplexe Manöver ausführen läßt. All diese Formen der Intelligenz sind notwendig, sind unerläßliche Aspekte der »selbst-organisierenden Intelligenz der Natur«, wie Rupert Sheldrake es nennt.

Diese Intelligenz erfüllt alle Universen in ihrer unendlichen Komplexität und makellosen Funktionsfähigkeit, sie belebt alles vom subatomaren Teilchen bis zu den synchronisierten Umlaufbahnen von Galaxien. Und diese Intelligenz entdecken wir in unserem Inneren, wenn die Gedanken verschwinden und den Himmelsgeist freigeben, der unsere eigentliche Natur ist.

Diese Intelligenz ist der alles beobachtende Zeuge, der mit der Öffnung des Dritten Auges funktionsfähig wird und uns die übergeordnete Perspektive offenbart, so daß wir unseren Platz im Gesamtgefüge erkennen und sehen, wer wir in Wirklichkeit sind. Wie einer meiner Freunde einmal sagte: »Wenn mich der Sturm in meiner Teetasse ins Schleudern bringt, erinnere ich mich daran, daß mein Erdenleben nur ein Tropfen im Ozean des Seins ist. Das hilft mir, wieder den Wald zu sehen, statt mich im Dickicht der Bäume vor meiner Nase zu verlieren. Dann finde ich in das stille Zentrum des Wirbelsturms und bin im Frieden.«

Aber die Sichtweise des Zeugen ist keine überirdische im Sinne von »weltfremd«. Sie äußert sich vielmehr in praktischer Vernunft, die uns veranlaßt, einsichtsvolle Weisheit in die Tat umzusetzen und unsere Erkenntnisse zu realisieren. Denn selbst Weisheit wird zum Wahn, wenn wir sie nicht in unser Alltagsleben integrieren. So bleibt die Einsicht, »daß wir alle eins sind«, nur ein flotter Spruch, wenn wir nicht in Harmonie mit anderen oder unserem Körper leben können. Und all unsere großen Visionen bleiben nutzlos, solange wir nur mit ihnen hausieren gehen, ohne sie konkret zu verwirklichen.

DAS LIED DER SEELE ÖFFNET DAS DRITTE AUGE

Vor ein paar Jahren habe ich das »Training für Liebe und Ekstase« im Omega-Institut in Rhinebeck, New York, abgehalten. Auf dem Weg zu meinem Zimmer lief ich an der Konzerthalle vorbei, wo eine Gruppe von Musikern probte. Ich trat ein und sah einen Freund, den Komponisten Michael Harrison, am Klavier sitzen. Er winkte mich auf die Bühne und erklärte, daß er sich für ein Konzert mit dem berühmten Flötisten Paul Horn vorbereitete, das am selben Abend stattfinden sollte.

Er lud mich ein, die Tamboura zu spielen, ein indisches Saiteninstrument, das einen fortlaufenden Klangteppich im Hintergrund erzeugt, und so kam es, daß ich an diesem Abend an einer exquisiten Vorführung teilnahm, bei der Michael und Paul Horn, von mehreren Musikern begleitet, perfekte Harmonien improvisierten. Danach spielte jeder ein Solo, und Michael sang *Ragas*, klassische indische Lieder, bei denen ich ihn auf der Tamboura begleitete.

Nach dem Konzert machten Michael und ich einen Spaziergang in der lauen Sommernacht. Der volle Mond stand über uns und beleuchtete die Rasenflächen. Michael hatte seine Tamboura in eine Decke gewickelt und unter den Arm geklemmt. Schweigend setzten wir uns an das Ufer eines Sees, mit gekreuzten Beinen, die Tamboura zwischen uns. Silbriges Mondlicht floß über das Wasser hin. Die Sterne schimmerten hell und klar am wolkenlosen Nachthimmel. Das Konzert hatte uns das Herz geöffnet.

Michael ließ seine Finger über das Saiteninstrument gleiten und begann leise zu singen. Mit einem Nicken bedeutete er mir, daß ich mitsingen sollte. Erst traute ich mich nicht. Ich liebe die indische Musik und ihre schwebenden, gleitenden Melodien. Doch Michael ist ein hervorragender Sänger, und ich bin nur eine Anfängerin. Seine Augen funkelten mich ermunternd an. Wie konnte ich einer solchen Einladung widerstehen?

Spontan wandten wir uns einander zu und verneigten uns in einer Begrüßung des Herzens. Seine Stirn berührte meine, und plötzlich ging ein elektrisierender Strom magnetischer Kraft von seinem Dritten Auge zu meinem über. Stirn an Stirn begannen wir zu singen. Ich wurde zu einem einzigen inneren Lauschen, ein leeres Gefäß, vollkommen empfänglich für Michaels Stimme, mein Gehör so fein, daß ich die Stille hinter den Tönen vernahm. Noch nie war ich so aufmerksam und empfänglich gewesen. Ich ließ mich von den subtilen Modulationen seiner Stimme nach innen tragen und glitt mit den Tönen in mich hinein zu den Körperstellen, die in Resonanz mit den Klängen schwangen: mein Bauch, meine Kehle, mein Herz... erst langsam vibrierend, dann schneller und höher schwingend, bis hinauf zu meinem Dritten Auge. Fast wußte ich, welcher Ton als nächster erklingen und in welchem Bereich meines Körpers er eine Resonanz erzeugen würde. Es war, als wäre ich zur lebenden Flöte geworden. Meine Stimme mischte sich mit seiner; von den Tönen getragen, strömte das Lied der Seele aus uns hervor, in einem Moment, der die Ewigkeit war.

Vollkommene Übereinstimmung, von Herz zu Herz, von Auge zu Auge, von Seele zu Seele. Bei diesem ekstatischen Erwachen des sechsten Chakras stiegen unsere Stimmen wie die feurige Schlangenkraft durch unsere Kehlen auf und durchdrangen die Schleier vor dem Dritten Auge. Dann waren wir still, verbunden im leuchtenden Schweigen, in Stille und Seligkeit, eins miteinander und mit dem ganzen Universum.

VISUALISIEREN

Die Fähigkeit, bildliche Vorstellungen zu erzeugen und nach außen zu projizieren, residiert im Dritten Auge. Die Mystiker des Altertums erklärten, daß die Hirnanhangdrüse den Menschen erlaubt, ihr inneres Licht wahrzunehmen und ihre Energie in Visionen zu verwandeln, in bildhafte Vorstellungen der Dinge, die man kreieren will. Seit Menschengedenken sind spirituelle Visionen in Form von Kunstwerken ausgedrückt worden, um das Jenseitige im Diesseits sichtbar zu machen.

Das Dritte Auge ist das Fenster zwischen der inneren, geistigen Welt und der äußeren, physisch sichtbaren Welt. Mike und Nancy Samuels schreiben in *Seeing with the Mind's Eye*: »Wer sich das Bild eines Heiligen oder einer Gottheit unverwandt vor Augen hält, erfährt die Auswirkungen der speziellen Energie dieses Bildes, und diese Auswirkungen haben auch einen Einfluß auf die Umgebung der Person.«

Gottheiten visualisieren ~ Auf dem tantrischen Erkenntnisweg werden Formen, Farben, Objekte und Gottheiten visualisiert, um das Bewußtsein zu transformieren. Dabei wird eine Gottheit so deutlich wie möglich innerlich visualisiert: ein Buddha, eine Tara, eine Dakini. Dann identifiziert man sich mit der Gottheit und wird im Geiste eins mit ihr, bis eine transformierende Verschmelzung stattfindet.

Wenn man eine Gottheit visualisiert, ein Bild, das eine bereits in uns allen vorhandene Energie repräsentiert, wird diese Qualität in einem selbst heraufbeschworen. Danach kann man diese Energie an andere weitervermitteln und ihnen helfen, sie in ihrem eigenen Inneren zu entdecken. Alle tantrischen Gottheiten repräsentieren die innewohnende Kraft und Schönheit, das reine Bewußtsein, den ursprünglichen Geist: unser erleuchtetes Selbst. Wenn wir unseren Geliebten solche Namen geben, sagen wir damit: Ich erkenne, wer du in Wirklichkeit bist. Du bist ein Wesen mit unerschöpflichem kreativen Potential.

Visuelle Manifestation ~ Was wir uns lange und intensiv vor Augen halten, manifestieren wir auch äußerlich. Wenn man eine klare Vision von den Dingen hat, die man erreichen will, und sie zu einer gefühlsmäßigen Realität in sich macht, stellt man eine körperliche, seelische und geistige Beziehung zu der Vision her, als handelte es sich bereits um eine vollendete Tatsache. Dies ist die Fähigkeit des Dritten Auges. Mit subtilen Energiefäden verknüpft es uns mit allem, was wir erschaffen wollen, und zieht uns in die entsprechende Richtung. Michael Harrison sagt:

> Ich verwende laufend Visualisierungen und Affirmationen. Wenn ich eine CD herausbringen will, stelle ich mir vor, daß sie bereits fertig ist. Ich sehe mich mit all meinen Freunden und den Leuten von der Plattenfirma auf der Party zu ihrer Veröffentlichung tanzen. Ich danke dem Universum, *als wäre alles bereits geschehen.* Das mache ich am Ende meiner Morgenmeditation, wenn ich sehr entspannt,

klar und energiegeladen bin; und auch öfter im Lauf des Tages entspanne ich mich, schließe die Augen und visualisiere, was ich erreichen oder manifestieren will.

Die Macht des Visualisierens ~ Die folgende Zen-Geschichte illustriert die schöpferische Kraft des Dritten Auges. Der Kaiser von China gab einem Schreiner den Auftrag, eine Kommode für seinen Palast zu schnitzen, worauf der Meister, ein Zen-Mönch, erklärte, daß er erst in fünf Tagen mit der Arbeit beginnen könne. Die Spione des Kaisers verfolgten ihn und stellten fest, daß er die ganze Zeit untätig dasaß und keinen Finger rührte. Doch am fünften Tag stand er auf, und innerhalb von drei Tagen schnitzte er die schönste Kommode, die je ein Mensch gesehen hatte. Der Kaiser war so erstaunt und entzückt, daß er den Mönch herbeirief und ihn fragte, was er in den fünf Tagen vor dem Beginn der Arbeit getrieben hatte.

»Den ganzen ersten Tag lang«, entgegnete der Mönch, »habe ich die Angst vor dem Versagen losgelassen und die Furcht vor Strafe, sollte mein Werk dem Kaiser mißfallen. Am zweiten Tag habe ich jeden Gedanken aufgegeben, es nicht gut genug zu machen, und jeden Glauben, daß meine Fähigkeiten vielleicht nicht ausreichen, eine Kommode zu schnitzen, die Eurer Majestät Ehre macht. Am dritten Tag habe ich alle Hoffnung und alles Verlangen nach Ruhm, Anerkennung und Belohnung aufgegeben, sollte mein Werk dem Kaiser Freude bereiten. Den vierten Tag habe ich damit verbracht, den Stolz aufzugeben, der möglicherweise in mir aufsteigen könnte, sollte es mir gelingen, das Lob des Kaisers zu verdienen. Und den ganzen fünften Tag lang habe ich mir ein klares Bild von einer Kommode gemacht, die selbst dem Kaiser von China gefallen würde. Nun steht sie vor Euch.«

WIE WIR DIE KLARSICHT VERMEIDEN

Der Mystiker Emanuel Swedenborg bezeichnete das Individuum als »das Phänomen des freien Willens zwischen Himmel und Hölle«. Tantrische Visualisierungsübungen, Gebete und Mantras beruhen auf dieser Einsicht. Was wir in unserer Vorstellung festhalten, formt unseren Charakter und entscheidet jeden Moment, ob wir im Himmel oder in der Hölle leben.

Negative Ansichten wie: »Das kannst du nicht, versuche es gar nicht erst, das klappt ja doch nicht!«, schwirren in Form von inneren Stimmen und Bildern durch unseren Kopf und versperren uns den Überblick. Woher kommen diese inneren Untergangspropheten? Ein Freund von mir erklärte es so: »Mein Vater war der geborene Kritiker, fest davon überzeugt, daß er mir die beste Erziehung angedeihen ließ, wenn er mir ständig vor Augen hielt, was ich nicht richtig gemacht hatte. Mittlerweile ist die Stimme meines Vaters zu meinem eigenen inneren Kritiker geworden... Und jetzt halte ich dauernd Ausschau nach etwas, das schiefgehen könnte, anstatt mir klarzumachen, wie gut es mir eigentlich geht.«

Auch mein kritischer Verstand, mein Ego, neigt dazu, sich wie der »Sicherheitsbeamte des Lebens« aufzuführen. Er verfolgt alles, was abläuft, mit dem Verdacht, daß etwas danebengehen könnte. Er muß sein wachsames Auge auf jedes Detail richten, sonst gerät das Leben mit Sicherheit aus den Fugen. Und seine Paranoia wird auch nur selten enttäuscht. Irgend jemand macht garantiert etwas verkehrt, irgendein Plan fällt ins Wasser, selbst die Verkehrsampeln und astrologischen Transite verabreden sich, um seine wichtigsten Pläne zu vereiteln. Man hat es eben nicht leicht, wenn der gestürzte Herrscher des Universums den eigenen Kopf zu seiner Residenz erklärt hat!

Wie die meisten inneren Kritiker, führt auch meiner ein zweischneidiges Schwert. Da keiner gut genug ist, bin ich selbst natürlich auch nie gut genug. Er besteht darauf, daß ich so viel Zeit wie möglich damit verbringe, die horrenden Mißstände in meiner Persönlichkeit unter die Lupe zu nehmen und die Entfernung zwischen meinem momentanen Zustand und der »Höchsten Perfektion«, die ich seiner Ansicht nach längst hätte erreichen müssen, mit dem Zollstock zu messen.

Selbsterinnerung ～ Durch die nebligen Schwaden der Negativität meines inneren Kritikers dringt die Klarheit meines stillen Zeugen kaum durch, und die innere Lebensfreude verflüchtigt sich wie graue Tauben im Dunst. Es hilft, wenn ich mich daran erinnere, daß mein innerer Kritiker in Wirklichkeit nur einer meiner Dämonen ist. Anstatt mit ihm zu argumentieren, Widerstand zu leisten oder an ihn zu glauben, kann ich ihn direkt ins Auge fassen und sehen, woraus er eigentlich besteht. Ich kann ihn ganz direkt konfrontieren und ihn mit einem tiefen Atemzug, einem Lächeln und einem Sinn für Humor entwaffnen.

Das ist gemeint, wenn es heißt: »*Erinnere dich an dich selbst.*« Es bedeutet, daß wir uns auf die Tatsache besinnen sollen, daß wir alles, was wir brauchen, in uns tragen. Wir müssen kein Ideal verwirklichen, das uns von den Eltern, den Lehrern oder unserer Kirche aufgedrängt worden ist. Der Idealismus ist eine Falle: Wir fühlen uns schlecht, wenn wir das Unerreichbare nicht erreichen, und können nur glücklich sein, wenn wir uns für perfekt halten, was niemals geschehen wird.

Die Dämonen umarmen ～ Dem inneren Kritiker wird die Macht am schnellsten entzogen, wenn man ihm direkt gegenübertritt und ihn herzlich willkommen heißt. Die folgende Geschichte über den tibetanischen Meister Milarepa illustriert diesen Punkt sehr einleuchtend:

> Milarepa übte sich in Selbstversenkung in einer Berghöhle des Himalajas, was die Dämonen der Gegend mit einem derartigen Haß erfüllte, daß sie einen schrecklichen Aufruhr in seiner Höhle veranstalteten. Anstatt Angst zu bekommen und sich zu verteidigen, rief Milarepa: »Ah, ich bin froh, daß ihr gekommen seid! Ich werde euch ein Täßchen Tee servieren, und danach können wir alle gemeinsam meditieren.« Als sie das hörten, ging den Dämonen die Luft aus. Sie schauten sich konsterniert an und sagten: »Unser Daseinszweck besteht darin, Angst und

Schrecken zu verbreiten. Wenn er sich nicht vor uns fürchtet, haben wir keine Macht über ihn!« Im selben Moment verflüchtigten sie sich. Über die Angstlosen und Widerstandslosen hat das Böse keine Macht.

Ein Architekt in meinem Bekanntenkreis benutzte dieselbe Methode, als er in finanzielle Schwierigkeiten geriet. Eine Zeitlang erhielt keine neuen Aufträge mehr, nur noch Drohbriefe von seinen Gläubigern. Irgendwann fingen sie an, ihn in seinem Büro heimzusuchen und ihr Geld zurückzuverlangen. Anstatt sich angstvoll vor ihnen zu verstecken oder sich zu verteidigen, behandelte er sie höflich, ganz gleich, wie ausfallend sie wurden. Er begrüßte jeden wutentbrannten Gläubiger mit einem Lächeln, bot Kaffee an und bat aufrichtig um Verzeihung für seine Säumigkeit. Dann sagte er: »Bitte sagen Sie mir, wie wir gemeinsam zu einem Vergleich kommen können.« So wütend sie auch gewesen sein mochten, am Ende gingen die Gläubiger alle besänftigt nach Hause.

Mit der folgenden Übung kann man seinen inneren Kritiker besänftigen. Hier ist der erste Schritt:

    Nimm einen Tag lang jeden kritischen, unterminierenden, negativen Gedanken, der in dir auftaucht, bewußt wahr und schreibe ihn auf.

    Frage dich: »Habe ich diese Gedanken, oder haben sie mich?«

    Welche Themen wiederholen sich dauernd? Dreht sich dein negatives Gedankenmuster um die Arbeit? Eine Beziehung? Dein Familienleben? Deine eigene Person?

    Mach dir bewußt, welchen Einfluß diese Gedanken auf deine Gefühle, Handlungen und Reaktionen haben. Verlierst du Energie, wenn du mental kritisierst, klagst oder lästerst? Fühlst du dich gut dabei? Warum nicht?

    Wann hat dieses Muster begonnen? Hattest du kritiksüchtige Familienmitglieder? Welche Formulierungen und Tonlagen haben sie benutzt? Hast du dich wie ein Opfer gefühlt? Tauchen diese kritischen Gedanken in dir auf, weil du dich immer noch wie ein Opfer von inkompetenten Leuten oder widrigen Umständen fühlst?

~ Beobachte, was du dazu beiträgst, diese Situationen herbeizuführen.

~ Wie würdest du reagieren, wenn du davon ausgehst, daß all diese Umstände von dir selbst erzeugt oder ins Rollen gebracht worden sind? Zum Beispiel durch einen Satz, den du vor langer Zeit gesagt hast, durch eine Annahme, eine Verhaltensweise oder eine innere Einstellung, von der du nicht lassen wolltest.

Jetzt geh zum zweiten Schritt über:

~ Sobald ein verurteilender Gedanke auftaucht, sage innerlich: »Bitte weitergehen!«, oder »Stop!«, und lasse ihn fallen.

~ Besorge dir einen Zähler, wie ihn die Golfspieler benutzen, um ihre Punktzahlen zu addieren. Trage ihn überall mit dir herum und verwende ihn jedes Mal, wenn du dich beim Kritisieren erwischst. Addiere deine Punktzahlen. Hast du zehn, dreißig, fünfzig Mal am Tag kritisiert? Sobald dir klar wird, wie oft du dich und andere mental mißhandelst, fühlst du dich möglicherweise ernsthaft motiviert, dieses Muster endlich zu verändern.

Freie Wahl ~ Das Leben ist ein Prozeß der Selbstentdeckung, bei dem wir erfahren, wer wir sind, indem wir unseren Weg von einem unvollkommenen Moment zum anderen wählen. Oft ist die Auswahl schier überwältigend. Sollen wir diesen Job annehmen oder jenen? Diese Person heiraten oder jene? Auf die Universität gehen oder eine Weltreise machen?

Wenn du vor eine Wahl gestellt bist und dir tausend widersprüchliche Gedanken durch den Kopf schwirren, dann sag: »Stop!« Finde den Raum der Stille in dir, der hinter dem Wirbelsturm all deiner Hoffnungen und Ängste liegt. Atme, entspanne deinen Körper und deinen Verstand. Geh in die Stille und halte von dort aus Ausschau nach der Antwort in deinem Dritten Auge. Bitte deine innere Weisheit, dein Herz, den stillen Zeugen, um Rat. Stelle dir einfache Grundfragen: Was will ich wirklich? Wovor habe ich Angst? Was passiert, wenn ich ja oder nein sage? Bin ich bereit, die jeweiligen Konsequenzen zu akzeptieren? Was ist mein Herzenswunsch und mein höchstes Ziel? Wenn du mit vollkommener Aufrichtigkeit und starker Intention um eine Lösung bittest, werden dir Klarheit und Einsicht gegeben.

Unsere Intuition kennt die Antworten auf nahezu alle unsere Fragen. Um sie zu finden, müssen wir uns lediglich vom inneren Geplapper abkehren und uns der Seinsebene zuwenden, auf der die einfachen, offensichtlichen Lösungen existieren. Der Geist enthält alle Antworten, und der stille Zeuge im Dritten Auge nimmt sie wahr.

Ama hat mir folgende Geschichte über die freie Wahl erzählt:

Meine Mutter wohnt in einem Gästehaus auf unserem Grundstück. Als wir uns gestern morgen im Garten begegnet sind, fing sie sofort an, munter drauflozureden, obwohl ich erst halb wach war. Ich fühlte mich überwältigt. Dann merkte ich, daß ich langsam wütend wurde. *Kann sie nicht in aller Herrgottsfrühe mal ruhig sein? Warum redet sie so viel?* Mein innerer Kritiker wurde aktiv – kritisierend, tadelnd, aggressiv. Mir war klar, wenn ich auf ihn höre, kommt mir gleich etwas Scharfes über die Zunge, das äußerst verletzend sein wird.

An diesem Punkt habe ich eine Wahl. Ich kann auf meine Gedanken hören und angreifen oder nach innen gehen, in mein Herz fallen und erkennen, was in diesem Moment läuft: Ablehnung. Ich akzeptiere sie nicht, wie sie ist. Ich bin genervt. Und nun kann ich mir aussuchen, ob ich sie jetzt sofort akzeptiere und mich ihr für ein paar Minuten zur Verfügung stelle oder ob ich sage: »Tut mir leid, ich brauche jetzt meine Ruhe«, und meiner Wege gehe, ohne sie verbal zu attackieren. Ich kann meine Wahrheit in diesem Moment wahrnehmen und mir eine Verhaltensweise aussuchen. Die Wahrnehmung meines inneren Dialogs gibt mir eine Wahl. Ich kann in mein Herz gehen und meine Wahrheit auf eine Weise zum Ausdruck bringen, die dem anderen Respekt erweist.

Die eigene Wahrheit ändert sich von Moment zu Moment, und somit auch unsere Reaktionen auf die Umwelt. Beim SkyDancing Tantra lernt man, die Tatsachen wahrzunehmen, wie sie sind, jenseits von Werturteilen. Diese Wahrnehmung macht keine Trennungen und lehnt nichts ab. Sie ist allumfassend. Sie gibt uns die Freiheit, unsere tieferen Wahrheiten zu finden und zu sein, wer wir sind.

Stimmen des sechsten Chakras

Versetze dich in dein Drittes Auge, das Stirnzentrum, hinein und laß es durch dich sprechen, um die Stimme deines inneren Weitblicks zu hören (siehe Chakra-Übung Seite 179). Hier ein paar Beispiele für das Spektrum der Aussagen in diesem Chakra.

SANDRA ⚘ Ich bin ein klares, weißes Licht, das im Zentrum brennt. Ich arbeite mit Symbolen; Worte sind schwierig für mich. Ich bitte um die Erlaubnis, meine Symbole zeigen zu dürfen. Ich bitte darum, daß meine Symbole angenommen werden. Sie sind hier, bedeckt von Staubschichten, Lärm und Krankheiten. Das Licht brennt hell, aber unter den Staubschichten ist es nicht sichtbar.

VALERIE ⚘ Ich bin geschlossen worden, die Tür ist zugeknallt. Totale Finsternis. Ich kann keinen Ausgang sehen. Chaos verhindert meinen Durchblick.

DAVID ⁓ Ich bin alt. Ich bin vollkommen und unsagbar still. Ich kann die Energien, die Schwingungen des Universums sehen, die Leere. Ich bin riesig. Ich bin ein winzigkleiner Punkt. Vollkommene Stille. Jenseits von körperlichen Belangen. Ich bin das, was Träumen eine Stimme verleiht.

THERESE ⁓ Zentrum der Visionen für dich und viele. Ich verkünde meine Wahrheiten rasend schnell. Tieferes Wissen des wahren Selbst. Tiefere Verbindung zum göttlichen Sein. Erinnerung an das Göttliche in dir. Du bist verflochten mit vielen Plätzen, vielen Dimensionen. Alles ist Energie. Geh in die Tiefen. Ruhe in mir. Meditiere in diesem Zentrum. Wege und Wahrheiten eröffnen sich hier. Alles ist hier.

RAE ⁓ Ich bin die alte Weisheit. Ich bin der Strahl der Erkenntnis im Zentrum deiner Weisheit. Ich verbinde dich mit der Grenzenlosigkeit des Universums und den Tiefen deines Selbst. Ich bin das Zentrum von Anmut und Eleganz. Ich bin die Leichtigkeit des Seins, deine vibrierende Verbindung mit dem Unbekannten. Dein Führer und dein Traum.

APRIL ⁓ Fürchte nicht deine Visionen. Sie sind da, um Liebe zum Fließen zu bringen.

Ritual: Klarheit und Einsicht gewinnen

Mit diesem Ritual kann man den sechsten tantrischen Schlüssel unmittelbar erfahren: Blicke nach innen, denn du bist das Licht.

Fokus, Aufmerksamkeit, Konzentration, Ausdehnung und Vollendung: Diese Fähigkeiten des Dritten Auges erlauben es uns, die innere Kreativität in dieser Welt zu manifestieren. Das tägliche Leben mit seinen Anforderungen erschöpft uns vornehmlich deshalb, weil wir die Auf-

merksamkeit ständig nach außen richten müssen. Diese zwanghaft nach außen gerichtete Konzentration senkt unser Energieniveau und ist eine der hauptsächlichen Ursachen für Streßkrankheiten. Warum? Weil wir Energie aussenden, die nicht auf kraftspendende Weise wieder zu uns zurückkehrt.

Hier sind die drei Schlüssel zum persönlichen Erfolg: die Macht des stillen Zeugen, die Macht der Einsicht, und die Macht der Akzeptanz. Das folgende Ritual wird in drei Teilen präsentiert, damit man sie der Reihe nach oder unabhängig voneinander machen kann.

Erstes Ritual: Der Zeuge

Ziel

- Dich selbst als die Urquelle erkennen, der alle Dinge entspringen und in die alle Dinge stets zurücksinken.
- Konzentrationsfähigkeit entwickeln, die dir jederzeit zur Verfügung steht.
- Jederzeit mit der inneren Quelle verbunden bleiben, der all deine Wahrnehmungen und Handlungen entspringen.
- Das Talent des »unbeteiligten Beobachters« entwickeln: Sehen, ohne dich mit dem Gesehenen zu identifizieren und dich daran zu binden.
- Deine Intelligenz schöpferisch entfalten.
- Lernen, in jeder Lebenslage entspannt zu bleiben.
- Die Grenzenlosigkeit deines Bewußtseins erfahren.

Vorbereitung

- Nimm dir eine halbe bis eine Stunde Zeit, in der du ungestört bist.
- Schaffe einen heiligen Raum.
- Stelle eine weiße Kerze vor dich hin. Halte Streichhölzer griffbereit.
- Setze dich auf einen Stuhl oder ein Kissen.
- Halte dein Tagebuch griffbereit, damit du am Ende der Sitzung Notizen machen kannst.

✎ Du kannst dieses Ritual allein, mit einem Partner oder in einer Gruppe machen.

Übung
- ✎ Beginne mit der Begrüßung des Herzens (Seite 104).
- ✎ Schließe deine Augen, atme tief und ruhig. Werde still.
- ✎ Laß bewußt die Spannungen in deinen Gesichtsmuskeln los, bis Stirn, Augen, Mund und Kinn ganz entspannt sind.
- ✎ Stell dir vor, daß du auch die Muskeln rund um deine Augen im Innern deines Kopfes entspannst, so daß deine automatischen Augenbewegungen langsamer werden.
- ✎ Nun richte deine Aufmerksamkeit leicht und mühelos hinter deine geschlossenen Lider, in die Mitte des Kopfes. Genieße die Dunkelheit dort. Atme in sie hinein. Wenn du dort auf viele Gedanken oder Bilder triffst, beobachte einfach deinen Atem und schau weiter hinein, in die Tiefe hinter den Hirngespinsten. Atme ruhig und tief.
- ✎ Jetzt richte deine Aufmerksamkeit auf das Dritte Auge, die Stelle zwischen den Augenbrauen. Verkrampfe dich nicht, sondern schau ganz entspannt. Nimm weiter bewußt deine Atemzüge wahr.
- ✎ Bleib in dieser inneren Dunkelheit ruhen. Du betrachtest dein inneres Sein und siehst, was dort vorhanden ist. Dein Bewußtsein ruht schlicht und einfach in sich selbst, der Quelle deines Seins. Was beobachtet und wahrgenommen werden kann, bist nicht du. Was niemals beobachtet werden kann, ist dein wahres Selbst, der stille Zeuge.
- ✎ Nach einer Weile kann es sein, daß deine Energie magnetisch zum Dritten Auge hingezogen wird, dem Zentrum deiner inneren Aufmerksamkeit. Es ist vollkommen mühelos, kein Tun, nur ein Beobachten, ein Ruhen in deinem höheren Zentrum. Dieses schlichte Gewahrsein ist *Präsenz*.
- ✎ Mache diese Übung jeden Tag zehn Minuten lang.
- ✎ Nach einer Woche beginne, diese Praxis in dein tägliches Leben zu integrieren. Betrachte Menschen und Dinge vom Zentrum des Dritten Auges aus. Mach dir bewußt, daß du dabei

mit den physischen Augen siehst, was sich außerhalb deines Körpers abspielt, aber dir gleichzeitig auch beim Sehen zusiehst. Ein Teil von dir ist nicht mit dem Objekt deiner Wahrnehmung beschäftigt, und dieser Teil ist der Zeuge.

❦ Entwickle diese Fähigkeit von Tag zu Tag weiter: Bleibe in deinem Dritten Auge zentriert, während du nach außen blickst und mit Menschen und Situationen interagierst.

Hinweise

❦ Diese Methode ist so subtil, daß ihre Auswirkungen erst mit der Zeit zum Vorschein kommen. Sie verleiht dir die Fähigkeit, über längere Zeiträume hinweg aufmerksam zu bleiben und dich auf etwas zu konzentrieren, ohne müde zu werden. So kann man mit weniger Mühe produktiver werden.

❦ Am Anfang kann es sein, daß man nichts als wirbelnde Gedanken und Eindrücke sieht, wenn man die Augen schließt. Nimm wahr, daß du alles Erdenkliche im Bewußtsein herumgeistern lassen kannst, während du dich weiter von innen her auf das Zentrum zwischen deinen Augenbrauen fokussierst.

❦ Irgendwann wird sich dein Drittes Auge öffnen und dir »Einsicht« verleihen, die Fähigkeit, die innere Wahrnehmung mit der nach außen gerichteten Wahrnehmung zu verbinden. Einsicht bedeutet, daß du intuitive Informationen aus unsichtbaren Quellen erhältst: von deinen Seelenführern, deinem höheren Selbst, dem Gott und der Göttin. So kannst du dich durch das Leben führen lassen, Fehlentscheidungen vermeiden, unerwünschte Übergriffe von anderen Menschen abhalten und vieles mehr.

Zweites Ritual: Die Macht der Einsicht

Ideal wäre es, wenn man das erste Ritual eine Woche lang übt, um danach alle drei Rituale in einer einzigen Sitzung durchzuführen.

Ziel

- Das Bewußtsein so erweitern, daß man eine Situation in ihrer Gesamtheit wahrnehmen kann, anstatt sich unwillkürlich nur auf bestimmte Aspekte zu konzentrieren, die dem Ego oder dem inneren Experten gewohnheitsmäßig ins Auge stechen.
- Die größeren Zusammenhänge wahrnehmen, um korrekte Entscheidungen treffen zu können, ohne sich unbewußt von anderen beeinflussen zu lassen.

Vorbereitung

- Wie für das erste Ritual.
- Diese Übung macht man am besten nachts, im Dunkeln.

Übung

- Zünde die Kerze an und schau in die Flamme. Atme mühelos und ruhig ein und aus.
- Schau direkt in die Flamme und betrachte ihre Form. Allmählich fängst du an, Regenbogenfarben in der Flamme wahrzunehmen, die dir möglicherweise noch nie aufgefallen sind. Schau mit ungeteilter Aufmerksamkeit, dann enthüllen sich die vorher unsichtbaren Farben und Formen der Energie.
- Jetzt entspanne deinen Blick und erweitere deine Wahrnehmung auf den Raum, der die Flamme umgibt. Sieh die schimmernden Regenbogenfarben und den bläulichen Lichtkranz, der rings um das Flammenlicht entsteht. Nimm die allmähliche Ausdehnung dieser bläulichen Aura wahr.
- Jetzt schließe deine Augen und sieh die Aura der Flamme in deinem Dritten Auge.

Hinweise

- Betrachte deine Mitmenschen auf diese Weise. Schau in sie hinein, entspanne deinen Blick und betrachte den Raum, der sie umgibt, ihre Aura, die Ausstrahlung ihrer Energie. Mit etwas Übung wird sich deine natürliche Fähigkeit entwickeln, die Energien von Menschen wahrzunehmen und auch ohne Worte zu verstehen, was in ihnen vorgeht.

Drittes Ritual: Die Macht der Akzeptanz

Ziel
- Hier geht es um die Fähigkeit, sich in andere hineinzuversetzen, ohne die eigene Identität zu verlieren.
- Jederzeit Energie geben und empfangen können und einen unerschöpflichen Energiekreislauf herstellen, der dich mit Kraft versorgt.
- Annehmen, was dir gegeben wird, ohne aus dem Gleichgewicht zu geraten.

Vorbereitung
- Wie für das erste Ritual.
- Mach dieses Ritual mit einem Partner.

Übung
- Setze dich deinem Partner gegenüber. Blickt euch in die Augen. Atmet ruhig ein und aus.
- Konzentriere dich auf das linke Auge deines Partners. Blicke in seine Tiefen, wie du es mit der Kerzenflamme gemacht hast. Dies ist das empfängliche Auge. Atme sanft und ruhig.
- Jetzt entspanne deinen Blick und schau das ganze Gesicht deines Partners an, ohne dich auf irgendeinen Teil zu konzentrieren.
- Jetzt nimm die gesamte Gestalt deines Partners visuell in dich auf und allmählich auch die erweiterte Umgebung.
- Schaue, als würdest du alles durch das Dritte Auge betrachten. Schau, ob du die subtile Energie wahrnehmen kannst, die von der Person ausgeht, genauso, wie du es mit der Aura der Kerzenflamme gemacht hast.
- Fixiere dich auf nichts; entspanne die Augen- und Stirnmuskeln. Laß deinen Blick einfach auf dem Raum ruhen, der deinen Partner umgibt.
- Jetzt nimm den Blick deines Partners in dich auf. Fühle die Energie der Aufmerksamkeit, die dir gespendet wird. Stell dir vor, daß du in dieser Energie gebadet wirst. Laß dich von ihr durchfluten und erfüllen.

● Fühle, wie du von der Aufmerksamkeit deines Partners mit Kraft aufgeladen wirst. Bleib empfänglich, nimm auf, anstatt auszusenden.

● Und nun stell dir vor, daß du den Platz deines Partners einnimmst und dich selbst durch seine Augen betrachtest. Damit fließt Aufmerksamkeitsenergie zu dir hin; und wenn du jetzt wieder in deine Position zurückkehrst, nimmst du diese Aufmerksamkeitsenergie in dich auf. So empfängst du, was du selber gerade gegeben hast. So wird der Kreislauf vollendet.

● Nimm die ganze Welt auf diese zugleich gebende und empfangende Art wahr. Laß dich von dem Kreislauf dieses kompletten Energieaustauschs stärken.

● Mach die Augen zu und ruhe in der inneren Stille.

Hinweise

● Mit dieser Methode vollendest du den Kreislauf der Energie. Anstatt deine Aufmerksamkeitsenergie dauernd nur *abzugeben*, erhältst du sie *gleichzeitig* wieder zurück. Auf diese Weise werden Yin und Yang im Dritten Auge ausbalanciert.

● Praktiziere dieses Ritual eine Woche lang. Mach dir bewußt, wie zufrieden und komplett du dich fühlst, weil du deine Energie nicht länger nur aus dir herauslaufen läßt, selbst in Situationen, wo du unter intensivem Leistungsdruck stehst. Jetzt hast du eine Möglichkeit gefunden, dich selber mit der Energie aufzuladen, die du anderen fortwährend gibst.

● Für manche Menschen ist es anfangs unangenehm, sich so tief und lange anschauen zu lassen, weil sie dann anfangen, an ihr Aussehen zu denken und sich bewertet zu fühlen. Um darüber hinauszugehen, kann man die Lektion des zweiten Rituals zu Hilfe nehmen und den Raum, der die Person umgibt, mit einem entspannten, unfokussierten Blick wahrnehmen. Damit löst sich die Furcht vor dem Empfangen von Energie und vor Kontrollverlust auf.

● Man kann diese Sichtweise mit jedem Lebewesen praktizieren. Betrachte zum Beispiel eine Rose auf diese Art. Versetze dich in die Rose hinein und fühle, daß sie dir Energie und Duftessenzen übermittelt (so ist es auch!). Man kann es auch mit einem Baum in der Natur machen.

☙ Wenn du eine geliebte Person berührst, kannst du dir gefühlsmäßig vorstellen, daß sie dir mit jeder Berührung Energie zurückgibt. Nimm die Rückkopplung in dich auf, damit der Kreislauf des Gebens und Nehmens auch hier stets vollendet wird.

KAPITEL 14

Das siebte Chakra: Der offene Himmel

Der siebte tantrische Schlüssel: Du bist frei!

Ich empfange das, was nie geboren wurde und niemals stirbt.
Die Stimme des siebten Chakras,
aus einer Chakrabotschaft

Das siebte Chakra im Überblick

Ekstase ❧ Die Ekstase des Erwachens oder der Bewußtseinserweiterung.
Sinnbilder ❧ Der Heilige Gral; ein goldener Kelch, der strömendes Licht aufnimmt; ein tausendblättriger Lotus; weißes Licht, das den Kopf wie ein Heiligenschein umgibt; die Lichtaura eines Yogis oder einer Yogini in Meditation.
Körperbereich ❧ Die Scheitelspitze.
Körperteile ❧ Die Großhirnrinde.
Endokrine Drüsen ❧ Die Zirbeldrüse, das »taoistische Haus des Geistes«.

Hautfunktionen ~ Empfänglichkeit für den göttlichen Geist. Spirituelle Einsicht.
Ängste ~ Vor dem Verlust der eigenen Identität, vor dem Anderssein, vor dem Alleinsein.
Essenz ~ Transzendenz: Der Wissende, das Wissen und das Gewußte lösen sich in einen Zustand jenseits aller Differenzierungen auf.
Männliche Kraft ~ Strahlkraft, Illumination. Die Fähigkeit, über physische, emotionale und mentale Identifikationen hinauszugehen und in der Grenzenlosigkeit des reinen Seins zu verweilen. Gefühl für die subtile Präsenz der Seele.*
Weibliche Kraft ~ Im Zustand des vollkommen Friedens verweilen (*Samadhi*). Kontemplation der intimen Verbundenheit mit dem Göttlichen; Gnade; Hingabe an einen spirituellen Lehrer oder Weg.
Offen und entspannt ~ »Ich empfange unendliche Energiemengen. Alles ist möglich. Meine Wesenstiefe enthält die Anlagen für ein Dasein in vollkommener Harmonie und Ausgewogenheit. Dieser Moment ist alles, was ist, dieser Moment ist vollkommen.«
Blockiert oder kontrahiert ~ »Ich fühle mich abgespalten, unausgefüllt, nicht heil und ganz. Ich habe keine klare Richtung. Ich fürchte mich vor der Hingabe an Gottes Willen. Ich habe Angst vor dem Absturz in den Wahnsinn, vor dem Verlust meines Ichgefühls. Alles ist vollkommen sinnlos.«
Positive Qualitäten ~ Im Moment leben können: präsent sein, in allen Dingen nach dem göttlichen Zusammenhang suchen, jede Person als einen Lehrer begreifen, jede Situation als eine Gelegenheit wahrnehmen, für den Geist zu erwachen. Großmut und Abenteuerlust: Hilfsbereitschaft, Heilkraft verbreiten, großzügige Verteilung von materiellen und geistigen Gaben.

---

* Auf dieser Ebene werden keine Geschlechtsunterschiede mehr gemacht. Die Trennung zwischen dem Männlichen und dem Weiblichen wird transzendiert, wenn dieses Chakra offen ist. Vorher bleiben die automatisch vollzogenen Differenzierungen bestehen.

Negative Muster ◦⊷ Spirituelle Entfremdung und Heimatlosigkeit, Unsicherheit. Sich wie eine leere, seelenlose Hülle fühlen. Beklommenheit, Verzweiflung. Rigidität: dogmatische Durchsetzung übernommener Glaubenssätze, um innerer Angst zu entgehen. Selbstgerechtigkeit, Besserwisserei, spiritueller Snobismus oder zynische Verachtung von spirituellem Gedankengut.
Die Aufgabe ◦⊷ Deine Vollkommenheit existiert jenseits aller Anstrengungen.
Heilende Affirmationen ◦⊷ Ich lasse los, was mich bindet und belastet. Friede ist meine wahre Heimat. Ich weiß, daß Ekstase jederzeit zugänglich ist. Das Göttliche ereignet sich überall und zu jeder Zeit.
Hilfreiche Fragen ◦⊷ Ist der Gott/die Göttin jetzt hier? Kann ich die Verbindung zum Göttlichen fühlen? Fördert diese Person oder Situation mein Wachstum? Wage ich den Sprung ins Unbekannte? Wer bleibt übrig, wenn ich weder Mann noch Frau bin? Wem kann ich dienen? Wie kann ich helfen?
Archetypen ◦⊷ Der Alchemist, ein Meister der Fusion und Transmutation. Die ekstatische Vereinigung von Shiva (reines Bewußtsein) und Shakti (reine Lebensenergie). Der spirituelle Lehrer, der weise Mann, die weise Frau, der innewohnende Guru, das höhere Selbst. Die Manifestation der göttlichen Führung.

Die Essenz des siebten Chakras

All unsere Vorstellungen von einem zukünftigen
Himmelreich sind Illusionen, die uns daran hindern,
jetzt, in diesem Moment, aufzuwachen.
                                                    Margot Anand

Erwachen kann schmerzhaft sein. Es braucht Mut und harte Arbeit, Veränderung und inneres Wachstum, um das Bekannte hinter sich zu lassen und ins Ungewisse einzutreten. Alles muß in Frage gestellt und neu evaluiert werden: wie wir leben, denken, uns auf Menschen beziehen, Geld verdienen und unsere Zeit verbringen. Erwachen beginnt oft mit einem Gefühl der Langeweile, der Unzufriedenheit, des Überdrusses, und ein schmerzhaftes Sehnen zieht uns zu etwas Tieferem, etwas Bedeutsamerem in unserem Leben hin.

Jeder von uns hat schon Momente alltäglicher, ganz natürlicher Ekstase erfahren, in denen sich unser wahres Sein inmitten des Alltagslebens offenbart. Aber die anti-ekstatische Kultur, in der wir aufwachsen, flößt uns Scham vor dem Körper ein und gebietet uns, das Leben über den Verstand wahrzunehmen und das Herz hinter Schutzwällen zu verbergen. Unsere Menschlichkeit wird nicht als eine Ausdrucksform des göttlichen Geistes verstanden, sondern als dessen Feind. Und das dadurch entstandene Gefühl der Trennung vom Göttlichen erzeugt eine Angst, die den natürlichen Fluß der Lebensfreude zu einem bloßen Rinnsal reduziert.

Ich berufe mich auf alte tantrische Weisheit, wenn ich behaupte, daß unser Körper und unsere Lebensumstände nicht zwischen uns und der Ekstase stehen. Sie sind vielmehr die *prima materia*, die irdischen Gefäße einer alles belebenden Wonne. Und wenn wir diese Tatsache akzeptieren, wenn wir uns entspannen, uns hingeben, uns nicht länger selbst im Wege stehen, erweitert sich unser Bewußtsein, und Ekstase wird zu der natürlichen Ausdrucksform unseres Wesens, zum Herzschlag des Geistes, der uns belebt.

SkyDancing Tantra lehrt, daß unsere wahre Natur nicht offenbart wird, wenn wir den Sinnenfreuden entsagen, sondern wenn wir uns so bewußt auf sie einlassen, daß die Seligkeit unseres Naturzustands in unserer eigenen Erfahrung offensichtlich wird. Wir können sie in unserer Arbeit, unserer Küche, mit unseren Partnern und in unseren Schlafzimmern finden. Wie Elwyn Chamberlain in seinem brillanten tantrischen Roman *Gates of Fire* sagt: »Du kennst das Geheimnis des Körpers nicht. Diese Muskeln, diese Brüste, dieser Schoß, dieser *Lingam* (Penis) sind Gottesgaben – Wege zum Himmelreich.«

Tantra lehrt, daß man nichts meistern oder reinigen kann, was man nicht vollends in sich selber angenommen hat: die Begierden, die dunklen Seiten, die Triebe, die Schmerzen und Freuden des Daseins als Mensch. Dann verlieben wir uns ins Leben, und die Seligkeit unseres Naturzustands wird jeden Moment neu geboren. Mit den Worten von Miranda Shaw in ihrem Buch *Erleuchtung durch Ekstase*: »Wir tauchen tief in den Ozean der Verkörperung ein und ernten die Perlen der Erleuchtung.« Im selben Buch zitiert sie ein altes *Sutra* des tantrischen Buddhismus:

> *Ohne zu meditieren, ohne der Welt zu entsagen,*
> *bleib daheim, in der Gesellschaft deines Gefährten.*
> *Vollkommene Weisheit kann erlangt werden,*
> *während man Sinnenfreuden genießt.*

Dann erzählt sie, wie Manibhadra, eine Ehefrau und tantrische Yogini, bei der Hausarbeit erleuchtet wurde. Beim Wassertragen stolperte sie auf dem Weg vom Brunnen zu ihrem Haus. Der Krug entglitt ihr, und als er zersplitterte und sein Wasser über den Boden ergoß, zerbrach ihr Ego, ihre begrenzenden Verstandesfunktionen verschwanden, und sie löste sich in der Grenzenlosigkeit des reinen Bewußtseins auf. Manibhadra zeigt uns, daß das Erwachen sehr plötzlich sein und sich ohne weiteres im täglichen Leben einstellen kann.

Die Botschaft der Tantriker ist, daß wir uns nicht in eine Höhle zurückziehen und in Selbstverleugnung üben müssen, um frei zu werden. Wir können unsere Seligkeit mitten im Alltag finden. Erwachen findet ohne Vorwarnung statt. In einem einzigen Augenblick kehren wir in unseren Naturzustand zurück, in die absolute Wonne des *Seins*. Und damit finden wir uns an einem Platz wieder, den wir schon immer gekannt haben: zu Hause. Alles ist altvertraut und doch auf wunderbare Weise neu und unverkennbar richtig. Es ist, als kehrten wir nach langer Abwesenheit, nach langen Kämpfen und banger Ungewißheit, zu einer Stätte der schlichten Harmonie zurück, in der alles ist, wie es sein sollte – und vielleicht immer gewesen ist. Eine einzige Kostprobe dieser Seligkeit, so sagen die Mystiker, wiegt lebenslange Mühsal auf. Doch lebenslange Mühsal ist vielleicht gar nicht unbedingt erforderlich. Möglicherweise ist jeder von uns nur eine Haaresbreite von der Ekstase entfernt.

In diesem Buch haben wir verschiedene Definitionen und Begleitumstände ekstatischer Zustände erforscht. Wir haben die ekstatische Erweckung als das Eröffnungsfeuerwerk kennengelernt: Der Korken fliegt aus der Sektflasche, und eine unsägliche Euphorie ergreift uns, wenn das Göttliche uns inmitten von Existenzangst und Zweifeln überraschend durchdringt. Aber solche glorreichen Momente sind nur Kostproben unserer Quelle, nicht das letzte und umfassende Lebensziel.

Die »Ekstase für jeden Tag« wurde als ausgewogener Fluß der Geisteskraft definiert, der uns erlaubt, im Alltagsleben mit unserer Quelle verbunden zu bleiben. Sie läßt sich kultivieren und kann zum normalen Bestandteil unseres Daseins mit seinen fortlaufenden Transformationsprozessen werden.

Die Reise von der Energie zur Ekstase, von der Unbewußtheit zum Erwachen ist die spannendste Entdeckungsreise, die es gibt. Wenn Energie ungehindert durch den Körper fließt, erfahren wir Lust. Wenn Lust vertrauensvoll angenommen wird, breitet sie sich im Herzen aus und wird zum Entzücken. Wenn diese Energie in einen Verstand aufsteigt, der frei von negativen Gedanken ist, erwacht das Bewußtsein, begleitet von Lichtvisionen, Klarheit, einem Gefühl der Freiheit und erweiterten Sinneswahrnehmungen. Energie fließt durch den Körper und erfüllt ihn mit Lust und Kraft, sämtliche Sinnesreize werden mit einer ganz neuen Sinnlichkeit und Tiefe genossen.

Wenn sich das siebte Chakra öffnet, verschmilzt unser persönliches Leben mit der unpersönlichen Lebendigkeit des erwachten Bewußtseins, und wir erkennen das Leuchten unserer zeitlosen Wesensnatur. Wir transzendieren die Illusion der Dualität, die durch die Aktivitäten des Ego-Verstands erzeugt wird, und realisieren, daß unsere Grundessenz rein geistig ist. Über jeden Zweifel erhaben wissen wir jetzt, daß unsere Ekstase nicht in einem fern abgelegenen Paradies zu finden ist, sondern hier, in diesem Leben, jetzt. Und damit wird unser Weg so weit wie die ganze Welt.

Die Vorstellung: »Ich bin eins mit allem«, mag weither geholt oder sogar furchterregend scheinen. Und die Angst vor dem Egoverlust oder vor dem Wahnsinn hat durchaus ihre Berechtigung. Der Absturz in den Wahnsinn und der Sprung in die Klarheit der Erleuchtung sind nur einen Schritt weit voneinander entfernt, und es braucht Kraft und Weisheit, um den mächtigen Strom dieser Energien im eigenen Leben zu integrieren. Einfach nur zu sagen: »Ich bin Gott«, ist noch lange nicht gleichbedeutend mit der tatsächlichen Verwirklichung unserer göttlichen Wesensnatur. Die Worte von Thomas Jefferson: »Der Preis der Freiheit ist unaufhörliche Wachsamkeit«, haben Gültigkeit auf jeder Seinsebene.

DIE DUNKLE NACHT DER SEELE

Manchmal tappen wir im dunkeln, todmüde, am Ende unseres Lateins, verloren und verwirrt, und fragen uns: »Wo ist das Licht? Ist es überhaupt real? Und was muß ich tun, um es zu finden?«

Wer tiefer in diese Wildnis der Ungewißheit hineingeht, erlebt die »dunkle Nacht der Seele«, die sich einstellt, wenn alle altvertrauten Sicherheiten und Bindungen ihre Bedeutung verlieren, die Vergangenheit keinen Halt mehr bietet und die Zukunft so unüberschaubar ist, daß nur noch eine hilflose Sehnsucht bleibt. Mein Freund Raz Engrassi, Leiter des Hoffman Quadrinity Instituts in Kalifornien, sagt dazu: »Im Leid wähnen wir uns oft Millionen Meilen weit entfernt von Gott. Wir glauben, daß Gott uns verlassen hat.«

Aber solche Seelenqualen zwingen uns, nach innen zu gehen und zu sehen, wer wir sind und was wir aus uns gemacht haben. Und diese Nacht kann durchgestanden werden, wenn wir erkennen, daß unser Leid, so schmerzhaft es auch sein mag, einen Sinn hat: es bringt uns zum Erwachen. Wenn wir seiner verborgenen Bedeutung auf den Grund gehen, dann kann es zum Weckruf für uns werden und uns auf den Weg zu Gott führen anstatt in die weitere Trennung und Abspaltung.

Der Weg ins Licht führt durch die Dunkelheit, durch die Schatten des Todestals. Hoffnungslos verloren, bleibt uns nur noch das Vertrauen. Sich vom Vertrauen führen zu lassen ist, als wandelte man auf Messers Schneide. Aber ein solches Vertrauen macht sogar unsere Fehler und ihre zum Teil schmerzhaften Konsequenzen zu heiligen Weisheitslehren. Das wichtigste ist, *wie* wir unsere Erfahrungen benutzen. So erklärt sich, warum traumatische Ereignisse manche Menschen zerstören und andere transformieren.

Wir leiden, wenn wir versuchen, dem Leben unsere Bedingungen und Zielvorstellungen aufzuzwingen. Wenn wir manipulieren, fordern, ablehnen, festhalten, klagen. Wenn wir alles Mögliche tun, außer präsent zu sein für das, was ist. Doch letzten Endes müssen wir das Weltgeschehen ohnehin ablaufen lassen und unseren Platz darin von Augenblick zu Augenblick akzeptieren. Mein Freund Paul Lowe sagt: »Das Leben ist genau so, wie es in diesem Moment für dich sein soll und muß. Was immer du erlebst, *es ist dein Leben*! Und wenn du es genau so, wie es ist, annimmst, wird es zu dem, was es im nächsten Moment sein soll und muß, ohne daß du etwas kontrollieren, verändern oder manipulieren mußt. Du kannst jeden Moment annehmen und erleben, wie er ist.« Das ist gemeint, wenn es heißt, daß du aufwachen und dich dem Leben vertrauensvoll überlassen sollst. Wir können *in jedem Moment* aufwachen.

Wenn wir gegen etwas Widerstand leisten und es bekämpfen, halten wir es damit gleichzeitig am Leben. Das Ego muß nicht bekämpft werden. Wenn wir es als Feind betrachten, geben wir ihm unsere Macht und wenden sie gegen uns selber, wie ein Bauchredner, der sich von seiner eigenen Puppe quälen läßt. Das Ego ist ein natürliches Phänomen, wie das Wetter. Wir können seine Verhaltensweisen studieren und begreifen, wie es funktioniert, ohne dabei unbewußt in seine mannigfaltigen Fallen zu tappen.

Würden wir schlechtes Wetter auf die gleiche Weise dämonisieren, wie wir es mit unserem Ego tun, so könnte man uns zu Recht als abergläubisch bezeichnen. Das obsessive Lamentieren über die schrecklichen Machenschaften des Egos und die elaboraten Strategien zu seiner Vernichtung sind selbst nur Schachzüge desselben Egos. Warum es nicht einfach berücksichtigen, als natürlichen Teil von uns, während wir unseren Aufgaben in der Welt nachgehen? Durch Angst und Schuldgefühle blähen wir dieses Ego lediglich zu absurden Proportionen auf. Also wollen wir es lieber wie das Wetter behandeln und unserer Wege gehen, als göttliche Wesen, die im Mysterium des Daseins aufgehen.

MEDITATION

Viele Menschen halten Meditation für eine absichtliche Konzentration, eine Form der Aktivität, einen zielgerichteten Willensakt. Aber wahre Meditation ist einfach ein Zustand bewußten Seins – ein Ruhen im eigenen Wesen. Meditation kann nicht herbeigeführt, kann nur erfahren werden. Meditation geschieht, wenn sämtliche Bemühungen aufgegeben werden, wenn wir unsere eigene Natur erkennen, bevor Wünsche und Ängste und Absichten aufsteigen. Meditation ist unser Naturzustand, bevor wir ihm irgend etwas hinzufügen. Meditation taucht auf, wenn wir sie nicht länger mit unserer angestrengten Suche nach ihr vertreiben.

Echte Meditation ist einfach sein, was wir immer schon sind, ohne etwas dazu oder damit zu tun, ohne zu denken, ohne zu suchen, ohne etwas festzuhalten, ohne etwas aufzugreifen, ohne zu meditieren, sogar ohne sich zu freuen über die Entdeckung der eigenen Wesensnatur. Wenn du dir Sorgen machst, daß nichts passiert, tritt sie in den Hintergrund. Wenn du meinst, daß du etwas tun mußt, verschwindet sie. Aber wenn wir erkennen, daß dieses Sein ohne jedes Tun keinen Sinn, keinen Zweck und kein Ziel hat, daß es einfach nur ist, was wir von Natur aus sind – das Ureigentliche, das Zentrum, das wir niemals verloren haben und nie wieder suchen müssen –, dann erleben wir die pure Seligkeit und Freude des reinen *Seins*. Tatsächlich können wir unmöglich *wissen*, was dieses Sein ist. Wir können nur *sein*, was es ist. Und dieser Zustand ist wahre Meditation.

Im Zustand der Meditation sind wir der Geist, der immer vorhanden ist, hinter jedem Gefühl, jedem Gedanken, jeder Freude, jedem Schmerz. Die Buddhisten nennen diesen Geist »*the view*«, das Sehen.

Nagpa Rinpoche erklärt: »Wir können unseren erleuchteten Zustand erfahren, weil er permanent durchschimmert. Würde er nicht durchschimmern, wären wir nicht in der Lage, der Verwirrung jemals zu entkommen. Wir können ihr entkommen, weil der erleuchtete Zustand ohnehin immer vorhanden ist, er ist unsere eigentliche Natur.« Wir lenken uns also von unserer eigenen Erleuchtung ab. Aber sie schimmert durch, weil es in ihrer Natur liegt, zu schimmern. Und so ist die Suche nach der »ursprünglichen Leere« vielleicht nur eine weitere Ablenkung von dem, was durch alles hindurchschimmert.

Die schimmernde Lebenskraft ist mehr als formlose Energie, sie ist unbeschreiblich intelligent, genialer als jedes Genie. Diese sich selbst organisierende, universelle Intelligenz wohnt in allen Dingen: den präzise choreographierten Umlaufbahnen der Planeten, Sonnensysteme und Galaxien, den subatomaren Fluktuationen innerhalb von Atomen, der zyklischen Ordnungsgewalt in der Natur, der universellen Struktur der DNA. Alle Formen offenbaren das untergründige Vorhandensein einer unermeßlichen Intelligenz.

Das Leben weiß, wohin es geht, auch wenn es nicht innehält und uns seine Absichten erklärt. Doch es lehrt uns, indem es sich in unvorstellbar komplexen Mustern und unerklärlichen Synchronizitäten entfaltet. Und wir werden unaufhaltsam von ihm mitgerissen, ob wir nun gegen den Strom ankämpfen oder mit ihm schwimmen. Unser Körper und unser Geist sind ein Bestandteil dieses Lebensstroms, und wir selbst sind komplexe, biochemische Schöpfungen, die von dieser unermeßlichen Intelligenz belebt werden, deren Genie jede unserer Zellen geprägt hat, deren Erscheinungsformen ewig wechseln, deren Wesensnatur ewig unveränderlich bleibt.

WAS IST ERLEUCHTUNG?

Paul Lowe, der berühmte Lehrer und Autor von *The Experiment Is Over*, sagt:

> Erleuchtung geht über normale Erfahrungen hinaus, weil sie keine Erfahrung ist. Gedanken sind ein Hindernis. Die gedankliche Definition:»Dies ist Erleuchtung«, versperrt die Sicht auf ihr Vorhandensein. Erleuchtung ist nicht wißbar.

Und über das Leben im gegenwärtigen Moment sagt Lowe:

> ... dann ist dir von Moment zu Moment klar, was angebracht ist, wo du hingehen sollst, mit wem du dich aufhalten sollst, was du tun sollst. Wenn du dich wirklich vom Strom des Lebens tragen läßt, *bist du das Leben selbst*. Hier, in diesem Augenblick, machst du die Erfahrung der Freiheit ...

In dem von Lowe beschriebenen Zustand wird das Ego transparent, und die innere Verbundenheit mit allen Lebensformen wird spürbar. Freude steigt in uns auf, eine Freude, die nicht länger von äußeren Umständen abhängig ist, weil sie dem Urgrund unseres Seins entspringt. Wenn wir die Vollkommenheit aller Ereignisse erkennen, versuchen wir nicht mehr, unsere inneren und äußeren Erfahrungen auf irgendeine Art zu manipulieren. Wir sind nicht länger im Konflikt mit dem Leben, denn wir haben unseren wahren Weg gefunden, und das Leben selbst ist auf unserer Seite. In solchen ekstatischen Momenten sind wir völlig einzigartig und doch eins mit allem.

Wir sind frei, von Moment zu Moment, was immer auch geschieht. Wir sind nicht länger die Sklaven oder Feinde irgendwelcher Gelüste, Ängste, Aggressionen und der alltäglichen Anforderungen des Lebens. Das Leben wird zum Segen statt zum Problem, das gelöst werden muß. Das Ego mit seinen endlosen Gedanken und Plänen kontrolliert uns nicht länger. Wir sind frei zu wählen, nicht, was das Leben uns bringt, aber wie wir mit seinen Gaben umgehen. Wir fühlen uns verbunden mit einer Quelle, die alle Definitionen, Konzepte oder Worte sprengt. Wenn wir sehen, daß das Leben von Moment zu Moment neu entsteht, tun wir es ihm gleich, und dann wird jeder Augenblick zu einer Einladung, mit dem Wind zu tanzen, mit dem Regen zu weinen, mit der Sonne zu lachen. Wir lassen das »Ich« los, das alles verstehen, alles kontrollieren, alles entscheiden will. Wir geben unsere selbstgerechte Wichtigtuerei auf. Wir sind präsent, ohne irgendwelche Bedingungen oder Forderungen zu stellen. Wir heißen jeden Moment willkommen. Wir sind wahrhaft lebendig, und wir leben ganz einfach weiter.

Einfache Wahrheiten ~ Wir können überall in Ekstase sein, jederzeit, Tag für Tag. Mein Freund Harold Dull, ein Therapeut, der die »Watsu«-Technik (Körperarbeit im Wasser) entwickelt hat, erzählte mir die folgende Geschichte einer ekstatischen Erweckung:

> Ich war in den Bergen an einem See, als ich mich aufgerufen fühlte, einen kleinen Berg zu erklimmen. Beim Klettern fühlte es sich an, als würde ich den Berghang hinaufgezogen, und als ich mich dem Gipfel näherte, wurde ich von staunender Ehrfurcht und unglaublicher Freude gepackt. Es war ein starkes Erlebnis. Als ich den Gipfel erreichte, sah ich einen Ring von Bäumen, deren Blätter hell leuchteten – und in dem Moment spürte ich eine göttliche Präsenz. Sie war so überwältigend, daß ich auf die Knie fiel. Dann war die Präsenz an meiner Seite und hob mich auf die Füße. Es war, als würde ich von ihr getragen. Ich ging ein paar Schritte in die Richtung, die sie mir wies, und dabei kam mir ein Gedanke: »Das ist Gott. Gott ist neben mir.« Dann führte die Präsenz mich am Hang entlang nach unten, in eine Niederung, dann zu einem Bachbett. Auf halber Höhe kam ich an eine Weggabelung. Der eine Weg war schwierig, voller Dornengestrüpp, der andere war eben und frei. Ich fragte die Präsenz: »Welchen Weg soll ich nehmen?«

Und ich hörte die Worte: »Welchen Weg du auch nehmen magst, ich bin bei dir.« In diesem Moment fiel ich in Ekstase. Es war die Wahrheit! Ich nahm den leichten Weg nach unten und setzte mich an den Bach. Kinder spielten in seinem Wasser, und die Bäume leuchteten im Sonnenlicht. Ich saß einfach nur da und betrachtete alles und fühlte mich unendlich gesegnet. Es war, als säße ich in der Hand Gottes... ein Zustand puren Glücks. Ich schaute auf meine offenen Handflächen hinunter und spürte in ihrer Mitte dieses selbe Gefühl der »Hände Gottes«. Noch Monate später brauchte ich mich nur ruhig hinzusetzen und meine Handflächen anzuschauen, dann fühlte sich alles wieder an wie »in Gottes Händen«.

Freude ist eine spirituelle Praxis ~ Was geschieht tatsächlich, wenn wir eine Lebensweise kultivieren, die uns Freude bringt? Aus der tantrischen Perspektive ist Freude die höchste Form des Gebets, und so ist Freude in der Tat eine spirituelle Praxis. Sie ist eine Affirmation unserer natürlichen Vollkommenheit. Wenn wir voller Freude sind, sind wir voller Liebe, sind wir ganz, sind wir die Urquelle, die alles enthält und in uns überquillt.

Freude ist wie ein Gelächter, das in uns aufsteigt und alles Getrenntsein verschwinden läßt, weil nur noch die Erfahrung von Seligkeit und Entzücken übrigbleibt. Freude und Lachen sind wohl unwillkürliche Ausdrucksformen der Erleuchtung, Momente, in denen wir ganz präsent sind, überwältigt und gepackt von der Komik der Realität, frei von Schmerzen, Sorgen und Konflikten, frei von Ängsten und Hoffnungen, Vergangenheit und Zukunft.

Bei der Arbeit an diesem Buch habe ich mit vielen Mystikern und Lehrern gesprochen, die Jahrzehnte mit sehr unterschiedlichen spirituellen Praktiken gearbeitet haben. Sie alle bestätigten aus ihrer Tradition und Erfahrung die Einsichten, denen ich zuerst in den Tantra-Lehren begegnet war. Dabei handelt es sich um einfache, allgemeingültige menschliche Prinzipien:

- Nimm deine Sexualität an.
- Nimm deinen Körper an.
- Finde deine Macht, deinen Fluß und deine Balance.
- Schenke dir und anderen Liebe und Anteilnahme.
- Vertraue dem Leben und laß dich von ihm tragen.
- Sei authentisch, drücke deine Wahrheit aus, singe dein Lied und folge deiner Vision.
- Und schließlich, gib dich dem Leben hin, denn es ist deine Quelle.

In diesem Zusammenhang möchte ich die folgenden Worte noch einmal wiederholen: Das Leben entsteht von Moment zu Moment, und dies ist auch der beste Weg, es zu leben. Nimm jeden Augenblick wie eine Einladung des Lebens an. Laß das Kontrollieren, Widerstehen und Verstehenwollen. Nimm die Momente deines Lebens bedingungslos an.

Sei lebendig. Alles ist hier!

Stimmen des siebten Chakras

Wenn du dich in dein siebtes Chakra hineinversetzt (siehe Chakra-Übung Seite 179), wirst du die Stimme deines Geistes hören, der dich mit dem Urgrund aller Erscheinungsformen verbindet. Die folgenden Beispiele geben eine Vorstellung von dem Spektrum der Aussagen, die dieser Ebene entspringen. Hier befindet man sich jenseits aller Worte, und die Beispiele reflektieren diese Tatsache. Auf der siebten Ebene sind viele Menschen vollkommen still, so tief im eigenen Sein versunken, daß sie kein Wort hervorbringen.

MARIANNE Ich bin die Leere der Kronenmitte. Ich bin die Königin und der Diener. Ich diene allen, ich sehe alles, denn ich brauche nichts zu sagen und nichts zu beweisen. Ich bin einfach... Ich brauche nichts. Ich gehe nirgendwohin.

JONATHAN ✑ In mir ist aller Raum. Ich bin leer. Ich bin niemand. Ich weiß nichts. Und das fühlt sich richtig an. Es fühlt sich leer und selig an.

KATHY ✑ Ich bin die, die nie geboren wurde und niemals stirbt.

MARGOT ✑ Schweigen ist die Antwort. Es gibt nichts, was hier gesagt werden kann. Nur Dankbarkeit und ein Empfangen der Gnade.

Ritual: Der leere Himmel

Im »Vijnana Bhairava Tantra« erklärt Shiva seiner Shakti die Wege zur Erleuchtung und sagt: »Wenn du im Sommer den endlos klaren Himmel über dir siehst, geh in diese Klarheit ein.« Mit dem folgenden Ritual können wir es Shakti gleichtun, »in diese Klarheit eingehen« und die Wesensnatur des Himmelsgeistes genießen. Die dabei gemachte Erfahrung kann man auch im Alltag fortsetzen und entdecken, wie es sich anfühlt, mit Klarheit und Leichtigkeit zu leben. Dadurch wird das allumfassende Bewußtsein direkt erfahrbar.

Ziel
✑ Die Erfahrung des Himmelsgeistes machen.
✑ Einen Weg in diesen erweiterten Bewußtseinszustand finden.
✑ Lernen, wie dieses Bewußtsein in jedem Augenblick aufrechterhalten werden kann.

Vorbereitung
✑ Geh an einem wolkenlos sonnigen Tag an einen Platz in der Natur, an dem du nicht gestört wirst.
✑ Nimm eine Decke mit, auf der du dich ausstrecken kannst.
✑ Nimm dir etwa dreißig bis vierzig Minuten Zeit.

Übung

🙠 Finde einen schönen, angenehmen Platz, breite deine Decke aus und beginne mit der Begrüßung des Herzens (siehe Seite 104).

🙠 Lege dich hin, atme tief ein, laß alle Luft aus deinen Lungen strömen und entspanne dich so vollkommen, wie du kannst.

🙠 Bei jedem Ausatmen entspanne deine Gesichtsmuskeln, die Muskeln um deine Augen und deine Kiefer.

🙠 Rücke deinen Kopf zurecht, so daß du nicht mit den Augen blinzeln mußt, weil die Sonne dir ins Auge sticht. Laß die Augen offen und entspannt.

🙠 Nun betrachte die Grenzenlosigkeit des Himmels über dir. Schau vollkommen entspannt, ohne dich auf etwas Spezielles zu fokussieren. Sanft und leicht entspannst du dich in den endlos blauen Raum hinein.

🙠 Fühle, daß du die Weite des Himmels mit jedem Einatmen in dich aufnimmst. Fühle, wie du bei jedem Ausatmen in dieser Weite gebadet wirst.

🙠 Nimm wahr, wenn Gedanken dich ablenken wollen: »Der Himmel ist so blau und schön, ich schaue ihn nicht oft genug an«, und dergleichen mehr. Laß die Gedanken vorüberziehen, ohne auf sie einzusteigen. Gehe zurück zu deinem Atem und deiner Kontemplation. Entspanne deinen Blick, nimm die Weite in dich auf und fühle dich eins werden mit ihr.

🙠 Betrachte den Himmel, als wolltest du seine Grenzen ausloten. Geh tiefer und tiefer hinein, laß dich einsinken, durchtränken, überfluten von seiner Endlosigkeit.

🙠 Fühle, wie sich die Grenzen zwischen deinem Bewußtsein und dem Himmel auflösen. Verschmelze mit dem Himmel. Mach die Augen zu und sieh seine Weite in deinem eigenen Inneren. Hinter deinen geschlossenen Augen bist du dieser endlos klare und weite Himmel. Sieh und fühle deine innere Grenzenlosigkeit.

🙠 Laß dich von dem allumfassenden Raum des Himmels in dir und um dich herum baden und reinigen.

੭ Nimm die Stille wahr, die Pausen zwischen den einzelnen Gedanken, das mühelose Dahinschmelzen deiner mentalen Aktivitäten. Genieße den Frieden und die Klarheit.

Hinweise

੭ Wenn Gedanken auftauchen, sei dir des Hintergrunds bewußt, der endlosen Weite des Himmels. Schenke deinen Gedanken keine Beachtung, laß sie gehen.

੭ Der Himmel ist wie der leere Innenraum, in dem Gedanken auftauchen und verschwinden. Wenn du den Gedanken keine Aufmerksamkeit schenkst, sondern den Raum in dir und außerhalb von dir betrachtest, entdeckst du die Grenzenlosigkeit deines Himmelsgeistes.

੭ Nimm deinen Himmelsgeist von nun an auch im täglichen Leben wahr. Er ist das klare Bewußtsein, das Gedanken enthält, aber nicht die Gedanken ist. Nimm die Stille zwischen den Gedanken von Tag zu Tag deutlicher wahr.

੭ Du bist der Zeuge, der alle Ereignisse wahrnimmt, ohne mit ihnen identifiziert zu sein.

੭ Erlaube dir mehr und mehr, in jedem Augenblick im Himmelsgeist zu ruhen, beim Lieben, beim Arbeiten und bei allen anderen Aktivitäten deines Lebens.

NACHWORT

Sich der Ekstase verpflichten

Es ist in jedem von uns. Gerade ist es mir eingefallen.
Als hätte ich seit Jahren geschlafen.
Ich bin nicht so wach, wie ich sein könnte.
Aber meine Sicht wird besser.
Jetzt kann ich durch die Tränen schauen.
Mir ist aufgegangen, daß ich die Eintrittskarte gekauft habe,
und nur die halbe Show mitbekomme.

Da sind Szenenbilder und Lichter und Schauspieler zuhauf,
die alle wissen, was ich weiß.
Und es ist gut so.
Es ist in jedem von uns, weise zu sein.
Finde dein Herz, mach beide Augen auf.
Wir alle können alles wissen, ohne je zu wissen, warum.
Es ist in jedem von uns, nach und nach.

David Pomeranz

Nun, da wir gemeinsam durch alle Chakren gegangen sind und den Erkenntnisweg der Ekstase für jeden Tag erkundet haben, möchte ich noch ein paar Möglichkeiten aufzeigen, wie diese Informationen noch konkreter in das alltägliche Leben mit seinen vielfältigen Anforderungen und Beziehungen integriert werden können.

Ein ekstatisches Leben wird durch tägliche Übung geschaffen. So gilt es, bestimmte Fähigkeiten zu entwickeln und bestimmte Umstände zu schaffen, um Ekstase wirklich in den Alltag zu tragen.

Eine ekstatische Lebensweise

Wie würde dein Leben aussehen, wenn du dich zu Beginn jedes Tages auf deine kreativen Anlagen besinnst und dir innerlich vorstellst, was du erleben willst und wie du es in die Wege leiten kannst? Angenommen, du willst ein festliches Abendessen für gute Freunde veranstalten: In diesem Fall beginnst du wohl mit einer Vision von einer warmen, angeregten Atmosphäre voller Humor und freundschaftlicher Intimität, in der das Essen genossen werden kann. Also fängst du erst imaginativ und dann ganz konkret an, diese Atmosphäre zu erzeugen. Du wählst das Menü aus, die Beleuchtung, das Geschirr, die Musik und vielleicht auch Unterhaltung und Spiele. So stimmst du dich den ganzen Tag über schon gefühlsmäßig auf den Abend ein und steigerst deine Vorfreude durch deine Vorbereitungen.

Hier ist ein Ritual für den Beginn des Tages, der eine Öffnung all deiner Energiezentren bewirkt.

Ritual für den Tagesbeginn

Ziel

⌖ Dich daran erinnern, daß jeder Tag eine neue Gelegenheit bietet, das Leben als heilig zu erfahren, dich vom Mysterium nähren zu lassen und deinen Mitmenschen liebevoll, gutgelaunt und vielleicht sogar mit einem Lachen zu begegnen.

Vorbereitung

୶ Besorge dir eine Kerze, Räucherstäbchen und Zündhölzer.

୶ Halte sanfte Meditationsmusik auf Knopfdruck spielbereit. Du brauchst Musik, die sich nicht störend in deine Kontemplation einmischt und lange genug dauert, um das Ritual von Anfang bis Ende zu begleiten.

୶ Setze dich auf ein bequemes Kissen.

୶ Steh fünfzehn Minuten früher als gewöhnlich auf, damit du das Ritual nicht in Eile machen mußt.

Übung

୶ Beim Erwachen mache die Augen langsam auf, dann schließe sie wieder. Und nun öffne sie bewußt. Atme ein paarmal tief ein und aus; erinnere dich daran, daß du früher aufstehen wolltest, um dieses Ritual zu vollziehen.

୶ Steh auf, zieh dir etwas Warmes und Bequemes an. Strecke oder schüttle deinen Körper, um die Schläfrigkeit abzuschütteln.

୶ Zünde die Kerze und ein Räucherstäbchen an, um einen heiligen Raum zu schaffen.

୶ Spiele die Meditationsmusik.

୶ Setze dich auf ein Kissen, nimm eine bequeme Haltung ein. Wenn du dieses Ritual mit einem Partner machst, setzt ihr euch einander gegenüber und haltet euch an den Händen.

୶ Entspanne dich ein paar Minuten lang mit geschlossenen Augen und beobachte deinen Atem. Wenn du ruhig geworden bist, geh zum nächsten Schritt über.

୶ Fang an, dich ganz sanft und mühelos auf den kommenden Tag zu fokussieren, während du langsam und tief weiteratmest. Stell dir deinen Tagesablauf bildlich vor. Schau, ob sich eine Schwierigkeit abzeichnet (zum Beispiel, daß du nicht genug Zeit hast, um deine dringenden Pflichten zu erledigen, oder daß dein Kind krank im Bett liegt). Betrachte deine Gedanken wie eine vorübergleitende Landschaft aus dem Autofenster. Laß die Gedanken einfach kommen und gehen.

୶ Richte deine Aufmerksamkeit auf deinen Körper. Wie reagiert er auf diese Gedanken? Verkrampft er sich an bestimmten

Stellen? Verengt sich deine Brust, bekommst du Magenschmerzen, Herzflattern, leichte Spannungen in den Kinn- und Nackenmuskeln? Fokussiere dich auf die Teile deiner Vision, die physische Schmerzen hervorrufen, denn diese Reaktionen willst du jetzt transformieren. (Falls du mehr als eine schmerzhafte Stelle findest, nimm dir jede einzeln der Reihe nach vor. Versuche nicht, zuviel auf einmal zu bewältigen.)

~ Atme ruhig und tief weiter. Halte dir die Schwierigkeit, die du für den kommenden Tag voraussiehst, bildlich vor Augen. (Wir nehmen ein strapaziöses Projekt, an dem du mit schwierigen Leuten arbeitest, als Beispiel.) Nun läßt du das Bild dieser Situation durch deine Chakren wandern und es von der Energie jedes einzelnen Chakras transformieren.

Die Wurzel der Schöpfung

~ Laß dein Bewußtsein im ersten Chakra ruhen. Entspanne die Muskeln im Genitalbereich, bis es sich anfühlt, als würden sie tief in die Erde einsinken, wo sie verankert und mit vibrierender Energie aufgeladen werden.

~ Stell dir vor, daß die schwierige Situation im ersten Chakra aufgefangen wird, das zu vibrieren beginnt und eine Verwandlung bewirkt.

~ Sage dir innerlich oder laut: »Es gibt genug Zeit, Geld, Vertrauen, Liebe und Verständnis, um diese Situation aufzulösen.«

~ Erfülle die Szene mit einem Gefühl wohltuender Gelöstheit und Zufriedenheit. Erzeuge keinen Druck, deine Vision wahrzu*machen*. Fühle, daß diese Lösung bereits *eingetroffen ist*. Wenn du diese Vision klar und deutlich etabliert hast, geh zum nächsten Chakra über.

Der fließende Strom

~ Laß dein Bewußtsein im Bauch ruhen. Atme in diesen Bereich hinein und lockere deine Bauchmuskulatur.

~ Sieh die schwierige Situation im zweiten Chakra ruhen und umgib sie mit Wogen der Flüssigkeit und Flexibilität.

◈ Sage dir innerlich oder laut: »Ich bin offen für Veränderungen.«
◈ Sieh deine Kommunikation mit den Kollegen flüssig und genußvoll werden. Visualisiere, daß jeder flexibel bleibt, anpassungsfähig, offen für Veränderungen, empfänglich für die subtilen Energieströme, die jetzt durch deine Vision erzeugt werden. Sobald du ein Bild der spürbar transformierten Situation klar vor Augen hast, geh zum nächsten Chakra über.

Die leuchtende Sonne

◈ Laß dein Bewußtsein im Solarplexus ruhen. Atme in diesen Bereich hinein, bis er sich spürbar entspannt und ausdehnt.
◈ Sieh die schwierige Situation in deinem dritten Chakra ruhen und erfülle sie mit Energie und Macht.
◈ Sage dir innerlich oder laut: »Ich habe alle Kraft, die ich brauche, um dieses Projekt zu einem guten Abschluß zu bringen.«
◈ Sieh dich und alle Beteiligten angeregt und zielbewußt zusammenarbeiten. Du triffst korrekte Entscheidungen, bist einfallsreich und handelst verantwortlich. Deine Autorität wird respektiert. Wenn du ein Bild der positiv transformierten Situation erschaffen hast, gehst du zum nächsten Chakra über.

Der Puls des Lebens

◈ Laß dein Bewußtsein im Herzen ruhen. Öffne deinen Brustbereich, entspanne die Muskeln in der Herzgegend. Fühle, daß dein Herz jetzt vollkommen empfänglich wird.
◈ Sieh die schwierige Situation im vierten Chakra ruhen und durchflute das Bild mit allen seinen Beteiligten mit bedingungsloser Liebe.
◈ Sage dir innerlich oder laut: »Ich bin bereit, eine gemeinsame Basis zu finden.« Bleib nicht an kleinlichen Streitereien und Konkurrenzkämpfen hängen. Erkenne an, was jeder Beteiligte bereits zum Gelingen des Projekts beigetragen hat.
◈ Nimm wahr, wieviel glücklicher alle sind, wenn sie sich

anerkannt fühlen, wieviel Ansporn du ihnen damit gibst, sich auch in Zukunft positiv einzusetzen. Wenn du siehst und spürst, daß dein inneres Bild von Liebe und Anerkennung durchdrungen ist, geh zum nächsten Chakra über.

Das Lied der Seele

~ Laß dein Bewußtsein in deiner Kehle ruhen. Entspanne Hals, Nacken und Kiefer.

~ Sieh die schwierige Situation in deinem fünften Chakra ruhen und stell dir vor, daß jede beteiligte Person ihre Wahrheit auf schöpferische Weise zum Ausdruck bringt.

~ Sage dir innerlich oder laut: »Ich bin froh, wenn ich meine kreativen Ideen mitteilen kann, und genieße es, wenn andere dasselbe tun.«

~ Sieh die komische Seite der Situation. Übertreibe das Bild, wenn du willst. Laß die Leute Ringelreihen im Büro tanzen, von Schreibtisch zu Schreibtisch springen und Konfetti verstreuen. Sieh Gedankenblasen aus ihren Köpfen kommen, die die verrücktesten, witzigsten, brillantesten Ideen enthalten. Wenn dein Bild von amüsanter, kreativer Ausdruckskraft transformiert worden ist, geh zum nächsten Chakra über.

Der volle Mond

~ Laß dein Bewußtsein im Dritten Auge ruhen, der Stirnmitte direkt zwischen den Augenbrauen.

~ Fühle, daß dein inneres Auge sich öffnet und die Szene mit vollkommener Objektivität wahrnimmt. Sieh die schwierige Situation im sechsten Chakra ruhen und visualisiere, daß alle Beteiligten sich miteinander verbunden fühlen und in Kopf, Herz, Verstand und Geist integriert sind.

~ Sage dir innerlich oder laut: »Ich sehe mit aller Klarheit und handle mit Umsicht. Ich treffe die richtigen Entscheidungen.«

~ Jetzt richte deine Aufmerksamkeit auf den größeren Zusammenhang, anstatt dich auf Einzelheiten zu konzentrieren.

Betrachte die Gesamtsituation, ohne dich mit ihr zu identifizieren. Stelle ein Gleichgewicht her zwischen dem intellektuellen Verstehen der Situation und deinem intuitiven Gespür und geh dann zum nächsten Chakra über.

Der offene Himmel

◦ Laß dein Bewußtsein im höchsten Punkt deines Kopfes ruhen. Entspanne alle Kopfmuskeln. Erlaube diesem Chakra, sich zu öffnen wie eine aufnahmebereite Schale. Sieh die Situation, die du mit diesem Ritual transformiert hast, als pures Potential im Inneren deines siebten Chakras ruhen.

◦ Sage dir innerlich oder laut: »Ich empfange, was ich brauche, um diese Situation zu heilen und zu einer guten Erfahrung zu machen.«

◦ Visualisiere deine seelische Verbindung zu allen Beteiligten. Sieh, wie sich eure seelischen und geistigen Kräfte miteinander verweben. Jeder von euch spielt eine Rolle und weiß genau, was getan werden muß, um das Projekt zu einem guten Abschluß zu bringen. Visualisiere, daß alle ihre Ego-Bedürfnisse (»Ich weiß es besser!«) aufgeben und das gemeinsame Ziel anstreben: harmonisches Zusammenwirken. Ihr werdet zu *einem* Geist. Ihr respektiert euch. Alles ist gut. Nachdem du dieses Bild erzeugt hast, laß es aus deinem Kopf ins All aufsteigen, im Bewußtsein, daß das, was du dir vorstellst, bereits geschehen ist. Mit dieser Gewißheit gehst du in den kommenden Tag.

Abschluß

◦ Blicke zurück: Hast du dich innerlich auf einen harmonischen Tageslauf eingestimmt? Fühlst du dich ausgeglichen, voller Zuversicht? Wenn du noch nicht ganz sicher bist, bewege dich erneut durch alle sieben Chakren und löse die restlichen Blockaden auf.

◦ Zentriere dich für einen Moment. Atme noch ein paar Minuten ruhig und tief und kehre dann in die Gegenwart zurück. Wenn du das Ritual mit einem Partner gemacht hast, warte, bis er zum Sprechen bereit ist. Dann könnt ihr eure Visionen miteinander austauschen.

Hinweise

✧ Du kannst diese Meditation beliebig abwandeln. Wenn mehrere Schwierigkeiten an einem Tag auf dich zukommen, mache eine Liste und beginne mit dem ersten Punkt. Zum Beispiel: »Ich habe zu viel zu tun.« Achte auf deine körperlichen Reaktionen. Wo spürst du die damit verbundene Angst? Was verkrampft sich bei diesem Gedanken? Angenommen, es ist dein Solarplexus. Versetze dich in dieses Chakra hinein. Löse die dort angestauten Energien auf und sende die transformierte Vision aus diesem Chakra hinaus ins All. Geh ebenso mit den anderen voraussichtlichen Schwierigkeiten um, indem du jeweils nur das am meisten betroffene Chakra entspannst und öffnest.

ERINNERE DICH AN EIN PAAR EINFACHE WAHRHEITEN

Ein ekstatischer Lebenswandel verlangt nicht, daß wir uns rosarote Brillen aufsetzen und permanent behaupten, daß *alles* absolut herrlich ist. Es geht vielmehr darum, sich so weit für den Geist zu öffnen, daß man das größere Gesamtbild erkennen kann, und sich an ein paar einfache Grundwahrheiten zu erinnern.

✧ Du bist in diese Welt gekommen, um eine einzigartige Aufgabe zu erfüllen, eine Rolle zu spielen, eine Mission zu verwirklichen. Suche sie und laß dich von ihr mit Energie aufladen.

✧ Das Leben muß nicht verdient werden. Es wurde uns bereits geschenkt. Gefällt dir dein Lebensweg nicht, so ändere ihn.

✧ Wenn deine Intentionen klar sind, kannst du Wunder vollbringen. Du brauchst kein Opfer zu sein. Du hast die Kraft und die Macht, zu tun, was getan werden muß, und zu ändern, was geändert werden muß.

    🙠 Atme tief durch, bevor du etwas Wichtiges unternimmst. Erinnere dich an die positiven und kraftspendenden Gründe, die dich zu diesem Punkt geführt haben. Bleibe deinen innersten Zielen treu.

    🙠 Sabotiere deine Energie und deine Projekte nicht, indem du den negativen inneren Kritiker zur Beratung heranziehst.

    🙠 Liebe dich bei allem, was du tust. Hab Vertrauen in das, was du bist, und in das, was du werden kannst. Spende dir Anerkennung für alles, was du bereits geschafft hast.

BETRACHTE ALLES ALS EINEN AUFRUF ZUM ERWACHEN

Tantra geht davon aus, daß grundsätzlich *alles*, was einem widerfährt, eine Gelegenheit darstellt, noch etwas mehr zu erwachen. Unter diesem Blickwinkel wird das ganze Leben zu einem Ausgangspunkt für weitere Lern- und Wachstumsprozesse. Hier sind ein paar einfache Dinge, die man in schwierigen Situationen tun kann, um eine Veränderung der *Erfahrung* durch die Veränderung der *Perspektive* herbeizuführen.

    Zuerst entspanne dich durch tiefes Atmen. Nimm Abstand von der Situation. Erkenne deine Werturteile: Du betrachtest etwas als »schlecht« oder »falsch« und etwas anderes als »gut« oder »richtig«. Nun versuche objektiv zu beschreiben, was sich in Wirklichkeit abspielt, so, wie es ist. Wenn du eine Situation objektiv betrachten und beschreiben kannst, ohne Werturteile hinzuzufügen, kannst du sie auch objektiv erfahren und objektiv damit umgehen. Und dann wird etwas, was dir vorher schrecklich oder unerträglich schien, vielleicht »interessant«, »faszinierend« oder sogar »amüsant«.

GÖNNE DIR EINE PAUSE FÜR DIE EKSTASE

Trübsal und Lustlosigkeit entstehen in der Vorhersagbarkeit einer feststehenden Routine. Ekstase entfaltet sich am einfachsten im Überraschenden und Abenteuerlichen. Du mußt dein

Leben nicht mit einem Schlag verändern, aber hier, in diesem Moment, kannst du einen Anfang machen. Im folgenden ein paar einfache Methoden, um eine langweilige Routine aufzulockern und frischen Wind in einen ansonsten festgelegten Tageslauf zu bringen.

Fünf Minuten Abwechslung ✑ Laß alles stehen und liegen, und sei es auch nur für fünf Minuten. Geh an die frische Luft, wenn du kannst, spaziere um den Block herum oder geh an einen schönen Platz, den du normalerweise nicht aufsuchst. Geh nach innen, fühle deinen Atem, deinen Körper, deine Chakren. Dann nimm die Umgebung wahr, die Menschen, die Häuser, den Himmel über dir. Höre, schaue, rieche, fühle. Mach dir bewußt, daß dieser Moment die Realität ist, die sämtliche Möglichkeiten beinhaltet.

Ekstatische Pausen ✑ Dann geh dazu über, dir einen Tag pro Woche zu gönnen, um in den Stadtpark zu gehen oder in die Natur zu fahren. Wenn möglich, plane einen Wochenendtrip zu einem Platz, den du inspirierend und wohltuend findest, vielleicht in den Bergen oder an einem See oder am Meer. Plane eine längere Reise an einen Ort, den du schon immer besuchen wolltest, wie New York, San Francisco, Paris oder Bali. Gönne dir und deinem Partner oder deiner Familie die absolute Traumreise und nimm wahr, wieviel Energie und Lebensfreude allein die Planung schon erzeugt. Entscheide dich dafür, deine Träume tatsächlich zu leben.

Finde einen ekstatischen Gefährten ✑ Suche dir einen Partner, mit dem du Spaß am Leben haben kannst. Verpflichtet euch dazu, euer Energieniveau anzuheben und euch gegenseitig zu beflügeln. Zum Beispiel könnt ihr euch einmal die Woche verabreden: Der eine holt den anderen am Montag vom Arbeitsplatz ab und führt ihn oder sie in ein Abenteuer, das alles mögliche sein kann – eine Fahrt ins Blaue, ein Konzert, ein exotisches Restaurant. Was immer es sein mag, es soll dich überraschen und dir etwas Ungewöhnliches vermitteln, das dich aus den festgelegten Bahnen wirft und geistig anregt. Beim nächsten Mal wechselt ihr die Rollen.

Sich der Ekstase verpflichten

Unsere wahre Aufgabe als menschliche Wesen besteht darin, das Leben mit dem Geist und den Geist mit dem Leben zu verbinden. Das wunderbare daran ist, daß der Mensch möglicherweise als einzige Spezies auf diesem Planeten dazu fähig ist. Wenn wir uns entschließen, das zu tun, was für uns, unsere Freunde und Familien, unseren Planeten und die Menschheit gut und richtig ist, vertreiben wir die Dunstschwaden der anti-ekstatischen Verschwörung und öffnen die Tore zu einem ekstatischen Lebenswandel.

Wenn du verstehst, was es bedeutet, im täglichen Leben aus dem vollen zu schöpfen und als Liebender zu leben, fängst du an, dir bei allem, was du tust, folgende Frage zu stellen: »Macht mir das Freude, habe ich Lust darauf?« Halte inne, sobald du feststellst, daß du etwas nicht aus ekstatischen Gründen tust, sondern weil du die Erwartungen deiner Eltern oder gesellschaftliche Verpflichtungen erfüllen willst, weil du Angst vor Kritik hast, weil du einem Vorgesetzten gefallen oder deine Freunde beeindrucken willst. Mach dir bewußt, daß dein Leben freudlos wird, wenn du *dich selbst* auf diese Weise ausklammerst und deine eigenen Bedürfnisse ignorierst. Wer sein Leben für andere lebt, verschmäht sein eigenes: das Leben, das uns bestimmt ist, wenn wir mutig genug sind, uns dafür zu entscheiden, das Leben, das uns *und unseren Mitmenschen* wahre Freude und Erfüllung schenkt.

Und nun gelobe dir, daß du der Ekstase treu bleiben wirst!

Die Chakren als Lebensberater

Ziel
Mit dieser Technik kannst du dich in allen Situationen des Alltags auf eine erfolgreiche Durchführung und einen gelungenen Abschluß einstimmen. Beispielsweise, bevor du eine wichtige Entscheidung treffen oder eine Aufgabe erfüllen mußt, oder wenn du herausfinden willst, was jeweils das Beste oder Richtige für dich ist. Je häufiger du diese Übung machst, desto leichter und wirkungsvoller wird sie.

Vorbereitung
- Bevor du anfängst, überdenke die Situation.
- Nimm Kontakt auf zum Geist, wie es in diesem Buch beschrieben wird, um dich von ablenkenden oder ängstlichen Gedanken zu befreien.
- Nimm die Perspektive des stillen Zeugen ein.

Übung
- Beginne mit der Begrüßung des Herzens (Seite 104).
- Fühle die Energie der Situation, die dich beschäftigt, dann bitte jedes deiner Chakren um seinen Rat, wie nachfolgend beschrieben. (Ich habe vier Fragen für jedes Chakra aufgeführt, aber du kannst deine eigenen Fragen spontan formulieren.)
- Achte auf die gefühlsmäßigen Reaktionen in jedem Chakra.

Die Wurzel der Schöpfung

- Törnt mich das an?
- Bekomme ich, was ich brauche?
- Fühle ich mich dabei geborgen, in Sicherheit?
- Fühle ich mich verbunden (mit meinem Körper, diesem Projekt, dieser Person)?

Der fließende Strom

- Was sagt mein Bauch dazu?
- Fühlt sich das angenehm an?
- Bringt mich das aus dem Gleichgewicht oder nicht?
- Wenn ich bereits wüßte, was getan werden muß – was wäre das?

Die leuchtende Sonne

- Respektiere ich mich selber in dieser Situation?
- Verliere oder gewinne ich Macht dabei?
- Wie kann ich in diesem Fall standhaft bleiben?
- Kann ich mir das leisten oder zumuten?

Der Puls des Lebens

- Ist dies (Person, Projekt etc.) attraktiv oder wünschenswert für mich?
- Erfülle ich dabei meine Bedürfnisse?
- Ist das gut für mich? Für andere?
- Kann Liebe sich dabei entfalten?

Das Lied der Seele

- Ist das die Wahrheit? Für mich? Für den anderen?
- Ist dies eine kreative Lösung?
- Folge ich damit meiner Seligkeit?
- Bin ich (oder andere) authentisch? Kommen die wahren Gefühle zum Ausdruck?

Der volle Mond

- Weiß ich, wohin das führt?
- Ist mir das klar? Verstehe ich es wirklich?
- Sehe ich das Gesamtbild?
- Was sagt meine innere Stimme?

Der offene Himmel

- Fördert es meine spirituelle Weiterentwicklung?
- Hilft es anderen, der Welt?
- Öffnet diese Situation mich für das Licht und den Geist?
- Was sagt mein höheres Selbst dazu?

Hinweise

- Nimm wahr, wenn ein Chakra ein anderes überwältigen will, zum Beispiel, wenn dein Verstand deinem Herzen sagt, wie es sich verhalten soll, oder wenn irgendein Chakra gar nicht zu Wort kommt. Entscheide erst, nachdem du alle Chakren konsultiert und ihre Botschaften vernommen hast.
- Auch wenn ich vier Fragen für jedes Chakra aufgeführt habe, kann man sich durchaus auf eine einzige Frage beschränken.
- Schreib deine Erfahrungen mit dieser »Chakren-Konsultation« mindestens drei Monate lang in einem Tagebuch auf, damit du deine Fortschritte nachvollziehen kannst.

Ekstatische Gruppen bilden

Versammle eine Runde von Gleichgesinnten, damit ihr eure Energien miteinander verweben und euch gegenseitig bei der Entfaltung eures inneren Potentials unterstützen könnt. Trefft euch, redet, spielt, diskutiert und eßt miteinander. Teilt euch eure tieferen Anliegen mit, experimentiert, veranstaltet formelle Zusammenkünfte und zwanglose Treffen. Die Intimität von authentischen Verbindungen wird Schritt für Schritt hergestellt und kann nur mit Einsatzbereitschaft, Kreativität und Risikobereitschaft entwickelt werden.

Manche Indianerstämme benützen einen zeremoniellen Redestab, der von einem zum anderen in der Runde weitergereicht wird. Wer den Stab in der Hand hält, führt das Wort, während die anderen schweigend zuhören. Nachdem der Redner geendet hat, wird der Stab an die Person weitergegeben, die darauf antworten will. So kann man die dauernden Unterbrechungen vermeiden, die verhindern, daß die Kommunikation innerhalb einer Gruppe auf eine tiefere Ebene gelangt. Es gibt zahllose Formen der kreativen Kommunikation, und du kannst deine eigenen erfinden.

Versammelt euch für einen Abend des kreativen Ausdrucks. Bildet einen Kreis und laßt jeden etwas beitragen: ein Lied, eine Geschichte, ein selbstverfaßtes Gedicht, eine Einsicht. Veranstaltet Rituale und Feste. Trefft euch in der freien Natur für ein Picknick im Mondschein. Tanzt miteinander, atmet zusammen, singt, meditiert und teilt euch eure Wahrheiten mit. Erzeugt ekstatische Energiefelder, die euch begeistern.

Macht das Kochen zu einer Gemeinschaftsaktivität, an der sich alle kreativ beteiligen. Erfindet Rezepte, zu denen jeder etwas ganz Spezielles und Unvorhergesehenes beitragen kann.

Macht Tauschgeschäfte untereinander, stellt euch eure Fachkenntnisse zur Verfügung, baut etwas Gemeinsames auf, das euren Zusammenhalt stärkt.

Hier sind einige der Zutaten für ekstatische Gruppentreffen:

- Ein außergewöhnlicher Empfang für jeden Teilnehmer.
- Regelmäßige Treffen. Eine klare Struktur, deren Einhaltung von allen befürwortet wird, es sei denn, ihr habt euch für eine zwanglose Zusammenkunft verabredet.
- Lange, genußvolle Mahlzeiten, die mit Liebe zubereitet und in einer schönen Umgebung serviert werden.
- Ein Sinn für Humor, der verhindert, daß jedes Treffen zu einer ernsthaften Auseinandersetzung mit den Schwierigkeiten einer oder mehrerer Personen wird.
- Verspieltheit.
- Die innere Verpflichtung, deine Wahrheit mitzuteilen und den anderen dasselbe zu gestatten.
- Die Bereitschaft, die Unterschiede untereinander anzunehmen und zu genießen.

- Die Bereitschaft, mit dem Rollenspiel zu experimentieren. Zum Beispiel können die Männer in der Gruppe an einem Abend die »Frauenrollen« spielen (das Essen kochen und servieren), während die Frauen typische »Männerrollen« übernehmen (ihre Autorität geltend machen, Entscheidungen treffen, das Wort führen).
- Schaffe einen heiligen Raum (siehe Kapitel 5), in dem jeder seine Wahrheit unzensiert zum Ausdruck bringen und seine natürliche Unschuld entfalten kann.

Es ist nicht einfach, echte Gemeinschaften in unserer Gesellschaft zu etablieren, und es braucht eine starke Intention. Doch wenn du diese Aufgabe auf dich nimmst, wirst du sehen, wie es dich und die Gruppe transformiert. Die kleinen Opfer und Unannehmlichkeiten, die notwendig sind, um den Zusammenhalt zu stärken, schleifen lediglich die harten Kanten ab, die tieferen Freundschaften im Wege stehen. In einer Gruppe von Gleichgesinnten kann man mit der Zeit lernen, freimütiger zu kommunizieren, mit dem Herzen zuzuhören, entspannter in der Gegenwart von anderen und mit sich selbst zu sein. Man erlebt, was es heißt, von der Energie anderer unterstützt zu werden, anstatt sich bedroht oder ausgelaugt zu fühlen. So erkennt jeder allmählich, daß er nicht wirklich ganz allein auf weiter Flur steht. So entdeckt jeder sich selbst auf immer neuen, tieferen Ebenen.

Solche Zusammenkünfte sind die ältesten und fundamentalsten Formen des zwischenmenschlichen Austauschs, so alt wie die Versammlungen um die ersten Lagerfeuer, vor denen unsere Urahnen in staunender Dankbarkeit gesessen haben müssen. Wir können die Tradition fortsetzen, uns mit unseren Weggefährten versammeln und neue Gemeinschaften aufbauen.

Dank

Ich möchte all den Menschen danken, die auf unterschiedlichste Weise das allgemeine Verständnis und die Integration von ekstatischen Zuständen in unser Alltagsleben gefördert haben.

Auf der spirituellen Ebene geht mein Dank an Osho, den großen Meister der »*Crazy Wisdom*«, bei dem ich in Indien gelernt habe (die Rituale und Meditationen für das Kehlkopfchakra und das Ritual des leeren Himmels sind von seinem Buch *Meditation: Die erste und letzte Freiheit* inspiriert); Ma Prem Kaveesha, Gründerin und Leiterin der Osho Academy, für ihre Freundschaft und ihren weisen Rat; Lynda Guber für ihre Ermunterungen und den mutigen Entschluß, ihrem ekstatischen Herzen zu folgen; Shaykh Sidi Muhammad, Leiter des Sufi Council von Jerusalem, für neue Einsichten in den Sufismus als die Heilige Hochzeit von Allah und Laila; Meister Adi da Samraj für einen Einblick in das Wesen der tantrischen Praktiken und seine Kunst; Dr. Gary Burstein für seine weisen Ratschläge, wie moderne Psychologie, tibetanischer Buddhismus und Dzogchen sich auf dem Weg des Erwachens ergänzen können, und Paul Lowe, der zahllosen Suchern jahrzehntelang als Wegweiser gedient hat. Außerdem hat mich meine Zusammenarbeit mit Dr. Deepak Chopra im »Chopra Center for Well Being« inspiriert und in jeder Hinsicht bereichert.

Mein Dank geht auch an alle, ohne deren Hilfe dieses Buch nicht zustande gekommen wäre: Lauren Marino, Verlagsleiterin von Broadway Books, für ihre Zuversicht und Ermutigung; Doug Childers, Autor und Samurai der Feder, für seine Kunstfertigkeit im Redigieren; Naomi Lucks für ihren Beitrag zum Design der Originalausgabe und ihre Korrekturen; Sandra Dijkstra, die mehr als eine Literaturagentin für mich war.

Ich danke allen Freunden und Kollegen, die ihre persönlichen Lebenserfahrungen beigesteuert haben: Vinit Allen, meinem Ehemann, Kosha Carlo Pati, Leiter der »Trainings für Ekstase und Liebe« in den USA, und zahllosen anderen, ohne deren Hilfe das Buch nicht so lebendig geworden wäre.

Ich danke den Leitern der SkyDancing-Institute in aller Welt: Jocelyn Olivier (SkyDancing Tantra International, California), Joan Lakin (New York), Robert und Liliane Baillod (Montreal), Yatro Werner (München), Armin Heining (Nürnberg), Aman Schroeter und Doris Christinger (Zürich), Nital Brinkley (Lausanne), Renee Koopmans (Holland), John Hawken (England).

Und letztlich wäre all diese Arbeit nicht möglich gewesen ohne die Freundschaft, Unterstützung und Geduld meiner beiden Assistentinnen Sohini Genevieve und Agnes Liebhardt.

Margot Anand

SkyDancing-Quellen

Vielleicht haben Sie nach dem Lesen dieses Buches den Wunsch, an den Programmen teilzunehmen, die das SkyDancing-Institut anbietet. Für viele Menschen bedeutet das Zusammenarbeiten mit anderen eine Bereicherung und Vertiefung ihrer Fähigkeit, neue Praktiken zu lernen. Die Gruppe gibt ihnen Auftrieb und macht ihnen Mut, alte Verhaltensmuster fallenzulassen, verstärkt ihr Engagement, intensiviert ihre Erfahrungen und beschleunigt die Wirkung des Trainings. Manche Menschen neigen aber auch dazu, jeder Form von Gruppenarbeit zum Thema »sexuelle Heilung« aus dem Weg zu gehen, weil sie Angst haben, sie könnte sich zu einer sexuellen Orgie entwickeln.

Bei den SkyDancing-Seminaren und -Trainings findet im Verlauf der Gruppensitzungen kein sexueller Austausch statt. Die Gruppenteilnehmer/innen legen ihre eigenen individuellen Grenzen fest, die respektiert werden.

Die SkyDancing-Tantra-Seminare dauern von einem Tag bis zu mehreren Zyklen, die sich über ein Jahr verteilen; letzteres gilt für das Training für Ekstase und Liebe. Sie stehen jedem offen, der sich angeregt fühlt, sein tantrisches Potential zu erweitern, das Zusammensein mit dem oder der Geliebten zu vertiefen und ein Höchstmaß an Offenheit und Freude zu erfahren, wie es mit Ekstase einhergeht. Diese Arbeit betrifft Singles wie Paare gleichermaßen.

Ausführliche Informationen finden Sie auch auf der Skydancing Website: www.skydancing.tantra.com

SKYDANCING-INSTITUTE

SkyDancing Institute Deutschland: Yatro Werner, Feichtstraße 15, 81735 München. Tel: 089-43651601, Fax: 089-43651602, E-Mail: SkyDancingTantra@compuserve.com

SkyDancing Tantra für Homosexuelle: Institut für Meditation und Tantra, Armin Heining, Krausstraße 15, D-90443 Nürnberg. Tel: 0911-2448616, Fax: 0911-2448588. E-Mail: Armin-Christoph.Heining@t-online.de

SkyDancing Institute Schweiz: Aman Schröter, Mühlegasse 33, CH-8001 Zürich. Tel/Fax: 0041-1-2610160

SkyDancing Institute Francophone: Nital Brinkley, C. P. 233, CH-1066 Epalinges. Tel/Fax: 04121-784-2033. E-Mail: nbrinkle@worldcom.ch

SkyDancing Institute Holland/Belgien: Renee Koopmans, Postbus 14, 6585 ZG Mook, Holland. Tel: 03124-696-2890, Fax: 03124-696-2830. E-Mail: kursuspb@worldaccess.nl. Website: new-agent.nl/koopmans

Weitere Anregungen

MUSIK

Margot Anand hat Begleitmusik für dieses Buch unter dem Titel *Music for Everyday Ecstasy* zusammengestellt. Das Album ist eine vierteilige Reise in die Klangwelt mit Musik aus ihren Trainings. Erhältlich über Spring Hill Music, USA, Tel.: 001-800-427-7680

Anne Chandler: *Chakra Rock*, Eagle's Quest Tai Chi Center, 147 Barnshed Lane. Guildford, Connecticut 06437, USA. Tel.: 001-203-457-9511

Michael Harrison: *In Flight* (Fortuna Records) und *From Ancient Worlds* (New Albion Records). CDs erhältlich von Sound Spaces, USA. Tel.: 001-415-383-1994

Ariel Kalma: *Gourmet Sax, Flute for the Soul* und *Serenity*. CDs erhältlich von Nightingale Records, P. O. Box 30158, Tucson, Arizona 85751, in Deutschland zu beziehen über Meistersinger Musik, Äußere Kapellenstr. 4, 91361 Pinzberg, Tel.: 09191-70700, Fax: 09191-707050

Paul Ramana Das und **Marilena Silbey:** *Ecstatica 1*, ein Soundtrack für Liebespaare. Erhältlich über Living Ecstasy Institute, P O. Box 613, Fairfax, California 94978. Tel: 001-415-499-1769, E-Mail: yaluie@pacbell.net. Website: www.hotstuffnyc.com/u-music

Gabrielle Roth: Ihre Musik erscheint bei Raven Recording und ist in Deutschland zu beziehen über Aquarius!, Carl-Benz-Str. 10, 82205 Gilching, Tel.: 08105/384800, E-Mail: aquariusmusic@t-online.de

VIDEO

Das SkyDancing Tantra Video in Farbe (35 min) vermittelt Ihnen in einem ersten Eindruck die Vorgehensweise und gibt Ihnen einen Ausblick, wohin der Weg der Ekstase Sie als Frau und Mann vereint führt. Bestellung über die SkyDancing Institute.

SONSTIGES

Hoffman Institute: Lehrt den »Hoffman Quadrinity Process«, eine spirituelle Therapie für emotionale Transformation. Kontaktadresse in Deutschland: Martin Kremer und Jochen Windhausen, Bredelaer Str. 59, 40474 Düsseldorf, Tel.: 0211-452365, Fax: 0211-4707950

Osho: Bücher in deutscher Sprache sind im Buchhandel oder über den Osho Verlag erhältlich, der auch Videos, Kassetten und CDs anbietet: Osho Verlag, Venloer Str. 5-7, 50672 Köln, Tel.: 0221/57407-43, Fax: 0221/523930, E-mail: oshoverlag-@aol.com

Skydancing Bazar: Bietet tantrische Literatur, Zubehör für tantrische Übungen und vieles mehr. Sky Dancing Tantra Bazar, Frühlingstr. 20, D-73119 Zell, Tel.: 07164-13489, Fax: 07164-13484

Literaturverzeichnis

Achterberg, Jeanne; Barbara Dossey, und Lesley Kolkmeyer: *Rituals of Healing: Using Imagery for Health and Wellness.* Bantam Books, New York 1994
Ackerman, Diane: *Die schöne Macht der Sinne.* Droemer Knaur, München 1993
Adi Da, Samraj, Master: *See My Brightness Face to Face.* The Dawn House Press, Middletown 1997
Allione, Tsültrim: *Tibets weise Frauen.* Heyne, München 1994
Anand, Margot: *Tantra oder die Kunst der sexuellen Ekstase.* Goldmann, München 1990
Anand, Margot: *Magie des Tantra.* Goldmann, München 1995
Austen, Hallie Iglehart: *The Heart of the Goddess: Art, Myth and Meditations of the World's Sacred Feminine.* Wingbow Press, Berkeley 1990
Beck, Renee, und Metrick, Barbara Sydney: *The Art of Ritual.* Celestial Arts, Berkeley 1990
Blank, Joani: *Femalia.* Down There Press, San Francisco 1993
Bonheim, Jalaja: *The Serpent and the Wave: A Guide to Movement Meditation.* Celestial Arts, Berkeley 1992
Brauer, Alan, P. und Donna J.: *ESO, extensiver Super-Orgasmus.* Heyne, München 1994
Bruyere, Rosalyn L.: *Das Geheimnis der Chakras.* Heyne, München 1998
Bucke, Richard Maurice: *Kosmisches Bewußtsein.* Insel-Verlag, Frankfurt/Mn. 1993
Campbell, Don: *Die Heilkraft der Musik.* Droemer Knaur, München 1998
Camphausen, Rufus C.: *The Yoni: Sacred Symbol of Female Creative Power.* Inner Traditions, Rochester 1996
Chang, Stephen T.: *Das Handbuch ganzheitlicher Selbstheilung.* Goldmann, München 1994
Chödrön, Pema: *Beginne, wo du bist: eine Anleitung zum mitfühlenden Leben.* Aurum Verlag, Braunschweig 1995
Chopra, Deepak: *Lerne lieben, lebe glücklich.* Lübbe, Bergisch Gladbach 1998

Chopra, Deepak: *Die Körperzeit: mit Ayurveda jung werden, ein Leben lang.* Lübbe, Bergisch Gladbach 1994

Cordes, Helen, und Walljasper, Jay: *Goodlife: Mastering the Art of Everyday Living.* Utne Reader Books, Minneapolis 1997

Csikszentmihalyi, Mihaly: *Flow: das Geheimnis des Glücks.* Klett-Cotta, Stuttgart 1993

Dalai Lama: *Mein Tibet.* Mit Fotos von Galen Rowel. Insel-Verlag, Frankfurt/Mn. 1992

Douglas, Nik, und Slinger, Penny: *Das große Buch des Tantra.* Hugendubel, München 1996

Douglas, Nik: *Spiritual Sex.* Pocket Books, New York 1997

Dowman, Keith: *Sky Dancer: The Secret Life and Songs of Lady Yeshe Tsogyel.* Routledge & Kegan Paul, London 1984

Dowman, Keith, und Sonam Paljor: *The Divine Madman: The Sublime Life and Songs of Drukpa Kunley.* Rider, London 1980

Driver, Tom F.: *The Magic of Ritual: Our Need for Liberating Rites that Transform Our Lives and Our Communities.* HarperCollins, New York 1991

Dull, Harold: *Watsu: Freeing The Body in Water.* Harbin Springs Publishing, Middletown 1993

Eisler, Riane: *Kelch und Schwert: von der Herrschaft zur Partnerschaft.* Goldmann, München 1993

Eisler, Riane: *Sacred Pleasure: Sex, Myth, and the Politics of the Body – New Paths to Power and Love.* HarperCollins, New York 1996

Eisler, Riane, und Loye, David: *The Partnership Way: New Tools for Living and Learning, Healing Our Families, Our Communities and Our World.* HarperCollins, New York 1990

Fryba, Mirko: *Anleitung zum Glücklichsein.* Bauer, Freiburg 1987

Gadon, Elinor W.: *The Once and Future Goddess.* HarperCollins, New York 1989

Gawain, Shakti: *Meditationen im Licht.* Heyne, München 1995

Gershon, David, und Straub, Gail: *Empowerment: The Art of Creating Your Life as You Want It.* Dell Publishing, New York 1989

Griscom, Chris: *Die Frequenz der Ekstase.* Goldmann, München 1988

Grof, Stanislav: *Geburt, Tod und Transzendenz.* Kösel, München 1985

Grof, Stanislav, mit Bennett, Hal Zina: *The Holotropic Mind: The Three Levels of Human Consciousness and How They Shape Our Lives.* HarperSanFrancisco, New York 1990

Grof, Stanislav und Christina: *Chancen der Selbstfindung.* Kösel, München 1991

Hammer, Marc: *The Jeshua Letters: A Journey of Awakening.* Kendra Press, Freeland 1994

Harvey, Andrew: *The Way of Passion: A Celebration of Rumi.* Frog Ltd., Berkeley 1994

Heifetz, Ronald A.: *Leadership Without Easy Answers.* Harvard University Press, Cambridge 1994

Hirschman, Jane R., und Munter, Carol H.: *When Women Stop Hating Their Bodies.* Random House, New York 1995

Hoffman, Bob: *No One Is to Blame: Freedom From Compulsive Self-Defeating Behavior.* Recycling Books, Oakland 1988

Hope, Murry: *The Psychology of Ritual.* Element Books, Longmead 1988

Johari, Harish: *Chakras: Körperzentren der Transformation.* Sphinx, Basel 1992

Johnson, Robert A.: *Ekstase: eine Psychologie der Lebenslust.* Kösel, München 1991

Joy, W. Brugh: *Der Weg der Erfüllung: Selbstheilung durch Transformation.* Ansata, Interlaken 1987

Judith, Anodea, und Vega, Selene: *The Sevenfold Journey: Reclaiming Mind, Body and Spirit Through the Chakras.* The Crossing Press, Freedom 1993

Kabat-Zinn, Jon: *Stark aus eigener Kraft: im Alltag Ruhe finden.* O. W. Barth, Bern 1995

Keen, Sam: *Wider die Leere in unserer Zeit: eine praktische Philosophie für den Alltag.* Kabel, Hamburg 1996

Khan, Hazrat Inayat: *The Dance of the Soul: Sufi Sayings.* Motilal Banarsidass Publishers, Delhi 1993

Khan, Hazrat Inayat: *Musik und kosmische Harmonie aus mystischer Sicht.* Verlag Heilbronn, 1987

Khyentse, Dilgo: *Die sieben tibetischen Geistesübungen.* O. W. Barth, Bern 1996

Kingston, Karen: *Creating Sacred Space With Feng Shui.* Broadway Books, New York 1997

Laski, Margharita: *Ecstasy in Secular and Religious Experience.* Jeremy Tarcher, Los Angeles 1961

Leonard, George: *Erziehung durch Faszination.* Piper, München 1971

Leonard, George, und Murphy, Michael: *The Life We Are Given: A Long Term Program for Realizing the Potential of Body, Mind, Heart and Soul.* Putnam, New York 1995

Leonard, Jim: *The Skill of Happiness: Creating Daily Ecstasy With Vivation.* Three Blue Herons Publishing Inc., Fond du Lac 1996

Levy, Mark: *Technicians of Ecstasy.* Bramble Books, Norfolk 1993

Linn, Denise: *Die Magie des Wohnens.* Goldmann, München 1996

Macy, Joanna: *Mut in der Bedrohung: Friedensarbeit im Atomzeitalter.* Goldmann, München 1988

Maltz, Wendy (Hrsg.): *Passionate Hearts: The Poetry of Sexual Love.* New World Library, Novato 1996

Milkman, Harvey, und Sunderwirth, Stanley: *Pathways to Pleasure: The Consciousness and Chemistry of Optimal Living.* Lexington Books, New York 1993

Mookerjee, Ajit, und Khanna, Madhu: *Die Welt des Tantra.* Heyne, München 1990

Moore, Thomas: *Die Seele lieben: Tiefe und Spiritualität im täglichen Leben.* Droemer Knaur, München 1995

Moore, Thomas: *The Re-Enchantment of Everyday Life*. Harper-Collins, New York 1996

Moss, Richard: *Das zweite Wunder: wie wir das Geschenk des Ich-Bewußtseins annehmen und uns zur Höhe des All-Bewußtseins entwickeln*. Ansata, Bern 1997

Moss, Richard: *Illusion der Getrenntheit: die unzähligen Spielmöglichkeiten unserer Seele*. Goldmann, München 1991

Myss, Carolyn: *Geistkörper-Anatomie: Chakren – die sieben Zentren von Kraft und Heilung*. Droemer Knaur, München 1997

Nadeen, Satyam: *Von der Zwiebel zur Perle: ein Weckruf*. Bodewig und Kamphausen, Bielefeld 1998

Naranjo, Claudio, und Ornstein, Robert E.: *Psychologie der Meditation*. Fischer, Frankfurt 1976

Nisker, Wes »Scoop«: *Die Kunst des wilden Denkens*. Eichborn, Frankfurt/Mn. 1992

Norbu, Thinley: *White Sail: Crossing the Waves of Ocean Mind to the Serene Continent of the Triple Gems*. Shambhala, Boston 1992

Osborn, Carol: *Enough Is Enough: Simple Solutions for Complex People*. New World Library, San Rafael 1992

Osborn, Diane K.: *Reflections on the Art of Living: A Joseph Campbell Companion*. HarperCollins, New York 1991

Osho: *Das Buch der Geheimnisse*. Osho-Verlag, Köln 1992

Osho: *Meditation: die Kunst der Ekstase*. Osho-Verlag, Köln 1995

Osho: *Die tantrische Vision*. Osho-Verlag, Köln 1993

Osho: *Meditation: die erste und letzte Freiheit*. Osho-Verlag, Köln 1991

Osho: *Der Weg des Buddha*. Osho-Verlag, Köln 1995

Pierrakos, John: *Core-Energetik: Zentrum deiner Lebenskraft*. Synthesis-Verlag, Essen 1998

Pierre, Rambach: *The Secret Message of Tantric Buddhism*. Rizzoli, New York 1979

Poonja, H. W. L.: *Wach auf, du bist frei!* Context-Verlag, Bielefeld 1993

Redfield, James: *Die Prophezeiungen von Celestine*. Heyne, München 1994

Reilly, Patricia Lynn: *A God Who Looks Like Me: Discovering Woman-Affirming Spirituality*. Ballantine Books, New York 1995

Resnick, Stella: *The Pleasure Zone*. Conari Press, Berkeley 1997

Rinpoche, Sogyal: *Das tibetische Buch vom Leben und vom Sterben*. O. W. Barth, Bern 1993

Rinpoche, Gyutrul: *The Secret Oral Teachings on Generating the Deity*. SMC Publishing Inc., Taipei 1992

Robbins, Tom: *PanAroma*. Rowohlt, Reinbek 1985

Robertson, Ron: *The Birthplace*. Inkhorn, Virginia Beach 1995

Rock, William Pennel: *Performing Inside Out*. Between Two Worlds Press, Acton 1990

Roman, Sanaya: *Sich dem Leben öffnen: Schritte zu persönlichem Wachstum und geistiger Kraft*. Ansata, Interlaken 1987

Rossman, Martin L.: *Healing Yourself: A Step-By-Step Program for Better Health Through Imagery*. Walker and Company, New York 1987

Roth, Gabrielle: *Das befreite Herz: die Lehren einer Großstadtschamanin*. Heyne, München 1990

Rumi, Jelaluddin: *Love Is a Stranger*. Threshold Books, Brattleboro 1993

Rumi, Jelaluddin: *Feeling the Shoulder of the Lion*. Threshold Books, Putney 1991

Sangpo Khetsun: *Die Praxis des Tantra*. Diederichs, München 1988

Sanella, Lee: *The Kundalini Experience*. Integral Publishing, Lower Lake 1987

Shaw, Miranda: *Erleuchtung durch Ekstase: Frauen im tantrischen Buddhismus*. Krüger, Frankfurt/Mn. 1997

Sheldrake, Rupert: *Die Wiedergeburt der Natur: eine neue Weltsicht*. Rowohlt, Reinbek 1994

Shiva, Shahram T.: *Rending the Veil: Literal and Poetic Translations of Rumi*. Hohm Press, Prescott 1995

Shulgin, Alexander und Ann: *Pihkal: A Chemical Love Story*. Transform Press, Berkeley 1991

Sidi, Shaykh Muhammad al-Jamalar-Rifa'i as-Shadhili: *Music of the Soul: Sufi Teachings*. Sidi Muhammad Press, Santa Fe 1994

Simon, Sidney B. und Suzanne: *Verstehen – Verzeihen – Versöhnen: wie man sich selbst und anderen vergeben lernt*. Droemer Knaur, München 1993

Stone, Merlin: *Als Gott eine Frau war*. Goldmann, München 1989

Suarez, Rick; Mills, Robert; Stewart, Darlene: *Sanity, Insanity and Common Sense: The Groundbreaking New Approach to Happiness*. Fawcett Columbine, New York 1980

Tsogyal, Lady: *Dakini Teachings*. Shambhala, Boston 1990

Wall, Vicky: *Aura-Soma: das Wunder der Farbheilung und die Geschichte eines Lebens*. Maurer, Frankfurt/Mn. 1992

Walsch, Neale Donald: *Gespräche mit Gott*. 2 Bde. Goldmann, München 1997 und 1998

Whitman, Walt: *Grashalme*. Dipax-Verlag, Erlangen 1947

Williamson, Marianne: *Die Wiederentdeckung des Weiblichen*. Goldmann, München 1995

Register

Achterberg, Jeanne 141
Adam und Eva aus tantrischer Sicht 75 ff.
Altea, Rosemary 41
Anima und Animus 82 f.
Anti-ekstatische Verschwörung 53-69
– Ziel 58 ff.
Arrien, Angeles 140
Äußerer Tempel 123 ff.

Beck, Renee 148
bindhu-Punkt 81
Blake, William 42
Bly, Robert 128
Brabbel-Meditation 304 f.
Bro, Greta 68
Budapest, Zia 69
Buddha 42
Buddhanatur 33
Buddhismus, tantrischer 21, 337

Campbell, Don 292
Chakra, Chakren 170 f.
– als Lebensberater 361 ff.
– – Übung 361 ff.
– Blockaden 183 f.
– Botschaften 179 ff.
– – Übung 180 f.
– Drittes Auge s. Sechstes Chakra
– Einstimmung 186-191
– – Übung 187-190
– Herzzentrum s. Viertes Chakra
– Kehlkopfzentrum s. Fünftes Chakra
– Kronenzentrum s. Siebtes Chakra
– Nabelzentrum s. Zweites Chakra
– Öffnen 175 ff., 184 f.
– Orgasmen 171 ff.
– Seele s. Fünftes Chakra
– Sexzentrum s. Erstes Chakra
– Sonnengeflecht s. Drittes Chakra
– Sprache 177 ff.
– System 173-178
– – tantrisches 21
– und Ekstase 182-191
Chicago, Judy 134
Chamberlain, Elwyn 336
Chandler, Anne und David 227 ff.
Churchill, Winston 231
Chödrön, Pema 266
Chopra, Deepak 43
Christus 42
Christusbewußtsein 33
Clinton, Hillary Rodham 64 f.

Dossey, Barbara 141
Drittes Auge s. Sechstes Chakra
Drittes Chakra 183, 238-263

– Essenz 240-258
– Stimmen 258 f.
– Überblick 238 ff.
– Übung 261 f.
Dull, Harold 344 f.

Einstein, Albert 55
Eisler, Riane 60
Ekstase 43-52
– Anatomie 165
– Definition 30 ff.
– dunkle Seite 40-43
– Entdeckung 29-52
– – Übung 49-52
– und Energie 94-116, 182-191
– und Partnerschaft 70-93
– Veränderung durch 35-40
– Verpflichtung 350-365
– – Übung 352-357
Elemente 160 f.
Ellis, Havelock 64
Energie, -zentren 167-191
  s. a. Chakra
Engrassi, Raz 339
Erleuchtung 343-346
Erstes Chakra 175, 183, 192-214
– Essenz 194-202
– Stimmen 203 f.
– Überblick 192 ff.

Fischer, Carl 41
Fox, Matthew 60
Franks, Lynne 35
Freuden, natürliche 125 ff.
– Übung 126 f.
Fünftes Chakra 178, 184, 287-307
– Essenz 290-302
– Überblick 287 ff.
– – Übung 293 ff., 303-307
– Stimmen 302 f.

Gandhi, Mahatma 258
Gass, Robert 110

Geist
– einladen 115 f.
– integrieren mit Körper, Herz und Verstand 94 f.
Geschlechterkrieg 65-68
Gibran, Khalil 251, 253
Goodwin, Hughes 255 ff.
Guruji 79 ff., 253

Hammer, Jon Marc 290
Harrison, Michael 314, 317 f.
Heifetz, Ron 243 f.
Heiliger Raum 119-139
– Hüter 137 ff.
– Klärung 130-136
– Übung 130 f.
Herz
– Begrüßung 104
– integrieren mit Körper, Verstand und Geist 94 f.
– öffnen 101-104
– Übung 105 f.
Herzzentrum s. Viertes Chakra
Himmelsgeist 33, 109
Horn, Paul 315
Houston, Jane 33 f.
Huxley, Aldous 38

Innere Frau 26, 73 ff., 83 f., 86-93
– Entdeckung 77-82, 84 ff.
Innere Partnerschaft 82 f.
Innerer Mann 26, 73 ff., 83 f., 86-93
– Entdeckung 84 ff.
Innerer Tempel 121 ff.
– Übung 122 f.
Inneres Elternpaar 72-75
Inneres Wissen 110-115
– Übung 111-115
Intelligenz 313 f.
Ismail, Razali 56
Iyengar, B. K. S. 170

Jefferson, Thomas 339
Johnson, Robert 40
Jung, Carl 82, 134

Kalma, Ariel 295, 299
Kaveesha 268
Kehlkopfzentrum s. Fünftes Chakra
Kingston, Karen 137
Kolkmeier, Leslie 141
Kopf freimachen 106-109
Körper
– Freundschaft schließen 96 f.
– integrieren mit Herz, Verstand und Geist 94 f.
– Übung 99 ff.
Körper-Geist-System 57
Kronenzentrum s. Siebtes Chakra
Kundalini-Energie 170

Liebe, ekstatische 204-214
– Übung 206-212
Lowe, Paul 340, 343

Macy, Joanna 57
Maslow, Abraham 30
Matthäus 311
McKenna, Terence 53
Medidation 341 f.
Metrick, Sydney Barbara 148
Moore, Thomas 194
Moss, Richard 72 f., 224
Myss, Caroline 167

Nabelzentrum s. Zweites Chakra
Nagpa Rinpoche 342
Naranjo, Claudio 59

Osho 20, 57, 80, 96, 251 ff.

Partnerschaft, ekstatische 70-93
Paulus 42
Perry, John Weit 82
Petersen, Brenda 129

Pomeranz, David 350
Prana 170
Pubertät 219-222

Ray, Paul 34
Redfield, James 115
Reps, Paul 107
Resnick, Stella 30, 213
Rituale 140-163
– Anleitungen:
– – Der leere Himmel 347 ff.
– – Feng Shui 127 f.
– – Für den Tagesbeginn 351-357
– – Heilung und Ausgleichung 234-237
– – Klarheit und Einsicht gewinnen 325-332
– – – 1. Der Zeuge 326 f.
– – – 2. Die Macht der Einsicht 328 f.
– – – 3. Die Macht der Akzeptanz 330 f.
– – Lied der Ekstase 303-307
– – Persönliche Macht und Stärke 260-263
– – Zur ekstatischen Vereinigung 279-286
– Definition 141-147
– Durchführung 152-155
– Richtlinien 148-161
– Vorbereitungen 150 ff.
– Vorschlag für 161 ff.
– Werkzeuge, rituelle 156-159
– – ekstatischer Raum 156 ff.
– – rituelle Klänge 158 f.
– – rituelle Energien und Objekte 159 f.
Rock, William Pennel 142
Roth, Gabrielle 101
Rumi 29, 42, 170, 240
Russell, Jeffrey Burton 41

Saint Phalle, Niki de 134
Samuels, Mike und Nancy 316
Schimmel, Annemarie 41
Scott, Nateshvar Ken 248
Sechstes Chakra 184, 308-332
– Essenz 311-323
– Stimmen 324
– Überblick 308 ff.
– Übung 327-331
Seele s. Fünftes Chakra
Seinsbereiche 95
Sexualität 21-25, 32
– und Gewalt 63 ff.
Sexzentrum s. Erstes Chakra
Shabda Khan 290, 299
Shange, Ntozake 48
Shaw, Miranda 98, 337
Sheldrake, Rupert 313
Shiva und Shakti, Geschichte von 16-19
Siebtes Chakra 184, 333-349
– Essenz 335-349
– Stimmen 346 f.
– Überblick 333 ff.
– Übung 348 f.
Singsang-Mitteilungen 305 f.
Sisgold, Steven 66
SkyDancing Tantra 20 f.
Sonnengeflecht s. Drittes Chakra
Spoeri, Daniel 134

Sri-Yantra-Zeremonie 77, 81 f.
Swedenborg, Emanuel 318

Tantra 14 f., 142
Tao Te Ching 70
Theophanes 109
Thich Nhat Hanh 125
Trungpa, Chogyam 116
Ts'ai-ken T'an 217
Tsoguel, Yeshe 21

Verstand, integrieren mit Körper, Herz und Geist 94 f.
Viertes Chakra 183, 264-286
– Essenz 266-278
– Hochzeitsritual 279-286
– Stimmen 278 f.
– Übung 281-286
– Überblick 264 ff.
Visualisieren 316 ff.

Walsch, Neale Donald 58
Wilde, Stuart 123
Williamson, Marianne 33, 56

Zweites Chakra 178 f., 183, 215-237
– Essenz 217-232
– Stimmen 232 f.
– Überblick 215 ff.
– Übung 234 ff.